国家社科基金
GUO JIA SHE KE JI JIN HOU QI ZI ZHU XIANGMU
后期资助项目

汉语"动+介+宾"结构的构式化与构式演变

罗耀华 著

科学出版社

北京

内 容 简 介

本书运用构式语法理论，对汉语"动+介+宾"结构进行专题研究，其中的"介"有8个："于、自、到、至、向、往、在、给"。我们采用自上而下和自下而上相结合的方式，对这些构式展开研究。一方面，从整体出发，概括构式的构式义，如"V+在+O"构式中，"在+处所"动后式属于"位移事件"中与终点有关的那部分，该构式表示主体到达了终点并呈现出一种状态，虽然属于位移事件，但是"位移"义磨损或消失了，动词只能解释为到达终点的直接原因或状态呈现的方式，并与作为终点的处所有着必然的联系。另一方面，从共时平面考察"动+介+宾"构式的句法-语义互动、"动+介"的计量研究、"动+介+宾"构式构成成分之间的互动等；从历时层面考察"动+介+宾"结构的构式化与构式演变。

本书的受众主要为从事语言研究的学者。

图书在版编目（CIP）数据

汉语"动+介+宾"结构的构式化与构式演变 / 罗耀华著. -- 北京：科学出版社，2025. 6. --（国家社科基金后期资助项目）. -- ISBN 978-7-03-082003-7

Ⅰ. H146.3

中国国家版本馆 CIP 数据核字第 2025M19N94 号

责任编辑：王　丹　赵　洁 / 责任校对：贾伟娟
责任印制：赵　博 / 封面设计：润一文化

科 学 出 版 社 出版
北京东黄城根北街 16 号
邮政编码：100717
http://www.sciencep.com

北京科印技术咨询服务有限公司数码印刷分部印刷
科学出版社发行　各地新华书店经销
*

2025 年 6 月第 一 版　开本：720×1000　1/16
2025 年 10 月第二次印刷　印张：19 3/4
字数：353 000
定价：128.00 元
（如有印装质量问题，我社负责调换）

国家社科基金后期资助项目
出版说明

　　后期资助项目是国家社科基金设立的一类重要项目，旨在鼓励广大社科研究者潜心治学，支持基础研究多出优秀成果。它是经过严格评审，从接近完成的科研成果中遴选立项的。为扩大后期资助项目的影响，更好地推动学术发展，促进成果转化，全国哲学社会科学工作办公室按照"统一设计、统一标识、统一版式、形成系列"的总体要求，组织出版国家社科基金后期资助项目成果。

全国哲学社会科学工作办公室

目　　录

第1章 绪 论

1.1 研究对象和研究范围

汉语中的"动+介+宾"（V+P+O）结构，是指诸如"走在康庄大道上、跳到土坑里、奔向 2050 年"等结构，其中的介词主要有"到、给、向、往、于、在、自、至"等 8 个（邵敬敏、周娟 2008），它们实际是动词和宾语语义关系的标记（陈昌来 2002a）和枢纽。为深入进行问题的讨论，我们拟从构式化与构式演变的角度，对汉语"动+介+宾"结构进行专题研究，因为：首先，"动+介+宾"结构的整体意义（构式义）不等于构成成分意义的简单相加，即构式具有不可预测性，符合 Goldberg（1995）对于构式所做的界定（详后）；其次，"动+介+宾"结构适合采取构式程序分析法展开分析，即分析介词、动词及宾语，以及各成分之间的互动；最后，可以从一个新的角度，对"动+介+宾"结构进行新的研究，即构式化与构式演变研究。先秦时期"动+介"以连动的形式出现；两汉时期，"介"的动词性减弱，且"动"是运行动词；魏晋南北朝时期，"动+介+宾"结构与"动+宾$_1$+介+宾$_2$"结构同时存在，且"动+介+宾"结构出现的数量较多；唐五代时期，"动+宾$_1$+介+宾$_2$"结构中的"宾$_1$"逐渐省略，变成"动+介+宾"，至此，"动+介+宾"结构基本形成。"介+宾"由后至前是汉语发展过程中重要的语序演变规律，是语法结构的复杂化和介词词组位置与语义相对应规律作用的结果。据笔者统计，宋代《太平广记》中"V 到"用例为 3033 条，"V 至"仅 92 条；明代《醒世恒言》中"V 到"用例为 636 条，"V 至"为 184 条；清代《红楼梦》"V 到"用例为 821 条，"V 至"为 306 条。"V 到"口语性强，"V 至"书面语性强，"V 到"在历时演变中具有凝固性、能产性、动态性和及物性等特征。

我们再看共时平面的差异。比较"V+到/至、在/于、自/给、向/往"等组配在现代汉语中的句法、语义等差异。具体说来，"动+介+宾"构式包括如下五个要素。

第一，介词。共有以下 8 个："到、给、向、于、自、至、往、在"[①]。

第二，动词。主要依据《动词用法词典》（收录动词 1223 个，对多义项的动词适当分别出条[②]），以单音节为主，双音节为辅，采取人工干预的方法，将这些动词逐一与 8 个介词进行匹配，得到"动+介"匹配量表，然后将这些组配在语料库中进行检索和统计，选取使用频率相对较高的组合，作为备用的"动+介"组配参项。

第三，宾语。介词所介引的对象，包括时间、地点、对象、工具、依据、范围、方法、原因等，不同的介词会选择不同的宾语。如"向"可以表明方向，不一定表明到达终点；而"往"既表明了方向，也表明会到达终点。

第四，"动+介+宾"结构的功能。"动+介+宾"结构的主要功能是表达动作、行为、事件的位移轨迹。一个完整的运动事件通常包括运动的物体（动体）和动作，此外，还会涉及位移起点、位移过程、位移方向和位移终点。因此，"动+介+宾"结构的位移模式往往分为起点模式、终点模式、方向模式和场景模式等（邵敬敏、周娟 2008）。

第五，"动+介+宾"结构的构式化与构式演变。构式演变，指现有构式的形式或意义某方面特征的演变，如语义演变、形态变化、搭配对象变化等，以上变化通常无法创造出新的构式，而只是对现有构式形式或意义的某方面特征产生影响，使这些特征发生变化。构式化是指产生新的构式（[形式]$_{新}$↔[意义]$_{新}$）。具体来说，就是指某一个构式从形式到意义都发生了变化，而在这一变化过程中，常常会伴随着图式性、能产性和组构性的变化。

1.2　"动+介+宾"结构研究

首先，结构层次与结构关系的争议。

---

① 也有学者以部分介词为研究对象，如张海涛的《现代汉语"V+P"结构研究》（中国人民大学 2014 年博士学位论文），该论文只研究了"在、到、向、往、于"这 5 个介词；顾龙飞的《现实空间运动事件视域下汉语四类"V+介+XPL"构式研究》（辽宁大学 2019 年博士学位论文）讨论了"往、向、到、在"4 个介词。

② 孟琮等《动词用法词典》收词 1223 个，以义项出条，共 2117 条。但是，沈阳、郑定欧（1995）认为下面 26 个词并不是动词：抱歉、成 $_4$、害羞、渴、失望 $_1$、疼 $_1$、饿 $_1$、晴、阴、喜欢 $_2$（应为形容词）、凭 $_2$、照 $_4$（应为介词）、出来、出去、下来、下去、起来 $_{1,2}$、逃走、离开（应为词组）、出 $_6$、当 $_2$、开 $_{4,5}$、脱 $_3$、下 $_2$（应为语素）。2117 减去 26，就是 2091 个词，这些动词中有些不能带结果补语。

第一，认为该结构是动补结构，结构层次为[动+[介+宾]]。代表性学者有：赵元任（2005）、朱德熙（1982）、张静（1980）、马真（1981）、吕冀平（1983）、吕文华（2001）、黄伯荣、廖序东（2002）、刘月华等（2001）等。将"介+宾"视为介词结构，充当动词的补语。赵元任（2005：333）认为"介宾短语作补语，限于'到、在、给'，如'走到家里……住在上海'等"。朱德熙（1982）指出，现代汉语中有许多动词本身不带宾语，但这些动词在跟趋向动词或"在""到"等词组合成述补结构的情况下，后面通常能带处所宾语。补语位置上的"在""到"有一个弱化形式·de。

第二，将该结构看作动宾结构，结构层次为[[动+介]+宾]。代表性学者有：蒋同林（1982）、朱德熙（1985）、胡裕树（1962）、吴启主（1990）、赵金铭（1997）、董晓敏（1997）、邢福义（1997）、董秀芳（1997）、范晓（1998）、吴守华（2002）、林华东、蒋艳（2005）、张云徽（2005）、齐沪扬（2005）等。如胡裕树（1962）从五个不同的角度，对该结构进行格式鉴定。其一，语音标准。主要看在语流中的停顿情况，如果"动+介"结合紧密，韵律一般停顿在"动+介"的后面，而不是在介词的前面。其二，添加法测试。如添加时态成分"着、了、过"，看看是添加在动词的后面，还是"动+介"的后面。其三，并列格式测试。其四，语义认定。如果将"动+介+宾"分析为动补结构，语义上讲不通。其五，删除法。有些介词可以删除，用和不用，并不影响表达，如"放在书桌上"可以说成"放书桌上"。

赵元任（2005）认为介词P在动词后一般读轻声，VP中间不能停顿，也不能插入别的词，所以P是V的"后附"成分。蒋同林（1982）认为，在"V+P+NP"这类短语中，V与P结合紧密，可以看成一个整体，语法功能上相当于一个复合动词，而"V+P+NP"中的NP则可以看作是整个动介复合词的宾语，即将"动+介+宾"整体视为动宾结构。胡裕树（1962）认为，出现在动词、形容词之后的"于、在、往、向、自、给、到"这类单位，有的只是一个构词成分，如"关于、对于、属于、达到、看到、感到、出自"中的"于、到、自"；有的则是一个介词，对于这种情况，可以把"站在门口"中的"站在"这种动（形）介结构当成一个整体来看待，这一动（形）介结构的作用与动词相当，其后的成分（如"门口"）则充当动词的宾语。林华东、蒋艳（2005）认为"V+P+NP"带有述宾结构的特征，并从汉语双音化和介词产生后附趋势考察"V+P+NP"结构从述补到述宾的发展过程，认为该结构述宾化是在其他结构的类推和挤压下形成的，在发展和分布上具有不均衡性。该结构中的 V 和介词的关系，往往因双音化趋势的影响而产生错位现象：介词与 NP 的关系疏远，与 V 关系靠近，音读上形成"V+P/NP"的停延格局。

第三，采取折中的方式，认为这两种分析方法均可。金昌吉（1995）认为 A 式（即 V+P+NP，如"站在桥上、飞向蓝天"）按结构分析，呈现出两可或者两难的状况。朱德熙（1982）指出，虽然"坐在椅子上"可以分析为"坐/在椅子上"，但从另一个角度把它分析为"坐在/椅子上"也是合理的。林焘（1962）也认为，如果只是考虑句法结构，上述的两种分析方法互有长短，各有利弊，因为就语言事实而言，结构分析上的两可或两难是句法历时演变在共时平面上的一种具体表现，"重新分析理论"便是以这种同一语法格式在结构分析上存在的分歧为基础的。究其原因，是动词后的介词处于虚化的中间状态。从语音、语义以及语法功能等方面来看，不同的介词往往会呈现出一系列"不稳定"的状态。总体而言，意义较为实在的"向""往"在语音和语义功能方面都相对稳定，变化不大，语音上仍读原调，语义功能上仍是指示动作行为的方向；而"在"这一介词的语音已经发生了变化，就北京口语而言，"在"已经弱化为轻声，而它在语义上既能表示时间，也能表示处所；"自""以"基本是仿古的用法，是用来模仿文言的，所以在口语和书面语这两方面都很少使用；"于"因为在书面语中的使用时间较长，所以语义较为空泛，这就导致了现代汉语中许多"动（形）+于"形式都不能拆开来理解，在语法上，"于"附着在动词或形容词之后虚化为词素的情况也是这些介词中最多的。其实，无论是分析为动宾结构，还是分析为动补结构，因为看问题的角度不同，得出的结论也略有差异。词汇双音化是"动+介"由述补结构演变为述宾化的外部因素，而介词前附于动词，与动词紧密结合的过程实质上是动词对介词主动牵拉的过程（即动介词汇化）；另外，部分介词的语法化使得介词语义指向弱化，导致介词在介宾短语中被排挤出来。该过程使"动+介+宾"结构成分之间的关系由述补重新分析为述宾。

其次，"动+介"的性质问题。

吕叔湘等（1999）指出，"给、在、向"这三个介词常常在动词后面出现。如果"给、在、向"前的动词是单音节的，则这一单音节动词就会和这三个介词共同构成一个语音段落，从而对语法产生影响。"卖给或者借给公社"不能说成"*卖或者借给公社"，而这一结构中的"给"字属于前面还是属于后面似乎都是合理的。可是如果要加上时态成分"了"，则"了"只能加在"给"后面，而不能位于动词"卖"和"借"之后，所以把

"给"看作是属于前面会更有说服力。除了"给","在"和"向"也倾向于附着在单音动词之后。双音动词后面不出现这种情况。此外，吕叔湘（1984）认为，从古汉语里吸收来的"于、以、自"在语音上也倾向于前附着于动词或形容词。一个介词从位于动词之后演变为附着在前面的动词上，也是说得通的。但他认为"到"跟"给、在、向"等的用法有所不同。对"V+P"的性质，大体有如下看法。

第一，认为"V+P"相当于一个动词。代表性学者有胡裕树（1981）、吴守华（2002）、齐沪扬（2005）、董秀芳（2009）、冯胜利（2013）等。胡裕树（1981）指出，动词或其他词语后可以直接附着"在、向、于、往、给、自"等介词，形成一个整体，整个"V+P"结构在语法上可以视作一个动词。如"落在无产阶级的身上""好在大家都知道""走向胜利""习惯于这样做"等①。吴守华（2002）将"V+P"整体认定为"一个语音段"，认为"V+P"是一种特殊的临时挂靠形式，它的语法功能与动词相当。齐沪扬（2005）也认为应该把"走向、献给……"等当作动词。张云徽（2005）、董秀芳（2009）、冯胜利（2013）等学者也有相似看法。

第二，认为"V+P"是动介组合体或动介式短语词。代表性学者有范晓（1998）、吕文华（2001）等。范晓（1998）将"V+P"称为"动介组合体"，并指出有些动介组合体可能会逐渐凝固为一个复合词，这是因为语法现象在使用过程中是不断发展、变化的。一旦"V+P"成为复合词，该词就可以进入词典了。吕文华（2001）将"V+P"命名为动介式短语词。在动介式短语词中，动词和介词紧密黏合在一起，且动介式短语词必须跟宾语。基于这些特点，有部分学者认为动介式"V+P"是复合动词。在实际的语言应用中，曾有一段时期对外汉语教学中确实将动介式中的介词"到、在、向、往"等当作动词来处理，把"动+到/在"看作动结式②。

第三，认为"V+P"是复合动词。代表性学者有吕叔湘（2010）、王艾录（1982）、赵金铭（1997）、董秀芳（2011）等。吕叔湘（2010：19）

---

① 参见胡裕树：《现代汉语（增订本）》，上海：上海教育出版社，1981 年，第 329 页。《暂拟汉语教学语法系统》把这类词组看作"正+偏"的偏正词组，如把"走向胜利"分析为介词结构"向胜利"作动词"走"的补语。上海师范学院中文系汉语教研室编《语法（修订本）》则将其作为动宾词组处理："走向"相当于一个动词，"胜利"是它带的宾语。原因是：第一，语音停顿在介词之后，不在介词之前；第二，如果加上时态助词，则不加在介词之前，而加在介词之后，如"走向了胜利"；第三，分析为介词结构作补语，这往往讲不通，如"好在他不知道""忠于和热爱人民""借给学生"。

② 指《汉语教科书》（时代出版社，1958 年出版）；《基础汉语》上下册（商务印书馆，1971 年出版上册、1972 年出版下册）。

指出"可以把动词加介词整个地当作一个复合动词"。肖伟良（1982）认为"于"附着在动词、形容词等词语之后，与这些词紧密黏合在一起，从而构成了一个具有相对独立性的复合动词，也就是说，"于"不是介词，而是构成复合动词的构词成分^①。"于"一旦和别的词根结合，就凝结成一个整体，即复合动词。王艾录（1982）将"V 在"分析为一个复合动词。赵金铭（1997）认为在例子"我睡到大床上"中，"到"与"睡"结合紧密，是动词后缀，"睡到"是一个准复合词。董秀芳（2011）认为当介词后面出现体标记时，就能够证明动词与介词之间的结构关系经过了重新分析，"V+P"成为一个整体，临时性地被看作一个合成动词。现代汉语中动词和引进目的地的"到"之间不能插入副词，副词必须放在"动+到"之前，这可以证明"动+到"已经临时被重新分析为一个复合动词了。

第四，将"V+P"称为动介复合词。代表性学者有蒋同林（1982）、陈昌来（2002a）等。蒋同林（1982）把"V+P+N"这类短语中的"V+P"认定为复合动词，而"V+P"后面的体词则是复合词所带的宾语。陈昌来（2002b）称"V+P"为"动介复合词"，由于介词的虚化以及语音上的前附性，少数介词可能倾向于同前面的动词组成述补结构，这说明少数介词可以作补语。这是介词在进一步虚化过程中的一种特殊现象，因为有相当一部分动词是"动"语素加"介"语素构成的"动介"复合词，如"善于、长于、属于、在于、限于、乐于、趋向、倾向、倾向于、加以、难以、借以、予以、给以"等。

当然，正如戴云（2010）分析的那样，将"动+介"（也有文献写作"V+P"）处理成动结式短语词（复合词）有两种操作办法。第一，当"V+P+O"构式中的"V"为单音节动词时，将"V_单+P"处理为词，这一分析是可行的，具有一定的合理性。第二，当"V+P+O"构式中的"V"为双音节动词时，仍然将"V_双+P"处理为词，看作是动结式短语词，这种办法是行不通的。其实，"V+P+NP"结构中的"V+P"是一个原型范畴，判断"V+P"是词还是非词，除了韵律（音节的多寡），还涉及其他因素，如句法、语义、语体等。我们认为"V+P"作为一个原型范畴，内部成员的地位并不是平等的，有核心成员，也有边缘成员。核心成员一般具备范畴的特征最多，如同认知语言学对"鸟"范畴的认知那样，具备"有翅膀、会飞、有

---

① 肖伟良（1982）还指出：介词"于"和作构词成分的"于"，读音也不同。动词前作介词的"于"，读阳平；附在动词或形容词之后，作构词成分的"于"，意义变得更虚，读音也发生变化，一般读轻声。

喙、有细长腿"等特征越多，越是"鸟"范畴的典型成员，如"麻雀""知更鸟"。像"在于、敢于"等，可以视为"V+P"范畴中的典型成员，它们意义凝固、互信息（mutual information，MI）值高、语感认同度高、一般为词典所收录，换言之，具备范畴的特征最多；而"控制在、设置在"等，是"V+P"范畴中的不典型成员，它们语义透明度高、融合度低、MI值低、语感认同度低，一般未被词典所收录。

再次，对"V+P+N"结构中 P 的性质的讨论。

"V+P+N"结构中的 P，先后有动词说、介词说、词素说和助词说等。丁声树等（1961）将"给/在/到+NP"分析为次动词加宾语的结构，将"在/到/给"称为次动词。赵元任（2005）将放在动词后的"在、到"称为第二动词。吕叔湘（1999a）将"到"称为趋向动词。胡裕树（1981）认为 P是介词。范晓（1998）称 P 为弱化动词。张纯鉴（1980）认为，"向、在、到、给"等词位于动词后面时，已经不具备介词的功能，只能看作是构词成分。董晓敏（1997）将单音节动词后的"在"称为"后缀性附加成分"。邢福义（1997）将双音节动词后的"在"命名为"结果性后补成分"。吴守华（2002）认为 P 是"指向助词"。李文莉（2003）提出了 P 的一条虚化链：介词—助词—词缀。林华东、蒋艳（2005）提出了 P 为标记词的说法。

关于动词后介词的虚化的讨论。金昌吉（1995）提出了介词脱落的条件，即动词后的 NP 由表示处所的名词或方位短语来充当，而且 NP 的长度要短；同时，他还指出，如果位于动词之后的介词处于正在继续虚化的过程中，就虚化程度而言，不同的介词之间会有所差异。张谊生（2010）认为：汉语中存在着三音节的"V/A 于"词语连续统，可分为专用和通用两类；同时，因为"V/A 于"词汇词在形成的过程中，几乎所有的附缀"于"都可以发生脱落，所以几乎不存在真正的"V/A 于"三音节词汇词。从进化性质的角度来看，从附缀"于"脱落到"V/A 于"属于功能转化，这是一个发展过程，而从附缀体"V/A 于"到零形化"V/A 于"是一个演化过程，要经历由语用变异到语法规则的演变。再者，无论"于"的附缀化程度是高是低，"于"的脱落都可以使原形容词和不及物动词后能够带宾语。双音节音步的韵律制约是附缀"于"会发生脱落的最基本的动因，此外，附缀"于"实质上是羡余的，而零形式又能满足严整、简洁的语用需要，所以语言的经济性原则也促使"于"向零形化方向发展。

戴云（2010）认为动词后的介词有脱省的趋势。在口语中，介词的虚化一般表现为读音弱化（如朱德熙先生考察北京话中"到、在"有时弱化为 de·），有时出现音节脱落（张谊生讨论"于"的脱落，将其称为零形化）；如果是书面语中，动词后介词的脱省，有时是基于韵律调整的原因，"单音节动词+单音节介词"形成一个音步，韵律和谐；如果是双音节动词，后面的介词往往直接脱落，如"放在床上"说成"放床上"，"躺到桌子上"说成"躺桌子上"。金昌吉（1995）认为从历时演变的角度来看，汉语中的介词一般都是从动词发展演变而来的。有的演变已经完成，如介词"把、被、从"等；有的演变并未完成，还在语法化的过程中，如"在、给、比、替"等。"动+介+宾"是处于发展过程中的一种句法结构，对该结构的认识，要采取新的视角，因为该结构的成员，个性强于共性，其中的 8 个介词（地位不等，虚化程度不一），以及进入结构中的动词也各有差别，多寡不一。"动+介+宾"构式中的成员，具有鲜明的个性特征，所以我们逐一探讨 8 个构式的构式化和构式演变，最后从个性中归纳出一定的共性特征，即"动+介+宾"构式共同的演变动因、演变机制、演变规律。

此外，是对"动+介+宾"结构的语义模式与认知场景的研究。邵敬敏、周娟（2008）着力于该结构内部的语义组合，进行了系统性考察，共得出 4 大类 22 小类语义模式，并对这些语义模式的认知场景和存在理据进行了探讨。总的来说，这些语义模式可以分为起点模式、终点模式、方向模式和场景模式。但不同的介词，形成的语义模式和认知场景是有区别的，可以划分为不同类型：当事来源型、受事转移型、施事转移型（介词"于、自"所形成的语义模式）；处所终点型、时间终点型、量度终点型、方向终点型以及对象终点型（"到、至、在"所形成的语义模式）。当然，这是从整个层面做出的划分，如果具体到某个介词所形成的语义模式和认知场景，可能还会有细微的差异。因为整个"动+介+宾"结构，构成的要素不同，古今语料不同，现实位移和虚拟位移等因素的加入，使得整个结构的语义模式和认知场景可能处于动态的调整之中。

由于"动+介+宾"是一个处于发展中的构式，学者认为它既可分析为动宾结构[[动+介]+宾]，也可分析为动补结构[动+[介+宾]]，"介+宾"作补语，我们倾向于将其视为动宾结构（理由如后）。对于"动+介"结构，前贤时哲多有讨论，对其性质的讨论迄今尚无定论。我们觉得可以借鉴认知语法理论，将"动+介+宾"结构处理为一个原型范畴。其一，在"动+介"结构中，有些成员具备范畴的特征最多，为典型性成员，如"在于"（词典收录、MI 值计算、边界消失、组块效应等可以证明），它们只是"动+介"结构中的一部分，是"动+介"结构中的典型性成员。其二，有大量的"动+介"结构形式处于典型性成员和非典型性成员之间，既具有典型成员的某些特征，又有非典型性成员的某些特征。其三，有部分"动+介"结构形式就目前而言只能视作短语（如双音节 V+介词），可能还没有开始词汇化，如"打倒在、保存在、控制在"等。其四，进入结构的 P（于、自、到、至、向、往、在、给）的虚化程度不一，有的已经演化为词内成分（如"在于、勇于、敢于"中的"于"），有些介引功能明显（如"安置到、分布在"中的"到、在"），有些还不确定是不是词内成分（如"大于、放在"中的"于、在"）。由于这些介词的来源和演化路径各有特色，虚化程度不一，对它们进行归纳分析时，有时的确很难精准定位。为此，我们把研究的重点放在 P 是介词或介词性语素且"动+介"是动词性结构这一情况上。因为 P 的不同，组配而成的"V+P+O"的情况也不同，所以除绪论部分进行整体情况介绍外，后面各章将按照不同的介词，进行个案的讨论，希望最后通过对个案的研究，探讨出构式演变过程的共性。

国外学者主要从类型学与认知语言学角度对介词进行研究。前者将介词（前置词、后置词）作为语序类型学的核心参项之一，其普遍性与介词在小句语义结构中的赋元作用有关。Vanvalin（1992）将介词区分为"谓语性"介词与"非谓语性"介词；Traugott 和 Heine（1991）将介词分为基本介词和次级介词；Lehmann（1992）关注介词语义抽象度和句法行为之间的相关性。后者如 Brugman（1988）、Lakoff（1987）、Brugman 和 Lakoff（1988）、Taylor（1988）等对英语中的 over、out、up 等介词的认知空间、模式、意象图式进行了研究。Brinton 和 Traugott（2005）的词汇化理论也关注介词的研究。此外，是对于介词并入的研究，如 Gao（2005）等探讨相邻语言单位的结合问题，频率理论主张语言单位的结合是高用例频率的产物（Krug 1998；Bybee and Scheibman 1999；Bybee and Thopmson 2000；Bybee 2002 等）。

纵观已有的研究，存在如下不足：①多侧重形式，很少涉及语义；②研究对象具有不平衡性，"在、到、于"及其变体"de"研究较多，其他介词研究较少；③句法-语义的互动对结构的影响研究不多，不同的介词、动词、宾语及其相互之间的互动研究不够；④学者大多从理论角度进行定性研究，很少从语料库语言学角度，通过定量和定性结合的方法展开研究。

1.3　国外构式语法的研究进展

构式语法已经有 20 多年的研究历史，在此期间，它引起了形式主义者、功能主义者、心理语言学家、神经语言学家、语言习得研究者以及研究语言变异和演变的语言学家的兴趣。正如 Goldberg（2013）所论述的那样，构式语法是发展最快的语言学理论，也是发展最快的跨学科语言研究方法论。许多研究者以构式作为各自语言理论的基础（Fillmore et al. 1988；Goldberg 1995，2006；Croft 2001；Sag et al. 2003），比如语言习得（Tomasello 2003；Ambridge and Lieven 2011）、语言历时演变（Traugott 2008；Bybee 2010）、形态学（Blevins 2001；Spencer 2001；Booij 2002，2005）、程序处理（Gries 2003）和机器学习的理论（Bod 1998；Perfors et al. 2007）等。但因语言自身的丰富性和复杂性，构式语法本身也存在方法上的分歧，事实上也形成了不同的研究志趣和方向。总体来看，构式语法是一种语言描写的假设理论方法，凡将其称为构式理论方法的学者，都遵循基本相同的观点和方法。这些共有的观点和方法体现在构式语法主将 Goldberg 的一系列论述中。

Goldberg（2003，2006，2013）对于构式语法论述的主要成果有：《构式：一种新的语言研究理论方法》（"Constructions: A New Theoretical Approach to Language"）；《构式的作用：论语言的普遍性》（*Constructions at Work: The Nature of Generalization in Language*）；为《牛津构式语法手册》（*The Oxford Handbook of Construction Grammar*）所写的《构式方法论》（"Constructionist Approaches"）等。Goldberg（2013）认为，构式存在的前提是说话者的语言知识是基于他们所听到的语言而学得的形式功能系统集合，而且她相信，作为形式意义配对的构式能够解释语言的外围和核心部分，目的在于"考察语言的普遍性"，也就是"构式如何以及为何被学得，跨语言和语言内部普遍性能够如何得到解释"（Goldberg 2013：3）。她通过构式、普遍性的学习和普遍性的解释三个部分的阐述，系统地解释了构式理论背景、构式主义方法及如何基于用法来分析具体构式；更重要的是，解释了普遍性支配下的语言内部和跨语言形式，奠定了构式语法发展的基础。Goldberg 强调所有构式方法论共有的基本假设，并将它们与主流的生成语法区分开来。她提出四个原则，用于区分构式语法和 Chomsky 提出的生成语法，这四个主要原则是：①将语法结构的短语和小句作为语法构式进行分析；②关注表层形式，并回避由转换或派生所导致的结果；③主张构式构成网络；④对跨语言可变性的认识和仔细分析，关注其在跨语言普遍性形成的一般认知过程中的作用。

除 Goldberg 外，其他构式语法学家也展开了一系列的相关研究，如构式语法系列出版物"语言研究的构式方法系列丛书"（*Constructional Approaches to Language*，2004—2019）、集构式语法研究大成的《牛津构式语法手册》、语言演变视角下的《构式化与构式演变》（*Constructionalization and Constructional Changes*，2013）、交叉学科应用的《构式语法领域的扩展》（*Extending the Scope of Construction Grammar*，2014），以及构式语法应用于教学的《构式语法及其在英语中的应用》（*Construction Grammar and Its Applications in English*，2014）等，这些专著的出版，展示了构式语法对语言进行充分描写、充分解释所取得的成就，标志着在"构式语法"这一旗帜下，"构式语法"本身的日趋成熟。

1.3.1 构式语法中的"构式"

构式语法中的 construction 一词源自古罗马 Cicero 的用法，并在 Modistae 语法、Bloomfield 的结构主义中出现（Baicchi 2015）。Chomsky 也使用了 construction 这一术语，只不过将其视为语言附带现象，以及普遍原则和参数设置互动结果的结构集合（Chomsky 1995）。这些 construction 的含义与当前构式语法中的"构式"含义大相径庭。

从 Fillmore（1985，1988）、Fillmore 等（1988）、Lakoff（1987）等早期文章来看，构式语法学家所使用的 construction 完全不同于生成语言学的概念，而是把它作为语言描写的基本单位，是语言使用者大脑中的现实心理实体，其目的在于最终为外围特征和核心语言特征提供统一解释，从而解决生成语法学家"为了聚焦于核心系统，没有考虑那些由历史事件、方言混合、个人特性等情况所导致的语言现象"的问题（Chomsky 1995）。简单地说，构式语法学家就是通过 construction（构式）将所有语言特征和语言解释直接联系起来，无须任何中间层级。

在构式语法发展的近 30 年里，对"构式"本身的阐述有一个发展过程。这个过程不仅反映在其定义的变化中，也体现在构式语法学家使用构式方法处理各种语言现象的论证中。对构式给出明确定义的是 Goldberg（1995：4），她还多次对构式进行定义：C is a CONSTRUCTION iff def C is a form-meaning pair<Fi, Si>such that some aspects of Fi or some aspects of Si is not strictly predictable from C's components parts or from other previously established constructions.（当且仅当 C 是一个形式-意义的配对<Fi，Si>，且形式 Fi 的某些方面或意义 Si 的某些方面不能从 C 的构成成分或从其他已有的构式中得到严格意义上的预测时，C 便是一个构式。）

通过这个定义，Goldberg 肯定了构式是语言的基本单位。她认为动词短语可被当作构式，如果动词短语的形式或者意义上任何一点不能从其组构成分特征或者其他构式中推测而出的话，它就是一个构式。也就是说，语法构式认定的条件是其意义或者形式不能在组构上从其他现存的构式中推演而出。正是由于她的论述,许多人将不可预测性作为构式的判断标准和原则。她特别指出,理解构式的理论前提是承认语素是构式,因为它们是不能通过其他任何事情进行预测(Saussure 1916)的形式意义配对。她还专门提到,认可这一定义,就是承认词库在构式语法中并没有什么独特之处,词库同句法一样都是形式意义的配对,只存在内部的复杂性和具体语音形式的差异。构式的集合是构成关联信息的高度结构化网格(Goldberg 1995),是人类普遍知识的一部分。语言构式不仅展示了相互关联的原型结构和形式网络,而且组织了其他知识类型功能的传承和语义网络优先系列(Jurafsky1992;转引自牛保义 2008)来解释语言知识。

在这个论述之前,Goldberg 明确提出她的构式语法研究思想是从 Fillmore(1985,1988;Fillmore et al. 1988)、Fillmore 和 Kay(1993)、Lakoff(1987)、Brugman(1988)、Kay(1990)、Goldberg(1991;1992)、Michaelis(1994)等人的研究中逐渐提炼形成的,她认为确定一个构式存在的条件是,其本身的一个或多个特征无法严格从语法中其他现存的构式中推测出来。

在理解形式与意义两者的不可预测性时,Goldberg(1995)是以组构性来予以说明的。在回顾 Frege(1967)、Dowty(1979)、Jackendoff(1990)等人的观点后,她以荷兰语非人称动词被动语态和英语 way 构式为例,说明组构性就是词汇项意义整合为构式意义。

Goldberg(1995)的被广泛引用的构式定义实际上包含了三个重要的概念。首先,构式将语言形式与意义配对。其次,构式是一个知识单元,而不是一个可以不参考说话者语言知识来描述的形式。最后,构式具有不可预测性。构式被定义为一个形式意义对,其形式方面或意义方面是不可预测的。可见,Goldberg 的构式定义有三个方面的特征:第一,一个构式将语言形式和语言意义进行配对;第二,构式是知识单位,是不能脱离说话者语言知识而存在的形式;第三,不可预测性是配对的形式或意义其中之一不可预测。在形式或者意义方面的不可预测性标准具有非常好的诊断效果,也是使用最广的构式判断依据。如果一个语言表达的意思不能从它的各个组成部分的意思中推断出来,那么说话者必须把这个表达作为一种形式意义对来学习,也就是作为一种构式来学习。

Goldberg(2003)重新对构式进行了定义。对此定义,Goldberg 做出了几点说明:第一,构式的不可预测性判断依据是指形式或功能不能严格地从其组构成分或其他已知构式中推测;第二,构式是被存储的,能够预测的原因是使用频率高。较之 1995 年的定义，构式的基本内容和判断依据一样，但是强调了构式的本质是存储在说话者语言中的形式与意义的配对知识，确认了其认知根源和实质。另外一点是，明确构式涉及各种语法层级，体现了"所见即所得"的构式主义方法原则。Goldberg（2003）总结了构式语法的七条原则。①语言描述的所有层级都理解为形式同语义或语篇功能的配对，包括语素或词、习语以及部分词汇和完全抽象的短语模式；②重点放在想象事件和事物状态细微方面；③对句法形式的判断采用"所见即所得"方法，认为不存在句法隐含层级和音韵的空位要素；④构式是根据一般语言输入和认知机制来学得（被识解），而且在跨语言层面上有变化；⑤跨语言的普遍性是通过寻求所涉及构式功能的一般认知限制条件来得以解释的；⑥具体语言构式的普遍性是通过网络传承来捕捉的，如同非语言知识的传承获得假设一样；⑦整个语言知识全部都是通过构式网络来捕捉：构库（construct-i-con）—自我—图示。

　　语言知识不仅包括理解所说的每件事的能力，还包括讲地道语言的能力。为了适应语言知识的这一重要特征，Goldberg（2006：5）对构式的定义提出了修改："只要形式或功能的某些方面不能严格地从其组成部分或其他被认为存在的构式中得到预测，那么任何语言模式都被认为是一种构式。此外，即使它们是完全可预测的，但只要它们以足够的频率发生，这些模式也被存储为构式。"不同之处在于：第一，将构式看成是语法分析必不可缺的部分，确认构式语法的存在意义；第二，将构式看成是被习得的，回答了运作机制方面的问题；第三，同形式配对的意义不仅是语义，还包括语篇功能义，这一点是一般语法理论所不包含的，显示了构式语法分析的适应性和适用面。可以说，Goldberg（2006）对构式语法的系统论述，为构式语法的进一步发展奠定了扎实的系统理论基础。后来的构式语法学家，无论其运用的方法原则和手段如何，核心概念均同此定义。

　　Goldberg 指出构式被定义为约定俗成的、在各种复杂和抽象层面所学得的形式功能对子（Goldberg 2003，2006）。这个定义强调了词和更大的短语单位之间的共性。Goldberg（2013）再次提出了所有构式语法应遵循的五点标准。①语法系统的基本单位是构式。构式是约定俗成的形式语义配对（Lakoff 1987；Fillmore et al. 1988；Goldberg 1995，2006）。②语义结构直接投射到表层句法结构，不存在派生（Goldberg 2002；Culicover and Jackendoff 2005）。③语言像其他认知系统一样，是节点和节点链接构成的网络。这些节点是通过传承等级形式联系起来的（分类关系能够说明低层次构式特征在多大程度上可由更高层构式预测得到，见 Langacker 1987；

Hudson 1990，2007）。④跨语言（方言）的变体可用多种方法解释，包括普遍域的认知过程（Bybee 2010；Goldberg 2013 等）、具体种类构式（Croft 2001；Haspelmath 2008 等）。⑤语言使用塑造语言结构（Barlow and Kemmer 2000；Bybee 2010）。这一点是多数构式方法所共有的，但不一定必须具备。从这个论述来看，构式作为形式功能配对已经成为惯例，而且传承了 Goldberg 在 2003 年和 2006 年的阐述。正如 Goldberg 认为的那样，她对构式的定义得到了大家的普遍认可。从《牛津构式语法手册》使用 Goldberg 的文章作为手册的原则和方法部分的开篇之作来看，这一点也是毋庸置疑，正如张克定（2014）评价《牛津构式语法手册》时所说的那样，它是构式语法最权威的参考书，反映构式语法研究的最新进展。我们认为《牛津构式语法手册》的出版，表明构式语法作为一种语言分析的理论和方法，正式形成体系，其奠基作用在于 Goldberg 对构式的定义进行的不断探索和论述，最终达到了前所未有的受欢迎程度和理论高度，以至于后来涉及构式语法的专著都遵循了该定义。

Traugott 和 Trousdale 所著《构式化与构式演变》几乎和《牛津构式语法手册》同时出版，作者将构式语法同语言演变的理论结合起来，进一步解释了构式的变化机制和类型，从语言演变角度证明构式语法的解释性。在谈到何为构式时，作者写道："（7）[[F]⟷[M]]……（7）中的双向箭头取自 Booij（2010），表示形式和语义间的连接，外面的中括号表示这个形式语义的配对是一个惯常化单位。"可见，这里作者对于构式的理解基本与 Goldberg（2003，2006）相同。

Colleman 和 Rutten（2014）在《构式语法领域的扩展》中指出：大约 10 年前，Goldberg 总结了构式方法论的一个基本原则——将整个语法看成是由约定俗成的形式意义对子所构成的网络，常被引用的名言"探索路上构式无所不在"（Goldberg 2003，2006）显示了学者将前人所提构式语法研究进一步推进的决心和信念。

与此同时，Hilpert（2014：2）认为 Goldberg 以及其他构式语法研究者都将构式当作语言形式和意义配对的语言知识单位，认为语言知识是由构式网络构成的。他说："具体来说，本书采用构式的定义是那种形式特征不可预测或者具有非组构性意义，或者因使用频率高而被记住的形式-意义配对。"所以，构式语法是一种语言知识理论。因此，"构式"首先是一种认知层面的概念，也就是说话人的语言知识。更具体地说，一个构式是说话者在遇到许多语言形式时都会用到的一个普遍性概括。

Hoffmann 和 Trousdale（2013）在《牛津构式语法手册》中认为构式

源自 Saussure 的语言符号论，把语言符号当作形式（声音模式/能指）和意
义（思维概念/所指）的任意和约定俗成配对。Saussure 对符号的这一扩展
概念被称为"构式"（包括语素、单词、习语和抽象的短语模式），探索
这一概念的各种语言学方法都被称为"构式语法"。因此，构式语法学家
认为所有的构式都是词汇-句法连续体的一部分，而不是假定词汇和句法有
明确的区分（Fillmore 1988；Jurafsky 1992；Goldberg 2003）。构式语法为
语言特殊的"外围"和"核心"特征提供了一个统一的分析，并不借助转
换/派生或使用空元素来实现这一点。相反，说话者的心理语法被认为是由
图式和实体构式（"构式"）组成的网络构成，而且它是由一组特定话语
集合（"构例"）所强调的构式平行激活。这种把语法看作构式心理网络
的观点，最近得到了大量第一和第二语言习得、心理语言学和神经语言学
等方面独立研究的实证支持。此外，构式主义方法也为语言的历时演变、
社会语言学、方言和话语变异提供了新视角。

　　总之，构式语法根植于 Saussure 的语言符号论，产生于对主流生成语
法和认知语法的反思，注重语言描写和解释的充分性。构式作为构式语
法的核心概念，对其定义既有语言观的大背景，也有现实语言事实为依
托。如何判断构式的内部网络关系则需要系统地整合各种构式语法方法
的阐述。

1.3.2　构式的判断标准

　　根据构式语法对于构式的定义以及遵循的原则，如何判断一个语言表
达是否是一个构式成为一个核心的议题。按照 Hilpert（2014）的论述，构
式的判断可以采用四个策略。

　　第一，是否同规范的语言表达形式有出入。这种判断策略与 Goldberg
的不可预测性标准有关，尤其适用于语言表达的形式。如果一个语言表达
表现出与规范语法模式不同的形式特征，那么这个语言表达就可以称为构
式。确定一个表达同规范表达的形式偏差可以有许多的方法，Hilpert 以英
文的 by and large 为例进行了说明。第一个证据是，这个表达是由介词、连
接词和形容词按顺序组成的短语，这在英语语法中是非常独特的。一般在
"acquainted with and supportive of the school aims"中，with and supportive
并不能独立成为一个表达成分。第二个证据是，如果形容词 large 被同义形
容词 big 代替，by and large 就会变得完全不可理解。根据这两点证据得出
的结论是，没有更广泛的概括可以让说话者产生或理解 by and large 这个表
达，除非将它看为一个构式。尽管形式上的不可预测性并不是判断构式的

必要标准，但形式上的特性是将其称为构式的绝佳证据来源。

第二，是否带有非组构意义。这一点与 Goldberg 所陈述的构式意义不可预测性标准有关。听者能否通过将一个表达的各部分的意思结合在一起来理解它的意思？还是说整个表达的意思除了这个之外，还有别的不能理解的意思？如果一个表达的意思是"超过其各部分的总和"，那么就有证据表明这是一个构式。非组构意义在习语中是自足的。一个将英语作为第二语言的学习者可能知道这些习语的所有组成词，但并不一定能得出它们的整体含义。其实存在这样的表达方式，可能没有那些修辞手段那么突出，但是它们仍然传达了非组构意义。一般大家都理解 in winter 传达的意思是"在冬天"，或者"How has your day been?"是开始一段对话的传统方式。第二语言学习者理解这些表达方式不会有什么困难，但他们事先并不知道这些表达有各自典型、惯用的方式。识别非组构意义本质上要求听者"装傻"，假装如果不能理解一个表达式的组成部分的意义就无法理解整个表达的意义。从这一点来看，需要理解构式语法中所说的"压制"概念，它对构式的非组构意义而言非常重要。构式语法中的"压制"，描述了一个词汇项的意义可能会随着结构语境的不同而系统地变化的现象。Michaelis（2004：25）解释说："如果一个词汇项在语义上与其形态句法语境不相容，那么该词汇项的意义就遵循其所嵌入结构的意义。"这意味着，在这个过程中，构式可能会超越词的意义，创造出非组构性的构式意义。这里说的"形态句法语境"就是词汇项所在的构式，它有能力改变或抑制该词汇项的某些语义特征。当词的意义可在一个构式的语境中变化时，便会形成典型的构式压制效果。为了说明这一点，Hilpert 使用的例子是"Three beers please!"。常规来看，这个句子里 beer 是不可数名词，在语义上同数词 three 不兼容。但是现实中却经常使用这个句子，唯一的解释是形态句法语境给 beer 的默认意义强加了一个解释：这个例子里 beer 指的是三个单位的啤酒，是装在瓶子或玻璃杯里的。可见，这里特定的构式将不可数名词转化为可数名词使用。

大量的压制效应，如语言学上经典的例子"John sneezed the napkin off the table."或者"She smiled herself an upgrade."，都能从构式压制中得到解释，同时也为构式是承载意义的符号单位这一观点提供了有力的论据。毕竟，这些示例意义的唯一解释就是动词如"打喷嚏"或"微笑"有非常具体的语义特征，即"因打喷嚏而沿着路径移动"或"代理和接受者之间通过微笑的方式导致善的转移"。Goldberg（1995）指出，构式语法排除了假定这些难以置信的动词意义的必要性。在语言知识的字典语法模式中，没有其他选择可以用于解释这些语言现象。

　　第三，是否有特定的表达限制。特定的表达形式涉及构式的形式和意义两个方面。Hilpert 假设有一个这样的句子"The dog over there is asleep."，粗略地一看，大家会觉得这个句子似乎是完全不值得关注的。就其结构而言，这句话的每一部分都可以作为普遍英语语法某种方式的实例来分析：the dog over there 是一个包含介词短语的有定名词短语结构，同 the book on the table 一样。整个表达是一个谓词结构的实例化，也可以有 The book on the table is new 这样的类似表达。尽管如此，这个例子还是需要进行构式分析。实际情况是，asleep 这个形容词所属的英语形容词词类，它们的出现有一种特殊的限制：不能作为定语使用。我们可以说 an interesting book，但英语语法不允许说 the asleep dog。显而易见，我们必须学习类似形容词的这类限制，而且有证据表明，语言学习者会密切关注诸如 asleep 等元素出现和不出现的语境（Boyd and Goldberg 2011）。所以，对形容词（如 asleep）的位置约束构成了语言知识的一部分，需要将其包含在构库中。

　　识别构式在使用上的特殊限制，并不像识别不可预测的形式或非组构意义那样简单，因为这样的例子大量存在，而且并没有提示表明它们有什么特殊的地方，除非学习者已经具备相应的使用知识。如果在语料库中找一个例子，比如"The dog over there is asleep."或者"I have long known your father."，语料库并不会告诉学习者任何可能会影响该表达式组构部分的约束规则。用 Chomsky 的话表述就是"语料库从不告诉你什么是不可能的。事实上，它甚至没有告诉你什么是可能的。"Aarts（2007）与 Chomsky 的观点相反，他认为如果使用定量分析工具，语料库实际上是两者功能兼而有之（Stefanowitsch 2008，2011；Goldberg 2011）。Hilpert（2014）评价说，如果把这句话改成"一个孤立的例子永远不会告诉你什么是不可能的"，Chomsky 的话还是有道理的。事实上，语料库并不能告诉学习者什么样的表达是可能的。"那么，如果是这样的话，我们怎么能确定什么是可能的，什么是不可能的呢？"长期以来，语言学家通过举例来探讨这个问题，并运用他们的直觉来判断这些例子的语法正确性。把直觉作为唯一的证据来源，在方法论上是很有问题的（Schütze 1996）。当然，不承认语言直觉也是错误的。直觉实际上是分析特殊限定所必需的，但它们只反映事实的一部分，并不能反映整个语言事实。对于结构和相应约束条件的分析，Hilpert 建议使用直觉来构造示例，并在大型数据库中检查这些示例，如在万维网上可以免费访问的 Mark Davies 语料库。首先，搜索与这些句子完全一致的表达式，最多改变具体的词汇项，确定各个表达所有成分的词性。然后，继续更改成分的某些形式，看看结果是否指向限制约束条件。即使直觉一开始并没有对语料库中发现了什么和没有发现什么做出"正确"的预测，但是也有可能使学习者更清楚地了解不同的结构是如何使用的，以及使用中存在哪些限制。

第四，表达是否有搭配上的优先性。Hilpert 认为即使一个表达式看起来形式上是规则的，语义上是透明的，也不存在明显的约束，但它仍然可能是一个构式，而不是一个更一般语法模式的实例化。他使用了"I will call you tomorrow morning."作为例子来说明这一点。这个例子是典型的英语 WILL 将来构式。问题是基于什么样的理由，可以将一个由助动词 will 和非限定动词短语组合的句子结构称为一个构式？一般的教学语法会把"will+verb"表达为将来时结构，但能把它称为构式吗？结构上的不可预测标准在这里似乎是不可行的，因为有助动词与非限定动词搭配这个更为普遍的将来时结构标准。意义的非组构性在这里也不适用，很明显，整个句子的意义就是由各个组构部分构成的。那限制条件是否起作用呢？事实上，在英语中 will 和动词不定式结合是很自由的，无须特定的限制条件。因此，看起来只能承认这个句子是一个助动词+不定式构式实例化的构例。然而，有证据表明并非如此。尽管 will 可以与英语中的任何动词组合，但是来自语料库的数据显示，will 在某些动词前出现的频率要高于其他动词。Gries 和 Stefanowitsch（2004）分析了 will 和 be going to 的搭配偏好，发现这两个表示未来时间的表达方式在与动词类型组合上有明显不同的偏好。Hilpert（2008）通过语料库检索得到的结果是，be going to 倾向于与施动、瞬间、及物性高的动词结合。相反，will 则倾向于与非施动性、持续性和及物性低的动词结合。Gries 等（2005）进行的实验证据表明，说话人对构式和它们的典型搭配之间的关系非常敏感。所以，构库以非常详细的方式存储关于语言使用的信息，包括关于语言单元如何与其他单元结合的丰富信息。从这一点来看，完全可以说"will+verb"是一个构式。Hilpert 认为，构式到底是否具有搭配喜好，可以在语料库数据的基础上使用相对频率计数进行判断。事实上 Gries 和 Stefanowitsch（2004）开发了一种方法，被称为搭配构式分析法，并已应用于各种英语构式的检测。完全有理由相信，不仅搭配的优先性频率会起作用，而且语境性的搭配频率同样会起作用。在汉语中，我们见面就问"吃了吗？"。这里并不是问某个人吃饭了没有，而是这个句子的使用频率太高，以至于成为用来打招呼的特定构式。当然，并不排除"吃了吗？"本身的组构意义，即问别人吃饭了没有。所以，表达结构搭配频率的增加，也会成为构式的判断依据。

正如 Goldberg（2006）所说，将构式定义为形式意义对，这些形式意义对要么具有不可预测的形式特征，要么具有非组构性意义，要么有足够高的使用频率而被记住，这就是构式的判断依据所在。

1.3.3　构式语法中的"构库"和"构例"

构式语法学家不仅有共同的构式判定原则，还有共同的语言理论观。他们认为语言知识体系中的知识都是通过构式网络，也就是构库来体现的，构库就是语言知识网络。Goldberg（2003）明确地说，我们的语言知识的全部由构式网络即构库[①]所捕捉。构库是一个抽象的概念，是构式网络所体现的人类语言知识的全部。从这个层面来说，除了传统认知语言学所说的词库之外，构库所包含的范围更大，也更为抽象，类似于形式学派的普遍语法，但比普遍语法更为具体，凡语言知识皆是构库内容。也就是说，说话者所知道的任何语言知识，比如词汇、语义、句法规则等，当然也包括形态知识的屈折和派生、习语以及语用功能意义等，都是构式网络的一部分，都是构库内容之一。

"构库"这一概念的提出，形成了构式语法的重要假设，即构式网络所体现的构库就是人类的语言知识，不存在其他的各种归纳和推演。对于语言学习而言，关键是弄清构库之中的构式网络链接和节点。"构库"这一概念同传统的词典-语法模式的语法知识体系完全不同，它能够解决二语学习者学得习语知识时遇到的难题，而这是传统词典-语法模式的语法知识体系所不能完成的任务。传统的词典-语法模式的语法知识体系将词汇知识同语法知识分开，习语需要独立的目录。对于二语习得者而言，他们不仅需要建立独立的习语词库，而且需要体验独立使用语境。但是，二语习得者即使获得了词汇知识和语法知识，也不能确保能获得习语知识。因为习语本身就超越了普通的表达方式，并非固定字符串组合，而且习语结构槽通常还非常能产，这样就需要巨大的词典或者语法附录来收集全部的习语，而这一点在现实中也是不可能实现的。

Goldberg 定义了构库，专门讨论构库地位与作用的是 Hoffmann 和 Trousdale 编辑的《牛津构式语法手册》。在这本手册的简介中，两位编者提出构式语法中的词库-句法连续统就是构库，而且说话者的心理语法被认

---

① 将 construct-i-con 翻译为"构库"是按照 lexicon 类推而来，具体可见：伊丽莎白·特劳戈特，格雷姆·特劳斯代尔：《构式化与构式演变》，詹芳琼、郑友阶译，北京：商务印书馆，2019 年。

为是由图式和实体构式组成的网络（构库）构成的。构库连续统的词汇端包括遵循音韵学规定的真实结构；此外，连续体的语法端只包含可由各种元素填充插槽的抽象结构。在该手册的第三部分，编者通过构库中从词素到小句及其他语言知识层面的例子，说明如何使用构式主义方法来分析词库–句法连续统的所有（语素）句法现象类型。这些论述表明，无论是词库端特定的词汇项，还是句法端的抽象短语和小句构式，甚至是特定信息结构的中心概念（预设和断言、可识别性和激活、话题和焦点）等，都可以通过构库这个统一概念将其纳入构式语法之中进行描写和解释。而且，这些例子的阐述，本身也成为证实构库存在的有力证据。按照 Jackendoff（2002）、Goldberg（2003）、Croft 和 Cruse（2004）等的研究，构库的参数是可以用图式度的变化来表示的。Wulff（2013）以词汇和习语为例，勾画出构库的扩展图式表征图，如图 1-1 所示。

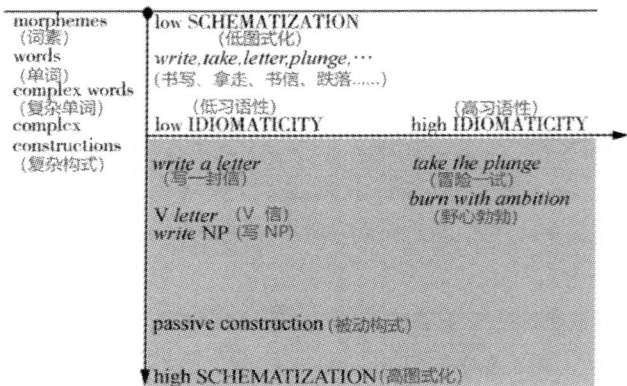

图 1-1　构库扩展图式表征图

在图 1-1 中，构库在水平轴上扩展，它跨越了横轴，横轴代表的是按照词法规则组成的结构，可以把构库当成超越文字层面的分岔，打开了一个象限空间。在这个象限空间中，构式可以根据它们的图式化程度和习语性来定位。在横轴上，一个短语的结构越靠近纵轴，它在语义和句法上就越规则；一个结构形式上越固定，而且语义越不透明，这个结构就越远离纵轴。也就是说，一个构式的整体习语性越高，其表征与构成的词汇构式的联系就越少。

Hilpert（2014）专门用一章论述构式语法的构库，系统阐述了构库所包含的内容以及构库内部的关系。他认为，构库是表示说话者语言知识的

形式意义配对知识库，这个知识库不是一个平面列表，更不是一个无序的
"构式包"，而是一个高度结构化的、层次分明的网络，在这个网络中构式
相互链接。

　　构库中的传承链接是核心概念，它表明了更抽象的构式与更具体的构
式之间的关系，前者位于构式网络的顶端，而后者位于构式层次的较低层
级。抽象构式和具体构式之间并不是简单的二分。构式普遍性是在从非常
抽象的图式到非常具体的词汇模式这样的连续体上进行确定的。因此，具
体模式在越来越多的图式层级上对更抽象模式进行实例化。构式特征，即
形式和意义的特征，是向下传承的，即从更高、更图式性的层次向更低、
更具体的层次传承。

　　传承链接不仅是语言形式问题，也是意义问题。Michaelis 和 Lambrecht
（1996）指出名词短语有时会有感叹的意义。每个名词短语的指称在一个范
围内代表了一个极端点，听众必须理解这个极端点。即使对于去文本化形
式的例子，这一点也不难做到。可以说，传承链接是更抽象和更具体构式
之间的一种关系，在这种关系中，更具体构式表现出更抽象构式的形式和
功能特征。

　　传承链接有四种类型：第一种是实例链接（Goldberg 1995），如连接
face the music 同及物动词 face 和及物构式的传承链接类型。习语 face the
music 是及物动词 face 的一种特殊情况，习语本身也是及物构式的特定情
况。第二种是 Goldberg（1995）定义的多义链接，因为这些构式是多义的。
第三种是隐喻链接，把一个构式的基本意义同一个扩展意义相连，两个相
连的意义分别代表概念隐喻的源域和目标域（Lakoff and Johnson 1980）。
第四种是子部分传承链接（Goldberg 1995），它将形式上或语义上重叠的
构式链接起来，但不允许将其中一种构式的分类作为另一种构式的实例。
除实例链接、多义链接和隐喻链接外，这些链接将构库中抽取的高低层级
联系起来，子部分传承链接还可以连接同一抽象层次的构式。因此，不仅
是一个构式连接到另一个构式，构库是具有多对多链接的网络。子部分链
接在构库中极为普遍，正是这些链接的普遍性将构库变成了一个密集的构
式结构，而不仅仅是一个构式层次。

　　解释了构库之中的传承链接类型后，Hilpert 还解释了如何看待构库中
的完全传承与冗余表征现象。在构式语法学界，有一个广泛的共识，即实
例链接是说话者语言知识中的一个重要结构。然而，涉及一个问题：传承
的信息是否只在语法中表示一次（与最普遍构式相关），或者是否传承的
信息在共享它的所有构式中都冗余地得到描写。这个问题其实是说，在构

库中说话者需要记忆和查询什么样的信息。对于这个问题的回答，构式语法学家之间存在分歧，有两个不同的假设。第一个假设是，传承的信息只存储一次，也就是同存储该信息的最普遍构式一起。这个假设通常出现在以语法知识的计算实现为主要目的的构式语法分支中。第二个假设是，只存储构式图式，而不存储它们的特定实例。由于这些信息的形式和意义都是完全透明的，说话者无须记住它们，只要知道图式就足够了，其余的问题可以解决。基于以上两个假设，Hilpert 提出第三种假设——冗余表征，即在抽象的不同层次上对相同信息进行多次记忆。一般认为，除了普遍图式外，说话者还会记住这些图式的大量具体实例。采用这一观点的主要论据来自经验证据，证据表明说话者在记忆中对语言使用事件有非常详细的记录（Bybee 2010）。这些记录包括具体话语的语音细节、话语的结构特征以及话语的语境。当然，每个记录的丰富性会随着时间流逝而消失，就像记忆一样，但是它会被新的使用事件刷新。至关重要的是，说话者不会将记录"剥离"成更图式的表征。Gurevich 等（2010）的研究表明，即使没有明确要求，说话者也能对短篇小说中的语言进行逐字记忆。因此，说话者的记忆中保留了大量的细节，导致语言知识的冗余表征。有证据表明，即使是完全规则的屈折形式也会被储存在记忆中，只要它们出现的频率足够高（Stemberger and MacWhinney 1988）。从这些证据可知，构库是基于用法的，也就是说，构库通过语言经验创造并不断受到语言经验的影响（Bybee 2010）。

　　此外，Hilpert 还论述了如何在构库中看待传统常规句法问题。构式语法在处理"正常句法"的方式上转换了视角，并没有采用一般传统的单词、词类和短语结构规则的视角。构式语法学家认为传统的句法范畴确实存在于构库中，但并不作为句法结构的组构成分和组装规则存在；相反，它们是在相当高的抽象级别上的普遍化。构式语法进一步强调了在表达语言知识中低层次概括的重要性。从构式语法角度来看，构式是基本的，词性是作为构式不同类型的概括而产生的。在构库中，诸如"限定词"或"介词"之类的范畴代表了抽象层次极高的普遍性，就像主谓构式一样。所以，句法组合被视为构库中多重构式遗传的例证。

　　对构库概念的阐述以及对其内部内容和关系结构的描述，为构式语法这一术语下的构式建构了通用的方法论体系，尤其是对构式语法的语言假设起到基础支撑作用，进而使构式语法能最大限度地被读者所理解。

　　如果说构库类似词库，是非常抽象的普遍性概念，那么对于构例概念的阐述则具体地刻画了构式语法的理论层级体系。

　　构例（construct）这个术语在 Goldberg（1995）的专著中并没有出现，但在她 2003 年的文章《构式：一种新的语言研究理论方法》中出现了三次，全部位于"构式形式"那一节。它出现的第一句话是：一个实际的表达式或"构例"通常包含至少六种不同构式的组合。她接着阐述，在其文章中图 1a 中的构例包含图 1b 中的构式。图 1a 是句子"What did Liza buy the child?"，它就是构例。图 1b 包括六种构式，分别是词构成的构式（Liza，buy，the，child，what，did）、双及物构式、提问构式、主语助动词倒装构式、动词构式和名词构式等。Goldberg（2003）对图 1 进行解释时，说"（a）An expression,or 'construct', that is a combination of the constructions shown in（b）color-coded to the appropriate parts of the expression(VP, Verb-Phrase; NP, Noun-Phrase). See text for discussion."，从这个解释来看，构例就是一个实在的表达。那问题是，为何构式语法中需要增加"构例"这个术语呢？它同构式是什么关系？在她 2006 年的著作（Goldberg，2006）中，construct 虽然出现了三次，但它要么是作为动词使用，要么是具有其他意义，同她 2003 年的文章（Goldberg，2003）中作为构式实际表达的意义完全不同。

　　Sag（2012）在《基于符号的构式语法：概要综述》（"Sign-Based Construction Grammar: An Informal Synopsis"）中系统地论述了 construct，他说构例如同词汇功能语法中对语言符号和语言描述进行区分一样，它是基于符号的构式语法对模型对象进行区分，构例就是"由一种特殊构式所允准的位置树形结构：组合构式"。构例天然地在一个特征结构（符号）系统中作为一个功能特征结构使用，指定了母节点（MTR MOTHER）特征和子节点（DTRS DAUGHTERS）特征的值。母节点的值是一个符号，而子节点的值是一个非空的符号列表。Sag 指出，特征结构（feature structure）就是用具有语言实体特征的符号（signs）（Sag 2012）来构建的，包括原子符号（atoms）和功能符号（functions）两种基本类型。通过构例这一概念，构式语法就在语言模型中对语言实体和实体的描述做了区分。简单来说，就是在构式这个语言描述和构例这个语言实体之间进行了区分。如果把构式看成类（types）的话，可以把构例看成例（tokens）。但是在构式语法中，构例会有层级的差别，Sag 指出按照 Fillmore 的分析，一个构例本身可能就是另一构例的子类型。比如，{[Has][he][left?]}是"主语助动词倒装"构例，这个构例中括号所包括的部分都是子构例。在构式被定义为形式和意义配对的情况下，构式库藏决定了哪些构例是合格的，而这些构例库藏反过来允准符号集合。这样的关系应遵循"符号原则"（Sag

2012：97）。

  a. 每一符号都必须在语汇词层面上或者构式层面上得到允准，凡是：
  仅当它满足某种语汇词[①]条件才会得到语汇词层面上的允准，而且
  b. 仅当它是某一规则构例的母体时，才能在构式层面上得到允准。

  这一符号原则同词汇、构式和规则条件一起产生作用，它明确了那些如词素、词和短语等符号类型的特征结构所必须满足的条件。语汇词可能是对特定形式意义对应的一种复杂约束。有一些构式通过约束构例母节点与子节点两种符号之间的形式意义关系来间接地确定形式和意义的对应关系，这些构式实际上规定了简单符号组合成复杂符号（组合构式）的方式。Sag（2012）提出构例为形式确定的特征结构，如图 1-2 所示。

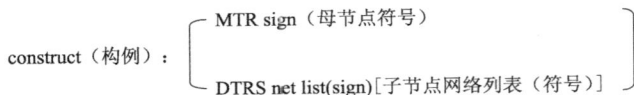

$$\text{construct（构例）：}\begin{bmatrix} \text{MTR sign（母节点符号）} \\ \text{DTRS net list(sign)[子节点网络列表（符号）]} \end{bmatrix}$$

图 1-2　构例为形式确定的特征结构

  Sag 解释说，母节点的特征主要用来对给定构例所允准的符号集合进行条件约束，而子节点特征对某一个或多个符号作出明确规定。这些符号规定非常有利于分析构例的母体特征，所以子节点都是非空的符号列表。构式库藏决定了哪些构例是合规的，而构例库藏依次允准符号集合，这就是对符号原则的解释。这样，对于每一构例的类型而言，构式都以含有的构式组合作为约束条件，而且以该类型的构例为先行词。通过这样的方式，构式和构例之间一一对应的关系得以建立。

  Hilpert（2014）明确地解释了如何区分构式和构例。他说：如果有一个术语用于那些本身为非构式的表达，那么作为更普遍构式实例化的短语和句子可称为构例。他举例说 by and large 是一个构式，因为它本身就是一个普遍表达模式，不能作为其他任何更普遍模式的实例。相反，因为 many

---

[①] 原文是 listeme，这个词被翻译为"录位"（史蒂芬·平克：《语言本能：探索人类语言进化的奥秘》，洪兰译，汕头：汕头大学出版社，2004 年，第 187 页）。本书采用知乎网站 https://www.zhihu.com/question/23593755 匿名用户的阐述，翻译为"语汇词"。

a day 是 MANY A NOUN 这个普遍表达模式的实例，所以 many a day 是一个构例，而 MANY A NOUN 才是一个构式。所以构式和构例之间的区别实际是普遍性和说明这种普遍性的具体实例之间的区分，是抽象的类和说明这种类的实例之间的区分。简单来说，构式是抽象语言形式，构例是具体表达形式，是实际的语言使用，所以构式是构例的抽象概括。

结合构式的定义，参照构库和构式的阐述，我们可以概括构式语法所体现的术语结构层次。

抽象层：构库，语言知识网络构成。

中间层：构式，形式意义配对特征形式。

实体层：构例，具体语言符号形式组合。

1.3.4　构式语法的流派

虽然构式语法都以这样的核心观点作为语言假设，即语言知识本质上就是构库，构库是由形式-功能（意义）配对的构式网络所组成的，但是如何解释和说明构式网络节点，不同的语言学家采取的方法路线不同，因此构式语法形成了多个派别。本书的派别是指学界对构式语法理论方法的分类称谓，有的使用框架（frame），有的使用模式（pattern）。这些派别在《牛津构式语法手册》的第二部分有专门的论述，只不过该手册将其称为构式语法的多种分析框架。与此同时，在《构式化与构式演变》中，作者提出了五种不同的构式语法模式，这些语法模式其实也是构式语法大旗下的派别。结合以上两本专著的论述，本书对国外的构式语法派别略作介绍，以便更好地理解构式语法所采用的分析方法。

由于构式语法仍在发展之中，本书仅对其主要派别进行简要阐述，它们是：以 Fillmore 为代表的"伯克利构式语法"（Berkeley construction grammar，BCG）；Michaelis 的"基于符号的构式语法"（sign-based construction grammar，SBCG）；Boas 的"认知构式语法"（cognitive construction grammar，CCG）；Croft 的"激进构式语法"（radical construction grammar，RCG）；Steels 的"流体构式语法"（fluid construction grammar，FCG）以及 Bergen 和 Chang 的"体现构式语法"（embodied construction grammar，ECG）。

第一，伯克利构式语法（BCG）。BCG 的奠基人之一是 Fillmore，他是"构式语法"一词最早的倡议者。从历时角度来看，明确自己的理论为 BCG 方法论的，主要有 Fillmore（1985，1988）、Fillmore 等（1988）、Michaelis（1994）、Michaelis 和 Lambrecht（1996）等，加上定语"伯克利"是将其同随后出现的其他构式语法学家的方法论相区分。Fillmore（2013）也明确指出，BCG 是指在加州大学伯克利分校课堂上所使用的组织和描述英语语法现象的框架。对其进行阐述的研究者有 Fried、Fujii、Goldberg、Koenig、Lambrecht、Matsumoto、Michaelis、Ohara、Ohori、Östman、Sweetser 等。他们当时都使用"构式语法"，即要验证"构式特征是普遍的"这一假设。具体来说，是用相同的语言机制描述和解释"外围/非核心"以及核心语法模式。BCG 最初关注特别表达和习语，如 let alone（Fillmore et al. 1988）、what's X doing Y（Kay and Fillmore 1999）等，他们采用环环相扣的表征和属性–值矩阵（attribute-value-matrix，AVM）表示法来进行研究。

在 BCG 看来，语法是语法构式的集合，是将形式信息和语义信息结合成各种语言对象的规则集合，也包括约束和连接它们的各种原则。规则和规则所解释的对象都被表示为形式基本相同的复杂特征结构。这些构式本身就是对所解释对象的部分描述。主要操作是统一其形式，因此构式语法没有深度结构，没有转换，也没有空范畴，所见即所得。

在形式上，BCG 是一种短语结构语法，其节点具有复杂特征。在早期研究中（Fillmore 1986；参见 Fried and Östman 2004），成分结构被表示为从左到右排列的"套盒"（boxes within boxes）；任何语言实体的信息都以与代表该实体的盒套相关联的属性–值矩阵的形式出现，而该实体的组成成分的属性则记录在较小盒套的属性–值矩阵中。像短语 the dog，由含有两个小盒的大盒所体现，左边的小盒代表 the，右边的小盒代表 dog。短语 the dog 是一个格式良好的语言对象，因为英语的构式允许 the 附加到实体词 dog 的左侧，而且这种联合构成的短语具有的特性由其所作的成分来确定。语法学家的工作是说明 the 是什么类型的词，以及 dog 在这种语境中是什么语言实体，并陈述能将两者组合在一起的最普遍的规则形式。

形式操作是保持一致性，根据分配的属性值是否与这些位置所要求的值兼容，来接受或拒绝特定短语位置的候选成分。当然，必须有某种东西来定义这些规定所陈述的"位置"。通过对短语结构规则的模式类推来确定位置，必须满足其组合形成的实体需求；具体的管制词可以决定哪些实体可以或必须伴随它们参与短语之中。

除了使用英语简单名词短语来阐述特征结构和统一的基本概念外，Fillmore 等（2012）还系统阐述了述谓的配价要求及满足手段、复杂结构的特征描述以及如何综合使用这些原则和方法来解释非典型构式。他认为构式是语言表达集合的部分描述，依赖于意义的构建，其形式和解释都不能从人们已有的语言知识中得到解释。像 she loves me 这样的单词组合，并不能看作一个值得单独描写的构式，因为我们所了解的这个句子的每一部分信息，包括两个代词的格形式，都能够通过配价、配位（valents）实现的两种方式，语法功能人称代词的格形式等得到解释。

Fillmore 等（2012）还从认知角度进行了各种构式的 BCG 分析，包括主谓构式、中补构式、倒装构式和左分支构式等。通过这些分析说明 BCG 这个分析工具既能解释最基本结构，也能解释"特定的"案例。Traugott 和 Trousdale（2013）认为 BCG 是高度形式化的，将原子结构[①]类型用特征来表现，并汇编成统一的构式。

第二，基于符号的构式语法（SBCG）。SBCG 的主要代表有 Kay、Sag 和 Michaelis，其目的是提供一个形式化的构式理论框架。Michaelis（2010）认为，SBCG 是由 BCG 发展而来的，她综述了 SBCG 和 BCG 之间的历史联系，并指出两者的异同。Michaelis 还明确了 SBCG 局部性约束的严格限制、如何避免过分概括、如何处理传承以及屈折和派生过程这三个方面的内容。SBCG 认为特征结构是类型化的，是按层次传承进行分类，因此它在理论上是高度形式化的，构式都被定义为本体结构的类型限制。Sag（2012）认为，SBCG 中类型学的可验证性假设观点能够得到进一步发展，像递归（recursion）这样的语言普遍特征能够在构式语法中扩大其应用基础范围，尽管这些语言普遍特征并不会引起其他构式语法的关注。Sag（2012）认为 SBCG 也致力于表述心理现实，也就是说"语言学理论是由语言使用模式（如表达和理解）、语言学习和语言演变是否一致这一标准来激发和评价的"（Sag 2012）。这里的语言模式是指"音韵结构、（形态）形式、句法类型、语义、上下文，也包括信息结构"（Sag 2012：71）。因此，SBCG 注重通过结构特征来模拟语言使用。

在《牛津构式语法手册》中，Michaelis（2013）专门对 SBCG 作了详细的介绍。她不仅阐述了符号构式语法中符号的含义和形式方法，而且认为 SBCG 相较于 BCG，在解释力方面能突出结构特征。Michaelis 认为 SBCG 的目的是扩展中心词驱动短语结构语法（head driven phrase structure grammar，HPSG）的实证范围，同时也如 Sag（2012）所说的那样，为 BCG 奠定更为坚实的基础。作为认知语言学影响下的构式语法，SBCG 假定句法联合的规则（句法树的描写）直接同描述性的条件和使用条件相关，这些规则通过对母节点或者子节点的语用和语义特征的描述得以表达。这就

---

① "原子结构"是指无法再分出更小的形式语义的单语素。

相当于说，句法结构具有意义。SBCG 之所以源自 BCG，是因为它不仅不否认 Jackendoff（1997）所描述的句法组构说，而且同 Jackendoff（1997）一样，将其作为"更多选项中的一个默认项"。也就是说，无论什么时候，当表达类型被短语结构规则所允准时，该短语结构规则就源自由子节点语义构成的母节点语义规则，基于构式方法提出一个在功能上类似于规则对规则的构式。构式方法就能够描写那些母节点语义并不完全跟从子节点语义的语言结构。Michaelis 提出 SBCG 是形式主义构式语法，相较于 BCG，SBCG 具有四个独有的句法特征：①位置；②可变量描述；③同 BCG 相比，规定缩减和语料覆盖范围增加的继承模式；④使用二分结构来描述屈折和派生的形态学。

SBCG 中的构式都采用类型限制的形式。一个类型限制，如果它是所讨论类型的一个语例的话，就是特征结构所具有的性质。SBCG 通过描述特征结构来捕捉词汇项和短语的共有特征。组合构式通过符号配置（母节点和子节点特征）、词汇类构式描述单个符号。符号和符号配置是结构特征的两种类型，对它们的描述就是特征结构的分类。SBCG 中的宾语允准规则就是符号原则（Sag 2012）。按照这一规则，如果词汇项满足词汇库藏，那么符号就在词汇层面得到允准。如果它是某种构例类型的母节点符号，那么就在构式层面得到允准。这就意味着，只要依据顶点（母节点）的结构特征就可以确认短语的语法性，因为这些特征包括了确认其子节点的信息。这种分析的树形图，解释了语法构式如何在整体上允准这种符号，但是短语模式是单个符号，也就是分析的根特征结构。

SBCG 还通过类型等级来描述继承约束。Goldberg（1995）提出两种继承关系：实例关系和子部关系。尽管继承关系无须求助于派生就在符号和构例之间提供了语义和句法普遍性描述的方式，但是交叉构式的普遍性该如何描写仍然不清楚。此外，继承约束就像是一个特征，但也不清楚这个特征结构的类型是什么。在 SBCG 中，所有类型的语法对象，包括短语类型，都通过特征结构来描述，而且这些特征结构都是按类型分类。因此可以通过构式符号的子、母节点的描述来决定构例类型所共有的限制，共有特征就由特征或特征结构类型所捕捉。不是被约束，而是将继承关系编入每个构式的基因之中。对于继承关系的子部，在 SBCG 中采用的特征表述是[VFORM fin]和[INV-]，该表述可以很清晰地处理如句子"How many books[you read and I buy]!"在这种并列从句中构成的第二个子节点。而对于"Never have I seen one."这种倒装句，SBCG 仅要求倒装否定状语前置构式第二个子节点是一个明确带有特征[INV+]的从句，这样很容易就解决了 BCG 不能解决的问题，因为按照 BCG 的继承关系，这个句子会从助动词句首构式中继承第二个子节点。

SBCG 还拓展了二分支构式对屈折和派生过程的描述使用，这里的二分支构式是指母节点统领单个子节点特征结构的构例描述。SBCG 中的二分支构式用来构建屈折和派生的过程。一个词的特征，比如动词，所共同统制的因素有：词库中的词素描述、词汇类型构式，以及多个派生或者屈折构式。派生构式许可词素可以从另外词素中形成，而屈折构式许可词素从词素中构成词。SBCG 使用派生构式来构建词素与词素的关系。SBCG 对屈折和派生构式进行探索说明，SBCG 中的构式不仅限于允准构例（组合构式）和词汇类别（词汇类别构式），而且允准词素-词的关系（屈折）和词素-词素的关系（派生）。

总之，SBCG 使用形式传统来说明词素、构式、类型的等级关系，但形式主义方法并不是构式语法的基础。简单来说，就是词库提供了语义句法的接口。词汇类构式和组合构式都是对特征结构的约束。在短语构式中，母节点的值表特征，用来描述其子节点特征。派生和屈折构式同构建短语的构式类型并没有不同。不是将句法、语义、词库等看作独立的模块，而是将特征化的词库作为独特形式意义联合的集合。SBCG 提出词库是由词汇等级类型构建的，而且将其扩展到短语类型之间的关系之中。

第三，认知构式语法（CCG）。Croft 和 Cruse（2004）使用 CCG，指 Lakoff（1987）和 Goldberg（1995，2006）等人基于语言使用，为避免形式化而采用 Langacker 的认知语法（Cognitive Grammar，CG）来对构式语法进行阐述。目的是通过研究构建语言特定构式网络的一般认知原则，为语言提供一个心理学上合理的解释。其实，CCG 同 BCG 有着千丝万缕的关系，像 Lakoff 和 Goldberg 他们本身就是支持 BCG 的。这种构式语法的认知前提是，语言建立在具体的人类经验和独立的语言认知（如联想、自动化、图式化和范畴化等）过程中。所以，构式作为形式意义的配对占有中心位置，是语义和语音相匹配的双极结构。Boas（2013）认为，Goldberg 的论元结构论证为 CCG 奠定了基础，CCG 试图解释构式的形式是如何被它们的意义所激发的。Traugott 和 Trousdale（2013）总结认为，Goldberg 的构式语法模式不仅包含语义和句法结构两个层面，而且包括多层面，比如语用层面。正如 Boas 所说，这种方法的一个结果是，试图解释构式的形式是如何被它们的意义所激发的。在此基础上，他讨论了具有重要语篇相关属性的构式（如名词性外置构式或变形宾语构式），以及允准构式的音系因素作用（如韵律在名词性外置构式或反问句中的作用）。除此之外，

Boas 还从 CCG 的角度研究多个构式的交互、网络的作用、继承层次以及频率和能产性。

Boas（2013）在《认知构式语法》（"Cognitive Construction Grammar"）中系统地介绍了 CCG，他探究了 CCG 的基础，讨论了组织原则和组织结构，描述了 CCG 中的构式知识组织。同时，与其他构式语法方法进行了比较，阐述了其共同点和差异，还考察了多种构式的互动、网络作用、继承等级以及频率和能产性。

按照 Goldberg（2006）的提议，CCG 中构式的基本地位是无处不在的：只要不能预测用法、内部构造、组合可能、方式意义，都可以看作一个独立构式。只要出现一个构式，就必须遵循构式的普遍结构，即特定形式和特定意义的配对。构式不仅规模和复杂性不一样，而且传达的意义类型也不一样。当 Goldberg 的论元结构构式的提法出现后，甚至生成语言学家也认为极有道理，在理论上开始采用构式方法。Jackendoff 的毗邻规则以及 Levin 和 Hovav（1998）的词汇模板都是构式。实际上 Goldberg（1995）所描述的构式方法也用来描述和分析那些并不限于传统论元结构构式的其他语言现象，比如嵌入了话语相关信息的构式。无论是非显性宾语构式（deprofiled object construction）（Goldberg 2001），还是名词外置构式（the nominal extraposition construction），都是构式同话语行为联系在一起，由特定的语用条件影响着特定构式的允准。

所有构式方法都把语法看作是非派生、非模块化的，用统一的方法来描写语言知识。但对于构式组织，各种流派的看法不同。CCG 中构式组织的具体方式包括基于动机、构式分类和能产性。CCG 不同于其他构式方法的核心在于，其对语言进行心理上的现实解释，这个解释是通过由不同的普遍认知原则来构建构式库藏所决定的。在 CCG 中，任何语法构式存在大体上都是由人的互动和认知特性推动的，因为许多的语法形式都是从说话者的社会交际中浮现出来的。需要记住的一点是，动机并没有预测能力，只是用来合理地说明特定的语言模式何以如此。对于语法构式而言，动机用来解释的事实是形式上相同的构式，通常其语义也相同。除了经济原则、表达力原则、非借喻原则外，在解释说明构式是如何构成的这一问题上，动机原则可能是最具说服力的，"如果构式 A 在句法上同构式 B 相关，那么构式 A 系统的动机在某种程度上同构式 B 在语义上相关，这种动机得到最大程度显现"（Goldberg 1995：67）。Goldberg 的主语助动词倒装构式（subject-auxiliary inversion，SAI）分析表明，语法上看起来特异的事实往往具有功能动机。将动机作为解释因素，CCG 就可以解释构式语义和形式上的重叠。同动机相关的是 CCG 的组织原则，即形式和功能相关的构式通过默认继承等级相互联系在一起。

按照 Langacker（1987）的观点，CCG 将构式看作是构成话语者使用语言惯例知识的有结构库藏，而非例外和非规则的随意集合。为了构拟构式间的关系，CCG 提出了分类网络，在这个网络中每一个构式组成一个节点，以形成从完全具体到高度图式的连续统。继承等级是分类网络的最重要特征，因为它允许通过从其他构式那里所继承的最高等级构式来拓宽普遍性。同时，不那么规则的构式也能被捕捉到，CCG 是通过处于继承网络中的各种中间节点的构式定位来解决的。这个网络是范畴化的结果，在语言处理过程中普遍性和更为具体的语例都储存在这个网络中。CCG 认为网络中的继承是部分继承，但其他构式语法却认为是完全继承（Lakoff 1987；Goldberg 1995；Kay 2000）。Goldberg 的部分继承具有优势，因为它许可范畴的具体语例中存在系统的例外。CCG 在对待构式等级中的分类关系方面也与其他构式方法不同。CCG 针对构式间关系提出了各种链接。一种是子部链接，表示一个构式是另外一个构式的子部分而且相对独立。另一种是一个值直接链接，表示一个构式是另外一个构式的特殊情况，即是另外一个构式的特定版本。CCG 提出了一种特殊的继承链接——隐喻扩展链接，描写构式之间特定的隐喻扩展。比如 Goldberg（1995）就认为，结果构式是致使移动构式的隐喻扩展，对于两个构式的语义关系采用"转态改变作为空间改变"的隐喻解释。CCG 中另一种重要的构式链接是多义链接，主要描写具有相同句法约束但是语义不同的构式子类之间的关系。Goldberg（1995）对双宾语构式进行分析，认为这种构式的核心意义是"X CAUSES Y TO RECEIVE Z"同特定动词联系在一起，比如给予动词、瞬间致使反弹行为的动词、特定指向的持续动词等。

CCG 中频率足够用来说明构式的能产性，也就是说，说话者能够把论元结构构式扩展为动词，而且避免过度概括。使用频率来解释构式分布源自形态学的研究发现，类型频率决定着图式的能产性。在构式语境中，通过测量类型频率来决定构式的各种图式槽中能够出现多少项目。确定一个构式的类型频率是非常重要的，因为增加的类型频率被用来显示构式同新项目同现的能力相关。为了捕捉状态，构式描述应该包括动词槽所需的类型频率信息，以及更普遍的语义约束。另外一个影响构式能产性的是例频率，它决定着大量独立存在单词形式的牢固程度、开放程度，以及优先程度。

CCG 同其他构式语法具有许多共性，比如构式的核心作用，语言建构是非模块、非派生的，构式以输入为基础被学得，等等；同时也存在差异。CCG 不同于 SBCG 和 BCG 的是，CCG 通过确认各种认知原则如何用来构建构式库藏来达到为语言提供合理的心理学解释的目标。但 CCG 中语法构式的存在被认为是由人类互动和认知的普遍特征所推动的，BCG 和 SBCG 并不重视动机的作用，它们要找到的是无任何冗余的最大普遍性。这就意味着，如果特定表达能够依据已知构式得到解释，就无须再构建一个构式，因此也不用考虑频率。相反，CCG 十分重视频率作用和具体语例的状况，认为如果出现的频率足够高，那么即使完全规则的模式也是同更抽象的构式图式一起储存的。另外的差异主要是形式明确性和最大普遍性。CCG 不关注语言内部的形式化，它所寻求的描写语言的方式是能够非常透明地为语言处理、认知和历时演变等理论提供接口（Goldberg 2006）。因此，形式化在 CCG 中保持最小限度，通常采用"套叠"的形式描写论元结构构式。相反，BCG 一直采用详细而统一的形式主义，每一个构式按照属性–值矩阵（AVM）进行描述，每个分布至少有一个值。

　　第四，激进构式语法（RCG）。Croft（2001）的专著《激进构式语法：类型学视角下的句法理论》（*Radical Construction Grammar: Syntactic Theory in Typological Perspective*）对何为"激进构式语法"进行了阐述。他指出：RCG 是一种句法理论，该理论用于描述说话人的头脑中呈现出来的语法结构的特征（Croft 2002）。他明确表示，他所做的努力就是将构式作为语言句法描述的表征，以解决形式主义和功能主义中各自语言理论同语言事实不符的矛盾。比如，虽然形式主义称自己为普遍语法，但是它只能用来分析一种语言，而不能按相同的操作同时对多种语言进行分析。此外，形式主义语言学家对句法标准的放弃，功能主义学家对概念语义学的转向等，都说明了这样的事实。Croft 所提倡的 RCG 的理论模式，是以大量类型学研究结果为依据的。从语言类型学的视角来看，所有的语言范畴都是因语言而确定，而且是因构式所确定的，也就是说所有的语法范畴都特定于语言和构式而存在，除了构式的部分–整体结构和构式中的语法角色外，不存在其他形式的句法结构。因此，RCG 将构式作为整体，完全忽略了组构部分间的作用。Croft 的 RCG 模式强调构式的分类本质，更普遍和更具体构式间的等级传承关系，以及语言使用在决定语言结构各方面的重要性。具体来说，RCG 主张在一个句法语义投射的语义模型范例中，以多维的概念空间来组织特定的情状类型。因而其构式类型在形式上，仅比空间概念分布更频繁而已。Siewierska 和 Hollmann（2007）曾观察到，各种方言的变体需要更为精细的构式方法才能解释说明，但在激进构式语法看来"对于一个语言的任何变体，并没有一个诸如被动或并列这样具体普遍的构式类型存在于这个模式中"（Croft 2013：227）。

Croft（2001，2013）提出并持续改进的 RCG 理论模式，是一种形态句法描写模式，把类型学研究成果同当代句法学理论结合在一起，凸显了语法描述和语言类型学的关系。句法论证的基本方法是分布分析。分布分析从两个方面进行。其一，句法单位的分布是在构式集合上得到明确的。构式语法的所有类型都能够识别构式，不存在不能识别构式的构式语法。但是句法论证方法预设构式的存在和可识别性。RCG 同其他构式语法一样，明确构式的存在。分布分析确认了句法结构之间的投射关系，一方面是词素、词和短语，另一方面是作为检测和标准的构式。其二，分布分析通常用来形成假设，这些假设是针对那些被用来作为标准或者检测作用构式中出现或者不出现的句法单位提出的。一个构式组构认为标准或者检验标准都是任意的，分布方法只能说明相关句法单位的确认情况或者独特性，而不能说明它们出现或者不出现的构式信息。

当分布分析和构建模块碰上语言经验事实时，会产生分布方式并不匹配的问题，即语言经验事实说明分布分析同构建模块分析有冲突。较为普遍的方法是将构式作为定义语法范畴的标准。在跨语言的比较中，每一种语言通过比较一个构式来确认语法范畴和确认范畴的相同性，跨语言中并不需要一样的构式。如果所选语言构式并不能产生期望的范畴，可能就要使用另外的构式。解决分布冲突的另外一个方法是考虑分布分析中多数人所使用的范畴。任意选取一个构式或者构式的子集作为标准，在 RCG 中称之为方法论机会主义。实际上，方法论机会主义抛弃了分布方法，因为分布在实际应用上是选择性的。对于保留构架模块的本体假设而言，方法论机会主义还是有一定作用的：如果构建模块是有限集合，范畴也必须看作是从一个构式到另一个构式的有限集合。

在 RCG 中没有独立于构式的语法范畴，每一个构式确认自身的分布，即使两个构式含有相同的词汇或者短语，其分布仍然是不一样的。也就是说，RCG 在方法论上完全遵循分布分析，所以在 RCG 中构式是基本的语法单位。

RCG 提出不存在独立于构式的语法范畴，所有构式有共有的标准：约定的符号单位，含有一个或者多个形态句法要素的形式同含有一个或者多个语义成分的意义配对。对语法范畴的选择，组织语法描述的最普遍方法应当以定义这些范畴的构式为依据。词类的选择应当由表达命题行为的构式所替代，语法关系的选择应当被论元结构构式的选择所替代，修饰语不同类型的选择应当由定语构式所取代。依据语法范畴明确的概括性，应当由构式确认的单位分布分析所替代。在构式语法的许多分支中，语法概括性是由构式之间的分类组织关系和继承关系所捕捉的。网络和几何模型都能捕捉到使用组织分类和不依赖构式的语法范畴难以捕捉的语法模式。在类型学的句法形态分析中，所使用的网络模型被称为"语义投射模型"，当跨语言的语法范畴出现高度变异时，语义投射模型就能够高度灵活地捕捉到跨语言的概括性。语义投射模型依据相似点捕捉了概括性，如果一个构式群体集合具有两种功能，比如 A 和 S，或者 S 和 P，那么说话者会觉察到这两种功能。概念空间描写相同的关系作为网络节点间指向变异程度的链接，A 和 S 相同，S 和 P 相同，但只有在包含 S 的概括性层级中 A 才能同 P 相同。此时语义投射模型替代了语法范畴，因为语法范畴只是基于成员之间的相似关系。

但是语义投射模型难以描述跨语言的变异，因为语法构式的类型远远大于情状类型。Croft 和 Poole（2008）使用几何手段——多维标度，来描写更复杂领域中情状类型间的相同关系，原理是：用两个情状类型范畴化的构式表明这些情状类型，在某种程度上可以将它们识解为相同的。多维标度允许同时描写几何模型中多种情状类型间相同关系的多种数据。

RCG 最终提出了句法语义投射的范例语义学模型。同特定情状类型连接在一起，是为了统计该情状类型使用时的各种构式频率。情状类型是在多维概念空间中组织的。在概念空间中，正式的构式类型都有频率分布。两个结构，也就是情状类型的概念空间和该空间中的正式构式类型频率分布，都是语法知识组织的部分内容。总之，语法知识是在形态句法结构、概念空间和它们符号配对的多种交互维度中组织起来的。

构式内部的形式结构是什么样的呢？所有构式语法都把构式当作复杂的形态句法单位，是由其在构式中的角色来确认的。也就是，要素和构式之间是部分对整体的关系。语法理论提出构式要素之间的句法关系，但这类句法关系在 RCG 中是不存在的。句法关系与普遍句法或语法范畴一样，存在相同的经验和方法论问题。那些存在的模式可依据语义关系进行解释，也就是说，RCG 认为，构式语义结构成分之间的关系同其他构式语法是一样存在的。句法关系可分为两大类，搭配关系和编码关系。搭配关系是指将特定表达的惯常组合连在一起，从选择性约束到短语习语组合。搭配关系用于描述句法关系，特别是深层句法关系，但 Nunberg 等（1994）认为搭配关系本质上是语义。RCG 对于构式的形式结构描写是，将构式自身作为复杂的格式塔，将其要素、要素角色等视为一个整体。另一方面，

RCG 进行丰富的语义描写，包括语义框架和构式所激发的场景，但不包括直接指示这些成分的形式要素。丰富的符号结构不仅链接整体的形式结构和整体的意义，而且链接大部分的非句法要素同对应的语义要素。

RCG 提出同其他构式语法一样，复杂构式会填充其他复杂构式的角色。比如，被动语态构式中的被动主语角色被主语短语构式所填充。复杂构式的嵌套同非构式理论的成分结构式一样，不同点是嵌套构式的存在是由构式的自足性来确认的。在构式语法中，有些成分并非自足构式。

RCG 提出构式自身，或者说构式的形式结构，都是同语言相关的。不存在离散的普遍构式类型，比如被动或者并立。这个假设也基于跨语言证据。跨语言的比较表明，在公认语言中的确认特定构式句法特征的特定组合在其他语言中并不总是能够找到功能相同或者对等的构式。构式作为形态句法特征的格式塔组合并没有形成离散的普遍类型。但是形态句法特征组合范围并非不受限制，而且是被构式所具有的功能推动的。

RCG 是按照当代构式语法最新标准确立的语法理论。RCG 坚持方法论贡献，坚持分布理论，坚持使用跨语言有效标准来探讨类型学模型。相比于其他构式语法模型，RCG 对于构式的形式结构有一个描写贡献的备用集合。同时，RCG 追求丰富层级的语义结构模型，提高语义结构的解释力，以及挖掘构式中语义结构成分和句法结构要素间的符号投射。

RCG 汲取了大量的类型学理论的概念，也提供了构式能够对类型学产生作用的方式。类型学最突出的方法论原则就是比较世界语言样本的生成和分布。语法结构的跨语言比较的基础是功能比较，因为语言结构本身存在多样性。也就是说，类型学比较语言的形态句法形式是如何对功能进行编码的。因此形态句法类型学是形式功能配对的跨语言研究，这一点可以直接同构式语法进行比较。

RCG 坚持使用分布方法，认识到分布方法是以作为分布分析语境的构式确认为基础的。类型学代表分布方法在跨语言中的扩展。因为功能提供了构式跨语言比较的基础，类型学就容易比较相同构式的跨功能分布。

具体语言和跨语言的分布分析整合可以用类型学中经典的案例来说明，例如 Keenan 和 Comrie（1977）对关系小句和 NP 可及性等级的类型学分析。关系小句构式是通过修饰核心词所取得的句法角色来确认分布的。一个语言可能有多个关系小句构式，句法角色的分布也因关系小句构式的不同而不同。Keenan 和 Comrie（1977）在这个分布模式中加入了跨语言维度，就像是比较某种语言中的跨语言关系小句构式。Keenan 和 Comrie（1977）提出了对于跨句法角色的关系小句分布的跨语言普遍约束，基于这些角色等级系列，即 subject<object<indirect object<oblique<genitive<object of comparison。类型学方法将语言内部和跨语言的分布分析连在一起。

Keenan 和 Comrie（1977）的分析同其他经典类型学分析一样，为确认语法共性的句法指数提供了稳固的基础，这成为语法构式的共性。共性是基于语言中对称样本的及时比较，必须比较跨语言的相同构式，必须使用跨语言中有效的标准来确认构式。这些标准最终以功能为依据。分布方式必须考察细节，使用来自例子的其他推断必须谨慎而且要有合适的依据。如果匿名的方式显得同其他分布事实相关，也就是其他构式同考察的构式分布互动，那么构式的相关性必须按照这里的方式在跨语言中得到证实。

总之，RCG 的基本原则是基于形态句法结构的多样性，基于类型学分析所表示的分布模式的多样性。它反对句法结构建构模块，是因为存在单一语言内部跨构式间分布模式错配和跨语言相同构式的分布模式错配的问题。RCG 提出，无须句法构建模块就能确认和描写语言普遍性，因为语义投射模型和多维度指数都是源自类型学。RCG 中的句法结构简化代表了构式语法理论观点，语法构式中存在的是符号关系。最后，构式非普遍性也是类型学研究的结果之一，为构式分析、框架语义学和言语实现过程的研究提供一个确定的构式框架，能在跨语言比较中发现构式的普遍特征。

第五，流体构式语法（FCG）。FCG 的倡导者有 Steels 等，主要采用计算实验来验证语言的浮现和演变，是完全操作化和运算形式化的构式语法，以探索语言分析和产生的统一机制。这一学派的目的在于加强计算语言学家和计算机科学家的互补结合，同时证明语言处理过程不仅是值得研究的，更是会影响语法被理解的方式（Steels 2011）。FCG 主要设计能让计算语言学在形式上读写语言解析、话语产生，或者语言学习和演化实验中所需的词汇和语法构式的库藏。FCG 用于研究一般的认知语言学和特定的构式语法，并不对处理特定语法现象提供具体的意见，只是为构式语言学家提供一个开放的工具，这样语法学家就能以一个精确的方式表达直觉和语料，也能检测具体的语法设计在语言解析、产生和学习中的实际应用效果。这里说的解析，是指从形式到意义的映射过程，而产生是意义到形式的投射过程。

FCG 并不是要取代现有的构式语法，而是因为传统构式语法不会关注语言处理过程中的问题。它希望成为一种开放的工具，可以被那些希望以精确的方式表达自己的直觉和语料以及希望测试自己的语法设计对语言解析、产生和学习的影响的构式语法学家所用。所以，FCG 学者关注的是，构式语法研究者能够以简洁的方式来表达他们所找到的结果，而且能够对这种理论在语言解析、产生和学习中的应用进行测试。FCG 以论元结构和配价、句子等级优先系列、构式传承特征、语言系统模糊性特征处理等为内容，探索基本原始数据结构和操作，讨论分析计算背景和实验结果。研究者将 FCG 的研究结果发布在网页上（http://www.fcg-net.org），供大家研究并免费使用。此外，Steels 也讨论了设计模式的相关问题，比如复杂语言现象计算的方法和技巧的采用等。

　　FCG 使用形式语言学和计算语言学中非常普遍的技术，如应用带有特征结构的语言结构，应用统一的构式来扩展语言解析和产生中的语言结构，使用功能统一语法、词汇功能语法、中心词驱动短语结构文法，等等。同其他的计算语言学一样，FCG 系统运行于当代普遍应用的 LISP（locator ID separation protocol）程序环境中，它具备所有经过测试的描写和处理复杂系统的机制。其他可操作的构式语法，如体现构式语言和基于符号的构式语法，都是使用相同的计算语言学传统，只是方法略有差异。一般来说，FCG 分为设计层和处理层。

　　从设计层面来看，FCG 采用可逆性原则，同一构式能够再次使用而无须在解析和产生中进行改变，也无须在效果上折中或者进行不必要的搜索。因此构式被定义为形式和意义上的双指向配对。在语言产生中，构式依据语义极和句法极上增添的信息来激发。在语言解析中，构式依据句法极和语义极上增添的信息来激发。实际上，构式操作程序的编写是比较困难的。通过对 FCG 多种案例的探索，设计模式集合逐步建立起来，其中有许多具有深厚的语言学传统。模板产生某些单元、特征和值，包括结构构建操作。除了词汇构式模板外，也有明确短语构式成分模板，还有其他模板加入来明确更为复杂的结构矩阵和语法结构，这也是为了使用这些特征来建立一致和渗透，以及明确这个领域的拓扑学和在这个领域中成分可以被提取的约束条件。当前 FCG 中模板的可能库藏不是普遍的，也不是完全的集合。通过模板能够聚焦构式的语言方面，从而在细节操作层面和语言学家操作层面之间架起沟通桥梁。

　　FCG 通过构建内部构式来解决效率问题，具体表现为使用脚注和把语法组织为集合和网络。一方面，FCG 不使用某个构式的单个特征结构，而是将构式分离为语义极和句法极。另一方面，FCG 使用脚注来考虑某些构式。脚注就是需要使用构式时所添加的标记，通过检查这些脚注的呈现，很快就能决定是否使用这些构式。最后，将构式库藏有组织地转换为集合和网络来提高效率。

为了解决阻尼搜索问题，FCG 采用了三种机制，支持将开放结论描述和多种可能作为瞬间结构的一部分。一是通过变量让选择保持开放性；二是通过特征矩阵来组织变量；三是区分特征的潜在值和实际值。

针对灵活性和稳定性，FCG 采用概率语法和分值来处理语言中的变异，因为库藏中存在竞争构式。FCG 的翻译器要进行两个层次的处理。常规层，构式通过改造瞬间结构把形式投射为意义（解析），或者把意义投射为形式（生成）。常规层不是为了建立语法性，而是为了尽可能多地应用构式。原始层通过运行诊断，修复激发的策略，诊断测试是否所有输入的词能整合为一个整体，或者所有说话者想表达的意义是否是最终话语的一部分。修复策略尽可能固定这种状况，尽可能忽略这些输入。在 FCG 中处理灵活性和稳定性的最后机制是准许通过诊断来监控特定处理程序步骤的结果，这些诊断在原始层同日常处理程序平行运行。

FCG 实践表明，构式语法不仅仅停留在口头层面。构式的含义完全能够形式化，而且能够使用这种形式来解析和产生句子。相比于传统的计算语言学，这种形式化有更多优点，特别是其效率、稳定性方面，以及把模型化语言作为一个开放适应性的系统。

最值得一提的是，Eecke 和 Beuls 组织举办了一个国际论坛会议，目的就是借助计算构式语法的基础知识，特别关注如何使用流体构式语法来实现构式语法的主要思想。Trijp 和 Anslow 则在网站上[①]讲解 FCG 的最新进展。他们解释说，FCG 可以帮助解决语言的复杂性问题，并深入理解单词和概念之间的关系。他们强调，通过赋予人工智能系统意义，FCG 有助于改善人与机器之间的互动，从而促进机器智能化发展。

第六，体现构式语法（ECG）。ECG 是构式语法的另一种计算实现，也称作语言神经理论的语法形式化，主要基于语言神经理论投射、构式语法和认知语言学展开研究。ECG 主要完成五个方面的基础工作：语言分析的描述形式化；语法规则和验证的计算形式化；语言任务实施的计算模块设计；对实验结果还原的认知描述；语言习得的理论和模式基础构建。正如 Bergen 和 Chang（2013）所指出的，ECG 框架中的关键问题是如何将语言应用于实际事物和社会语境中。因此 ECG 是一种尝试，企图在计算上模仿人类言语行为背后的认知机制和神经机制。ECG 的主要原则之一就是精神刺激在语言处理过程中起着关键作用。Bergen 和 Chang（2013）研究

---

① https://www.youtube.com/watch?v=a2zCYb7kE1A&feature=youtu.be&fbclid=IwAR3farQUSBIbX
lT2yLGXTxbILrD4YZ9Ib7 HV75Ed KP5lIum DWhVo5gA3suw.

了在语言处理过程中精神刺激的作用，描述了语言如何成为这种刺激的接口。他们进一步分析了精神刺激中构式知识的作用，说明了构式在 ECG 中是如何被描写的。最后，基于心理语言学证据，他们还总结了基于 ECG 的语言理解模式。按照 Chang 所提供的网站[①]的解释，ECG 是一种旨在支持语言使用和学习体现模式的形式体现方法。之所以是"体现"的，是因为 ECG 结构将基于运动和知觉图式的主动刺激参数化。之所以是"以构式为基础"，是因为分析的语言基本单位就是形式意义配对的构式。同时，以约束条件为基础，因为所有语言层面类型（语音、语义和句法等）都通过统一（构式）语法来表示。因此，ECG 当然是形式化的，无论是其定义本身还是计算的实现，都采用形式化方法。在《牛津构式语法手册》中，Hoffmann 和 Trousdale（2013）认为，ECG 是对人类语言行为背后的认知和神经机制进行计算建模的一种尝试，说明了构式知识在心理模拟中的作用，模拟了如何在实际的物理和社会语境中使用语言。

ECG 以"人类使用语言时的认知和神经机制是什么？"这一问题作为驱动，研究类型变异的构式如何对话语的形式和意义产生影响。ECG 认为不仅要描述构式是什么样子的，关键还要探索构式如何使用，也就是说，构式要并入语言的使用之中，而不仅是语法的描述对象。任何一个构式形式意义配对都能代表一个能够在自然和实验语境中通过观察行为得到验证的假设。为了加速构建验证该假设的模型，ECG 中的构式都以一种能够在计算上得到实现的形式符号表示。ECG 的观点是人们使用语法的意义和功能，通过语法来构建一种经验驱动、计算实现的语言，以验证预测理论。

如何回答"使用语言时所涉及的认知和神经机制是什么"这一问题？ECG 认为，回答这个问题的关键在于分析所处的层级。一方面存在理论上的低级层级，如依据话语事件中人提到的生物、化学和物理层面的内容以及话语出现的社会现实语境；另一方面，也有处于技术层面更高层级的功能计算模型，通过使用形式符号和聚焦计算流程，凭借结构和程序来描述人应该知道的内容，以及人们如何学得和使用这些知识。同时也要寻求背后的生物学的联系基础，并在计算层级和生物学层级上发展一种链接理论。前者因为无法获得物质基础来解释大量的认知功能，即无法从活人身上提取单个细胞，即使提取单个细胞也不一定能够了解这些细胞参与的更高级别过程，诸如其成因、结果和特征等，完全生物学还原不可能对新观察到的现象有更多预测，而且动物模型只能提供有限的人类语言证据，所以从

---

① http://www1.icsi.berkeley.edu/~nchang/research/ecg.html.

低层级来看是不可靠的，预测性不够。后者使用的计算描述层级比任何其他构式描述解释以及认知语言学解释都要详细，ECG 的形式就是要使用高层级关系符号和文献中所列出的约束条件，在这些层级之间建起沟通桥梁。它不仅描述表达概念的计算模式，而且表达同语言认知科学最紧密相关理论的计算模式特征。

那么 ECG 是如何做到的呢？简单说就是语言理解过程中的体验仿真。同其他构式语法一样，ECG 认为意义在语法中发挥着作用。过去十年，对于语言理解中的行为和脑成像的研究急剧增多，其研究焦点也是意义。研究发现，人们是通过实施体验仿真来理解话语的。人通过感知、运动和其他的脑系统来创造一个与过往体验场景近似的体验情境。ECG 把体验仿真作为语言使用的一部分，将词和其他构式都描述为知识结构，驱动特定语言使用者去验证知觉和运动体验。

在体验仿真过程中，ECG 将语言作为仿真体验的接口，分析了形式、意义和构式知识是如何在其形式主义体系中得以描述的。体验仿真是在与情态相关的大脑系统中开展的内在活动，用来创造或者重现非当下发生的体验。假设理解者已理解语言中的实体和事件，因为这类语言过程激发的大脑状态同体验这些实体和事件的结果是一样的。在该体验仿真中，大脑状态激发各种相关过程，表现方式同实际觉察行为和现实行为是一样的，理解者通过这些细节强化自身的理解，进行以体验为基础的相关推理，并对语境条件产生敏感度。ECG 坚定地提出假设：语法构式在体验仿真中起着接口的作用，并构建仿真潜在的功能。

语言理解涉及仿真体验的观点，需要思考词和其他语言构式的意义是什么，以及这种意义是如何描述的。在 ECG 中，词和其他构式作为一种路径，链接有关形式和意义的详细情态知识。关键在于，这些路径是在两种领域内通过范畴化来调节的。一个词的音韵和笔画的表达可能是多变的，不仅跨越情态，而且也在情态内部变化。把这些不同的语例范畴化，范畴化在语音和视角空间持续变化，单个词形式的例子是作为范畴化的语例。如英语单词 cat 有多种意义，即使将其限定在家畜范围之内，仿真的直觉和运动成分依然多变，不仅包括可见的特征，还包括不可见的触觉、嗅觉和味觉特征。因为 cat 形式特征在跨用法之间是多变的，所以单词的意义在仿真中也是多变的。最重要的是，两者不能共变，并不是书写方式不一样，cat 就会代表不同的意义。一个单词有多种书写形式，会激发一个同现实世界体验一致的大脑体验描写范畴。语言通常不需要达到最低层级的传感运动知识，事实上仿真框架假设具体语言知识只涉及有限的行为图式的子部，便足够描述相关的仿真。一个语言单位，比如 jump，可以激发一个动力行为作为格式塔，允许有其他语言单位分布的特征。也就是说，语言意义给体验仿真提供了有限的接口，这一点反过来实现了动态的互相组合并同语境相关的体验图式。仿真的运行和推断结果相结合，让理解者理解语境中的话语。

按照构式语法，ECG 把所有语言单位，包括词汇项、短语结构以及其他传统语法概念，都当成同一事物的变体，也就是意义和形式之间的投射。从仿真的角度来看，它们特别适合将体验仿真参数化，会涉及多种可变概念图式。ECG 关注语法构式，并确定它们的意义和形式、继承关系以及彼此间的互动。ECG 如何通过语法构式来确认体验仿真和影响意义处理过程？有三类共有的预测。

其一，一个语法构式可以将意义不同的组构成分组合在一起，集中对体验仿真做出贡献。比如，指向移动构式的论元结构构式，指派它的一个组构成分作为移动者，沿着路径表达构式表示的路径参与由动词表示的移动。ECG 所做出的新贡献是能够进行预测，通过这种组构成分结盟，构式会影响理解者从构式意义中预测以其他方式生成的体验仿真的结果。

其二，一个语法构式可能直接向仿真体验提供内容，通过激发那种能够提供理解者对所描述实体和事件的情态描述部分的体验范畴。比如，指向移动构式能够让理解者理解仿真事件，好像他们就是沿着路径移动的有生体，即使动词没有明确表明移动，如"the cat meowed down the street"。ECG 认为这些论元结构构式激活了相关图式，通过构式组构成分的意义分布来遵循这些图式，然后一起驱动着不确定场景的体验仿真。有大量的实验提出了这种同构式相关的假设，比如及物和双及物构式的比较，表明理解者可及句子的不同意义是通过不同构式实现的。

其三，语法构式可以调节仿真的二阶特征，如同关注焦点的视角或轨迹。比如，主动句会让理解者从施事的直觉和运动视角来仿真一个事件，而被动句则是从受事角度进行仿真。这些预测对于语言使用中的仿真方法来说是具体的，像 ECG 一样在实验中得到验证。

总的来说，ECG 中的构式假设用于体验仿真，这种方式是通过构式组构成分所激发的概念图式、概念图式对于仿真的贡献以及把二阶约束强加于仿真等三种手段实现的。ECG 框架中如何使用语法，应当包括语法如何约束仿真的解释以及具体构式如何影响到体验仿真的可验证计算实现模式。

ECG 是如何支持语言使用的过程呢？首先是理解作为约束满足的条件。语言理解模式仿真的假设基础是所有类型的语言构式都是体验仿真的参数，它们激活了特定话语中的体验图式，而且确定图式是如何组合的。句子提供许多表层信息，包括单个词形、词形出现的语序以及符号。对句子的理解涉及使用这些表层信息来激活语言知识的各种层级。这些图式不仅是符号，更是基于属性和功能的相关体验性概括。图式的结果配置精确地说就是参数化，用来驱动体验仿真，这个配置称为语义规范，它支配什么样的场景需要仿真以及如何仿真，而且理解者使用知觉和运动系统来实施这个仿真。语义配置能够捕捉传统句子意义的绝大多数，像基本的主旨关系、时空关系、各种指称信息地位的句法约束等。仅凭语义配置，并不能让理解者知道实施相关仿真，并推断所有事情。

区分能够捕捉到相关构式所强制的一般管制和约束的语义配置和那种基于听者知识、当前情状和话语语境的推断进行约束的完全解决语义配置。有了这类推断，理解者才有足够的信息从事与语境相配的仿真。听者能够使用仿真的结果升级对于情状的看法，或者对话语做出合适的回应。在解决语义配置对应上文的语义配置问题时，可能用现实或者语言语境中特定凸显的名词来例举一般的名词范畴，也可能是用任意选择的语例或者基于原型特征。

要确认语言理解的计算模式，需要区分语境中理解话语的三个主要过程。①构式分析。确认所给话语将哪一个构式作为语例，它们是如何关联的，还确认什么意义图式被激活以及它们是如何相连的等相关语义配置的组配情况。②语境解决。语义配置中客体和事件对当前交际语境的投射，产生一个解决的语义配置。③体验仿真。求助解决语义配置中的动态体验结构来产生同语境适应的推断。还需要确认理解者理解一个话语时需要的四种信息。①语言知识：对语言了解多少，词汇和语法构式的集合，每一点都体现了形式知识同意义知识两者间的结构联系。②话语本身：觉察到的部分，也就是书面的、口头的、符号的和手势信号。③交际语境：实际情状与话语产生和理解之前的话语。④世界知识：对实体和世界可能性的了解。

这个分析过程是传统句法解析的构式模拟，去掉了所有结构，包括构式的输入集合和输出的语义配置，包括同意义一起的形式。从根本上来说，ECG 的计算理解处理是条件约束研究。感知话语的理解者必须知道最能解释其感知的构式子部，也就是最能满足所有相关构式约束条件、解释话语的形式，以产生连贯的语义配置。理解者必须找到语义配置同当前最具意义的语境之间的投射。通过对比，仿真过程不是研究内容之一，而是涉及结构的动态实现和基于丰富语义和语用信息资源的潜在无界指称推理。结果推论对应于理解者因话语而构建的最宽最广的意义。

在 ECG 看来，要解决话语理解的困局，关键要明确话语理解的基本要求和心理语言学约束条件。具体来说，就是通过分析应用约束条件来决定哪一个特定构式和图式同给定的话语相关，以及它们如何相关。基本任务就是激发构式集合来构架覆盖输入字符串而且有意义的构例图。它也能够用来决定输入语法是否能够解释特定的输入话语。但这只是简化版本。当语言使用者理解话语时，他们会探索多种启发模式来优先研究而且考虑修剪不相关的构式，可以是自上而下的，也可以是自下而上。在激发构式选择中，具体形式在话语中得到体现的单词起着最为直接的作用。同时概念和分布期望也会致使某些构式较早被作为基础或者被优先考虑。所有这些过程都是互动的，比如，意识到一个构式作为更大构式的一部分可以加速对任何保留的组构成分和整个构式的认知。

人类语言理解要处理大量固有不确定性、模糊性和语言理解过程中的噪音。对于任何一个理解的话语，存在多种可能构式分析和解决语境指称的方式。在话语输入和交际语境中可能有错误。有些推断只可能是概率事件。许多情况下，输入不能够被当前的语法所覆盖。总的来说，理解更现实的模式要求把部分不确定信息同评估每一阶段备选结构结合起来，以便选择最有效、最充足的理解方式。人类语言处理研究提供了强有力的证据，说明理解过程是递增的：只要听者觉察到话语，理解就开始，而且在某一个给定话语结束之前都是如此。当然，中介处理效果会影响整个话语的处理过程。

对于 ECG 而言，Bryant（2008）提出并使用的构式分析器使用统一编码作为编辑构式和确认一致约束条件的基本机制，其中构式和图式是由 ECG 所明确的统一编码约束条件所描述的类型特征结构。但分析研究也应该探索更多的启发模式来提高效率，限定研究，以便更接近人类语言处理的不确定性、增殖性和稳健性，包括增殖解释、最适配解释和部分描述。总之，分析器同构式观点一致，能找出每一个阶段所有可能的信息来确保句法、语义和构式约束条件得到满足。构式分析器被应用到多种语言现象中，包括论元结构构式相关家族（Dodge 2010）、古代汉语构式（Mok 2008）以及希伯来语形态构式家族（Schneider 2010）。除了作为语言分析的平台外，构式分析器也被作理解时间数据的心理语言学模式，而且分析器已经被并入儿童语言习得模式中。研究把思维空间的 ECG 描述和隐喻整合为构式分析过程。

ECG 提供的那些设计用来支持仿真方法探索和有效的形式符号和计

算模型，也解释了更一般的构式方法所发布的现象类型。ECG 以更宽泛的视角说明词汇构式和语法构式如何能够对体验仿真作出贡献和实现参数化，这些都是基于知觉、运动及其他的认知和神经的稳固结构进行的。ECG 中使用的结构和符号不仅是语言分析表达的方式，它们也被用来支持语言使用过程。这些研究都证明了 ECG 具有潜力来支持语言结构、学习和使用。当然许多领域也需要更多关注，特别是语言生产模型会提供语言使用的补充和关键内容。

除了以上六种主要流派之外，还有基于用法的构式语法（Usage-based construction grammar，UCG）这种提法，具体可见 Hilpert（2008）等人的阐述。基于用法这种说法不仅限于 CCG，在形式主义和功能主义中都有描述和应用，所以情况比较复杂，而且即使在认知语法之中，也很难将构式语法和认知语法区分开来，因为早期的认知语言学家都是以语言的实际使用为出发点的，语言认知表征通过语言使用而产生并应语言使用而成型（Langacker 1987，2000；Hopper 1987；Barlow and Kemmer 2000；Bybee 2006，2010），所以基于用法的构式语法在这里不再赘述。更详细的描述可见《基于用法的构式语法》（"Usage-based Construction Grammar"）（Diessel 2015）。

1.4　理论运用及语料来源

本书拟采用构式语法理论，对"动+介+宾"构式进行专题研究。构式语法是在 21 世纪初才引入中国的。一经引入，其便吸引了大批研究者，颇有"星火燎原"之势。运用构式语法的原理研究汉语的进程中，研究者发现了一些汉语的构式，解释了一些过去的语法不关注的格式，如"东张张，西望望""说着说着人就来了"等；或者对以往不好解释的现象，能够给予妥当、方便的解释，如"把"字处置式、"王冕七岁上死了父亲"等。

构式语法受到汉语研究者的欢迎，主要原因起码有二：其一，语法史上几次形式与意义的大讨论，使得中国的语法学者相信语法研究必须将形式与意义相结合。构式就是形式、意义的结合体，构式语法强调形式与意义的结合，与中国语法学人的理念十分契合。其二，传统的语法不怎么研究"东张张，西望望""说着说着人就来了"这类特殊格式，构式语法的主要特色就在于对特殊格式的解释力。英语的双及物构式、致使-位移构式，汉语的双及物式、把字句等，都是构式语法的得意之作。当然，构式语法有其更为宏大的志向，它不只是解释某些语法格式，而是"一种开放的语言哲学观"，主张把"语法与词汇、语义、语用、韵律"等结合起来分析，其实是要用构式语法解释自语素至篇章应用的众多语言现象。构式语法研究者还试图在大数据背景下，积极建设各类构式数据库，用数据的方式来呈现各个构式的使用频率、变异形式、语体分布、变化状态、语义韵等，这将对构式语法研究有更大推进（转引自罗耀华、郑友阶 2021）。

第一，宏观上，分析引入构式化与构式演变的理论，对于"动+介+宾"构式研究的贡献和影响。构式化是指形式$_{新}$-语义$_{新}$（组合）符号的产生过程。它在一定数量说话者的语言网络中形成了新类型节点，这些节点有新的句法或形态并有新的解码意义。它的产生伴随着不同程度的图式性、能产性和组合性的变化。图式的构式化总是源自一系列微小的步骤，因而是渐变的。新的微观构式同样是逐步产生的，但它们也可能是即时性的。逐渐产生的微观构式常常是虚词性的，而即时产生的微观构式则多是实词性的（转引自詹芳琼、郑友阶 2019）。此后，学者们从不同的视角，对构式化中的"形-义"配对体进行了探讨。如夏焕乐、张谊生（2024）认为构式化是指新形式-新意义对子产生的过程，依次经历构式用变和构式演变两个阶段，可以循环往复，使构式语义和功能得到螺旋式发展。他们对"形"和"义"进行的广义理解是：语音形式、成分序列、组合方式、篇章类型、韵律表现等都看作"形"；词汇意义、语法意义、语用特征、话语功能、语境内容等都归入"义"。构式演变是指影响构式内部某一维度的变化，它并不涉及构式网络中新节点的产生。

我们认为，一方面，要抓住"动+介+宾"结构的整体和全局，概括该构式的整体特点和表达功能，从这个角度来说，"动+介+宾"结构作为一个整体的存在，主要是为了补充说明动作、行为、事件的运动轨迹（邵敬敏、周娟 2008）。从整体出发，考察可进入"动+介+宾"结构的介词特点，其很显然和动词关联的程度更高，将该结构重新分析为动宾结构更为合理，更符合目前的发展情况，将介词作为动词的依附成分，尤其是将此结构中的单音节动词和介词一同划分更为合理（吴立红、张欣 2024）。一个构式就是一个概念，一个完整的认知图式，即一个完型，是整体大于部分之和，整体意义不等于各组成部分的简单相加。构式作为形式和意义或功能的统一体，应该以整体的配对形式储存在人类的大脑中。词汇、句法、语义、语用和语境具有不可分割性。就句式研究而言，这种方法论原则主张将自下而上的研究和自上而下的研究整合在一起研究构式的形义关系。自下而上的研究指探寻句式的构造机制，建构句式生成的规则系统；自上而下的研究指探寻句式得以形成的动因及句式形成以后其整体性特征对进入该构式的成分的句法、语义、功能的制约作用（施春宏 2013）。虽然这是针对句式研究而言，但同样适用于"动+介+宾"构式的研究。

另一方面，研究中，我们也需要化整为零，进行自下而上的研究。如果说"动+介+宾"构式为上位构式，那么"动+到/在/于/向/往/给/至/自+宾"等，则为下位构式。上位构式和下位构式之间，既有关联，也有差异；既有共性，也有个性。比如具体到一个个下位构式，它们所形成的认知图式，可能在动作、行为、事件的运动轨迹方面（比如空间、时间）是相同的，有的下位构式可以表达现实运动事件，有的可以表达虚拟运动事件，但有的则不一定能表达。"动+介+宾"构式网络如图 1-3 所示。

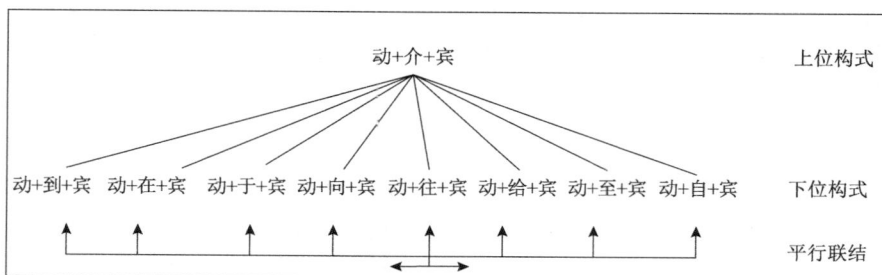

图 1-3   "动+介+宾"构式网络

自下而上的研究，侧重探讨各个不同的下位构式、各个子构式（微构式）的内部构成，如动词如何与介词组配，"动+介"又如何与宾语组配，也探讨构式与构体之间、构式与构式之间如何互动。精致还原主义立足整体，重视还原，强化多重界面互动的整合机制分析，是在整体主义观念下对构式的构造机制及其语义功能作出精细刻画，注重分析各种现象赖以出现的限制条件，将形式结构和/或意义结构的分析还原为不同成分及其间互动关系的说明，以此说明还原的可能性以及可能性变为现实性的条件（施春宏、蔡淑美 2022）。我们认为，对"动+介+宾"构式，采取自上而下和自下而上的研究思路，可以很好地解决"动+介"的归属和争议问题。

第二，微观上，选取汉语中 8 个具体的"动+介+宾"构式进行个案分析，力求做到观察充分、描写充分、解释充分。这些个案的论证，不仅说明了构式语法理论的普遍适用性，还阐述了汉语的意合特征，对汉语认知网络知识体系、汉语构库中的网络节点特征以及继承关系等方面的研究，很有启发意义。

第三，方法论上，立足于汉语构式事实，选取一些个性鲜明的构式，采用不同的方法进行考察。研究过程中，首先采取定量与定性结合的方法，定量分析是对不同类型的语言事实进行统计与对比，而定性分析则是在定量统计的基础上找寻规律，做出理性的分析判断。我们在对汉语"动+介+宾"构式研究过程中，是在对各个构式进行统计的基础上进行判断和下结论的。其次，采取共时与历时相结合的方法。对语言现象的共时描写离不开历时的考察，共时是历时的积淀，历时是共时的体现。对汉语"动+介+宾"构式进行静态描写，并且也对其发展演变规律进行探索与研究，同时也在静态描写的基础上，分析了对汉语"动+介+宾"构式各子构式的互动关系。最后，采取描写与解释结合的方法。语言研究需要对语言事实进行充分描写，在充分描写的基础上对语言现象进行合理的解释，描写与解释是语法研究的两个层次。从事语法研究需要观察充分、描写充分、解释充分。事实证明，如果没有对语言现象进行充分观察，很难充分描写语言现象（转引自罗耀华、郑友阶 2021）。

本书语料来源为：①北京大学中国语言学研究中心"现代汉语语料库"和"古代汉语语料库"（CCL 语料库）。②北京语言大学 BCC 语料库。③现代汉语语料库（http://ling.ccnu.edu.cn/）。④《人民日报》。

第 2 章 "V+到+O"结构的构式化与构式演变[①]

2.1 引 言

现代汉语中的"动+介"是构成"动+介+宾"的基础，其中的"于、自、到、至、向、往、在、给"等 8 个介词（邵敬敏、周娟 2008），实际是动词和宾语语义关系的标记和枢纽（陈昌来 2002a）。"V+到+O"结构的研究成果较多，纷争也较多。首先，"到"的归属。先后有助词（李人鉴 1958；沈灿淑 2003；张莹 2003）、介词（胡裕树 1981；蒋同林 1982；邢福义 1991；陈信春 1996；黄伯荣、廖序东 2002；赵元任 2005 等）、动词（朱德熙 1982；潘泰 1960；胡裕树、范晓 1995）、趋向动词（吕叔湘 2010；黄华 1984）、动介二元说（罗开农 1981；郭熙 1987；陈永生 1981）等不同看法。其次，"V"和"到"二者的关系。认为两者各自独立，相互之间没有依存关系，可以表述为"V+到"（陈永生 1981；朱德熙 1982）；或认为"V+到"为一个独立体，"到"没有独立性，依附于"V"，表示为"V·到"（蒋同林 1982；吕叔湘 1999a）。此外，从句式角度对"V+到"进行研究（张莹 2003；曾海清 2005；曹书华 2010；肖治野 2006；谢多勇 2005 等），得出了很多创见。纵观已有的研究，多侧重形式，很少涉及语义；研究对象具有不平衡性，"在、到、于"及其变体"de"研究较多，其他介词研究较少；句法-语义的互动对结构的影响研究不多。为此，我们拟对"V+到"结构进行再思考。

2.2 "V+到+O"结构的构素分析

2.2.1 "V+到+O"结构中的"V"

《动词用法词典》收录 1223 个动词，多义项的动词分别列出条目，合

[①] 本章曾以《介词并入与"V+到"类结构的词汇化研究》为题，发表于《语言研究》2015 年第 2 期，有删节。

计有 2117 条。考察发现，能跟"到"组配的动词有：

挨、爱$_{1-2}$、安$_{1-3}$、安插、安排、安置、熬$_{1-2}$、拔$_{1-2-4}$、掰、摆$_{1-3}$、摆弄、搬$_{1-2}$、办$_{1-3}$、拌、绑、包$_{1-3-5}$、包围、剥、保持、保存、保护、保留$_{1-3}$、报复、报告、抱$_1$、背$_{1-2}$（bèi）、奔$_2$（bèn）、蹦、逼、比赛、编$_{1-4}$、变$_2$、辩论、标、表示$_1$、表扬、病、拨$_{1-2}$（bō）、补$_{1-3}$、补充、补助、布置$_{1-2}$、擦$_{1-3}$、猜、裁$_1$、采$_{1-3}$、采购、采集、踩、参观、参加、参考、藏$_{1-2}$、测、测量、测验、插$_{1-2}$、查$_{1-3}$、差$_2$、拆$_1$、搀$_1$、缠、铲、尝、偿还、唱$_{1-2}$、抄$_{1-2}$、抄^2$_{1-2}$、抄写、吵$_{1-2}$、炒、扯$_{1-3}$、撤$_{2、4}$、沉、陈述、称$_2$、乘$_2$、盛$_1$、吃$_{1、3}$、冲$_{1-3}$、抽^1$_{1-2-4}$、抽^2$_{1-2}$、愁、筹备、出$_{3-4}$、除$_2$、锄、处理$_{1-2}$、穿$_{1-3-4}$、传$_{1-6}$、传达、传染、喘、串$_{1-3}$、闯$_{1-2}$、吹$_{1-2}$、凑$_{1、3}$、催$_1$、存$_{1-3-4-5}$、搓、搭$_{2-6}$、打$_{1-2-3-4-6-7-8-9-11-12-13-14-16-17-18-21}$、打扮、打听、逮、带$_{1-2-5}$、戴、担任、耽误、掸、当$_{1-2}$、挡$_{1-2}$、捣乱、倒（dǎo）^{1}$_1$、倒^2$_{1-2}$、倒（dào）$_2$、倒退、得$_1$、登、登记、等$_1$、滴、递、点$_{1-2-5-6-7-9-10}$、垫$_1$、钓、调、调查、掉^1$_{1-3}$、掉^2、跌、叠、叮、盯、钉（dīng）$_1$、顶$_{1-3-6}$、订$_{1-2}$、钉（dìng）$_{1-2}$、定、丢$_{1-3}$、动员、冻$_{1-2}$、斗$_{1-2}$、斗争$_{1-2}$、督促、读$_{1-3}$、堵、端、断$_2$、锻炼、堆、对$_{5-6-8}$、蹲$_{1-2}$、夺$_{1-2}$、躲、躲避、剁、饿$_{1-2}$、发$_{1-4-6-8}$、发表$_2$、发行、发展、罚、翻$_{1-2-6}$、翻译、反抗、反映$_2$、防备、访问、放$_{2-3-4-5-6-8-10-11}$、飞$_{1-2-3}$、分$_2$、分配$_{1-2}$、分析、奋斗、缝、扶$_1$、服务、抚养、辅导、负担、负责、该$_2$、改$_2$、改造$_2$、盖$_{1-2-4}$、赶$_{1-4}$、干$_{1-2}$、搞、搁$_{1-2}$、割、给、跟、耕、工作、供、勾结、勾引、估计、雇、刮^1$_{1-2}$、刮^2、挂$_{1-4}$、拐$_{1-2}$、怪、关$_{2、5}$、关心、观察、管$_{1-3-4}$、管理$_2$、贯彻、广播、逛、跪、滚$_1$、裹、过$_1$、害怕、喊$_{1-2}$、喝、合$_2$、哄、呼吸、糊、护理$_{1-2}$、花、划^1、划^2、化、划、画^1、画^2、怀疑、还（huán）$_1$、还（huàn）$_{1-3}$、回$_{1、3}$、回答、会议、汇报、会$_1$、昏迷、混$_{1-3}$、和（huó）、活、活动$_{1-3-4}$、和（huò）、积累、集合、集中、挤$_{1-2-3}$、计算$_{1、3}$、记、记录、继承$_1$、继续、寄$_1$、寄存、加$_{1-2-3}$、夹$_{1-2}$、假装、坚持、监视、煎$_{1-2}$、捡、检查$_{1-2}$、检讨、检验、减$_{1-2}$、剪、见$_5$、建设、讲$_{1-2-3-4}$、降$_{1-2}$、降落、交$_{1、3}$、交换、交涉、浇$_{1-2-3}$、教、搅、叫$_{1-2-3-4}$、校对$_{1-2}$、接$_{1-2-3-4}$、接见、接收、结合、解释、介绍$_2$、借$_1$、进、进攻、进行、救、举$_{1、3}$、锯、卷$_{1-2}$、觉悟、掘、开$_{2-3-6-7-10-11-16}$、看（kān）$_{1-2}$、砍$_{1-2}$、看（kàn）$_{1-3-5}$、扛、考、考虑、考验、靠$_1$、磕、咳嗽、渴、控制、抠（kōu）$_{2-3}$、扣（kòu）$_{2-3}$、扣留、哭、夸、夸大、夸奖、捆、扩充、扩大、拉$_{1-2-3-6}$、拉（lá）、落（là）$_{1-3}$、来$_2$、拦、朗读、捞$_{1-2}$、劳动、理解、立、连累、联络、联系、练、练习、炼、量、晾、了解$_2$、裂、淋$_{1-2}$、留$_{1-2}$、流、流传、搂$_{1-2-3-4}$、漏$_1$、旅行、落$_{1-2-3-4-5}$、抹$_{1-2}$、埋、埋葬、买、卖$_1$、

瞒、迷$_2$、迷信、密切、描$_{1\text{-}2}$、摸$_{1\text{-}2\text{-}3\text{-}4}$、磨$_{2\text{-}4\text{-}5}$、抹（mǒ）$_{1\text{-}2}$、抹（mò）、磨$_1$、拿$_{1\text{-}2\text{-}3}$、挠、闹$_{1\text{-}3}$、捻、碾、念$_{1\text{-}2}$、念叨、捏、拧$_{1\text{-}2}$、拧（nǐng）、扭$_{1\text{-}3}$、弄$_{1\text{-}2}$、挪、趴$_{1\text{-}2}$、爬$_{1\text{-}2}$、怕、拍$_{1\text{-}3}$、排^1$_{1\text{-}2}$、排^2$_{1\text{-}2}$、排练、派、盘问、盼、盼望、榜、抛$_1$、跑（pǎo）$_{1\text{-}3}$、泡$_1$、陪、培养$_{1\text{-}2}$、赔$_2$、配$_{2\text{-}3\text{-}4}$、喷、捧$_{1\text{-}2}$、碰$_{1\text{-}3}$、批$_1$、批改、批判、批评、披$_1$、劈$_1$、劈（pǐ）$_{1\text{-}2}$、骗、漂、飘、拼^1、拼^2、聘请、评、评论、泼、破$_2$、扑$_{1\text{-}2}$、铺、普及、沏、欺负、骑、乞求、起$_{2\text{-}4\text{-}7\text{-}8}$、砌、迁移、牵、牵扯、牵连、签^1$_{1\text{-}2}$、签^1、欠$_1$、抢$_1$、敲$_{1\text{-}2}$、切、亲、侵占$_2$、清理、清洗$_2$、请$_{1\text{-}2}$、请示、求$_1$、驱逐、取$_{1,3}$、染、嚷$_2$、让$_2$、扰乱、绕$_{1\text{-}3}$、忍、认$_1$、扔$_{1\text{-}2}$、揉$_{1\text{-}2}$、撒$_1$、洒、塞、赛$_1$、散布、散发、扫$_1$、杀$_{1\text{-}2}$、筛、晒、闪$_1$、商量、上$_{1\text{-}6\text{-}7\text{-}8\text{-}11}$、捎、烧$_{1,3}$、赊、设计、射、伸、审$_{1\text{-}2}$、审查、审问、渗、升$_{1\text{-}2}$、生$_{1,4}$、生产、省$_1$、实行、拾、拾掇$_{1\text{-}2}$、使$_1$、使用、侍候、试、试验、收$_{1\text{-}2\text{-}4}$、收集、收拾$_{1\text{-}2}$、守$_{1\text{-}2\text{-}4}$、梳、输^1、输^2、数$_{1\text{-}2}$、刷、摔$_{1\text{-}2\text{-}3}$、栓、涮、睡、说$_{1\text{-}2}$、思考、撕、死、送$_{1\text{-}2\text{-}3}$、搜集、算$_{1\text{-}3}$、算计$_4$、缩$_{2\text{-}3}$、缩小、锁$_{1\text{-}2}$、踏、抬$_2$、摊$_{1\text{-}2\text{-}3\text{-}4}$、谈、谈论、弹$_{1\text{-}2\text{-}3}$、探$_{1\text{-}2}$、探望$_{1\text{-}2}$、躺、烫$_{1\text{-}2}$、掏$_{1\text{-}2}$、逃$_{1\text{-}2}$、淘$_{1\text{-}2}$、讨$_{1\text{-}2}$、讨论、讨厌、套$_{2\text{-}4}$、疼$_1$、剔$_3$、踢、提$_{1\text{-}2\text{-}3\text{-}5\text{-}7}$、提高、体会、添、填$_{1\text{-}2}$、舔、挑^1$_{1\text{-}2}$、挑^2、挑选、调、调解、挑（tiǎo）$_{1\text{-}2\text{-}3}$、跳$_{1\text{-}2\text{-}3}$、贴$_{1,3}$、听$_{1\text{-}2}$、停$_{1\text{-}2\text{-}3}$、通$_1$、通知、捅$_{1\text{-}2\text{-}3}$、偷$_1$、投$_{1\text{-}2\text{-}4\text{-}5\text{-}6}$、突击$_2$、涂$_1$、吐$_{1\text{-}2}$、吐（tù）$_1$、推$_{1\text{-}2\text{-}3\text{-}5\text{-}6}$、推测、推广、推荐、退$_{1,3}$、退还、褪、吞$_1$、褪$_2$、脱$_2$、拖$_{1\text{-}2}$、拖延、托^1、托^2、驮、挖、弯、玩儿$_{1\text{-}2}$、望、威胁、围、维持、喂$_{1\text{-}2}$、闻、问$_{1\text{-}2}$、捂、误会、吸$_{1\text{-}3}$、吸收$_{1\text{-}3}$、洗$_{1\text{-}2}$、下$_{1\text{-}2\text{-}4\text{-}6\text{-}10}$、下降、掀、限制、献$_1$、享受、响、想$_{1\text{-}2\text{-}5\text{-}6}$、孝敬、笑、歇、协商、写$_{1\text{-}2}$、卸$_{1,3}$、谢$_1$、休息、修$_{1,3}$、修改、修理$_{1\text{-}2}$、绣$_1$、叙述、宣传、旋转、选$_{1\text{-}2}$、学$_{1\text{-}2}$、学习、训、训练、压$_{1\text{-}5\text{-}6}$、轧、腌、延长、研究$_{1\text{-}2}$、掩盖$_2$、掩护、掩饰、演、咽、养$_{1\text{-}2\text{-}3\text{-}4}$、养活$_{1\text{-}2}$、要求、邀请、摇、咬$_1$、要$_1$、移动、遗留、议论、隐藏、隐瞒、印、迎接、影响、应用、用$_1$、游、邮、预备、预料、遇、怨、阅读、运、酝酿、扎、砸$_1$、栽$_{1\text{-}2}$、宰、凿、增加、扎、铡、炸、炸（zhà）$_2$、摘$_{1\text{-}3}$、沾、战斗、站^1、蘸、长$_1$、掌握、招$_1$、招呼、着$_2$、找^1、召集、照$_{1\text{-}2}$、照顾、折腾、争吵、争夺、争论、争取$_1$、征求、挣扎、蒸、整顿、整理、支持$_1$、织$_{1\text{-}2}$、执行、指导、指定、指挥、治$_{1\text{-}2}$、治疗、制定、肿、种、煮、嘱咐、住$_1$、注意、抓$_{1,3}$、转$_{1\text{-}2}$、转移、转（zhuàn）$_{1\text{-}2}$、赚、装^2$_2$、撞$_{1\text{-}2}$、追$_{1\text{-}2}$、追求、准备、捉、走$_{1\text{-}2\text{-}4}$、租、组织、钻$_{1\text{-}2}$、琢磨$_1$、坐$_{1\text{-}2\text{-}3}$、做$_{1\text{-}2\text{-}3}$.

　　说明：①统计时，我们考虑这些动词与"到……来/去"搭配的情况，

如"处分、锄"等；②下标 1、2、3 等表示词典中不同的义项。

这些动词，可以从不同的角度，作出不同的划分。

第一，从音节上看，这些动词可以分为单音节动词和双音节动词。单音节动词有"挨、爱、安、熬、拔、掰、摆、搬、办、拌、绑、包、剥、抱、背（bèi）、奔₂（bèn）、蹦、逼、编、变、标"等 494 个；双音节动词有"安插、安排、安置、摆弄、辩论"等 242 个。

第二，从语义上看，这些动词可以分为运行动词和非运行动词。前者如"走、跑、进、爬、送、移动、游"等；后者如"讨论、维持、误会、修改、宣传、学习"等。

2.2.2 "到"的语法化

《现代汉语八百词（增订本）》中"到"有三个义项：①[动]到达；达到。②[动]往。必带表示处所的宾语。③趋向动词。动/形+到+名/动/小句。《现代汉语词典（第 7 版）》列五个义项：①达于某一点；到达；达到：～期。②往：～郊外去。③用作动词的补语，表示动作有结果，看～。④周到：想得很～。⑤姓。《说文》载："到，至也。"《辞源》释为"至也，达也。已至其地曰到"。张莹（2003）、全国斌（2006）、陶振伟（2006）、陈练军（2008）、刘芳（2009）等考察过"到"的虚化历程，梳理如下。

第一，先秦时期。

"到"多出现于句中主要动词的位置，有时不带宾语，有时则带处所宾语、时间宾语。"到"为实义动词，表示到达某处所、时间等。例如：

（1）则众物之表里精粗，无不到，而吾心之全体大用，无不明矣。（《大学》）

（2）郑伯肉袒……以逆庄王曰："寡人无良，边垂之臣，以干天祸，是以使君王沛焉，辱到敝邑。"（《公羊传》）

例（1）中"到"后为零成分，即无宾语；例（2）中带处所宾语"敝邑"。作为一个运动事件，动作与时间、处所密切相连。Anderson（1971）和 Lyons（1977）认为世界语言中，有些词是最基本的，如表示空间的词语，这些表示空间的词语，可以派生出其他的词语。通过隐喻、引申等派生手段，实现从空间域到其他认知域的转变，如时间域、目的域等（沈家煊 1994）。"到"既用于谓语中心直接带处所宾语的句式，也用于后面带介词"于"引进时间的句式。例如：

（3）子曰："管仲相桓公，霸诸侯，一匡天下，民到於今受其赐。"（《论语·宪问》）

（4）伯夷、叔齐饿于首阳之下，民到於今称之。（《论语·季氏》）

例（3）（4）中 "到+於" 后接表时间的宾语 "今"，作宾语。"於"是介词，例中的 "到" 为动词，趋向义动词 "到"，与表处所的宾语关系密切。

第二，两汉时期。

"到" 仍是句中主要动词，但在使用上有了一些新特点，例如：

（5）於是从容安步，斗鸡走菟，俯仰钓射，煎熬炮炙，极乐到暮。（《全汉文》）

（6）惠王用张仪之计，拔三川之地，西并巴、蜀，北收上郡，南取汉中……使之西面事秦，功施到今。（司马迁《史记·李斯列传》）

例（5）"到" 带宾语 "暮"，是时间宾语，"于" 在例中消失（省略），这是汉代与先秦时期在用法上的一个显著区别（何乐士 2005）。例（6）中 "功施到今"，"到" 所带的宾语为时间宾语。此外，"到" 还出现在连动结构的前一个动词位置上，带处所宾语或时间宾语，通过 "而/以" 连接第二个动词；或出现在第二动词位置，"到" 与 V_1 有不同的施事，"到" 带处所宾语、时间宾语或表某种程度或某种地步的宾语，宾语的语义逐渐抽象。

第三，魏晋南北朝时期。

"V+到" 结构中，"V" 多为运行动词，"V+到" 可以双解：既可以看成连动式，也可以看作动补式（马贝加 2002）。例如：

（7）治从钱塘欲进到吴，吴郡太守许贡拒之于由拳，治与战，大破之。（陈寿《三国志》）

（8）策因往到融营下，令左右大呼曰："孙郎竟云何！"（陈寿《三国志》）

（9）会瑜已徙肃母到吴，肃具以状语瑜。（陈寿《三国志》）

马贝加（2002）认为例（7）（8）中的"到"既可以看作动词，也可以看作动词的补语，可以作两种解读；例（9）是真正的动补结构，例中的 V_1 和 V_2 的语义涉及不同对象，V_1 与主语或施事发生联系，V_2 与宾语或受事发生联系。这种结构中的"到"，运行意义逐渐趋于消失。在这种语义结构中，"到"是介词（马贝加 2002）。郭锡良（1991）也认为介词"到"大约在魏晋时期兴起。

第四，唐五代时期。

"到"的介词用法开始成熟，用例增多。"到"一般出现在 VP 后，例如：

（10）生时不共作荣华，死后随车强叫唤。齐头送到墓门回，分你钱财各头散。（《王梵志诗校注》）

（11）临至捉到萧墙外，季布高声殿上闻。（《敦煌变文集》）

（12）行到水穷处，坐看云起时｜虽然得归到乡土，零丁贫贱长辛苦｜待到重阳日，还来就菊花（唐诗）

例（10）中"送到"后接表处所的宾语"墓门"；例（11）中"捉到"后接表处所的"萧墙外"；例（12）中"到"所带的宾语分别为"水穷处、乡土、重阳日"，前两个为处所宾语，后一个为时间宾语。

唐五代时期，"V+到"用例增加，如《敦煌变文集》中有 49 例，根据张赪（2002）的考察，这个时期"到"前的动词"V"可以分为两类：①表示与人行走有关的行为动词。如"巡、送、却、至、归、往、引、游、入"等 12 个；②表示其他意义的行为动词。如"屈、捉、赚、积、决、放、下、将、抱、领、驮、拥、潜"等 13 个。当然，这两类动词中，"到"的意义和类别略有差异：在前一类动词中，"到"在语义滞留作用影响下，其"到达"的动作义还比较明显，语义透明度较高；而在后一类动词中，如"捉到、抱到、驮到、拥到"中，"到"的意义已经比较虚，语义透明度低。张赪（2002）认为介词"到"在唐五代时期出现，主要用于引进动作的归结点。理由：一是唐以前"V+到+O"结构的使用不多，因为其中的"到"介词性不强，动词性较强，结构受到"到"的语义制约；二是唐五代时期，单一功能的介词纷纷涌现，如"朝、往、寻"等，"到"的介引功能比较单一，只介引位移的终点，而唐代以前出现的介词，具有多功能性，如"从、向"等。

这一时期，"到"或单用，或出现在连动结构位置，出现的环境为：

①到+（来）+处所宾语+来/去，②到+处所宾语+V+去；也可以出现在连动结构的第二个动词位置：①V_1-到+处所宾语+（而）+V_3，②V_1+到+受事宾语+V；还可以出现在第三个动词位置：V_1（+受事宾语）+V_2+到（+处所宾语）（刘芳 2009）。唐五代时期，"到"出现的句法环境很复杂，但归纳起来，大致可以分为：第一，单用；第二，连动结构中。石毓智、李讷（2001）把动词演化为介词的过程描述为三个阶段：一般动词阶段；次要动词阶段——一般只出现在次要动词位置，句中另外有核心动词；介词阶段——不具备一般动词以及指示时间信息有关的句法特征，虚化为介词。"到"的演变历程如下：首先，独用，为句中的核心动词；其次，进入连动结构，或处于第一动词位置，或处于第二动词位置，"到"[+位移]功能弱化，退隐为次要动词，"到"的语义沿着空间义→时间义→结果/程度义的路径发生语法化，在语法化过程中，隐喻起着重要作用。与此同时，动词的宾语也相应发生变化，由表处所，扩大到表时间、表结果以及表某种程度。"到"从独立作动词到用在动词后作结果补语的语法化过程如图 2-1 所示。

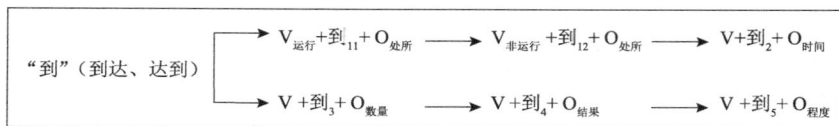

图 2-1 "到"的语法化过程

"$V_{运行}$+到$_{11}$+$O_{处所}$"结构中，V 一般为运行动词（位移动词），"到"紧跟在这样的动词后，表示施事随着"位移"动作，到达某一处所（位移终点），此时的"到"实际上是表"到达"实词义的趋向动词，"V 到 O"可以转换为"V 而到 O"，相当于连动式；"$V_{非运行}$+到$_{12}$+$O_{处所}$"结构中"到"用在"非运行（位移）"义动词后面，它既可以表示施事的运动趋向，也可以表示受事随着主体的动作而达到动作行为的归结点，这样的情形下，"到"尽管仍有实词义的趋向动词用法，但语义已经弱化，语法化开始发生，整个结构由连动结构转变为趋向述补结构（刘子瑜 2006）。"到$_2$"后接表时间的成分，整个结构表示动作行为进行或持续到宾语所代表的时间，宾语的类型，由空间扩大到时间，符合隐喻的规则，实现由空间域到时间域的投射。"到$_3$"表示动作行为达到某数量；"到$_4$"表示动作行为有了结果；"到$_5$"表示动作行为达到某一程度。刘子瑜（2006）归纳"到"的语法化过程为：①V 到 $O_{处所词}$→②V 到 $O_{处所词}$（动趋式述补结构：方向义）→③V 到 O _{时间词/数量词/表程度的名词性成分}（动趋式述补结构：结果义）→④V 到 C _{谓词性成分}（程度述补结构）。该语法化路径有如下问题：第一，阶段②如何演变为阶段③，并未说清；第二，将时间、数量、程度宾语归为一类，欠妥当。对于"到"的归属，学界大致有两派意见：一种观点认为"到"是动词（吕叔湘 1979，1999b；朱德熙 1982；刘月华等 2001），与它前面的动词成分构成动补结构，具有补语的功能。吕叔湘、朱德熙在《语法修辞讲话》中将"到"判定为动词，类似的像"在、往、向"等，往往充当谓语中的主要成分……所以他们建议将这类词归到动词中。朱德熙（1982）以"爬到山顶上"为例，"爬到"不但可以单说，而且当中可以插入"得/不"转换成表示可能性的述补结构；介词不能跟"了/过"结合；介词后一般不可能出现谓词性成分（胡裕树、范晓 1995）。我们主张介词说，首先，"到"不是趋向动词。汉语的趋向动词有 26 个："上"类字 8 个（上、下、进、出、过、回、开、起），"来"类字两个（来、去）；"上""来"两类字组配 16 个。"到"不能加入其中任何一类。其次，"到"必须用在名词性成分之前，结合起来一同使用，表示含有"到"的介词短语和其他成分之间的时间、处所、空间、数量等关系。

2.2.3 "V+到"类结构的词汇化

2.2.3.1 "V+到"的固化

"到"演变为介词或词内成分后，依附于 V，出现并入现象，即"到"通过重新分析而加接到动词上，与后者并入，成为后者的构成成分，实现固化。理据有：第一，"V+到"自成音步，为一个韵律单位。第二，表完成的动态助词"了"加在"V+到"之后。第三，部分"V+到"可以单说，中间不能插入其他成分。第四，在并列格式里，出现整个"V+到"而不只是其中的 V，"V+到"整体重复。第五，"V+到"语义上具有整体性。"V+到"固化后，原来专属"到"的指向性便成为整个"V+到"的属性了。例如：

（13）我的土地，它不属于我和我的家族，……我感到土地的压迫来自地下最阴暗的地方，即使那里，也不是我的存在之根。我是个农民，一个感到害怕的人，……我没有宗教信仰，我不信机器、金钱、利益，甚至尊严，我没有什么可信的。（续小强《天星诗库系列 妄念者 孙磊诗选》）

（14）这种暂时的忘我虽然不能与无我相提并论，但是那种自我遗忘是意义相通的，相反，在清醒时刻，只有先达到了忘我，才能体会到通往无我之境的道路。"别人笑我太疯癫，我笑他人看不穿。"忘我，是一种刻意而为的无奈；无我，则是水到渠成的自在。佛家的无我之境，通悟之人，会体会到其他人看不穿望不断的红尘之外的快乐。（张其成《张其成国学养生 佛家养生大道》）

（15）这种情形也发生在我们身上，我们常常安于现状，习惯于在接到任务的时候能拖则拖，不到紧急关头不愿意有所行动，等到时间越来越长，到最后错过了最好的行动时机，就如置身于水深火热之中，苦不堪言，工作业绩也一塌糊涂，什么事情也干不成。（文峰编《带队伍要掌握的关键法则》）

（16）我个人理解，在临床过程中，似应根据病患实际，在国际通行分期的基础上，做更细致的病情区分，并予以精细治疗，这才是合理的，并不是所有的四期癌症都意味着放弃，也并不是所有的一期癌症就可以等闲视之。我们经常会遇到或听到类似下面的情形：患者到了医院诊断出癌症，被宣布为晚期，存活期只有几个月或一年半载了。这种情况下，多数患者和家属会选择不作为，或者仅仅做一些很保守的象征性治疗。（张贵平《生命如此美丽》）

例（13）中"感到"带宾语"土地的压迫来自地下最阴暗的地方"；例（14）中"达到"带上体标记"了"，之后再带宾语"忘我"；例（15）中"等到"带宾语"时间越来越长"；例（16）中的"遇到或听到"两项并列，共同带宾语"类似下面的情形"。例子中，体标记"了"加接"达到"之后，这证明了"V+到"是以一个整体形式出现。"感到、听到、看到"等，表现为一个最小的语音节拍群、有时态变化、不能任意拆开、意义凝固。与"走到"相比，"感到"具有[+渐变性]、[+溶合]、[+去理据性]等词汇化特征。吴为善（2006：128-129）指出，又如介词短语和VP的组合，若介词短语置VP前，与动词的组合相对较松，"一旦移到VP之后，动词与介词结合极紧，现在语法学界一般都把它们看作是动介式合成词。……理由很充分，介词短语一旦移到动词之后，节奏间隙移到了介词之后，同时介词在口语中往往弱化，甚至可以脱落，如说成'坐沙发上'、'搁抽屉里'。"这从一个侧面证明了很多"V+到"结构的词化倾向。固

化的 "V+到" 结构表示为 "V·到"。上述例中的 "感到、达到、等到",均为《现代汉语词典(第 7 版)》收录,此外,还有 "得到、临到" 等,表明编者将其视为一个词。

《现代汉语词典(第 7 版)》《现代汉语语法信息词典详解》收录含 "到" 的词语有 "感到、临到、签到、直到、画到、驾到、老到、独到、精到、报到、迟到、得到、等到、遭到、遇到、聊到" 等,近 20 个[①],表明编者认定上述含 "到" 的结构均为词。在类推作用下,与 "到" 组配的 V 增多,从宋代开始,扩大到表达主客观感受的 "想、思量、看、听" 等;到现代汉语中又扩大到表主观感受、认知的 "感、体会、认识、领会" 等,"到" 的位移意义进一步虚化(刘芳 2009),正是这种虚化,使并入成为可能。当然,这也是双音化的结果:两个高频率紧邻出现的单音节词就可能结合成一个双音单位,这个过程又叫作 "复合化"(compounding),即两个语素经过重新分析,二者间的词汇边界削弱或者丧失,最后成为一个语言单位(Hopper and Traugott 2003)。随着 "V+到" 使用频率的增加,两者之间的边界消失,在具体运用中实现复合化。

2.2.3.2　"V+到" 的词汇化程度

我们假设:某一个词语串的共现频度越高,则词语串的结合紧密性越强。高频的词语串可能是一个完整的语块。计算 MI 值是衡量 "V+到" 结合紧密度的方法之一,以《人民日报》(1994 年)及现代汉语语料库共计 33430819 字进行统计。"V+到" 的 MI 值 ≥4 的有:遭到、找到、遇到、受到、碰到、达到、赶到、感到、看到、听到等 25 个。MI 值<0 的有:改到(−3.83)、标到(−3.64)、发到(−2.45)、记到(−2.36)、安到(−2.34)等 33 个。统计结果表明 "V+到" 组合,有高融合度(MI 值≥4)、中融合度(0≤MI 值<4)和低融合度(MI 值<0)。高融合度指 "遭到、找到、遇到、受到" 等双音节单位,"到" 失去介词的表意功能,为构词成分或后缀。融入的最高阶段,"到" 甚至脱落,走上了零形化道路,如 "放(到 de)桌子上"。低融合度是指 "到" 的语义透明度高,MI 值低,仍具有[+位移]特征,如 "改到、标到、种到、通到" 等,V 的位移性特征反而不明显。

---

① 《现代汉语常用词表(草案)》与《现代汉语词典(第 7 版)》均收录的 "V 到" 类词语有 10 个:报到、迟到、达到、得到、感到、驾到、临到、签到、直到、画到。《现代汉语常用词表(草案)》列出而《现代汉语词典(第 7 版)》未收录的有 5 个:赶到、来到、料到、收到、遭到。当然 "独到、精到、老到、周到" 等形容词,不在本书的讨论之列。

我们认为，"V+到"固化程度的高低，涉及三个因素：一是 V 的类型，当 V 具有强[+位移]特征时，O 多为处所，"到"具有动词性特征，"V+到"或为连动结构，或动补结构；二是"到"后 O 的类型，当 O 为处所、时间、数量、程度等成分时，"到"与 O 的结合紧密，此时的"到"为介词；三是当 V 的[+位移]特征很弱，且"V+到"后的 O 为一般宾语，甚至为表述性的 S 时，"到"与 V 之间界限消失，虚化程度最高，固化程度最高。胡裕树和范晓（1995）把"V 到 X"分成两大类："V 到₁"和"V 到₂"，并认为前者能回答的提问方式有三种：一是"V 到何处"，如"走到广州、扔到河里"等；二是"V 到何时"，如"走到深夜、睡到八点"等；三是"V 到何程度"，如"减少到最低点、走到脚发麻"等。后者能回答的提问形式是"V 到什么"，如"找到了钱包、买到了车票"。吕叔湘（1999a）把"V 到"分为五类，该分类充分考虑到了"V、到、O"之间的差异。

2.2.4   介词并入及其跨语言比较

2.2.4.1   介词并入

学者们对汉语中并入的研究涉及动词、名词、代词等的并入。刘红妮（2010a）、Gao（2005）考察过现代汉语中的介词并入现象。如"小张躺在床上"其中的介词"在"并入动词"躺"，检验的方法有，加体标记"了"，可以说"葛优躺在了床上"，但不能说"小张躺了在床上"。"在"通过介词并入，进入动词"躺"，形成一个语法词。这种现象，不光出现在现代汉语中，古代汉语中"在于、生于"等词语中，也有类似情形。

介词短语（PP）结构、介词并入（PI）结构和光杆动词（BVC）结构是形成竞争关系的三个结构，如图 2-2 所示。

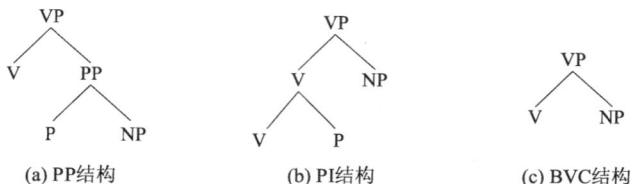

(a) PP结构   (b) PI结构   (c) BVC结构

图 2-2   PP 结构、PI 结构和 BVC 结构三者竞争结构图

Gao（2005）认为 PI 结构是经过介词并入，从 PP 结构派生而来；而 BVC 结构则通过 P 的语音压制从 PI 结构派生而来。但是 Gao（2005）的分析中不及物动词存在一个问题，即不能指派格；这样介词并入的诱因不可能是动词的格与介词的格相冲突，因为动词没有格。相反，它们表明汉

语更倾向于选择介词接（NP）作动词的补语，而不是 PP 的补语，不管 VP 短语中 V 中心语的特征如何。在此基础上形成限制：①θ（VP）：在 VP 的语序中遵循题元层级目标>题元>处所（">"表示优先）；汉语中题元名词先于普通名词，这样 NP（题元）+NP（处所）的结构优于 NP（处所）+NP（题元）的结构。②三组动词的句法差异："放"类动词，论元结构为<施事，题元，处所>，"放"类动词所在的句法结构中，要么 PP 必须出现在 VP 之外，如"PP V NP"结构；要么 NP 宾语必须出现在 VP 之外，如 PI 和 BVC 结构。换言之，补语的话题化，通常发生在动词后的位置上有另外一个补语的情况下。话题化在汉语中相对自由，虽然这种替代总是出于某种语用、信息结构功能方面的原因。比较起来，"送"类动词后允许出现两个补语；而"放"类动词后只允许出现一个补语。不及物动词"跑"所在的结构中，只有 VPP 结构 PI 结构能够成立，体标记"了"的分布表明 P 实际成为 V 的一部分（即 PI 结构）。

2.2.4.2 介词并入的普遍性

介词并入是一种较为常见的语言现象，汉语中有这种现象（如"生于、在于、至于"等介词并入现象；"喝醉"等动词并入现象；"粉碎机"等名词并入现象等），世界语言谱系中的其他语言，也会有类似的现象，英语[包括古英语（Goh 2001）]、法语、齐切瓦语、埃及科普特语、卢旺达语、西班牙语、荷兰语等均存在介词并入现象。根据 Goh（2001）的考察，英语中的介词并入很早就开始了。古英语（Old English）中，就有介词并入现象，主要是形态的合并。例如：

（17）And Þe comaundment ys brokun, |and Þe halyday, byfore <u>of</u> <u>spokun</u>.

And the commandment is broken, and the holy day previously of spoken

And the commandment is broken, and the holy day previously spoken of（Denison 1993：126）

汉译：戒律被打破，先前提及的圣日也一样。

古英语中，一般出现的语序是 P–V，而不是 V–P，如例（17）；而且，在早期的例子中，V 和 P 之间，可以插入其他成分。一些"V+P"组配的词汇化也许有助于对古英语中出现的 V 和 P 进行重新分析。古英语中，已经有"V+P"组配，其介词宾语与动词的直接宾语在语义功能上平行。现代英语中，也有介词并入的情形，表现为动词后的介词，逐渐跟动词融合为一个整体，形成一个固定搭配。如 change for、bring down、prevent from 等，其中的介词 for、down、from 并入其前面的动词 change、bring、prevent 中，它们彼此融合构成一个整体。类似的还有 put off、take on、consist of、strike at、suffer from、settle down、search for 等。荷兰语中，也有介词并入的情况，但通常表示动作目标的介词，能够并入动词，但如果是表示来源的介词，则一般无法并入动词，例如：

（18）a. Omdat   zij   het bos   is   door   gelopen.
　　　Because she the forest is through walked.
　　'because she walked through the forest'（Baker 1988：26）
　　汉译：因为她步行穿过了森林。

　　b. dat   dit book(van)onder het bed is(?*vandaan)gekomen.
　　　that this book from under the bed is   from   come.
　　'that this book came from under the bed'（Baker 1988：27）
　　汉译：这本书来自床下。

　　　例（18a）中 door（through）实现了介词并入，因为其中的介词是表示方向的，它置于助动词 is（be）后，并入了动词 gelopen（walked）；而例（18b）中的介词是表示来源的 vandaan，无法实现介词并入，它可以组成介词短语位于动词前，却不能处于助动词和动词之间，无法并入动词。

　　　齐切瓦语是班图语族的一个分支，是马拉维共和国的官方语言之一，也是当地土著的母语，该语言也有介词并入的现象。例如：

（19）a. Mbidzi zi-na-**perek-er**-a   nkhandwe msampha.
　　　Zebras SP-PAST-**hand-to**-ASP fox   trap
　　The zebras handed the fox the trap.（Baker 1988：29）
　　汉译：斑马把夹子递给狐狸。

　　b. Mlimi   a-ku-i-dul-ir-a   mitengo nkhandwe.
　　　Farmer SP-PRES-OP-cut-for-ASP trees   fox
　　'The farmer is cutting trees for the fox.（Baker 1988:30）
　　汉译：农夫在为狐狸砍树。

齐切瓦语有两种介词性的成分:一个是词缀;另一个则不是,它们可以在指派的一套题元角色部分重叠(Baker 1988)。该语言的直接宾语位于动词之后,而间接宾语则出现在由介词 kwa 组成的介词短语之中;介词也可以词缀形式出现,如例(19a)中-er 并入动词中,例(19b)中 for 直接并入动词 cut 中。在动词后出现相应的语素时,介词接宾语提到动词后,直接宾语置于间接宾语后,介词并入也已完成。

此外,如下的一些例子,也被语言学界广泛讨论:

（20）He swam across the Yangtze River.→He swam the Yangtze River.

（21）He regularly flies across California.→He regularly flies California.

（22）*他放了[在桌子上]。→他放了在桌子上。

（23）他放了一本书在桌子上。→他在桌子上放了一本书。

（24）[[将 NP$_1$][[V 咗]喺 NP$_2$]]

例（20）中"He swam across the Yangtze River"只有一个参与者,介词短语"across the Yangtze River"表示路径;而在"He swam the Yangtze River"中,路径并入动词中。例（21）across 也并入动词中。例（22）和例（23）也被学者们用来归纳和描写汉语动词后介词短语分布的规律:①只有作补语的介词短语可以出现在动词之后;②若句子没有宾语,介词必须贴附在动词上;③[V NP PP]和[V PP NP]结构都是合法的,但[V NP PP]结构中的动词宾语不能是代词(或定指性名词短语),而[V PP NP]结构中的介词宾语只能是代词(或定指性名词短语)邵敬敏、周娟（2008）。例（24）则是粤语中的例子,是普通话"把字句"相应的说法。"咗"是表示完成体的助词,相当于"了","喺"相当于"在",其句式就等于普通话的[[把 NP$_1$][[V 了]在 NP$_2$]]（何丹鹏 2015）。

2.2.5 "V+到+O"结构中的"O"

能够进入"V+到+O"结构中的 O,可以分为如下类型。

第一,受事宾语/结果宾语。

（25）第二,你没有滥用你的外表吸引力或者你的滥用没有被他人发现。一旦你的不纯动机为人所知,你的外表吸引力的作用也就走到了事物的反面。当时洛阳正在闹饥荒，官员军民个个面如菜色，董昭却把自己保养得仙风道骨。（陈禹安《开心读历史 乱世枭雄曹操》）

（26）几天之后，我就到了上海，和柳先生见面之下，果然还是和照片上的差不多。那天我还带了我写作的一个小词手卷请他批评，所以谈到了一些关于诗词的话。他看到卷后几首我瞎来来的"自度曲"，也笑着说"呒啥"。自后，在席间时也碰到。有了诗，也常寄他。柳先生最容易引起生客注意的，大概是他说话的"期期艾艾"了。（《白蕉文集》编委会编《白蕉文集》）

（27）这个问题触及了女儿的心灵，她害羞地反问一句，"如果我收到了情书了，该怎么办呢？"针对这一难得的教育契机，母亲条分缕析，从五个方面谈了自己的看法，言之有物，有理有据，给女儿以正确的引导。（郁琴芳《父母教育行为的 50 个细节》）

例（25）的宾语为"事物的反面"，它是句中的结果宾语（受事宾语）；例（26）的宾语为"一些关于诗词的话"，是受事宾语；例（27）的宾语为"情书"，是受事宾语（结果宾语）。

第二，处所宾语。

（28）我自己还有一点考虑：浙大校长把我当宝贝，我决不能辜负学校对我的期望。就这样我们一家人回到了西子湖畔的杭州城。（苏步青《大科学家讲的小故事 神奇的符号》）

（29）以前都是在收音机里听，在电视里看，从来没看过现场演出，这次听说山东省京剧院把戏送到了家门口，老母亲说什么也要来亲自听一听、看一看。（中共山东省委宣传部编《聚焦2014》）

（30）第二天凌晨，天还没有大亮，毛泽东匆匆赶到医院，走进病房，直奔杨开慧的床前。他用手摸摸妻子的前额，俯身下去，问道："你感觉怎么样？不要紧吗？"（陈冠任《杨开慧 毛泽东的"人间知己"》）

例（28）的宾语为"西子湖畔的杭州城"；例（29）的宾语为"家门口"；例（30）的宾语为"医院"。它们都是处所宾语。

第三，时间宾语。

（31）我可以在他们面前基本不抽，但是他们的视野之外，依然我行我素了几十年，估计只有等到我生命终结的那一天，我才会把烟戒了。（梁平《子在川上曰》）

（32）我们从马森村过河到了沁源县的西山后，发现山上的敌人已经退了。于是，决定进山去找机器。从早上五六点钟一直找到下午两点多，整整大半天，终于找到了埋藏的手摇机。（秦华礼《百年风雨路》）

（33）在见过所有的孩子后，她最终摆脱了痛苦和不听使唤的躯体的束缚。回想起儿子的出生，我总有辛酸且甜蜜的感觉，可正是那时，我悟到了生活中一条重要的真谛：快乐与悲伤并存，且总会纠结在一起；爱的力量足以调谐二者。爱能持续到永远。（马华主编《最美丽的英文　爱似鲜花盛开》）

例（31）的宾语为"我生命终结的那一天"；例（32）的宾语为"下午两点多"；例（33）的宾语为"永远"。它们都是时间宾语。

第四，数量宾语。

（34）当时的工作环境又苦又险，工人需要在一平方米的井内打眼放炮、清渣，井打到十米多深难度更大，没有设备，就在井口吊一根绳子，人像猴子一样爬上爬下，在里面打眼放炮，随时都有被炸死的可能。（武汉市江夏区总工会　武汉市江夏区劳动模范联谊会编《江夏劳模风采录（1950—2014）》）

（35）他认为，如果世界上糖的储量从价值100万镑增加到一亿镑，我们不能说100镑的价值是现在1镑的价值。（路德维希·冯·米塞斯《货币和信用理论》）

（36）通过整个采购过程的重组，结果财务会计部的人由400多人下降到125人，而且工作效率大大提高。（杨序国《考量——让老板看到人力资源管理的价值》）

例（34）的宾语为"十米多深"；例（35）的宾语为"一亿镑"；例
（36）的宾语为"125 人"。均为数量宾语。

第五，程度宾语。

（37）王礼先教授指出，渭河流域的缺水、水污染、泥沙淤
积，以及由泥沙淤积引发的下游洪涝灾害问题，已经发展到十分
严峻的程度。渭河流域综合治理十分必要，十分重要。符合渭河
流域的客观实际，也是渭河流域广大人民群众的迫切要求。（熊
美杰主编《渭河的明天：渭河流域综合治理专集》）

（38）三个女人这一击借用了天劫的余威，能在仓促间借用
天地余威，表示她们对天地法则的感悟已经达到了炉火纯青的地
步。（龙人《魔兽战神·16·古域天界》）

（39）最后是英国海军，据说在最后一刻也开始动员了。人
们的情绪随着这些事情的发展而高涨，最后达到了狂热的程度。
（温斯顿·丘吉尔《从战争到战争》）

例（37）中"发展到"的宾语为"十分严峻的程度"；例（38）中"达
到"的宾语为"炉火纯青的地步"；例（39）中"达到"的宾语为"狂热
的程度"。它们都是程度宾语。

2.3　"V+到+O"结构的构式用变与演变

2.3.1　"V+到+O"结构的构式化

吕叔湘（1999a）先生在《现代汉语八百词（增订本）》中，将"到"
区分为动词和趋向动词两种用法。表趋向动词的，一般用在动词后，有如
下几种用法。

第一，动+到[+名词（受事）]。表示动作达到目的或有了结果。列出
的动词有"走到了、找到了（那本书）、收到了（一封信）、看到过（这
个人）、听到、说到了、办得到、想不到"等。

第二，动+到+名（处所）。表示人或物随动作到达某地。举例使用的
动词有"回到了家乡、送到村口、寄到学生家里、赶到县里"。还指出，
表示处所的宾语之后，还可以加"来、去"。

第三，动+到+名（时间）。表示动作继续到什么时间。名词为表示时

间的词语。动词和"到"中间一般不能加"得、不"。使用的例子有"等到明年暑假、刮到下午两点、找到天亮"等。

第四，动/形+到+名。表示动作或性质状态达到某种程度。名词多为数量短语或表示程度的词语。使用的例子为"减退到、打到一百二十米深、发展到十分严重的地步、冷到零下 20℃、坏到极点"等。

这些用法，基本都是在共时平面呈现出来的用法，我们将其视为构式化，用例有：

（40）出于习惯，我回到了家门前，当我伸手推一下紧闭的屋门后，我就把自己推入了更为伤心的境地。（余华《在细雨中呼喊》）

（41）在家等待结果的时间并不很长，霍金就收到了牛津大学的电报，说他获得了该校的奖学金。也就是说，霍金让父亲弗兰克如愿以偿了。（端木向宇《霍金传：用生命和时间赛跑》）

（42）他的计划完美无瑕，不但会带给爸爸大大的惊喜，而且不会让妈妈担心，不会让妈妈一个人等到天亮。然后他要把小说送给爸爸，当作生日礼物。（王蓓《格陵兰森林》）

（43）一般父母打娃，娃再不听话，也只打到十八岁，我妈不同，打我到二十八岁。（老六《写给母亲的诗一百首》）

（44）当肾脏由于疾病等原因引起肾功能严重减退到一定程度，不能满足上述需要时，机体内就出现了一系列中毒及紊乱现象，表现为全身各系统病理改变。（杜同仿主编《膏方治百病》）

例（40）中"回到"后接表方所的处所名词"家门前"，宾语为处所宾语，动词一般为位移动词；例（41）中"收到"所带宾语为"牛津大学的电报"，为受事宾语（结果宾语）；例（42）中"等到"为非位移动词，宾语为"天亮"，可以归入"时间宾语"；例（43）中"打到"所带宾语为数量结构"十八岁、二十八岁"，可以归入数量宾语；例（44）中"减退到"所带宾语为"一定程度"，可以归入程度宾语。

这样，在共时层面，"V+到+O"结构可以形成一个构式群，该构式群依据动词和宾语类型的不同，可以带处所宾语、结果宾语、时间宾语、数量宾语、程度宾语等。该构式群如图 2-3 所示。

```
                    “V+到+O”构式群
         ┌───────────────┴───────────────┐
   “V+到+O 处所”构式                    “V+到+O 数量”构式
         │                                │
         │                          “V+到+O 程度”构式
         │                                │
   “V+到+O 时间”构式                    “V+到+O 结果”构式
```

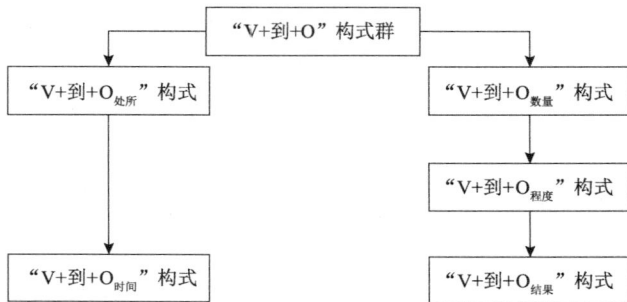

图 2-3　“V+到+O”构式网络

图 2-3 表明，在共时层面，虽然看不出构式之间的演变顺序，但如果放到历时层面，左侧的演变，体现的是规律一：从空间到时间，即“V+到+O 处所”构式→“V+到+O 时间”构式。

右侧的演变，反映规律二：从具体到抽象，即“V+到+O 数量”构式→“V+到+O 程度”构式→“V+到+O 结果”构式。Heine 等（1991）提出人类认识世界的认知域，从具体到抽象的序列化公式：人>物>活动>空间>时间>性质。“V+到+O 数量”构式中，数量宾语功能相对而言还是比较实在的，结果宾语、程度宾语则意义相对空灵，这也符合从具体到抽象的演变规律。

构式化（constructionalizaton，Cxzn），即新“形式—意义”配对（构式）的产生：[[形式]新←→[意义]新]。构式化“是符号的形式新-意义新（组合）的创造，它形成了新类型节点，在说话人群体的语言网络里具有新句法或新形态及新编码意义”。构式演变是现有构式的形式或意义某方面特征的演变。如语义演变（will intend>future），形态变化（will>'ll），搭配对象变化（way 构式中的动词从移动动词扩展到伴随开辟道路的行为，如 whistle one's way home），等等。这些变化不会导致新构式的产生，只是现有构式的形式或意义的某方面特征发生变化。

构式演变——形式变或意义变：

[[形式]旧 ←→[意义]旧]→[[形式]新 ←→[意义]旧]

[[形式]旧 ←→[意义]旧]→[[形式]旧 ←→[意义]新]

构式化——形式变且意义变：

[[形式]旧 ←→[意义]旧]→ [[形式]新 ←→[意义]新]

二者并不孑然孤立。由于语言演变的渐变性，构式化往往[①]是从某个

---

① 语言接触中的某些借用、语言内部的临时活用（如 to google “谷歌一下”）以及特定领域的首字母缩略词 SCUBA（Self-Contained Underwater Breathing Apparatus)等，可能是例外。

已有构式的形式或意义的某一方面开始，这样发生在构式化之前的演变称作"前构式化演变"（PreCxzn CC）。构式化之后产生的新构式会继续演变下去，同样也是从这个新构式的形式或意义的某个方面开始，在构式化之后再次发生的演变称作"后构式化演变"（PostCxzn CC）。换言之，构式化与构式演变之间形成如下补给关系[其中↓↓表示补给关系（feeding relationship）]（图 2-4）：

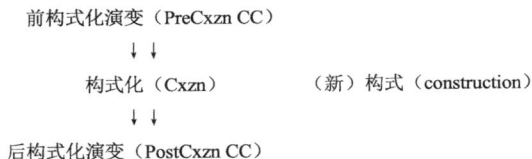

前构式化演变（PreCxzn CC）

↓ ↓

构式化（Cxzn）　　　　　（新）构式（construction）

↓ ↓

后构式化演变（PostCxzn CC）

图 2-4　构式化和构式演变的补给关系图

这一演变过程可以继续递归，出现新的构式化和构式演变。

2.3.2　"V+到+O"结构的构式演变

第一，先秦时期"V+到+O $_{处所}$"构式。

一般认为，介词"到"语法化过程，始于魏晋南北朝时期，用例有：

（45）还到龙亢，士卒多叛。（陈寿《三国志》）

（46）绍行到濡须，召还杀之。（陈寿《三国志》）

例（45）中，核心动词为"还"，类似的还有"进、行、来"等，一般为运行动词。"到"逐渐失去运行的意义，语法化为引进终点的介词。例（46）中，核心动词为"行"（"绍行到濡须"意思为：徐绍走到濡须），"濡须"为表处所的宾语。当然，也可以认为，两个例子中"还、行"为动词，"到"为次要动词，二者结合为连动结构，这是"到"在演变过程中的中间状态。但是，张玉金（2016）的研究将"到"介词用法的出现时间大大提前，他认为介词"到"可以用作处所介词、时间介词、施事介词、起事介词、受事介词、止事介词等。这些用法的"到"只出现在战国出土文献中，这也是其最早的出现记录，例如：

（47）白昼甲将乙等徼循到某山。（《睡虎地秦简·封诊式》）

（48）男子死（屍）所到某亭百步，到某里士五（伍）丙田舍二百步。（《睡虎地秦简·封诊式》）

（49）其头、身、臂、手指、股以下到足，足指类人。（《睡虎地秦简·封诊式》）

这是战国时代的用例，"到"主要用来介引处所，一般是事物运动的终点，或者所处范围的终点。

"到"还可以介引处所的所到，即到何处进行某种动作行为，仍可译为"到"。这种"到"可跟"而"构成"到……而……"的介词框架。例如：

（50）它县亦传其县次，到关而得。（《睡虎地秦简·法律答问》）

（51）善布清席，东首卧到晦，朔复到南卧。（《周家台秦简·病方及其它》）

这两种"到"的用法有明显区别。后一种"到"及其宾语都出现在 VP 前作状语，而前一种"到"及其宾语则作补语，或者构成"处所词语$_1$+到+处所词语$_2$+VP""……以下到……"的格式。

第二，先秦时期"V+到+O$_{时间}$"构式。

战国时代的出土文献中，已经有"V+到"介引时间的用例，如：

（52）取户旁膢黍，裹臧（藏）到种禾时。（《周家台秦简·病方及其它》）

（53）善布清席，东首卧到晦。（《周家台秦简·病方及其它》）

（54）隶臣田者，以二月月禀二石半石，到九月尽而止其半石。（《睡虎地秦简·秦律十八种》）

（55）到十月牒书数，上内史。（《睡虎地秦简·秦律十八种》）

例（52）中"到"介引的时间"种禾时"，例（53）中"到"介引的时间"晦"，它们分布在核心动词的后面；而例（54）中"到"介引的时间宾语"九月"，例（55）中"到"介引的时间宾语"十月"，则位于动词的前面。

第三，隋唐五代时期"V+到+O$_{数量}$"构式。

（56）从此后，其僧修福作利益，日夜不停，直到手指三分只有一分底。（《祖堂集》）

（57）直到十六，有一个禅师来，才望见走出过门前桥，迎接礼拜，通寒暄。（《祖堂集》）

（58）新到二百来人未参见和尚，惆怅出声啼哭。（《祖堂集》）

这些例子中"手指三分只有一分底、十六"等，都是数量（名）结构，是一个宽泛的概念，但凡时间的长短、距离的远近、水平的高低、范围的大小、数目的多少等能够通过数量来刻画，都会形成"量"范畴。

第四，宋代"V+到+O$_{数量}$"构式。

（59）及至接人，却甚俗，只是一路爱便宜，才说到六七句，便道仰山大王会打供，想见宗杲也是如此。（《朱子语类·训门人》）

（60）譬如十里地头，自家行到五里，见人说十里地头事，便把为是，更不进去。（《朱子语类·训门人》）

例（59）中"六七句"为数量名结构，充当"说到"的宾语；例（60）"五里"为数量结构，充当"行到"的宾语。

第五，南宋以后"V+到+O$_{程度}$"构式。

（61）做到私欲净尽，天理流行，便是仁。（《朱子语类辑略·卷Ⅰ》）

（62）只是怨自己不是，不怪他人，所以好到绝顶。（邵彬儒《俗话倾谈》）

（63）无奈作得多恶，要受雷诛三次，其命可谓又烂到极矣。（邵彬儒《俗话倾谈》）

这些"V+到"所带的成分"私欲净尽、绝顶、极"等，均表达某种程度，不过例（61）是南宋时代的用例，而例（62）（63）则是清代的用例。

第六，元代"V+到+O$_{结果}$"构式。

沈灿淑（2003）、曾海清（2009）等都认为"V+到+O$_{结果}$"构式产生于元代，此时的"到"虚化程度最高，失去动词、介词的功能和作用，附着于动词后，失去独立性，表示动作结果的功能类成分。用例有：

（64）辽东城里住人王某，今为要钱使用，遂将自己元买到赤色骟马一匹，年五岁，左腿上有印记，凭京城牙家羊市角头街北住坐张三作中人，卖与山东济南府客人李五，永远为主。（《老乞大》）

（65）京都在城积庆方住人赵宝儿，今为缺钱使用，情愿立约与某财主处，借到细丝官银五十两整，每月利息几分，按月送纳，不致拖欠。（《朴通事》）

（66）董卓领军到西凉府，一鼓而收，招安到四大寇张李等大军三十余万，前来东都洛阳。（《三国志平话·卷上》）

这个时期，"V+到+O 结果"的使用频率大大增加，使用的动词，大体可分为：①一般的行为动词，如"追、抄录、买、卖、捉拿"等；②抽象行为动词，如"想、思量、思索"等。

归纳起来，我们认为"V+到+O"构式在共时、历时的演变过程中形成了构式化与构式演变，Traugott 和 Trousdale（2013）将其定义为"一个形式新-意义新（组合）符号的产生"，并将构式化前后的几个演变阶段分为前构式化、构式化和后构式化。我们将"V+到+O"的构式化与构式演变过程分为四个时期，分别对应构式化的几个不同阶段，如图 2-5 所示。

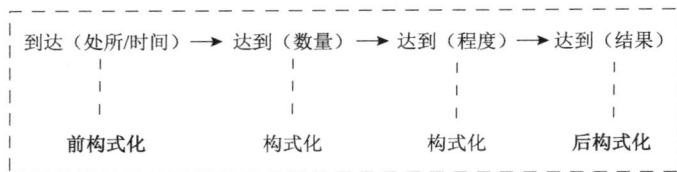

到达（处所/时间）→ 达到（数量）→ 达到（程度）→ 达到（结果）

前构式化　　　　　构式化　　　　　构式化　　　　　后构式化

图 2-5　"V+到+O"构式化与构式演变过程

在前构式化阶段，"V+到+O 处所"结构出现最早，V 由"行走义"（如"还、入、往、归、行"等）逐渐扩展到"非行走义"（如"送、担、放、捉、赚、积、决、领、屈、引、召"等），导致结构发生重新分析，连谓结构演变为动趋式动补结构（刘子瑜 2006）。"V+到+O 时间"是"V+到+O 处所"的隐喻，因为人或事物空间领域的位移必然要伴随着时间的延续，这是空间领域位移过程映射到时间领域的结果。"V+到+O 数量"构式发生了重要的变化,在"V+到+O 处所"构式中,"到"的"到达义"十分明显,而在"V+到+O 数量"构式中,"到"表示动作行为在数量上所达到的效果。"V+到+O 程度"构式表示"动作发生或状态持续以后而达到某种程度"。到后构式化阶段,"V+到+O 结果"出现如下变化:其一,"V+到"后的成分可以脱落,如"有人言某村、某聚落,有一处士名医,急令人召到"(《敦煌变文集》);其二,构式中"到"依附于前面的动词,表动作得以实现的意义,"到"后面的成分与"到"之间没有语义联系。如"及取到南曹失坠公凭"(《五代会要》)。

2.3.3 "V+到+O"结构演变的动因和机制

我们认为"V+到+O"结构在漫长的历史发展过程中,受到如下因素的制约。

第一,词汇双音化。能够进到"V+到+O"结构中的"V"共有 736 个,其中单音节动词 494 个,占到总数的 67.1%,单音节动词与单音节介词"到",形成一个音步,通过介词并入,凝固成一个词,再带宾语"O",整个构式因此由动补结构演变为动宾结构。

第二,重新分析。王灿龙(2005)指出,"从根本上说,重新分析完全是听者(或读者)在接受语言编码后解码时所进行的一种心理认知活动,听者(或读者)不是顺着语言单位之间本来的句法关系来理解,而是按照自己的主观看法(通常都是在一定的诱因作用下)作另一种理解"。该结构由[V+[到+O]]经过重新分析,解读为[[V+到]+O],"到"并入动词,"V+到"的边界消失,凝固为一个词。在历史发展过程中,"V"常常为运行动词(位移动词),后来非位移动词也可以进入结构,再后来非位移的双音节动词也可以进入结构。"O"最初为处所宾语,然后发展为时间宾语、数量宾语、程度宾语等。

第三,类推。指的是一个句法模式的表层形式发生改变但并不涉及其底层结构直接或内在的改变(Harris and Campbell 1995)。类推本身不涉及规则的改变,但是它可以通过扩大一个新规则的使用范围来改变一个语言的句法,因此很多语法演变往往涉及重新分析和类推两种机制的交互作用。"V+到+O"结构在发展过程中,其"到"可跟"而"构成"到……而……"的介词框架,如"到关而得","到"及其宾语都出现在 VP 前作状语,而前一种"到"及其宾语则作补语,或者构成"处所词语 1+到+处所词语 2+VP""……以下到……"的格式。

第四,结构成员之间的互动。张赪(2002)曾对魏晋南北朝时期介词词组前移进行分析,并指出出现这一变化的原因有:介词词组的位置与所表示的语义要对应;结构中的 VP 带宾语对介词词组词序的作用;结构中 VP 的发展对介词词组词序的作用;结构中 VP 后带补语或其他成分对介词词组词序变化的影响。当然,简要说来,句法结构的复杂化,使得 "到+O" (介词结构) 位置发生变化,如前移;语义表达的影响,使得 "到+O" (介词结构) 前移或保留在动词后。换言之,介词词组词序变化是多种因素制约的结果,如句法因素、语义因素、韵律因素、语用因素等。

第3章 "V+向+O"结构的构式化
与构式演变[①]

3.1 引　言

　　学界对"动+介+宾"结构的研究成果颇多，但也一直聚讼纷纭，主要分歧有：该结构中的介词与动词先结合然后再与后面的宾语组成动宾结构，还是介词先和后面的宾语构成介词短语，再和前面的动词结合构成动补结构。冯胜利（2000）从现代韵律学的角度论证了汉语的[动+介+宾]结构最好分析成[[动+介]+宾]。"V+向+O"结构的研究成果，不如动词加介词"到、自、在"等的多，但存在的纷争也不少。首先，"V+向+O"结构中"向"的归属。先后有动词说[孟建安（1999）认为是后附助动词]、介词说（马贝加1999；方绪军2004；王永娜2011）、动介二元说[马梅玉（2013）认为是类词缀]等不同看法。其次，"V"和"向"二者的关系。或认为两者各自独立，相互之间没有依存关系，可以表述为"V+向"（陈永生1981；朱德熙1982）；或认为"V+向"为一个独立体，"向"没有独立性，依附于"V"，表示为"V向"（吕叔湘1999a；马贝加1999；方绪军2004；蒋同林1982；马梅玉2013；孟建安1999）。此外，是从句式角度对"V+向"进行的研究，不少学者已得出了一些新结论。纵观已有的研究，多侧重形式，很少涉及语义；研究对象也存在不平衡性，"在、到、于"及其变体"de"研究较多，其他介词研究较少；句法-语义的互动对结构的影响研究也不多。本章拟对"V+向"结构进行再思考，并主要从"向"的"介词并入"上考察该结构，以期深化对该结构的认识。

3.2　"V+向+O"结构的构素分析

3.2.1　"向"的语法化

　　介词"向"字语法化源义众说纷纭，莫衷一是：①"北牖"说，如李

---

①　本章曾以《"V+向"结构的词汇化与介词并入》为题，发表于 *Chinese as a Second Language Research-CASLAR*（《汉语作为第二语言习得研究》）2014年第1期，第二作者为贺黎。

格非和赵振铎（1990）、刘祥友（2007）、张成进（2009）等认为"向：北出牖也"，由名词引申出动词"向"；②动作说，如张赪（2002）、史冬青（2008）认为介词"向"由动词"向"虚化而来，也可用作"嚮、鄉"；③"鄉/嚮"说，如太田辰夫（2003：235）认为"'向'古代写作'鄉'或'嚮'"，马贝加（1999）认为"向"有来自"乡、嚮"的"面对……"义和"向……进军、前进"义。

马贝加（1999，2002），刘祥友（2007），史冬青（2008），李彦强（2010），魏金光、何洪峰（2013）等均考察过"向"的虚化过程。《现代汉语词典（第7版）》中"向"的义项为：①方向：风～｜志～。②动词，对着，特指脸或正面对着（跟"背"相对）：～阳｜面～讲台｜两人相～而行。③将近；接近：～晓｜～晚。④动词，偏袒：老乡～老乡。⑤介词，引进动作的方向、目标或对象：～东走｜～先进工作者学习｜从胜利走～胜利。为讨论方便，我们以魏、何文为主，梳理"向"的演变轨迹。

3.2.1.1　名词"向"

"向"篆书作 𡪄，意为"窗户"。《说文解字注》（许慎，1998）中对"向"的解释为：北出牖也。从宀从口。《诗》曰："塞向墐户。"徐灏注笺："古者前堂后室，室之前为牖，后为向，故曰北出牖……象形。"（李格非、赵振铎1990：275）。此外，名词用法的"向"，还可表示地名、姓氏。何琳仪（1998：622）认为《说文》𡪄北出牖也，颇可质疑。战国"向"多为地名或姓。介词"向"不可能源自"北窗"义，"向"字也没有动词义。

3.2.1.2　通假、转注和引申

第一，通"鄉"（𨛜）。高鸿缙："后人通假向以代𨛜。乃有向背之向之意。"（古文字诂林编纂委员会 2019：770）。

第二，通"嚮"。如"向，或借嚮字。《说文·宀部》桂馥义证"。戴家祥："向与窗牖，名异而实同也。同声通假，字亦作鄉……声符加旁亦或作嚮。周书顾命'牖间南嚮西序东嚮''东序西嚮''西夹南嚮'、大戴礼记盛德篇谓明堂之制，一室而有四户八牖，每室皆有二牖夹户，知鄉嚮皆向之假借字也。"（古文字诂林编纂委员会 2019：771）。

转注、引申说。"向，转注为向背之向"。朱骏声《说文通训定声》："向，引申为向背之向。《说文·宀部》段玉裁注。"（宗福邦等 2003：323）。

介词"向"的来源义纷繁复杂，在形义上和与其通假的"鄉、嚮"多

有纠葛。"向"字本义为北窗，也假借作地名、姓氏；文献中常与"郷、嚮"通假。"饗、嚮、郷、卿"形义同源自"𦅫（卯）"字和其"相向"义。"郷、嚮、向"三字均有"面对、朝向""趋近""崇尚"等动词义，"郷"为正体，"嚮"是后起字，"向"是假借字。介词"向"与"卿"或"饗"字无关涉，也不源于"向/郷/嚮"的名词义，其介词义与"嚮/向""崇尚"或"劝勉"义相差甚远。因此，介词"向"应当起源于表示空间关系或位移关系的"面对、朝向"与"趋近"义。作为方向内含性的动词"饗/嚮/向"，含有[+人，+朝对，+移向]的语义特征，在语义学上具有演变为介词的类型学倾向和共性。介词"向"不可能源自"北窗"义，先秦"嚮"字作为后起字，远比"郷"用得少，"向"的动词义为假借义，出现频率也相对较低，因此，只能从"郷"字入手探求其语法化源义和源结构。在先秦时期，连谓结构难以产生介词"向"；西汉以来，随着"VP$_1$而VP$_2$"结构向"VP$_1$·VP$_2$"结构的演变，"郷/嚮"在典型连动结构中表现出很强的介词化倾向（魏金光、何洪峰 2013）。

魏、何文认为"郷/嚮/向"三字，"郷"为正体，"嚮"是后起字，"向"是假借字。这三个字的动词义有：①面对，朝向；②趋近；③崇尚；④劝勉。名词义有：⑤乡党，乡野；⑥方所，方向；⑦窗户；⑧以前。例如：

（1）鞠衣东郷，三采踌躇。（《玉照新志》）

（2）不可预度君之面位，邪立嚮之。（《康熙字典》）

（3）本从军死，从军死不在城中，妻向城哭，非其处也。（王充《论衡》）

（4）屈完曰："大国之以兵向楚，何也？"（《穀梁传·僖公四年》）

例（1）中"郷"有动词义"面对、朝向"；例（2）中"嚮"同样有动词义"面对、朝向"；例（3）和例（4）中的"向"有动词义"面对、朝向"和"趋近、前往"。"向"的介词义一般源于动词义"面对、朝向"和"趋近、前往"。

3.2.1.3　"向"的介词化倾向

刘祥友（2007）指出，"向"的虚化是一个连续渐变的过程，意义是其介化条件，句法地位是其介化途径；介化条件、介化途径互为表里，相辅相成。"向"由动词向介词转变的介化条件已经形成，动词义项的虚化程度越来越高，这个过程的持续势必导致"向"最终实现真正介化。史冬青（2008）指出，两汉、魏晋时期出现了"向+N+V"格式，而且这种格式相对先秦时期的"向+N+而+V"而言，在使用频率上呈急剧上升的趋势。Hagége（2010）指出，介词的产生有两种序列框架：①N+V$_1$±N$_1$±V$_2$±N$_2$（大多是 VO 型语言）：V$_1$ 或 V$_2$→Pr（前置介词）；②N±N$_1$+V$_1$±N$_2$±V$_2$（大多是 OV 型语言）：V$_1$ 或 V$_2$→PO（后置介词）。Li 和 Thompson（1974）提出动词变为介词发生于连动式的假设：V$_1$+NP$_1$+V$_2$+（NP$_2$）>P+NP$_1$+V+（NP$_2$）。"向"既可以出现在单动结构，也可以出现在连动结构中，例如：

（5）足作一灯，担向精舍。（《贤愚经》）

（6）编钟一，在东；编磬一，在西：俱北向。（《宋会要辑稿》）

（7）咒师于西门面向东坐，咒师南边安一火炉。（《陀罗尼集经》）

单动结构用法的"向"出现在三种结构中：第一，"鄉/向+N"；第二，"N$_L$+鄉/向"；第三，"Pro+鄉/向"。此外，"向"也用于连动结构中，如：

（8）圣人南面而听天下，向明而治，盖取诸此也。（《周易》）

（9）向是而务，士也；类是而几，君子也。（《荀子》）

两例构成"向/鄉+N$_1$+而+V$_2$"格式，为连动结构，这里的"向"，是"面对、相对"的意思。到汉代，连动结构中，不再使用"而"，例如：

（10）因背向壁卧，谭立过一时，乃见遣。（陈寿《三国志》）

（11）昔羊叔子有鹤善舞，尝向客称之。（《世说新语》）

（12）向其姊子樊延年说之。而外人稀知。莫能传者。（《西京杂记》）

"向+N+V"格式与"向+N+而+V"在历时发展上具有连贯性，根据语言经济性原则，"向+N+V"可能是由"向+N+而+V"发展而来。

此外，"向"在演变为介词的过程中，还有过"V+向+N"用法，尽管用例较少，例如：

（13）利拔刀向桅工曰："不取樊口者斩。"（陈寿《三国志》）

（14）玄鹤双双，唳向隋宫之月。（《唐文拾遗》）

例中"V+向+N"的 V 多为"亡"等运行动词，该结构分析为动宾结构、动补宾结构，或者动补结构均可。此时的"向"处于动-介转化的过程当中。再如：

（15）诸司各于其所，赤帻，持剑，出户向日立。（《通典》）

（16）翻身向天仰射云，一箭正坠双飞翼。（杜甫《哀江头》）

（17）寻思少年日，游猎向平陵。（寒山《寻思少年日》）

（18）古老向余言，言是上留田，蓬科马鬣今已平。（李白《上留田行》）

（19）向今五年，恩慈间阻。覆载之下，胡颜独存也？（陈玄祐《离魂记》）

例（15）（16）中"向"介引动作的方向，例（17）中"向"介引动作的地点，例（18）中"向"介引动作的对象，例（19）中"向"介引动作的时间。刘祥友（2007）认为，这时的"向"已经虚化为介引场所类、方向类、对象类、时间类论元的介词。因此，"向"义增加，词义变化为"向"的介化提供必要条件，它的句法地位至此已基本确定，经过这一阶段的发展，进一步抽象化、主观化，"向"已虚化为介词。

可见，"向"的介词化过程实际上与"向"的语义虚化过程是分不开的，"向"经过动词主导阶段的本义引申，进而因语义泛化而导致义位增加，为"向"的句法地位的确立奠定基础；"向"又经过第二阶段的语义演变，这是动词主导阶段的进一步抽象化和主观化，直至魏晋南北朝时期，"向"表示介引场所类、方向类、对象类、时间类论元的介词的地位已确立，至唐五代时期，其介词化过程已基本完成。解惠全（1987）认为"向"的演变路径如图 3-1 所示。

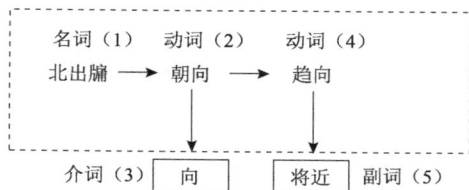

图 3-1　"向"的演变路径

解文认为介词"向"源自名词"北出牖",我们赞同马贝加（1999）和魏金光、何洪峰（2013）的观点,认为介词"向"不可能来自名词,而是来自"鄊、嚮、向"三者通假,源自动词义"面对、朝向"。"向"的语义演变如图 3-2 所示。

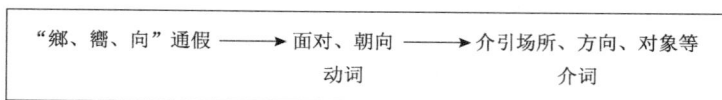

图 3-2　"向"的语义演变

归纳起来,介词"向"萌芽于两汉时期,到魏晋南北朝时期完成介化,在用法上呈多样化趋势。至唐五代时期,"向"的介词功能最终确定并且稳固下来,走完了其向介词演变的漫长的语法化道路。

3.2.2　"V+向"类结构的词汇化

伴随"向"语法化进程的是"V+向"结构的词汇化,即"V+向"的凝固化,这可以从"V+向"结构的凝固化、"V+向"的 MI 值计算与语感调查等角度来讨论。

3.2.2.1　"V+向"结构的凝固化

"向"实现语法化后,其虚化进程并没有因为语法化为介词之后而停止,而是进一步虚化,依附于 V,出现介词并入,即"向"通过重新分析而加接到动词上,与后者并入,成为后者的构成成分,实现固化。理由如下。

第一,韵律上,"V+向"可以构成韵律词。冯胜利（2000：150）从韵律学的角度论证了汉语的[动+介+宾]结构最好分析成[[动+介]+宾],他指出"汉语句子的基本成分必须严格遵守普通重音'右重'的要求",而"汉语的普通重音是以最后一个动词为中心来构造句尾重音的韵律单位",故宾语的重音要由动词而不是介词来指派,是以[动+介]变成了一个独立的语法成分，属动词范畴（复合动词），而宾语应是"这个新的复合动词的宾语"。他解释道："这里动词跟介词的重新分析之所以一定要发生是汉语特殊韵律结构的要求，是由重音的指派所造成的。""向"并入动词 V，原来的 P 留下一个空位，不再阻挡 V 对 NP 的管辖；且 P 并入之后，[V-P]组成一个独立的语法成分，因而 NP 很容易通过这个复合（复杂）动词得到它应该得到的重音。这也充分证明了在韵律上[V-P]自成韵律单位，且"语音停顿应在 V+向"之后。例如：

（20）坐在那豆腐铺子里望着对面的铺子，……走向一个本地妇人处打牌去了。（沈从文《游目集》）

（21）泪水从她的眼睛里涌出，顺着眼角，流向双耳。（莫言《酒国》）

（22）当吉普奔向一座木桥，木桥正在燃烧，浓烈的黑烟已经卷起红红的火焰。（刘白羽《第二个太阳》）

例（20）（21）（22）中的"走向、流向、奔向"是韵律单位，为句中谓语，支配后面的宾语"一个本地妇人、双耳、一座木桥"。从结构上看，例（22）应当分析为[奔向[一座木桥]]，而不是[奔[向一座木桥]]。

第二，表完成貌的动态助词"了"加在"V+向"之后。例如：

（23）她说要找一个地方歇一下，说着走向了一个墙角……（余华《在细雨中呼喊》）

（24）雄壮的音乐声中，数千只肥胖的肉鸽，扑棱棱地飞向了七月的天空。（莫言《四十一炮》）

（25）他看看腕上刚刚买来的"蝴蝶"牌手表，时针的箭头指向了八点。（路遥《平凡的世界》）

"了"作为时体标记，加接在动词后面表示动作的完成。例（23）—（25）中的"了"分别加在"走向""飞向""指向"后面，而不是直接放在"走""飞""指"后面，这也证实"V+向"是一个由[动+介]构成的独立体。

第三，部分"V+向"可以单说，中间不能插入其他成分。

有些"V+向"结构凝固性程度较高，中间不能插入"得、不、着、过"等成分，这种结构凝固性是指词不易添加别的词语、不具有扩展性。它是语言学界公认的最重要的区分词和短语的方法（崔应贤 2004）。例如：

（26）要敢偏向你们大哥，我就砸折你俩的腿！（冯骥才《俗世奇人》）

（27）她足够冷静："我倾向不动，动了她还会死。"（周国平《妞妞》）

例（26）的"偏向"和例（27）的"倾向"等少数"V+向"类结构已经收录入《现代汉语词典（第 7 版）》，这类词语的存在也证明了"V+向"类结构的凝固性已经很强，中间不能插入其他成分。

第四，"V+向"具有语义上的整体性。"V+向"实现词汇化后，原来专属"向"的指向性便成为整个"V+向"的属性了。单独的动词如"走、奔、冲、飞、流、飘、滚、转"等很难表达出[+方向]特征，只有和"向"字组合后，其[+方向]特征才得以显现。《现代汉语词典（第 7 版）》中"向"字的介词义项解释是"引进动作的方向、目标或对象"，"V+向"类结构的[+方向]由介词"向"实现，例如：

（28）他又转向乡下人，大声道，"我一定会发现你的上代都是愚人……"（鲁迅《故事新编》）

（29）它在这样的清晨响起，显得特别清亮而又激越，像一首战歌似的，以不可战胜的调子，越过水面，飘向远方，飘向远方。（魏巍《东方》）

光是"转""飘"表达不出方向性，单独的介词"向"又没有动作的主导，只有动作和方向的结合即"V+向"才可以表达"动作和方向"这一意义。因此，"V+向"在语义上是具有很强的整体性的。吴为善（2011a：356）指出：介词"一旦移到 VP 之后，动词与介词就结合极紧，语法学界把它们看作是'动介式'句法词。"这种"动介式"句法词由介词语法化之后通过介词并入依附于前面的"V"，即"向"通过重新分析而加接到动词上，与后者并入，成为后者的构成成分，实现词汇化。

3.2.2.2 "V+向"的 MI 值计算与语感调查

我们可以假定，某一个词语串的共现频度越高，则词语串的结合紧密度越强。高频的词语串可能是一个完整的语块。对 MI 值的计算可以反映

"V+向"这类词语串的紧密度，MI 值可以作为判断"V+向"词汇化程度的一个参考要素。另外，对"V+向"在语流中的语感判断反映出人们在使用该类词语串时的直观感觉，也可以作为判定"V+向"类结构的词汇化程度的依据。

第一，"V+向" MI 值。

如前所述，计算 MI 值是衡量"V+向"结合紧密度的方法之一，我们对《人民日报》（2003—2006 年）四年语料进行统计，得到部分"V+向"的 MI 值，我们运用中文文本 N-gram 串统计软件"CiCi"进行统计，得到"V+向"类结构的 MI 值≥4 的有：走向、迈向、奔向、伸向、砸向、涌向、驶向、扑向等 8 个。MI 值<0 的有：折向（−0.11）、刺向（−0.18）、游向（−0.97）、追向（−2.63）、探向（−3.34）等 21 个。根据统计，可以将"V+向"结构分为三种类型：高融合度（MI 值≥4）8 个、中融合度（0≤MI 值<4）35 个和低融合度（MI 值<0）21 个。这表明，"V+向"类结构的高融合度词语还不多，中融合度、低融合度则占绝对优势。我们认为，融合度高低的差异与"V"的类型以及"向"后面的"O"的类型有关，相关内容将在后文详述。

第二，"V+向"语感调查。

判断词汇化程度高低的另一个方法是进行语感调查，我们通过对普通语言使用者进行问卷调查，试图了解正常语感条件下，人们对目标结构的词汇化认可度。进行语感调查，首先要设计高质量的调查问卷，通过现代汉语语料库，我们对"V+向"的语句进行了筛选，囊括使用频率较高且数量适中的"V"，选取了具有代表性的 30 个句子，其中 MI 值在 4 以上的 10 个，0 到 4 的 10 个，0 以下的 10 个。本调查选取某大学文学院文学、语言学专业的 2018 级研究生、本科生各 25 人，共计 50 人为调查对象（其中男生 15 人，女生 35 人），在隐藏调查目的的基础上，让调查对象对遴选出的 30 个含"V+向"的句子进行词汇判断作业，要求依据语感，对 30 个句子进行词语切分，切分到词为止。回收有效问卷 50 份。

语感调查选取的这 30 个不同 MI 值阶段的具有代表性的动词与"向"的组合，在普通语言使用者的语感认知中是作为词出现的。这里，所有"V+向"的词汇认可度均超过 50%，较低的是"刺向"（52%）、"砸向"（54%）和"伸向"（56%），绝大部分的"V+向"词汇认可度超过 80%，这表明调查对象将"V 向"视为一个词。从 MI 值和语感调查可见，共现频率是影响"V+向"词汇化的因素之一。"V+向"共现频率越高，成词的可能性也越高，这可以从 MI 值上进行观察，凡 MI 值高的，"V+向"成词的几率就高，当然，这只是一个衡量的标准，有时即便 MI 值很高，"V+向"的短语特征仍很明显。语感调查支持上述观点。

3.2.3　"V"和"O"的类型对"V+向"词汇化的影响

"V+向"类结构融合度的高低，与三个因素有关，即"V""向""O"的类型及其互动，"V"对"向""O"具有选择性，"O"对"V"具有反作用。"向"作介词用时跟在动词后面表示这个动作的方向，也就是说单纯的动词只有和介词"向"组合后才能准确表述动作的方向性。那么，什么样的"V"可以进入结构？该结构后面的宾语"O"又有什么特点？"V+向"与"O"又存在什么样的语义关系呢？本节对此进行讨论。

3.2.3.1　进入"V+向+O"结构的"V"

第一，"V"为主体位移的动词。

当"V"为主体位移的动词，此时的"V+向"具有[+方向]、[+主体位移]两个语义特征。这类动词有"走、跑、奔、逃、迈、赶、折、撤、退、飞、驶、驰、转、移"等，例如：

（30）她现在已经脱离了平静，走向不安，不安是一切的开始。（余华《偶然事件》）

（31）河道里不时有人滑得仰面朝天摔倒在泥滩里，但谁也顾不了这些，爬起来又喊着、嚎着，跑向了对岸。（路遥《平凡的世界》）

（32）六天后，一辆辆满载着复杂设备的卡车驶出了工厂大门，奔向"东马里查"工地。（《人民日报》1961 年 10 月 27 日）

刘月华（1998：69）曾指出"走、跑、奔、流、爬、赶、追"等表示位移体自身的运动的动词和"去"结合时"多见于文学作品，用于叙述句"，该说在语料库中得到验证。储泽祥（2005）对"V 往+O"的语义约束进行过讨论，认为位移的方向（外向>泛向>内向）、位移的速度（快>慢）、位移的距离（远>近）、目的地的空间范围（大>小）、位移的工具（有>无）、V 的赋元能力（必须介引>不必介引>不能介引）等 V 与 O 的语义特征，都会对"V 往+O"格式的构成产生影响。就位移方向而言，存在如下的区别：

外向位移	>	泛向位移	>	内向位移
走向操场		通向贵州		*买向屋子里
跑向商场		赶向工作间		*取向福建
奔向深山老林		游向湖心		*抢向哥哥家
？扔向湖边		*捉向监狱		*拾向粮仓
*上向嵩山		*查向宿舍		*来向北京

上述序列中，越往右，越难以构成"V+向+O"格式，因为它们与"向+O"的方向正好相反，语义上有矛盾，不能组配在一起。

再看位移的速度。《现代汉语词典（第 7 版）》对"走"的解释为"人或鸟兽的脚交互向前移动"；"跑"的解释为"两只脚或四条腿迅速前进（脚可以同时腾空）"；"奔"的解释"直向目的地走去"。"走、跑、奔"均能跟"向"组配，从位移速度上来看表现为：走>奔>跑。使用频率上（依据 CCL 语料库）：走向（用例 18887）>奔向（用例 1445）>跑向（用例 425）。这说明，位移速度越慢，使用频率越高，进入结构越容易。

再看位移的目标，即"走向、奔向、跑向"的宾语。"走向"的宾语为"反动的事实、世界、我的小屋、卧室、成功的道路、顺利的时候、社会主义、垃圾桶、死亡、毁灭、鼎盛、繁荣、崩溃、街头"等；"奔向"的宾语为"太阳系空间、大海、宇宙、天堂、终点、远方、未来、大海、车站"等；"跑向"的宾语为"那个目标、另一个方向、世界、车厢、手术室、客厅、出事地点、树林、终点、河岸、另一条大河、沙滩"等。从位移的目标来看，"走向"的终点，可以是实体性的处所（如"卧室、垃圾桶、车站"等），也可以是虚拟的处所（如"成功的道路、共产主义、未来"）；"奔向"的终点，多为实体性处所，虚拟的处所较少；"跑向"的终点，倾向于实体性处所。

第二，"V"为主体非位移的动词。

当"V"不表示主体位移时，"V"具有[+方向]、[−主体位移]等语义特征。这类动词有"伸、踢、刺、射、投、扔、推、指、吹、探、扑、洒、抽"等。例如：

（33）护墙在这里变得流畅起来，沿山坡曲折而上，一直伸向山顶的塔楼。（顾城、雷米《英儿》）

（34）纪琼枝的教鞭指向一个拖着狐狸尾巴的女人……（莫言《丰乳肥臀》）

（35）他不仅把印度当作自己的一个行省，而且已经把目光投向了希腊。（余秋雨《一年一叹》）

例中"伸向、指向、投向"，主体并未发生位移。如例（33）中，位移的只是主体所属的肢体的一部分；例（34）主体为"纪琼枝的教鞭"，同样未发生位移；例（35）中主体"目光"也并未位移。

这说明，"V"的类型不同，对"V"的主体、位移及位移的方向都会产生影响。作为一个位移事件，至少具备三个要素：物体、运动方向、力的大小。同一个介词可以标引不同的语义角色，如"向"可以标引方向、对象、目标和终点。根据崔希亮（2006）的考察，"向"和"往"都能标引位移趋近的目标，但是它们在所标引的目标小类上是不同的。如：

处所性目标	跑向礼堂	跑往礼堂
	向礼堂跑去	往礼堂跑去
方位性目标	向桌子上扔	往桌子上扔
	向墙上抹	往墙上抹
指示性目标	向这里跑	往这里跑
	通向那里	通往那里
靶子目标	向敌人砍去	*往敌人砍去
	砸向汽车	*砸往汽车
	足球飞向裁判	*足球飞往裁判
归宿性目标	走向命运	*走往命运
	奔向理想	*奔往理想
终点性目标	撞向地球	*撞往地球
	抛向大海	*抛往大海

"V向"和"V往"在"处所性目标、方位性目标、指示性目标"三个方面是共通的；而在"靶子目标、归宿性目标、终点性目标"上存在差异，因此后者一般难以成立。这也证明，"O"的类型不同，对"V向""V往"结构的成立具有制约作用。

第三，"V"表示物的运动状态。

还有一类"V"不是表达主体的位移/不位移，而是表示物的运动状态。此时的"V+向"具有[+方向]的语义特征，但[+位移]义基本不显著或者说特别抽象。此类动词比较少，主要有"斜、偏、倒、倾、趋"等。例如：

（36）现在与种师道的谈话中他不知不觉地又顺从了权势和利害关系的要求，把天平秤倒向童贯的一面。（徐兴业《金瓯缺》）

（37）他使劲地抬到座位上，黄包车斜向一边。（林语堂《风声鹤唳》）

（38）这房间的窗户，偏向东南，一轮初出的红日，拥上山头，窗户正照得通亮耀目。（张恨水《金粉世家》）

几例中主体为"天平秤、黄包车、窗户"，具有[−有生命]的特点，"V向"呈现出的是物运动后的状态。

归纳起来，"V"大致可以分为三种类型：主体位移动词，主体非位移动词和物的运动状态动词。三类动词与"向"进行组配，但可以组配的动词是有限的，很多动词不能同"向"组配，如"安、思、安插、安排、安置、熬、拔、掰、清理、准备、组织、注意、嘱咐、指挥、争吵、笑、思考、疼、死、"等，换言之，"向"对"V"具有选择性。

3.2.3.2　"V+向+O"结构中"O"

"V+向+O"结构中，"O"有不同的类型，有的表处所，有的表方位，有的表指示，有的表靶子，有的表归宿，有的表终点。

第一，"O"为处所性宾语。

处所名词分为一般处所名词（本身就表示处所）、兼表地名和机构的专有名词、可以当作地方来看待的普通名词。例如：

（39）看见平静的海面起了浪，看见船驶向古堡，我感到兴奋，感到痛快。（巴金《随想录》）

（40）我心一惊，我手一松，炮弹落膛，飞向五通神庙，正中庙堂……（莫言《四十一炮》）

（41）营长见情况混乱，上边已经无人指挥，自己做主，自动撤向下关……（王火《战争和人》）

例（39）—（41）中"驶向""飞向""撤向"的宾语"古堡""五通神庙""下关"都是处所性宾语。

第二，"O"为指示性宾语。

表示指向性目标的宾语，一般含有指示代词"这、那"，构成的表处所的结构包括"这儿、哪儿、这里、哪里"等。例如：

（42）柜台里的女侍没人请她喝酒，所以她瞟向这里的目光肆无忌惮。（余华《偶然事件》）

（43）但我无限的情思还通向那里——那里有我热爱的人。尽管我们已经这样了，我仍然爱他。（路遥《你怎么也想不到》）

（44）他看中的那些人，必须集走狗的恭顺与恶狗的疯狂，摇尾巴策略与啃骨头精神于一身，不仅主子指向哪里他们就咬向哪里，还要具备超常的嗅觉，哪怕主子随意从牙缝里剔出来一丝菜屑，他也能辨出荤素淡咸来，因此，即使主子没有指向哪里，他们也知道咬向哪里。（夏坚勇《宋史三部曲 绍兴十二年》）

例（42）中"瞟向"的宾语"这里"，例（43）中"通向"的宾语"那里"，均为指示性宾语；例（44）"指向""咬向"的宾语"哪里"，同样如此。

第三，"O"为靶子宾语。

所谓的靶子宾语，指的是"V"动作直接施加于"O"事物，以其为靶子，例如：

（45）是谁用一把无形的刀，砍向廖思源的呢？（李国文《冬天里的春天》）

（46）他不再捡球了，抱起操场边的一块石头，要砸向乒乓球台。（刘醒龙《天行者》）

例（45）（46）中动词"砍向""砸向"的宾语分别是"廖思源""乒乓球台"，这些宾语都是动词"砍向、砸向"的命中目标，称为靶子宾语。

第四，"O"为归宿性宾语。

"V+向"的宾语，为动作的归宿。例如：

（47）江泽民同志的报告，是指引我国各族人民奔向 21 世纪的纲领性文件，抓住了关系我国社会主义前途的根本性问题，反映了时代的要求，代表了我国各族人民的根本利益。（《人民日报》1997 年 9 月 18 日）

（48）这样，美国便能雪珍珠港之耻，而转入反攻，英国便能雪敦刻尔克之耻，而走向胜利。（萧乾《唉，我这意识流》）

例（47）和（48）中"奔向""走向"的宾语分别是"21世纪的纲领性文件、胜利"，它们是归宿性宾语，为抽象名词，是动作行为的归宿。

第五，"O"为终点性宾语。

终点性宾语指的是"O"是动作"V"所到达的终点，主体伴随动作一起，到达"O"处，例如：

（49）但我的身体突拐一弯，撞向了东南方向那头母猪。（莫言《生死疲劳》）

（50）从滚圆的脸上放射出无数辐线，伸向四面八方，颤抖着把火和热洒向人间。（刘白羽《第二个太阳》）

例（49）中"撞向"宾语是"东南方向那头母猪"，撞的结果是"我的身体"到达"O"处；同样，例（50）中动词"洒向"宾语是"人间"，动作完成，主体"火和热"也到达终点"人间"。

第六，"O"为方位性宾语。

现代汉语空间区域范畴有两类，一类是地点域，一类是方位域。地点域和方位域都可以作为地标成为参照的空间背景或位移参照的位移轨迹背景。例如：

（51）"又跑向城里找，像没头苍蝇一样，四处乱撞到中午，也没个结果。"（刘震云《一句顶一万句》）

（52）大黑獒那日用叫声打断了他的话，丢开他跑向洞外。（杨志军《藏獒》）

例（51）中的"城里"、例（52）中的"洞外"均为方位性的宾语，处所词常常带"上、下、前、后、里、外、内、中"这类字，时间词也常常带"前、后、里、外、内、中"这类字。这类字表示方向和位置，叫作"方位词"。

归纳起来，"V+向+O"结构中，"V"有三种类型，"O"有六种类型，"向"会选择不同的"V"组合成"V+向"结构，该结构然后会选择不同的宾语"O"，三者之间，处于一个联动机制之中。能够进入结构的"V"，依据CCL语料库，有56个，它们能与"向"组配成"V+向"结构，在不同的宾语类型中，只有"处所性宾语、指示性宾语、靶子宾语、归宿性宾语、终点性宾语、方位性宾语"能够进入结构。

3.2.3.3　"V+向"与"O"的语义制约

如前所论，"V+向"的组配，有 56 个，而该组配对宾语"O"的选择，可以分成六种类型，均能进入结构。本节讨论"V+向"与"O"的语义制约关系，意在证明作为一个构式，其各个组成成分都是整体的一部分，彼此之间具有相互制约的关系。"V+向+O"结构中对"V"的不同选择会导致"V+向"与"O"之间存在不同的语义关系，具体来说，有以下三种情况。

第一，当"V"表示人或物的移动时，宾语"O"就表示动作的移动方向。

（53）载重车的黄眼满山搜索，搜索着跑向人民的渴望。（朱自清《新诗杂话》）

（54）巴俄秋珠跑向了梅朵拉姆，领地狗群跑向了李尼玛。（杨志军《藏獒》）

（55）她不知道她要跑向哪里，该做些什么；但她知道她有许多事可干！（路遥《平凡的世界》）

例（53）—（55）的"跑向"的宾语分别为"人民的渴望、李尼玛、哪里"，这是三种不同类型的宾语：归宿性宾语、靶子宾语和指示性宾语。"V+向+O"的格式里，V 所表示的移动并不一定要到达宾语表示的处所或事物所在的位置（即存在主体位移、主体非位移），宾语表示的处所或事物所在的位置只是 V 的移动方向的标志。动词同样为"跑向"，但宾语可以表示处所，也可以表示方位、表示靶子，甚至是时间（如"跑向21 世纪"）。

当"V"表示行为动作但不表示位置移动时，宾语"O"就仅表示动作"V"的方向。

"V+向+O"结构中的"V"多表示由人或物所发出的具有一定的方向性的动作，但身体并不一定发生位移。此时的宾语可以表示人或事物。

第二，当"V"表示事物的位移后的状态时，宾语"O"就表示"V"的倾向。

（56）这个判断如果属实，那么不用问，马士英必定已经背信弃义，彻底倒向了拥"福"派的一边。（刘斯奋《白门柳》）

例（56）中的"拥'福'派"表示"倒"的倾向。

第三，在"V+向+O"结构中，宾语可以表示"V"的移动方向，也可以表示"V"的动作方向，还可以表示"V"的状态倾向，这些都可以概括为"表示 V 的方向"。

以上就是"V+向"和宾语"O"的三种语义关系。

3.3　"V+向+O"结构的构式用变和构式演变

3.3.1　"V+向+O"结构的构式化

吕叔湘（1999a）先生在《现代汉语八百词（增订本）》中，将"向"区分为动词和介词。能进入"V+向+O"结构的"向"为介词，我们这里只考虑"向"的介词用法。"向"作介词时有三种用法。

第一，跟名词组合，表示动作的方向。"向"用在动词前，其后可加"着"，但和单音节方位词连用组合时不能加"着"。例如：

（57）向前看　向右转　水向低处流　火车向远方奔驰　向着远方飞去　向着里面大声喊

第二，跟名词组合，表示动作的方向。"向"用在动词后，动词仅限"奔、走、跑、投、偏、通、涌、流、飘、飞、转、划"等单音节动词，"向"后可加"了"。

第三，引进动作的对象，跟指人的名词、代词组合，只用在动词前。例如：

（58）向他借了十块钱　　向先进工作者看齐

以上三种用法中可以进入"V+向+O"结构的只有第二种意义的"向"，即用在动词后，与名词组合表示动作的方向。邢相文（2016）概括"V+向+O"结构的意义为"一个指明事物方向的行为事件"。我们认为"V+向+O"结构经过"向"的语法化和"V 向"的词汇化的过程，其实也是"V+向+O"构式化的过程。"V+向+O"结构的构式义就是"一个指明事物方向的行为事件"。该构式的意象图式如图 3-3所示。

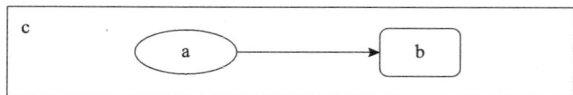

图 3-3 "V+向+O"构式的意象图式

其中 a 表示事物主体，b 表示方所、指示、归宿等，——→ 表示"向指明的方向"，c 就是整个由"向"指明方向的行为事件框架。整个框架中，a 代表的事件主体由"V+向+O"结构中的"V"担当认知焦点，b 代表"V+向+O"结构中的"O"，是整个事件框架的背景信息。

根据上文对"V+向+O"结构中"V"和"O"的考察，总结该构式中的"V"有三类：主体位移动词、主体非位移动词、表物的运动状态动词。该构式中的"O"有六类：处所性、指示性、靶子性、归宿性、终点性、方位性。据此，我们将构式"V+向+O"的构式义再次细分为以下三点。

第一，"V"为主体位移动词时，构式义为：一个指明事物方向的行为事件，且事物主体发生位移。

第二，"V"为主体非位移动词时，构式义为：一个指明事物方向的行为事件，且事物主体未发生位移。

第三，"V"为表示物的运动状态的动词时，构式义为：一个指明事物方向的行为事件，且主体位移义不显著或特别抽象。

这样，在共时层面，"V+向+O"结构可以形成一个构式群，该构式群依据动词和宾语类型的不同，可以带处所宾语、指示宾语、归宿宾语等。该构式群图式如图 3-4 所示。

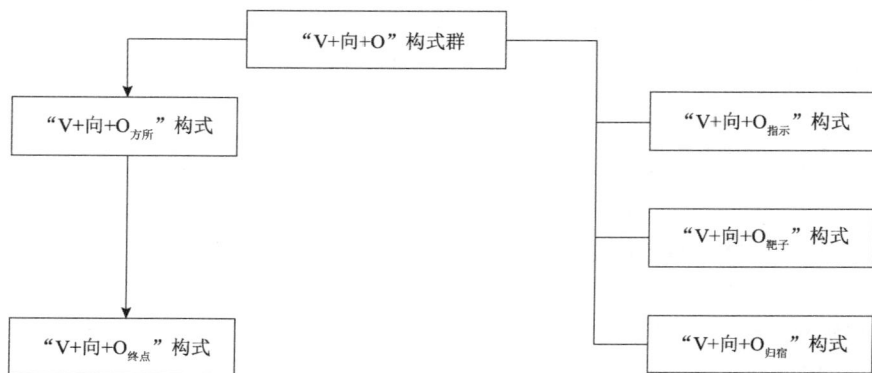

图 3-4 "V+向+O"构式群

图 3-4 表明，在共时层面，不太好归纳不同构式之间的演变顺序，但"V+向+O $_{方所}$"构式肯定早于"V+向+O $_{终点}$"构式。至于右侧的"V+

向+O _{靶子}""V+向+O _{归宿}""V+向+O _{指示}"构式，我们处理为平行关系，忽略不同构式产生的先后顺序，这需要在历时层面作细致的考察。

3.3.2 "V+向+O" 结构的构式演变

3.3.2.1 "V+向+O"构式演变过程中的"向+N（+而）+V"结构

一般认为，"向"的介词化用法始于两汉，且多出现于佛经类文献中，用例较少。

（59）惠帝使王夷甫往看。裴方向壁卧，闻王使至，强回视之。（《世说新语》）

（60）秦伯素服郊次，向师而哭。（《左传》）

此时的"向"多数单用，单独在句中作谓语。也可进入"而"字连动结构，与"而"后的动词一起作谓语，可表示为：

向+N（+而）+V

第一，"向+N（+而）+V"结构中的"V"。

"向+N（+而）+V"结构中的"V"一般是表示物的运动状态，多表静态动作，且不发生位移。

（61）圣人南面而听天下，向明而治，盖取诸此也。（《礼记·大传》）

（62）三将至，缪公素服郊迎，向三人哭曰……（司马迁《史记·滑稽列传》）

上述两例中的"治、哭"等都是表状态的动词，整个"向+N（+而）+V"结构表达了"朝着/对着……（而）实施某种动作"义，主体并未发生位移。

第二，"向+N（+而）+V"结构中的"N"。

"向+N（+而）+V"结构中的 N 一般是具体名词，引进动作的方向、场所或者对象。

（63）于是元王向日而谢，再拜而受。（司马迁《史记·龟策列传》）

（64）向水火而泣，能涌水灭火乎？（王充《论衡》）

（65）温向城大呼曰："大军不过三日至，勉之！"（陈寿《三国志》）

上述三例中的"日、水火、城"都是具体名词，表示动作"谢、泣、呼"的方向、场所或者对象。

3.3.2.2   "V+向+O"构式演变过程中的"V+N$_1$+向+N$_2$"和"向+N$_1$+V+N$_2$"结构

魏晋南北朝时期，"向"的虚化进程加速，并在这一时期完成介化，用法上也呈多样化趋势。

（66）合掌向佛，求作沙门。（《贤愚经》）
（67）干宝向刘真长叙其《搜神记》。（《世说新语》）

受经济性原则影响，"向"在魏晋南北朝的虚化过程中进入了去"而"的连动结构。如上两例可表示为：

$$V+N_1+向+N_2$$
$$向+N_1+V+N_2$$

进入连动结构为"向"的进一步语法化提供了有利的句法条件。在汉语表达中，居于核心地位的谓语动词只有一个，而且这个动词一般表达的是实实在在的动作或者状态。连动结构中，当两个动词不能具有同等重要的地位时，处于次要地位的动词必须退居其位，其动词性也因此而逐渐减弱，最后虚化为核心动词的补充成分，这就是"向"进入连动结构后加快虚化的原因。

第一，"V+N$_1$+向+N$_2$"和"向+N$_1$+V+N$_2$"结构中的"V"。

魏晋南北朝时期，"向"的介词化倾向加速，虚化成介词的"向"与其后的名词共同充当核心谓语动词的补充成分。这时的谓语动词"V"不再局限于表示物的运动状态，而是扩展为一般的动词，包括主体位移动词。

（68）向树长跪，以发系树。（《贤愚经》）
（69）王语刘曰："向高坐者，故是凶物。"（《世说新语》）
（70）进欲诛诸宦官，太后不听，进乃召四方猛将，并使引兵向京城，欲以劫恐太后。（陈寿《三国志》）

例（68）（69）中"跪"和"坐"表示主体的运动状态，是静态的动作，主体并未发生位移。例（70）中的动词"引"可以表示主体"兵"位移至"京城"，即主体发生了位移。

第二，"V+N₁+向+N₂"和"向+N₁+V+N₂"结构中的"N₁"和"N₂"。

这里的"N₁"和"N₂"指的是"V+N₁+向+N₂"和"向+N₁+V+N₂"结构中紧跟在"向"后与"向"组合充当核心谓语动词的补充成分的名词成分。经考察发现，两个结构中"向"后面的名词成分主要是表示动作的方向、动作的终点、动作发生的场所或对象。

（71）儿妇后至，启白妪言："此不可住，速出向外。"（《贤愚经》）

（72）妪不违之，出向露处。（《贤愚经》）

（73）（二鸟）飞向树上，次第上下。（《贤愚经》）

例（71）（72）中的"向外""向露处"表示动作的方向。例（73）"向树上"表示动作的终点。

3.3.2.3 "V+向+O"构式的形成

在"向"的语法化小节中已经归纳出介词"向"萌芽于两汉时期，到魏晋南北朝时期完成介化，在用法上呈多样化趋势。

根据张赪（2002）的考察，"向+N"位于动词前后均可。其区别与中心成分的复杂程度有关，当"向+N"位于动词之后时，这个中心成分中的"V"是光杆动词的比例为 74%。这与吕叔湘（1999a）《现代汉语八百词（增订本）》中对"向"的第二种介词用法相吻合。介词"向"位于动词后，经过介词并入与动词紧密结合，再后接宾语"O"，就构成了文中所讨论的构式：

$$V+向+O$$

我们在 3.2.3.1 部分已经讨论过进入"V+向+O"构式中的"V"为主体位移动词、主体非位移动词和表示物的状态的动词。3.2.3.2 部分已经讨论过进入"V+向+O"构式中的"O"为处所性宾语、指示性宾语、靶子宾语、归宿性宾语和终点性宾语、方位性宾语。因此不再赘述。

"V+向+O"构式的演变过程与"向"的语法化和"V 向"的词汇化进程息息相关。"向"对构式中的构件要素"V"和"O"又分别有一定的语义制约，形成该构式义的高度整合性。

3.4　结　　语

　　本章首先讨论了"向"的历时演变过程，只有"向"完成了由动词向介词的演变，"V+向"的词汇化才有可能。"V+向"类结构的语感调查的结果、词典收录情况及语义的整体性，都能很好地证明"V+向"较高的词汇化程度。"V+向"的词汇化，受制于多种因素，包括语义相关性、双音化、共现频率、句法环境。其中，从句法环境来看，"V+向+O"结构中的"V"和"O"各有不同的类型，"V"对"向"具有选择性，"V+向"对"O"具有选择性，而"O"对"V+向"具有反制约的作用。由于"向"类结构表示具有处所性、指示性、靶子性、归宿性、终点性、方位性的事件，动词"V"有"走、跑、逃、飞、迁"等，语义上具有[+方向]、[±位移]、[-终点]等特点，而"向"在结构中，有时可以指示运动的方向，它们在语义上具有相关性。

　　从"V+向"的词汇化来看，"向"最初是实义词[名词"窗户"，进而演变出动词用法"面对、朝向；前往、接近；仰慕、迎合"，最后虚化为介词"介引（处所、时间）等"]。在"走向成功之路、走向了世界"等结构中，"向"已经演变为语法词/附着词，韵律上"走向"已经凝固成一个韵律单位，时体标记"了"往往标在"V+向"之后；而在"走向新的胜利、奔向21世纪"等结构中，"向"已经演变为词内成分。作为一种孤立语，汉语中的词与语、词类与词类之间很难有明确的界限，我们没有办法将它们截然分清。汉语本身就是一个多方面交杂联系的连续统，且一直处于动态的发展变化中，这就更难明确分清词和语、词类与词类之间的界限了。"V+向"在词汇化过程中就存在这样的问题：何时是词，何时是短语。这跟几个因素有关："V+向"语义透明度，宾语"O"的语义类型，出现的句法环境、共现频率等。如[+渐次性]、[+单向性]、[+熔合]、[+渐增性]、[+去动机]、[+隐喻化/转喻化]等特征为词汇化、语法化共享；而另外一些特征，如[+去范畴化]、[+语义淡化]、[+主观化]、[+能产率]、[+类型学共性]，则为语法化独享。正如陆丙甫、应学凤（2013）指出的那样：动词跟后置论元的结合显然比跟前置论元的结合紧密得多。

第4章 "V+给+O_1+O_2"结构的构式化与构式演变[①]

4.1 引　　言

《现代汉语词典（第7版）》中"给"有三个词性：动词、介词和助词。吕叔湘（1999a：225-226）主编的《现代汉语八百词（增订本）》中动词"给"有三个义项：①使对方得到；②使对方遭受；③容许；致使。介词"给"有六个义项：①引进交付、传递的接受者；②引进动作的受益者；③引进动作的受害者；④"给我"加动词，用于命令句，有两种可能的意思，要根据上下文区别；⑤朝；向；对；⑥表示被动。助词"给"直接用在动词前。刘永耕（2005）从义素传承的角度考察动词"给"语法化为介词和助词的过程；周红（2009）认为"给"的语法化要分为词类语法化和句法语法化；王鹏、马宁（2010）提出"给"与前面的动词合为一个整体"V+给"，指出这里的"给"与作介词的"给"不同，但没有明确说明原因。"给"相关的句式，前人做了详细研究：朱德熙（1979）从句法角度对"给"所接的双宾语句式进行分类，将"给"前动词分为"给予、取得、非给予取得"三类。崔承一（1989）从语义特征角度，归纳动词与"给"组成的"给"字句句式，认为"NP_1+把NP_3+V+给+NP_2""NP_3+NP_1+V+给+NP_2"句式是成立的，但仅限于描写，缺乏必要的理论分析。张孝忠（1987）从动词的词义、语法功能和语音形式三方面分析"V给"式中"给"前面的动词符合的条件，该分析比较全面，但也缺乏具体理论支撑。邵敬敏（2009）讨论了"非给予义 V+给"结构及其构成的句式，认为语法意义对结构形成具有决定性作用，并从语义一致性原则、自足性原则、互补性原则三个方面进行了解释。沈家煊（1999）从认知角度，运用相邻原则、顺序原则等认知心理学理论解释、分析了"给"字句句式。本书从历时、共时平面，考察动词"给"语法化为介词的情况，进而探讨"V+给"的词

[①] 本章曾以《"V+给"类结构的词汇化及相关问题研究》为题，发表于《华中学术》（CSSCI），2016年第1期。合作者为王焕。

汇化及形成机制。语料源于国家语委在线语料库、CCL 语料库及《人民日报》（2003—2006 年）语料。

4.2　"V+给+O_1+O_2"结构的构素分析

4.2.1　"给"的语法化

朱新军（2008）指出语法化进行的重新分析不止一次，而是经历了多次重新分析。这种多重分析，使得语法化过程呈现出渐进性。同样，经过长时间的语法化，"给"已有多种词性：动词、介词和助词。"给"最早的意义是"供给"，《说文解字注》（许慎，1998）载："给，相足也。《广韵》居立切，深摄开口三等入声缉韵见母字。"（转引自李格非 1996：1546）。意即"满足，补充给养"，读作"jǐ"，记作"给_0"。例如：

（1）若贪陵之人来而盈其愿，是不赏善也，且财不给。（《国语》）

（2）"吾侪小人，食而听事，犹惧不给命，而不免于戾，焉与知政？"（《左传》）

例（1）"且财不给"意思是"而且财物也满足不了他的欲望"；例（2）中"不给命"是"不足以完成使命"的意思，其中"给"为"足"之义。"给_0"与现代汉语中给予动词"给_1"有差异，《现代汉语词典（第 7 版）》动词"给"有两个义项：①使对方得到某些东西或某种遭遇；②叫；让。"给_0"与"给_1"最大差异在句法方面，"给_1"后必须接宾语。考察发现，汉代文献中，动词"给"后接宾语用例逐渐增多，至魏晋时期"给"后出现双宾语，"给_0"开始向授予动词"给_1"演变，例如：

（3）甲坚兵利，车固马良，畜积给足，士卒殷轸，此军之大资也，而胜亡焉。（刘安《淮南子》）

（4）孟尝君使人给其食用，无使乏。（刘向《战国策》）

晚唐五代时期，"给"字"给予义"开始萌芽，于宋元明时期迅速成长，并在清代趋于成熟（张文 2013）。张文还认为，"给"在清代以前，主要用作"供给"义。例（3）中"给足"同现，表示供给充足；例（4）中"给"为双宾结构，有授予义。

4.2.1.1 方向性标记

刘丹青（2001）指出，语法化中有一种强化现象，将同类或相关的虚化要素加在已有的虚词语素上，就会加强原有虚化单位的句法语义作用。动词"给₁"前面加动作性较强的动词，形成连谓结构，使得"给₁"的给予义得到加强。该现象在六朝唐宋时期出现，但这种连动用法频率还比较低，类似连动词组，未凝固成词。例如：

（5）其寓言譬喻，犹有可采，以供给碎用，充御卒乏。（葛洪《抱朴子》）

（6）恪自领万人，余分给诸将。（陈寿《三国志》）

至明代，这种连动结构用法频率增加，出现双音化现象。明代《水浒传》中用例较多。石毓智（1995）认为，在时间一维性的作用下，语义范畴与动作行为关系密切的动词，经常会被用作次要动词，这就使它们与指示时间信息有关的动词语法特征退化，最终演化成介词。此期，双音化中的"给₁"开始单一化、抽象化，其主要义素被其他动词，如"与、还、散、赏、赐、发、分、供、颁"等分担。"给₁"逐渐演化为类词缀。动词"给₁"表意功能退化，逐渐用作次要动词，"给₁"开始演变为介词，成为"方向标记"。例如：

（7）割东边宅院子，让他居住成亲，又将一半家财，分给天祐过活。（冯梦龙《喻世明言》）

（8）小献宝说："你不知从几时就估倒干净，交[给]我这空房做甚么？"（西周生《醒世姻缘传》）

例（7）中"给"还保留一定的给予义，例（8）则处于双宾结构中，引出接受者，真正的宾语是"这空房"。

4.2.1.2 目标性标记

认知语言学认为人的认知由物理空间延伸到心理空间。由于动词"给₁"后面所接的事物由具体逐渐变成抽象，此时，"给₁"通过"从具体到抽象"这一规律隐喻扩展为"抽象行为传递的目标"，"给₁"意义也因此抽象虚化为"给₂"，用以表示行为转移或者传递的目标。"给"

前置构成"给+NP₂+V"。例如：

> （9）派水府医官搜求海狗阳道，制成一种健身强种之药，交与徐福，分派给众童子服食。（《八仙得道》）
> （10）我们人家做中人，算他借给姓王的捐个京官，再由敝老师替他说个差使。（李伯元《官场现形记》）

例（9）（10）中"服食""捐个京官"由具体到抽象，这些行为对象的目标是由"给"引出。此时，"给"为介词。

4.2.1.3　处置性标记

"给₂"通常引出动作所指的对象，但有些介引对象没必要说，因此省略；另外一些动作没有明确的指向对象，所以出现了缺失，此时"给₂"在句法语义上的作用逐渐弱化，直至它介引的对象彻底消失后，"给₂"完全失去其句法语义作用，成为助词。该现象主要在清代才开始出现。例如：

> （11）那吴恩一听此言，说："来人！先把这厮给我乱刃分尸，结果他的性命就是！"（郭广瑞、贪梦道人《康熙侠义传》）
> （12）华云龙立起身来也不走，无皮无脸说："孔二哥，我饿了，你给我吃点。"（郭小亭《济公全传》）
> （13）当着奴才们，奶奶们素日何等的好来，如今还求奶奶给留脸。（曹雪芹《红楼梦》）
> （14）杨明吩咐给预备饭。当时叫厨子一备。陆通这顿饭吃了有三斤米饭，真吃饱了。（郭小亭《济公全传》）

例（11）（12）中"给"引出施事，不能省略；例（13）（14）省略了介引的对象，但根据语境可推出。此时，"给"为处置性标记。

4.2.1.4　强化及物性标记

动词"给"支配的成分是[+给予者]、[+给予物]、[+接受者]。[+给予者]和[+接受者]最初都是有生命的人，且[+接受者]是受益者。当[+接受者]为受事时，且因某行为引起[+接受者]的消极变化时，表"处置性标记"的"给₂"扩展为强化及物性标记的"给₃"。语料表明，该现象在清代始现，到现代逐渐增多。例如：

（15）昨夜吃饭之时，你说了那么多不中听、不在行的话，把她给惹恼了。（张贺芳《小五虎演义》）

（16）有那各地在外抢劫客船的主儿，就被他给砍啦，致招大家所不满，我才将他赶下山去。（佚名《大八义》）

强化及物性标记词"给$_3$"多出现在"被、叫、让"字句中，起到强化作用，已经成为一个完全的助词。"给"的语法化轨迹如图 4-1 所示。

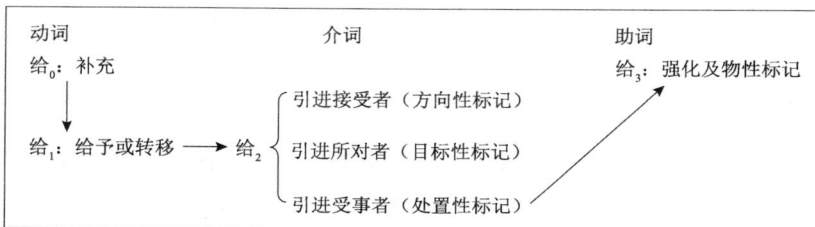

图 4-1 "给"的语法化轨迹 1

刘永耕（2005）曾梳理"给"的语法化过程，如图 4-2 所示。

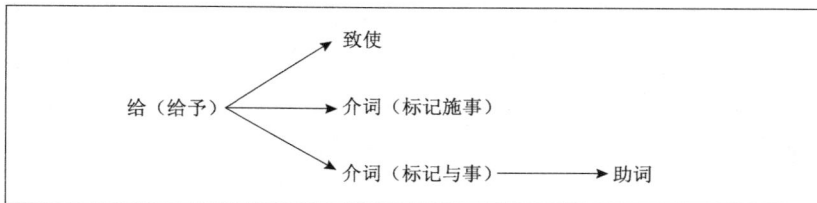

图 4-2 "给"的语法化轨迹 2

张文（2013）将"给"的语法化模式进行概括，如图 4-3 所示。

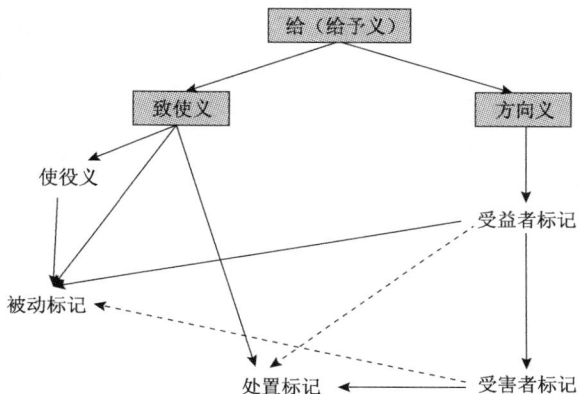

图 4-3 "给"的语法化轨迹 3

比较起来，我们认为张文（2013）的概括较为科学、全面，以"致使义"和"方向义"为核心，贯穿"给"的演变过程。"给"的语法化演变历程中，"重新分析"和"类推"起着重要的作用。"给"从"给予义"发展出"使役义"，继而再发展为"被动义"；从"给予义"还发展出"处置义"；从"引入受益者"发展出"被动义"；从"引入受害者"还发展出"处置义"。"给"的语法化链呈网状分布，其整体发展过程带有双向性特点。

4.2.2　"V+给+O"结构中"V""O"语义特征

4.2.2.1　动词"V"的语义特征

朱德熙（1979）通过分析与"给"相关的双宾语句式，将 V 划分为：给予类（卖、送）、取得类（买、娶）、非给予取得类（画、炒）；张斌（1988）按动词的语义特点把双宾句分为"给予类"和"承受类"；邢福义（1991）分为"给予、索取"两类。傅雨贤等（1997）指出与"给"搭配的动词，有些能进入"$N_1 V$ 给 $N_2 N_3$"结构构成双宾句，有些不能构成双宾句。在考察的 54 个单音节动词中，能够进入双宾句的有 23 个"传、递、发、分、供、还、换、寄、交、教、借、卖、派、赔、批、让、扔、塞、赏、送、投、退、租"，这些动词能进入"$N_1 V$ 给 $N_2 N_3$"结构。进入该结构的动词有限，语义特征为[+转移]，即[+转移者]、[+转移物]、[+接受者]，其中[+转移物]、[+接受者]必须出现。

第一，给予类动词。该动词的语义特征为[+给予者]、[+给予物]、[+接受者]，除了接宾语外，还可以进入"$N_1 V$ 给 $N_2 N_3$"结构构成双宾句。林艳（2013）指出，双宾句式的动词，都是典型的给予类动词，如"发、分、供、还、换、寄、交、卖、赏、送、借、租"等。例如：

（17）翠翠既是她那可怜母亲交把他的，翠翠大了，他也得把翠翠交给一个人，他的事才算完结！（沈从文《边城》）
（18）不过那英国人要把这些小人送给一个在昆明的外国孩子。（宗璞《东藏记》）

"送、交、借、赏"等动词都能和"给"组合，且"给"后接双宾语，这些动词"给予义"较强，与动词"给"本义最接近，可归为"给予类"动词。

第二，获取类动词。该类词通过转移使[+接受者]获得某物或者受益，本身没有"给予义"，"V+给"中"给"是不可以省略的。V 的[+服务性]、[+获得义]语义凸显，如"拨、唱、打、端、划、讲、留、买、拿、念、捧、批、赊、透、喂、献、写、做"等。例如：

（19）他知道，这些孩子是唱给他听的。（路遥《人生》）
（20）到家的时候，女儿把两个糖人献给她的母亲，她说是买给她妈妈和弟弟做赠品的。（郭沫若《喀尔美萝姑娘》）

例（19）中"唱给"是服务性的，例（20）中"买给"是获得性的。

第三，运行类动词。这类"V+给"结构，V 的语义特征为[+转移性]、[+方向性]、[+终点性]，均有从起点向右（或向外）移动的特征，基本可以进入"V 出去"的格式里，如"递出去、传出去、分出去、运出去"。同时，可以把这些运行动词细分为短暂性运行动词及远程运行动词。短暂性运行动词如"丢、抛、扔、投₁、踢、掏、捅"等，这些词的语义特征是[+动作发出]、[+短暂性]、[+一次性完成]；而远程运行动词如"带、递、传、寄、捎、输、运、转、指"等，这些词的语义特征是[+动作发出]、[+过程性]、[+非一次性完成]。例如：

（21）我跑到屋里拿了鸟笼上的一头谷穗，远远地就抛给祖父了。（萧红《呼兰河传》）
（22）你也一样，把你要说的话直接说给记者，再让记者转给万书记！（张平《抉择》）

例（21）中"抛给"是短暂性瞬间完成的动作，例（22）中"转给"动作的完成需要一个过程，并非一次性完成的运行动词。

4.2.2.2 宾语"O"的语义特征

从韵律上看，"V+给+O"构式中的 V 与"给"合成一体，语音停顿在"V+给"后，且常常读轻音。当 V 是单音节时，单音节的动词恰好和单音节词"给"构成一个音步。如果是"给予"句，必须有 NP₂ 和 NP₃，而且作为直接宾语的 NP₃ 是一个数量短语。分析语料发现"V+给+O"中的宾语可分为以下几类。

第一，处所宾语。

"V+给+O"结构中,宾语是国家、机构、组织、单位的名词,此时"给"相当于"向、往",引出转移物转移的方向或终点。例如:

（23）我们后悔了,那个方尖碑应该送给中国。中国不会那么小气,也有接受的资格。（余秋雨《千年一叹》）

（24）我的工作果然从此较为迅速地进行,不久就共译了五万言,只要润色一回,便可以和做好的两篇小品,一同寄给《自由之友》去。（鲁迅《彷徨》）

例（23）中"中国"是国家名,例（24）"《自由之友》"是单位名,这些表处所义的词位于"给"后,表示转移方向或终点。

第二,对象宾语。

转移物在动作行为的作用下,除通过"给"引出方向和终点,还引出接受对象。"V+给+O"中,"V+给"后有一个宾语时,宾语是表人或事物的代词、偏正短语;"V+给"后是双宾语时,NP$_2$是人称代词,NP$_3$是数量结构。例如:

（25）拖拉机是他按废铁的价格卖给我们的;批房基地也没要我们送礼。（莫言《四十一炮》）

（26）我递给了他一根纸烟。我说:咋没个风呢?（贾平凹《高兴》）

"V+给+O"宾语是单宾语时,直接引出接受或者受益的对象,如例（25）中"我们"是受益对象;为双宾语时,直接引出间接宾语,并引出转移物,如例（26）中,间接宾语"他",转移物为数量结构"一根纸烟"。

第三,时间宾语。

人类的认知从物理空间延伸到时间空间,因此转移物可以是实际的物理空间转移,也可以是时空的转移,"给"引出时间义宾语,例如:

（27）"那是吹给过去听的声音啊。"……我们的谈话进行得很愉快,主题自然是刘蓉蓉,内容都是一些欢乐的事情……（颜歌《悲剧剧场》）

（28）人类的一切生活无不蒙上自己过去的阴影,并把现在的阴影投给未来。（林语堂《吾国吾民》）

例（27）（28）中"过去、未来"为时间词，例句通过隐喻使时间词成为转移物的接收对象。

4.2.3 "V+给"的词汇化

动词"给"正在经历语法化过程，虚化为介词"给"，汉语中与介词"给"搭配同现的动词较多，汉语中双宾句有很多"V+给"。《动词用法词典》中收录的 1223 个动词，能与"给"搭配的有 74 个，其中单音节动词有 54 个，双音节动词有 19 个。

单音节动词：捎、送、献、留、卖、供、寄、赊、递、输、交、带、租、扔、喂、拨、写、捅、补、掏、抛、借、让、捧、塞、踢、唱、传、转、拿、退、讲、丢、发、陪、推、端、教、做、派、分、投、念、批、赏、划、买、换、邮、透、指、打、运、调

双音节动词：报告、暴露、传达、安排、保留、传染、反映、贡献、交代、解释、介绍、赔偿、提供、透露、推广、推荐、委托、泄露、遗留。

汉语中"V+给"出现得较早，在六朝至隋唐、宋代时的常用结构为"NP_1+V 给+NP_2"和"NP_1+V 给"；至清代时期出现"NP_1+V 给+NP_2+NP_3"结构，"V+给"后面接双宾语的情况大量出现。"给"对动词 V 的依附性明显增强。"V+给"正在经历词汇化过程，通过 MI 值、语感调查、词典收录情况，可以判断"V+给"的词汇化程度。

4.2.3.1 "V+给"的 MI 值

可以假设，某一个词语串的共现频度越高，则词语串的结合紧密性越强。高频的词语串可能是一个完整的语块。计算 MI 值是衡量"V+给"结合紧密度的方法之一，对《人民日报》（2003—2006 年）语料及现代汉语语料库共计 130823545 字进行统计。我们通过统计得出"V+给"的 MI 值≥4 的有：捎给、送给、留给、献给、卖给、供给、寄给、赊给、递给、交给、带给、租给等 16 个。MI 值<0 的有：调给、运给、打给、透给、买给、念给等 19 个。统计结果表明，"V+给"组合有高融合度（MI 值≥4）、中融合度（0≤MI 值<4）和低融合度（MI 值<0）三种情况。高融合度指"送给、留给、献给、交给、租给"等双音节单位，"给"失去介词的表意功能，为构词成分或后缀。融入的最高阶段，"给"甚至可以脱落，比如"送（给）妈妈一件礼物"，这类动词有较强的[+移动性]、[+给予性]特征。而低融合度指语义透明度高，MI 值低，[+移动性]、[+给予性]特征都不明显。"V+给+O"结构中"V+给"的融合度，影响"V+给"词汇化程度。

沈家煊（1999）指出从典型的给予动词到典型的非给予动词，其间构成一个连续统。"V+给"中"V"也是给予义由强到弱以至消失的连续统。给予义最强的"给、送"等在系统较强的一端，处于中间部分的是"寄"类远程给予动词（如"捎、寄、带"等）和短暂瞬间转移动词（如"踢、投、扔"等），系统的另一端是获得义动词（如"拿、写、买、做"等）。同时，也反映了方向性越强的动词与"给"形成的"V+给"词汇化程度越高，反之则越低。

4.2.3.2   语感调查

词语和短语的鉴别有直判法、插入法和扩展法，语感也可作为判断方法之一。词的构成、词语搭配和音节的关系密切，形成韵律。汉语中，词语有单音词和单音词的搭配，即"1+1"的韵律形式，如"快走，拧紧"等；也有一个单音词加一个双音或一个双音加一个单音的搭配，即"1+2"或者"2+1"的韵律形式，如"白头发、拼命喊"；还有双音节与双音节的搭配，形成"2+2"的韵律形式。"V+给"结构中"V"多为单音节。

此外，我们采用问卷调查的方式，对"V+给+O"结构进行词语的切分、语感调查。发放调查问卷 50 份，回收有效问卷 40 份。调查要求受试对含动词"拨、补、唱、传、打、带、递、调、丢、端、发、分、供、划、还、寄、讲、交、借、留、买、卖、拿、念、派、抛、赔、捧、批、让、扔、塞、赏、捎、输、送、掏、踢、捅、投、透、推、退、喂、献、写、邮、运、指、转、租、做"的句子进行切分。统计结果发现，词汇百分比≥88%的共 18 个，分别是"送给、供给、留给、派给、捎给、退给、补给、还给、抛给、献给"等，其中表"给予"类的动词占大多数。词典收录的如"送给、还给"等词语，已经普遍被人接受成词。词汇百分比≥85%的有 16 个，分别是"拿给、写给、运给"等词，其中多数动词表示"获取"或者"传递移动"，这些"V+给"结构是否成词还有待时间验证。最后，"做给、指给、拨给"并没有被多数人接受成词。

4.2.3.3   词典收录

动词"给"虚化后的介词"给"常与"给予、取得、发出"类动词搭配，构成"V+给"结构，受使用频率和语言的经济性原则影响，这种结构逐渐凝固，正经历着词汇化。我们通过查询和统计词典收录情况来说明这一趋势。分别对统计的单音节动词"V"进行查询，发现《现代汉语词典（第 7 版）》《应用汉语词典》并没有收录，但是，词典中收录的动词如动词"送"有"把东西运去或拿去给人"义项,动词"捎"有"运输"义,这替代了"给"作动词时"使事物位移"的义项,而"扔""踢"等动词则强调动作性和轨迹的移动。此外,语音停顿也在"给"后,"给"常常读轻音。结构形式上"V"和"给"之间不能扩展,动态助词"了"也只能加在"给"后而非"V"后。"V+给"联合成一个整体。此外,《现代汉语大词典》指出介词"给"有"向、为"意思,旨在引进交付、传递动作的接受者。该词典收录了"发给、还给、交给、留给、拿给、让给、送给、献给、赠给、转给"等词。经考察发现,这些动词可以构成"N₁V 给 N₂N₃",该结构是典型的双宾语句。动词"发、还、交、留、拿、让、送、献、赠、转"中大部分是典型的给予动词,如"发、还、交、留、让、送、献","拿"是获取义动词,"转"是运行动词。我们认为随着语言的发展、词语使用频率的增加,"V+给"结构词汇化程度会加深,"给"会进一步虚化成词缀。

4.2.4　"V+给"词汇化的认知解释

4.2.4.1　意象图式

意象指人们以不同的视角、选择不同的注意点和辖域、突显不同的方面来观察某一情景,形成不同的意象,以便去理解和把握某一感知到的事物和情景的能力(Langacker 2007)。不同的句法结构可以在受话者大脑中形成不同的意象,象征着不同的语义,因而造成不同的理解。例如:

(29) a. Mary sent a cat to John.

　　　玛丽送一只猫给约翰。

b. Mary sent John a cat.

　　　玛丽送给约翰一只猫。

例(29a)句里的介词 to 专门用来象征猫的转移方向,从而使这件事件的这一侧面凸显出来,所以图 4-4 中粗线头表示引出传递方向。而例(29b)句中 to 没有出现,两个名词短语并置在动词之后,象征着两者的接近,凸显的是猫转移的结果——约翰对猫的占有(沈家煊 1994)(图 4-5)。因此,句子"送一件礼物给女儿"和"送给女儿一件礼物",前者凸显的是位移过程,后者是凸显物体转移的结果,"V+给"整个结构成了句子的谓语,凸显转移的结果。

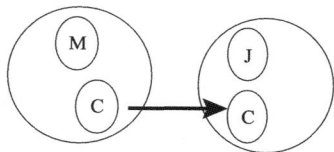

图 4-4　过程意象图式　　　　　　　　　图 4-5　结果意象图式

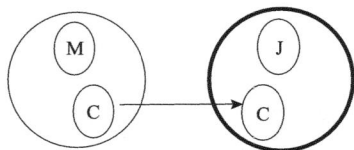

4.2.4.2　象似性

"V+给+O"的句法结构对"V+给"结构词汇化趋势起到推动作用,可用距离象似性和顺序象似性解释。

第一,距离象似性。

Givón(1990)将距离象似动因称为相邻原则:在功能上、概念上或认知上更接近的试题在语码的层面放得更近。也就是说,语言表层形式上的连接越紧密,其意义联系也越紧密。我们统计的与"给"搭配的单音节动词有不同类型。第一类是"给予类"动词,如"送、卖、还、赔、赏、递、输、教、付、补、发、赠、献、交、退、拨、借、租、换、捧、拿、端"等。这些动词的共同点是有较强的[+给予]意义,而"给"最初基本意义就是"给予"或者"使物体位移"。在概念意义和认知上,"给予类"动词和"给"意义最接近,形式距离最小,在形式上形成"V-给",且紧密度高。以紧密度最高的"送给"为例,它在 CCL 语料库中出现 7294 例,"送+数量结构+给"出现 220 例,明显相差很大。例如:

（30）a.送给他一支笔。b.送一支笔给他。c.送他一支笔。

第二类是"获取类"动词,如"拿、做、写"等。这些动词与"给"的基本"给予"和"使物体位移"义在概念意义上不接近,形式距离较远。形成的"V+给"结构紧密度不高,词汇化程度最低。如:

（31）a.买给母亲一束花。b.买母亲一束花。（*）c.买一束花给母亲。

第三类是"运行类"动词,包括:瞬间完成转移动词,如"扔、踢、抛"等,其中"扔、踢"表示"瞬间导致轨迹运动产生的动作";远程转移传递动词,如"传、寄、带"等词,表示"连续地朝某一特定方向产生的动作"。这些动词在"给"表达"位移"义的基础上引申为"方向、目标"。这类动词与"给"搭配出现的频率比较高。以"扔给"为例，语料出现 1671 例，"扔+数量结构+给"出现 1456 例，相差不大。"运行类"动词和"给"的组合方式比较松散，二者独立性强，语言距离大。这些"V+给"紧密度不高，词汇化程度不高。

第二，顺序象似性。

句子所表达的实际状态或事件发生的先后顺序通常会由句法成分的排列顺序映照出来。"V+给+O"可视为一个动作产生的行为事件，那么"V+给"结构符合认知顺序。事件发生有先有后，动作行为和行为事件也有先后顺序，从起点到终点，由开始到结束。"NP_1+V+NP_3+给+NP_2"的事件中包含的两个事件是由行为动词"V"和"给"引起的，"给"在这里象征着受事 NP_3 转移的方向。"NP_1+V+给+NP_2+NP_3"这种双宾结构是领属关系转移事件，强调转移的结果而不是过程，也就是说在句子中表示一个动作行为引起的转移事件，"给"失去了动词的实际意义，变得抽象。"V+给+O"双宾句中，"给"可以省略，成为典型的双宾句。"V+给"成为结合紧密的复合动词。"V+给"前的动词由空间移位动词引申为时间移位动词和领属关系转移动词，是一种隐喻的理解方式。但是，无论在空间、时间还是领属关系上，动作都是相继发生的，在行为和时间上都有承接性。例如：

（32）a.送给我一件衣服。b.我把书递给朋友。c.今天的快乐留给明天。

例（32a）动作"送"先发生，然后是"给"引出对象。"运行类"动词中，"扔、踢"是一次性动作，"寄、带、汇、写、打、传"不是一次性动作，动作行为有持续性。"给"在这里引出动作行为发生的方向和事件的终结点，即接受者。例（32b）作为运动事件，"书"发生了位移，方向或者目标是"朋友"。例（32c）"快乐"在意义上跨越两个时间段，从"今天"到"明天"，"给"引出时间对象"明天"，这符合人的认知顺序。

4.3 "V+给+O_1+O_2" 双宾构式的构式用变和演变

4.3.1 "V+给+O_1+O_2" 构式化

Traugott 和 Trousdale（2013）认为构式化包含语法构式化和词汇构式

化。构式化其实就是构式的形式和意义相互规约的过程。词语的虚化以及句子的分裂所形成的非词结构就是语法构式化。双宾句形成构式"V+给+O_1+O_2",与动词"V"相关的构素有选择地进入该构式空槽。通过对"给"的语法构式化和"V+给"的词汇构式化考查,我们发现,正是"给"的语法功能在其虚化过程中造成了句子的分裂,主要是指"动+介+宾"的重新分析,出现了"V+给"类凝固结构。"V+给+O_1+O_2"双宾句因此经历了构式化,并且呈现出构式化的三个特征:能产性增强、意象图式增加、组构性减弱。

4.3.1.1 能产性增强

在语言演变过程中,双宾构式"V+给+O_1+O_2"的能产性增强。这主要表现在以下两个方面:一是能够进入构式的各构素发生改变;二是整个构式的结构发生变化。能够进入"V+给+O_1+O_2"双宾构式的动词"V"在语言演变过程中范围不断扩大。如前所论,进入该构式的动词语义类型从典型的"给予类"不断扩展到"获取类""运行类"等非给予类。在语音方面,由单纯的单音节动词逐渐扩展到少数双音节动词,并且存在继续扩大的趋势。典型双宾句由有意识的实施者充当主语,宾语由指人的间接宾语和指物的直接宾语共同组成。在整个"V+给+O_1+O_2"构式层面,该构式从开始的典型双宾句演变为非典型形式,主语和宾语也能够进入构式。主语既可以是典型的有意识的人,也可以是无意识的物或现象事件;间接宾语既可以是表示人的对象宾语,也可以是受隐喻机制影响而扩展成的机构组织类集体名词、情感体验类名词等;直接宾语既可以是具体的,也可以是抽象的。

（33）山区和平原、这里的开阔地,似乎正留给了他这样的机会。（张炜《你在高原》）

（34）1919 年 9 月,毛泽东在写给黎锦熙的另一封信中,称赞黎先生发表在《民铎》六号的《国语学之研究》一文,"是近数年来不多见的大文章",读后收益不少。（《人民日报》2002年 2 月 20 日）

例（33）中的"留"是典型的双宾三价动词,但是例（34）中"写"原本是二价,在构式义作用下临时增价成三价。这种临时增价的现象在整个构式演变过程中越来越多,成为一种趋势。也就是说,"V+给+O_1+O_2"双宾构式中,施事主语和与事、受事发生改变,逐渐不同于典型双宾句。

能够进入该构式的动词范围逐渐扩大，由二价动词扩展到三价动词，能产性增强。这些变化都是由构式义整体所赋予的。

除了构素成分能产，双宾句外部结构变得复杂，除了典型的双宾句（S+V 给+O_1+O_2）外，又衍生出转移物凸显句式（S+把+O_2+V 给+O_1 或者 O_2+V 给+O_1）、兼语句式（S+V 给+O_1+O_2 或者 O_2+V 给+O_1+VP）、连动句式（VP+O_2+V 给+O_1）。

（35）要么带给人家幸福，否则不如谁跟谁都没关系。（王朔《你不是一个俗人》）

（36）当我把这个盒子还给 C 的时候，她正在预备午茶，把一个个厚重的盘子放在桌布上。（顾城、雷米《英儿》）

（37）徐志摩到我们教室讲演过，是他回国第一次讲演，事后他埋怨寒先艾，连一杯开水也不知道倒给他这位诗人留学生喝。（李健吾《怀王统照》）

（38）f 说："你可以抽烟。"说着从抽屉里拿出一盒火柴扔给了他。

例（35）是典型的"V+给"双宾句式，动词后的"给"一般不可以省略。"带给人家幸福"不可以说成"带人家幸福"。例（36）是转移物凸显句式，其主要目的是突出直接宾语"O_2"，即凸显转移物"盒子"。例（37）是兼语双宾句（O_2+V 给+O_1+VP），即在双宾句后再加一个动词，使"O_1"成为"V+给"的与事宾语，同时又是后一动作"VP"的实施主语。例（38）是在动词"扔给"之前再加一个动作"拿出"，构成动作相继发生且顺序不能改变的连动句式，先"拿出"后"扔给"。

无论是"V+给+O_1+O_2"双宾构式的句法层面还是其内部各构素都具有能产性，在数量上和语义上都有所扩展。

4.3.1.2　意象图式增加

沈家煊（1999）指出："S+V 给+O_1+O_2"是惠予事物转移并到达某终点，转移和到达是一个统一的过程。"V+给"双宾句实际是由两个意象图式增加而成：路径意象图式（图 4-6）和"容器"意象图式（图 4-7）。

A ————————▶ B

图 4-6　路径意象图式

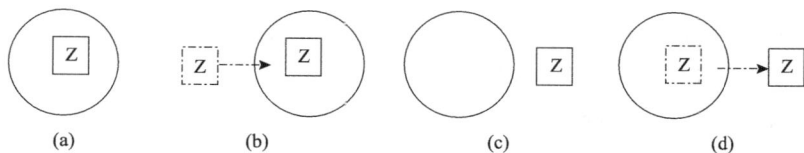

图 4-7 "容器"意象图式

在人的认知中，因受到顺序原则和相邻原则的影响，双宾构式"V+给+O_1+O_2"可以理解成动词"V"的转移事件和"给"的接收事件相统一。其中，"V"表示转移行为，"给"引出接收对象或转移方向，受认知隐喻机制的影响可以把"O_1"看作"O_2"到达的终点，转移结果"使得接受者拥有某物或某状态"，我们称之为"转移收到"意象图式（图 4-8）。此时，"给"被提前，并附着于动词，整个构式凸显转移事件的结果而不是转移路径。

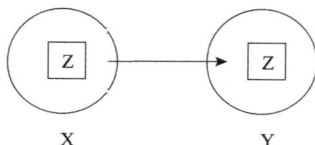

图 4-8 "转移收到"意象图式

图 4-8 表示，"X 主动使 Y 收到 Z"，即"Y 拥有 Z"。这个事件包含了物体"Z"发生转移，"Y"收到"Z"并拥有"Z"，转移的结果使得物体领属关系发生变化。试比较"我送一本书给朋友"和"我送给朋友一本书"。前一句凸显转移动作"送"这个过程，而后一句凸显转移的结果"朋友收到书"。因此，在双宾构式"V+给+O_1+O_2"中，"V+给"成了整个句子的谓语，凸显转移结果，构式义是两个意象图式的叠加。

4.3.1.3 组构性减弱

Traugott 和 Trousdale（2013）认为通过组配或者错配实现语言形式与意义的组合就是语义合成性。语义合成性的减弱就是指语言形式和意义的组构性逐渐减弱。

现代汉语中，通常情况下介词带宾语作状语位于核心动词之前，但也存在一类特殊介词，如"于、往、自、到"等，它们带宾语却可以位于核心动词之后，构成"V+P+O"结构。目前学界对这种特殊结构有两种切分方法："V/P+O"和"V+P/O"。语言演变中，"V+给+O_1+O_2"结构的介词"给"后接双宾语，当动词 V 为给予类动词，"给"可以省略，形成基本形式"V+O_1+O_2"。由此可见"V/P+O"这样的切分在介词"给"这里已经站不住脚,介词"给"与宾语的组构性减弱,而与前面的动词"V"形成新的组配"V+给"。这样的"动介组配"可以看作一个"动介复合动词","V+给"是整个结构的谓语,构成述宾结构。

"V+给+O_1+O_2"双宾构式中,我们更容易把"V+给"新结构看作整体,但其在语义上是非组合性的。"给"的意义虚化附着于动词,只发挥句法功能。进入"V+给+O_1+O_2"双宾构式的动词范围有扩大的趋势,如从给予类到非给予类,"给"的作用不可忽视。

4.3.2　"V+给+O_1+O_2"构式演变

"V+给+O_1+O_2"双宾构式演变与"给"的语法化和"V+给"的词汇化密切相关。前文已经对其进行了相关研究。我们对不同时期的"V+给+O_1+O_2"双宾构式的演变作以下梳理。

4.3.2.1　"V+给（+O）"和"给+V（+O）"结构少现

先秦两汉时期,表示"满足、供给"意义的动词"给"通常与其他动词或先或后连用,表示两个动作的相继发生。这种连用情况还是少见,多数情况下都是动词"给"单用。

（39）内官不过九御,外官不过九品,足以供给神祇而已,岂敢厌纵其耳目心腹以乱百度？（《国语》）

（40）相造乎水者,穿池而养给。（《庄子》）

（41）自是后,景帝复与匈奴和亲,通关市,给遗单于,遣翁主如故约。（《汉书》）

这一时期的"给"为动词,与其前后的"V"一起表示动作的先后发生。其后可接宾语,宾语一般是与事；也可单独使用,这种情况多见。

4.3.2.2　"给+O_1+O_2"结构少现

魏晋南北朝时期出现了少量的"给+O_1+O_2"双宾结构,这时的"给"作为动词单用,如例（42）。多数情况下"V+给"后接单宾语,单宾语可以是与事,如例（43）,也可以是受事,如例（44）。

（42）其子长瑜,普惠每于四时请禄,无不减赡,给其衣食。（李延寿《北史》）

（43）以所得赐，分给穷乏。（李延寿《北史》）

（44）今乞依前恩，赐给精兵一万，还令督率领，送臣碛北，抚定荒人。（李延寿《北史》）

4.3.2.3　"给+O₁+V+O₂"双宾结构少现

隋唐五代时期，"V+给"或者"给+V"连用情况还是较少，但出现了"给+O₁+V+O₂"结构，如例（46）。

（45）居家以俭约自处，所得俸禄，散给宗亲，余赏写书数万卷。（刘肃《大唐新语》）

（46）太康二年，始给春赐绢五十匹，秋绢百匹，绵百斤。（房玄龄《晋书》）

4.3.2.4　"V+给+O"和"给+V+O"结构多现

宋元明时期，"给"和"V"连用现象增多，且其后必接宾语，宾语一般为具体的人或物。

（47）如已纳过无欠负者，即给还所剩，本州已依应施行讫。（苏轼《东坡文集》）

（48）男子曾被刺面者。给与凭据，放逐营生。（薛居正《旧五代史》）

（49）掌东阁内之禁令、省察宫人廪赐给纳诸物。（脱脱《金史》）

4.3.2.5　"V+给+O₁+O₂"结构呈现

因介词"给"的虚化在清朝才完成，这时"V+给+O₁+O₂"结构大量出现。这在《红楼梦》和《儒林外史》等名著中尤为常见。值得一提的是，这类双宾句式呈多样化趋势。

（50）五祖便将衣钵传给了他。（曹雪芹《红楼梦》）

（51）你若教给我这法子，我大大的谢你。（曹雪芹《红楼梦》）

（52）幸亏接手的人很把我看得起，倒分给我四个营头，叫我统带进来。（李伯元《官场现形记》）

（53）那白脸儿狼看见，说："我合他一块儿去，少爷你老也支给我两吊。"（文康《儿女英雄传》）

"V+给+O_1+O_2"双宾构式在"给"的介化过程中逐渐稳固并呈现出目前现代汉语的相关面貌。构式中的"V"由一开始的"给予类"动词扩展到"获取类"和"运行类"。构式中的"O"由一开始的"对象宾语"扩展为"时间宾语"和"处所宾语"，整个构式在演变过程中能产性增强。

4.4 结　语

本章先讨论了"给"的语法化，即从动词演变为介词（方向性标记、目标性标记和处置性标记）和助词（强化及物性标记）；进而分析"V+给+O"构式的构素，包括 V 的语义特征，其中 V 分为给予类动词、获取类动词和运行类动词三种类型，O 分为处所宾语、对象宾语和时间宾语三种类型。然后，讨论"V+给"的词汇化，通过"V+给"的 MI 值的计算、"V+给"组配的语感调查以及词典中"V+给"收录情况的分析，我们认为一大批如"发给、还给、交给、留给、拿给、让给、送给、献给、赠给、转给"等词，均有词汇化倾向，不过成词存在一个梯度，有些词汇化程度高，有些词汇化程度低。同时，从意象图式、象似性等角度，对"V+给+O"中"V+给"词汇化的动因和机制进行认知解释。最后，从共时平面和历时平面，分别论述了"V+给+O"构式的构式化和构式演变。"V+给+O"的构式化主要表现为能产性增强，意象图式增加，组构性减弱。"V+给+O_1+O_2"双宾构式在"给"的介化过程中逐渐稳固并呈现出目前现代汉语的相关面貌。

第 5 章　"V+于+O"结构的构式化与构式演变①

5.1　引　　言

　　Baker（1988）指出，并入是一个词类成分进入另一个词的过程，即句法上词的融合。并入具有跨语言共性。汤廷池（1991）认为所谓的并入，一般是指词语（或短语）通过句法上的重新分析，加接到另一个语法成分（语素、语词或词组）上，与另一个语法成分合并，甚至直接并入后者，成为另一个语法成分的一部分的现象。汉语中名词、名词短语、介词、动词、形容词、副词等都会发生并入。冯胜利（2000）、华莎（2003）、王慧兰（2007）分别探讨了汉语中的并入现象。Man（2005）、刘红妮（2010a）考察了现代汉语中的介词并入现象，但尚未涉及"于"的并入。本章集中讨论"X+于"组合。《现代汉语词典（第 7 版）》和《逆序现代汉语词典》中收录的该结构词语有：①动词：见于、在于、濒于、等于、归于、居于、处于、属于、位于、陷于、寓于、限于、至于、急于、善于、高于、大于、多于；②介词/连词：对于、基于、关于、鉴于、至于、由于；③副词：过于、终于。

　　《马氏文通》将"于"归为介字（即介词）。功能是可以介动作之对象、介动作之所从、介动作所在之地、介动作之归趋、介所为、介所据、介所在之地位、介动作之时间（杨树达 1957）。吕叔湘等（1999）指出"于"有时依附在静字（即形容词）或动字（即动词）的后面。介词"于"的来源如何？有三种看法：第一，解惠泉和洪波（1988）、郭锡良（1997，2005）、王鸿滨（2004）等认为是由"往"义动词"于"虚化而来的。梅祖麟（2004）也持有相同看法和观点，但不同的是，他认为这个动词是汉藏语里的，不仅仅是上古汉语中的动词"于"。第二，赵仲邑（1964）认为介词"于、於、乎"来源于上古的泛声，他把上古汉语的介词分为两个不同的系统：

---

　　①　本章曾以《介词并入与"X+于"类结构的词汇化研究》为题，发表于《长江学术》2016 年第 1 期，有删节。

泛声介词和动源介词。第三，时兵（2003）则认为"于（於）"来源于远古汉语的格助词，它的语法功能与古藏语向格助词 la 大致相当。

早在甲骨文时代，"于（於）"就有了动词用法和介词用法，介词"于"的始源义是动词"去到义"（"于"的动词用法）。介词"于"最先用来介引行为的处所然后扩展到介引行为的时间，再扩展到介引祭祀的对象。在西周金文中"于"的功能进一步扩大，可以介引涉及的各种对象，成为当时最常用的介词。西周以后出现了用"於"代替"于"的现象，战国中晚期以后，除了在引用古籍或固定格式中使用外，"于"就很少出现了。郭锡良（1997，2005）指出甲骨文中动词"于"有六种类型：一是"名+于+处所名词"；二是"自+处所名词+于+处所名词"；三是"先+于+处所名词"；四是"使/令/呼+名词+于+处所名词"；五是"逋+于+处所名词+无灾"；六是"步/往+于+处所名词/动词'田'"。张玉金（2009）认为其中的第二、三、五、六类中的"于"不是动词，而是介词。第二类句读当为"王步自遘于大，无灾？"，"步"后是两个介宾短语的并列，表示"步"这种运动的起点和终点；第三类中"先"是核心动词，而"于盂"表示运动的终点；第五类"于 X"表示"逋"的处所，"于"是介词；第六类"于 X"用于运动动词之后，都是表示动作的终点的。"于"大体沿着"动词<介词<词缀<词内成分"的轨迹演变（详后）。

5.2 "X+于+O"结构的构成因子

"X+于"是"X+于+O"结构（文献中称为"动+介+宾"结构，或"V+P+O"结构）的组成部分，考察之前，我们对该结构的核心要素"X"和"O"分别进行考察。其中的"X"可以是单音节的，也可以是双音节的，既有动词（或动词性语素），也有形容词（或形容词性语素），因能进入结构的"X"数量众多，本章只讨论"X"为单音节、双音节的情形。

5.2.1 进入结构的"X"

先看单音节"X单"。选取《现代汉语词典（第 7 版）》、CCL 现代汉语语料库、《现代汉语常用词表（草案）》[①]，以及相关的研究文献中的用例，并借助百度搜索引擎验证，发现能进入结构的"X"数量众多，

---

① 《现代汉语常用词表》课题组：《现代汉语常用词表（草案）》，北京：商务印书馆，2008年。收录词语 56008 个。

单音节的"X"有"暗、安、便、长、出、处、等、富、甘、敢、工、惯、归、急、见、居、苦、乐、利、流、忙、难、迫、期、趋、善、擅、适、属、限、易、勇、在、至、忠、遍、耻、次、大、低、多、高、合、介、肯、精、立、拟"等。例如：

（1）我们的友情开始于两年前的装修，亲近于关于年龄的攀比，我们都生于 1962 年，他比我大 3 天，按照南方民间的说法，我们是"老庚"。他帮我装修房子，这是缘分。（徐平《文化如风：乡愁聚散流变和认司》）

（2）中国现存的古代园林中，规模最大、保存最完整的是建于北京西郊的颐和园，它原来是封建帝王的行宫花园。面积 290 公顷，其水面约占四分之三。颐和园由万寿山和昆明湖组成，以万寿山为中心，前山有长 700 余米的长廊，其中有殿、阁、海（水面）等点缀。后山主要是苍松修竹等修饰的园林。西面有桃柳夹道。（王媛《中国传统文化知识 800 问》）

例（1）中"生于 1962 年"一般处理为"生[于 1962 年]"，"[于 1962 年]"是动词的补语；例（2）中"于[北京西郊]"组合成介词结构，整体充当补语。

再看双音节"X双"。金鐘讚（2004）认为"X双+于"可以分成三种类型：①"OO+于"（出版于）；②"O+（O+于）或 O+（O 于）"（不至于）；③"O+O+于"（有助于）。第一类"X双"是一个词，"于"作为一个附缀，加接在"X双"上；第二类中"O+于"或"O 于"为一个词，如"亚于、归于、限于、至于、属于"等，一般多为否定结构。但是金文并没有提出分类的标准与依据。双音节"X"有"不下、不亚、归功、归罪、习惯、相当、有悖、有赖、有损、致力、着力、着眼、奔波、奔跑、奔走、遍布、并列、毕业、病逝、不安、不便、不利、不擅、不善、不适、不同、不甘、产生、成立、得力、得益、得意、等同、感叹、公布、皈依、接近、借助、近似、惊奇、惊异、拘泥"等。例如：

（3）当家长倾向于相信孩子的话而不信任教师时，教师可以参考以下几点。（1）自我反思，坦诚相待。面对家长的不信任、不理解，作为教师，我们要明白家长的心理反应，不能因此就判定家长不可理喻，无法再进行沟通，从而把事情推到死角。

当事教师应真正认识到自己的问题，而不应该以被冤枉、受委屈的负面情绪状态来面对家长，要及时反思自己的语言、态度、行为等是否会让家长产生误会，及时调整并主动与家长沟通……（杜长娥、徐钧主编《破解幼儿园教师的 90 个工作难题》）

（4）报纸所刊载的部分有关经济的言论，对经济状况及宁波经济面临的问题，都分析得比较透彻，尤其是振兴实业和实业教育的相关论述，很多观点在今天看来也是极有价值的，其服务于绅商的目的也在这些言论中再次彰显。（戎彦《宁波报纸广告研究（1899—1999 年）》）

第一，进入结构的"X双"，分为有标记和无标记两类。含"有/无/不+X"可视为有标记，如"不安、不亚、不便、不次；有别、有负、有愧；无异、无益、无愧、无助、无损、无疑"等；无标记占大多数，如"着眼、自立、自绝、自决、纵横、醉心、坐落、作用"等。

第二，进入结构的"X双"，有动词和形容词。其中动词有"发表、窃取、往返、往来、翱翔、遨游、潜伏、效力、隐居"等；形容词有"垂涎、屈服、热衷、拥挤、有利"等。张谊生（2010）指出大部分这类结构中的"于"，尽管在认知心理上乃至读音上已经跟"X"组块，但在句法上还应看作"于"先跟后面的 NP 组成介词短语，然后再充当"X"的补语。但他同时指出，也有一小部分通用类的"于"已接近于类后缀，可以跟"V/A"一起构成三音节语法词，NP 可以分析为该动词的宾语。该文对两类"X"进行了区分，但未指出区分的标准。我们觉得可以用原型范畴理论对此进行解释，我们知道，原型范畴的特点是：范畴成员之间具有互相重叠的属性组合……范畴的边界是模糊的，在边缘上与其他范畴相互交叉（Rosch 1973）。进入"X+于+O"结构中的"X+于"是一个原型范畴，该集合共同的语法特征有：①作谓语，②带宾语，③不能加"着"和"过"，④不能重叠。不同成员可能具备的个性特征有：①前加否定副词"不"，②前加否定副词"没（有）"，③前加程度副词"很"，④带"了"。张海涛（2014）从选定的 185 个"X+于"结构中，考察发现其中 33 个为"X+于"的典型成员：安于、富于、忠于、甘于、敢于、急于、流于、难于、趋于、善于、适于、合于、羞于、异于、优于、疲于、先于、严于、蕴于、满足于、钟情于、专注于、处于、归于、属于、先于、大于、低于、高于、用于、负于、毁于、免于。典型成员除具备共有的语法特征外，还满足其他三个或四个条件；不典型的成员，只具有共同的语法特征。"X+于"结构成员众多，成员之间因满足共同的语法特征而构成一个集合，成员之间有相互充电的属性，彼此之间具有家族相似性；成员之间的地位是不平等的，有的"X+于"不具备任何个性特征，如"飘于、奔跑于、不下于、不亚于"等；有些成员只能满足部分个性特征，如"满足于、钟情于、专注于"。

第三，根据"X"与"于"的组配方式和后果，可以将"X+于"分为韵律词和句法词。从韵律上看，"X"和"于"构成一个韵律单位，组成韵律词；但从句法上看，多数"于"和后面的成分组成介词结构，充当"X"的补语，少数"X+于"组成句法词，如"不至于、不下于"。句法和韵律之间会出现错配，即附缀"于"在句法结构和韵律构造上出现了附着方向和构造层次的错位：一方面，作为前置词的"于"仍是介词宾语 X 的直接成分；另一方面，作为后附缀的"于"与宿主"V/A"在音段上构成了临时的韵律词，进而组合成了动态的语法词（张谊生 2010）。

5.2.2　进入结构的"于"

"于"具有多种语法意义，《现代汉语实用字典》解释为：①介词，表示处所、来源；相当于从；自。②介词，表示时间；在。③介词，表示方向、目标。④介词，表示对象；相当于"对、向"。⑤介词，表示被动。⑥介词，表示比较。⑦介词，用在动词或形容词的后边，表示方面、原因、目的等。（潘晓龙 2000）"于"大体沿着动词<介词<词缀<词内成分的路径演变。进入"X+于+O"结构的词语众多，"X"的不同，以及"O"的变化，导致"于"表现出不同的特性。

第一，介词"于"。

当"X"为"藏、始、位、源"等单音节动词或"毕业、成立、埋葬、根植"等双音节动词，"O"为表处所、表时间的宾语时，结构中"于"的介引功能显著，为介词。例如：

（5）因此我们可以得出结论：当代中国始于 1956 年，当代中国是解决人民群众日益增长的物质文化需要和落后的社会生产之间矛盾的整个历史时期。（李君如《邓小平——当代中国马克思主义的创立者》）

（6）一、林业机构的设立 1912 年 1 月 1 日，中华民国临时政府成立于南京，设实业部，张謇（张謇）任总长，下分农务、矿务、工务、商务四司。林业由农务司分管。1912 年，当局把实业部分割成农林、工商两个部门。农林部以宋教仁任总长，

设农务、山林、垦牧、水产四司。（张越《民国时期生态环境思想研究》）

（7）在孩子们幼小时，梁启超经常陪伴身边，以言传身教教会了他们根植于灵魂的信仰。后来孩子们各自旅居国外或是成家立业，梁启超仍旧不忘以书信对他们谆谆教导，四百余封家书从生活细节到内心情感，从家国天下到人生感悟，内容涵盖广泛而充实，家书远隔重洋送到儿女们手中，无高傲的训诫、无琐碎的闲言，有的只是娓娓道来的口吻和耐心细致的叮嘱，此时的儿女们虽无法承欢膝下，但依旧可以聆听到父亲的教诲。（朱云乔《大家家风》）

例（5）—（7）中"始于、成立于、根植于"，后接成分为"1956 年、南京、灵魂"，或表时间，或表处所，"于"的介引功能显著，还保留介词的特性。《现代汉语字典》中"于"有介词用法和词缀用法。作介词时，有"在、向、给、对、自、表示比较、表示被动"等七个义项，可兹佐证。

第二，词缀、类词缀"于"。

《现代汉语字典》中"于"为词缀时，有动词后缀和形容词后缀的分别，前者如"属于、在于"，后者如"勇于、易于"。黄伯荣、廖序东（2024）在《现代汉语（增订七版）》中认为它是动词的后缀，如"在于、勇于、敢于"。马庆株（1998）认为它是一个跨类的真词缀，动词如"等于、便于、苦于"；介词如"对于、关于"；副词如"过于、终于"；连词如"由于、至于"等。《现代汉语词典（第 7 版）》也标注出了"于"的后缀性质。李菡幽（2001）将"于"视为介词性成分或介词性语素。例如：

（8）他总是过于注重自我，而忽略了集体的存在，忽略了自己属于某个集体的事实，更忽略了集体中其他人的感受。因为我们每个人虽然都属于自己，但同时又属于社会。即便一个人不愿意融入社会，也不得不进入社会中，这是一个十分矛盾，却又无可避免的过程。即便你不喜欢，也无路可逃，只能这么做。（谢英明《少有人走的路》）

（9）所以在进行组合书法创作时，不管如何发挥，都应以易于识别为宗旨，这也是组合书法创作的最基本原则，让人们看不懂的文字，即使有再优秀的构思、再富于美感的表现，无疑也是失败的。特别要严肃对待造字，不能自作聪明非法（指不符合国家语言文字工作委员会和原国家教育委员会联合公布的《现代汉语常用字表》中的汉字）新造文字，更不要去仿效网络组合字。（王雪昌《组合书法研究》）

马庆株（1998）在分析"等于"时，认为某些实词与虚词长期在一个节拍中连用，就使得本来没有直接关系因而不成语法单位的节拍的语音单位变成了有直接意义的语法单位——词。这些虚词降到构词平面后也就成了附着在实词后面的一个词缀。当然，"X+于"集合中的成员众多，很难用同一标准来对"于"进行分类；加之，处在虚化过程中的"于"虚化程度是不一样的，形成一个演变的连续统。我们可以根据"X+于"的典型特征分出不同类别，其中的典型成员，往往具备范畴特征最多。我们认为，很多"X+于"组合中，"于"为词缀或类词缀。判定的标准有：其一，"X+于"中"于"的介引功能不明显，语义透明度不高；其二，"X+于"没有凝固成虚词（语法词、附着词）；其三，宾语"O"多为抽象概念词语。

第三，词内成分"于"。

吴福祥（2005a）指出汉语的语法词（指传统的副词、介词、连词等虚词及助动词、代词、系词和量词）和附着词（体助词和结构助词）会继续与毗邻的词汇项逐渐融合形成一个新的词汇项，语法词或附着词往往演变为新词汇项的"词内成分"。他列举了"由于、对于、关于、至于、终于"，其中的"于"已从句法层面转向了词汇层面，语法功能萎缩了。例如：

（10）对于第一个版本，有这样一个小故事：很久以前，一位意大利母亲正在为食物发愁。家里已经没有什么粮食了，只剩下一些面粉，小儿子饿得直哭。多亏好心的邻居送来了一些番茄与乳酪，这位母亲用这些食材烤制了一张饼给儿子吃，味道竟然十分美味，这就是披萨起源的意大利版。关于另一个版本，说是披萨起源于中国，同样有一个小故事，显然这个故事更有意思：当年，意大利著名旅行家马可·波罗先生在中国旅行时爱上了香葱馅饼，回国之后对其念念不忘，但苦于不会烤制。（晨曦暖阳《舌尖上的异域风情》）

（11）这个草民已在绝望中生活了很久，上帝给了他三个孩子，算是安慰。他希望孩子们能够比他过得好一点，至少一点点，比如有饭吃，有鞋穿。至于他自己，好坏已经无所谓了，只要有酒喝，就会有好的睡眠。那天他带着孩子们出行，也是想找个生

路吧，让火车带他们去远方。就在家乡的火车站，他遇到了来自
撒马尔罕的死神：一颗赴约的子弹。（朵渔《感情用事》）

例（10）（11）中的"关于、至于"在现代汉语中使用频率较高，语
法意义为另提一事且此事是下文将要论及的话题。一般位于句首，表达"转
而说及，另提一事"且另提的这件事充当全句的话题，"关于、至于"的
功能在于引出这个话题，故又称为话题标记。动介组合"至于"虚化为连
词以后，"于"成了词内成分，当进入新的句法结构时，它作为方所介词
的意义和语法功能就不再发挥作用。"X"和"于"在没有插加任何词语
的句法环境中慢慢融合，由两个独立的句法单位逐渐变成一个，"于"成
了复音词"X于"中的一个构词语素（史冬青 2009）。

"X+于"构造的词项极其复杂，所以有学者将"于"视为音缀，具有
"附缀（clitic）"的性质。"于"的基本作用是变词，诸如"合于、属于、
在于、濒于"之类的"X于"，有"于"无"于"，词义和语法功能都没
有多大不同，"于"是双音节词形成的语音手段。诸如"耽于、慑于、介
于、亚于、囿于、疲于"中的"X"，在现代汉语中都是黏着语素，不能
单独成词，加上"于"以后成为独立的动词。诸如"敢于、善于、富于"
等之类的"X于"中的"X"是形容词性，"位于、源于"中的"X"是名
词性的，附加"于"后都构成了动词。"于"的意义虚化，且是词内的附
加性成分（杨锡彭 2012：78）。从整体上看，"X+于"组合中，"于"
的性质介于词和词内成分之间。韵律上，我们一般把"X+于"结构看作一
个韵律单位，但某些"X+于"结构（如"大于、小于"等"X"为形容词
性成分或语素），其中的"于"可能仍然保留了介词"于"（如表比较）
的意义和功能。即功能上对应于一个自由形式（介词），而语音形式上属
于一个词项构成成分的附缀。当然，当"X"为双音节时，"于"不易通
过"与词干融合的词缀"方式来实现向词内成分的转化，因此有时走向脱
落，形成零形式。

5.2.3　进入结构的"O"

"于"所介引的对象呈现出"空间→时间→对象（包括在广义的空间
中）→范围、原因、准则、依据等"这样一个抽象化的过程（谢雯瑾 2009）。
这一抽象化过程，符合人们的认知规律；从空间转移到时间，再转移到更
为抽象的领域，也符合语法化的演变规律。

第一，方所宾语。又可以分为处所宾语和方位宾语。

先看处所宾语。这样的 X 有"病逝、翱翔、遨游、奔泻、奔走"等。例如：

（12）武汉的风声依然吃紧，政治环境并没有改变。向忠发奔走于汉阳与汉口之间，充分利用社会关系，采取单线联系的方法，在汉阳钢铁厂建立工人秘密小组。在他和陈春和的影响和带动下，秘密小组很快发展到三百多人，成为武汉地区人数最多的一个小组。汉阳钢铁厂的工人又逐步凝聚起来，工会组织开始恢复。（熊廷华《向忠发的浮沉人生》）

（13）董颖，女，毕业于四川外国语大学，现居四川成都，供职于西南石油大学，英语副教授。爱好文学艺术，各类作品发表于报刊及网络。2018 年在金典文学之百强作家百强诗人评选中，荣获"百强作家"称号。在 2018 年当代华人爱情文学创作大赛中，荣获现代诗歌一等奖。作品散见于报刊，并入编多本书籍出版。（陶士凯主编《当代文学精选》）

有些处所宾语为地名，如例（12）中的"汉阳与汉口"等；有些处所宾语为单位机构名，如例（13）中的"西南石油大学"等。

再看方位宾语。这样的 X 有"沉溺、笼罩、穿梭、植根、置身、纵横"等。例如：

（14）就这样，在沁凉的月色里，告别狭窄拥挤、灯光起落的城市，走出错落起伏的大厦和被座座高楼挤出的一线天空背景，走向朦胧的远山、星群旋转的原野和自由的风。（李一鸣《在路上》）

（15）2008 年当学校把"感动华外"的奖杯颁给我时，我想到更多的是：这荣誉凝聚着姐妹们的真情，是她们用善良、真诚做底座，托起了卑微渺小的我，让我在尘世间感受到光芒和温暖，穿梭于两座城市之间，我感受到客居异乡友情给予的温暖，但也直面过惨痛的死亡。（田志宏《田园风》）

这样的宾语，一般为方位短语，如例（14）中的"朦胧的远山"、例（15）中的"两座城市之间"，一般后接"之上/之间"，以及"前/之前/外/之外/下/之下/后（后面）/之后/里/里面/中/中间/之中/内/之内"等方位结构成分。

第二,时间宾语。这样的 X 有"产生、成立、始建、形成、原定"等。例如:

> (16)"艺味"说形成于六朝,就其最主要的方面讲,有三个原因:一是由于艺术精神的自觉,这是首要的最重要的原因,以"味"论"艺"风气的兴盛,既是六朝艺术精神自觉的结果,同时也是其艺术精神自觉的体现;二是受六朝人物品评和清谈玄理风气的影响,在这种品评和清谈中,有时也直接使用"味"的范畴来比喻人物或言谈的美,而且常常跟"神""气""韵""情""真""清""雅"等重要范畴联系在一起,对当时的文艺理论批评产生了重要的作用,其时和后代出现的"神味""气味""韵味""情味""清味""雅味"等审美范畴……(蔡钟翔、邓光东主编,陶礼天著《中国美学范畴丛书 艺味说》)

> (17)香岩寺位于柳林县城内东北隅,俗称鸽子寺,省级重点文物保护单位。周有堡式墙垣,内分 7 院 12 殿,有大小殿宇 120 余间,占地面积 6160 平方米。该寺始建于唐贞元年间,金代有两次重修,现保存完好。寺坐北向南,背山面水,筑于山腰,苍松环绕,翠柏成阴。现存有山门、钟楼、鼓楼、中殿、后殿、配殿和僧舍等群体建筑,构成以元代建筑为主体,明清建筑相配合的古建筑群体。(安瑞生编著《中国导游十万个为什么 山西》)

例(16)宾语"六朝"、例(17)宾语"唐贞元年间",均为时间宾语,当然这些宾语既可以表示时点,也可以表示时段。

第三,对象宾语。这样的 X 有"不等、不低、不高、忠诚、钟情、醉心"等,例如:

> (18)如果国际农产品市场的剧烈波动使实际的进出口价格低于或高于规定的平均水平,政府将采取相应的干预措施,使出口商所得价格不低于平均水平,或使进口商的价格不高于平均水平。这一措施实际上是通过政府的政策干预,改善了本国农产品进出口的竞争力,从而达到影响农产品国际贸易量和国际价格水平的目的。(温思美主编《农产品国际贸易》)

（19）可见，要想让客户钟情于产品，先要让客户钟情于卖产品的人。吸引客户最直接的办法就是拥有优雅的气质和谈吐。艾斯蒂·劳达便是凭借着自己高贵的气质和优雅的谈吐赢得了贵妇们的欢迎。她经历了一次个人形象的蜕变，由一个受人冷眼的化妆品销售员变成了一名极具说服力的销售大师。客户们之所以认准她的产品，是因为她本身的气质和形象就有很强的说服力。（王远《没有卖不掉 只有不会卖》）

（20）在任何时候，公司的资源都是有限的，即使是名列世界500强的公司，也不能保证应有尽有，而且在这样的企业里执行任务，也不是你所想象的那么容易。至于那些处于成长期的中小企业，就更不用说了。所以，不论你所从事的是什么职业，你都应该忠诚于自己的公司，因为忠诚于公司对你来说是有益而无害的。（沛霖·泓露《公司是你的船》）

例（18）"不低于"和"不高于"后面所带宾语为比较对象；例（19）"钟情"所带对象宾语为"产品"和"卖产品的人"；例（20）对象宾语为"自己的公司"。袁明军（2008：26-27）将对象宾语分六个小类：心理活动对象、表态对象、言说对象、关涉对象、比较对象、予夺对象等。

第四，方面、原因、目的宾语等。这样的X有"擅长、骄傲、服务"等。例如：

（21）仅以我国的诗家词人来看，不少大师就正是擅长于通过对自然环境中音响的独具匠心的把握与表现，形成鲜明的艺术特色，产生强烈的艺术效果，留下了许多余音不绝、意韵深沉、千古不朽的佳篇名句。（吴信训《新编广播电视新闻学》）

（22）踏踏实实走好人生的每一步，认准了一件事情，投入兴趣与热情坚持去做，你便会越来越强大，终有一天，连你自己也会骄傲于自己的成长。（《桑梓师表》编委会编《桑梓师表：乡村退休教师风采录》）

（23）最近，江苏省委、省政府提出在全省力争"率先全面建成小康社会，率先基本实现现代化"的奋斗目标。在新的形势下，南京海关要进一步解放思想，科学决策，创新方法，履行职责，通过把关服务，更好地促进江苏开放型经济的发展，在工作

中力求突破，服务于"两个率先"。（《人民日报》2003 年 10 月 28 日）

例（21）"擅长"带方面宾语，可以变化为"在……方面（擅长）"；例（22）带原因宾语，可以转化为"因……而（骄傲）"；例（23）带目的宾语，可以转换为"为……而（服务）"。

5.2.4 "X+于"的词汇化

《现代汉语词典（第 7 版）》和《现代汉语常用词表（草案）》共同收录的"X+于"结构的词语有 42 个，其中有动词、副词和介词等。《现代汉语八百词（增订本）》也收录了"至于、终于、敢于、等于、对于、关于、惯于、在于"等词语。本节我们讨论"X+于"的词汇化问题。

5.2.4.1 "X+于"的 MI 值

"互信息"概念，较早见于 Fano1961 年发表的论文（转引自张国煊等 1995），在中文信息处理中，MI 值可以反映相邻字符间的关联程度。可以假设，某一个词语串的共现频度越高，则词语串的结合紧密性越强。高频的词语串可能是一个完整的语块。计算 MI 值的高低是衡量"X+于"结合紧密度的方法之一。统计结果如表 5-1 所示。

表 5-1 介词"于"左 1 距位共现词及搭配词

统计项	共现词及搭配词（动词）
共现词及频率（155 个）	死 629、置 369、存在 334、置身 218、适用 152、来自 112、胜 99、屈服 99、献身 96、归功 94、出身 94、生 92、归咎 74、沉湎 67、习惯 60、毁 58、依赖 57、碍 56、满足 55、在 52、适合 51、沉溺 51、无异 49、接近 49、投身 48、终 46、出 46、类似 45、无愧 44、局限 43、凌驾 42、拘泥 41、决定 41、醉心 39、专注 39、着眼 38、沉醉 38、陶醉 37、屈从 37、委身 36、服务 35、往返 35、浮 34、消失 33、沉迷 33、倾向 31、穿梭 30、独立 30、沉浸 30、依附 29、集中 28、从属 28、自绝 27、等同 27、漫步 27、徘徊 26、受制 26、表现 25、植根 25、来往 25、无害 25、出生 25、出现 25、近似 24、服从 24、受雇 24、出没 24、从事 24、往来 23、应用 23、埋头 23、写 23、达 22、诉诸 22、止 22、听命 22、落 21、游离 21、毕业 21、归结 21、建 21、处 21、发生 21、系 20、混迹 20、悬 20、受命 20、隶属 19、穿行 19、无损 19、困 19、玩弄 18、寄托 18、周旋 18、入 18、附 17、负 17、生活 17、扎根 17、适宜 16、施 16、加害 16、钟情 15、过 15、开始 15、幸免 15、发表 15、发 15、卧 15、造福 14、近乎 14、超 14、深藏 14、无视 14、附属 13、超越 13、等 13、着迷 13、弥漫 13、存 13、取材 13、发源 13、融 12、藏 12、翱翔 12、活跃 12、来源 12、富 12、隐 11、诞生 11、效忠 11、埋首 11、向往 11、出入 11、充塞 11、倾心 11、产 11、不同 11、不依 11、隐身 10、超脱 10、败 10、让位 10、生存 10、溶 10、有功 10、暴露 10、无益 10、执着 10、忠诚 10、彷徨 10、建立 10、失信 10、停留 10、体现 10

续表

统计项	共现词及搭配词（动词）
搭配词及 MI 值 （136 个）	死 4.57381、置 4.92072、存在 4.48641、置身 4.94718、适用 4.92942、来自 4.50746、胜 4.90975、屈服 4.89581、献身 4.89365、归功 4.96689、出身 4.7666、生 4.04751、归咎 4.96689、沉湎 4.96689、习惯 4.21557、毁 4.78048、依赖 4.79978、碍 4.96689、满足 4.27252、适合 4.66204、沉溺 4.9114、无异 4.88116、接近 4.60432、投身 4.908、终 4.76254、类似 4.45875、无愧 4.87174、局限 4.8696、凌驾 4.96689、拘泥 4.96689、决定 4.05766、醉心 4.89474、专注 4.82603、着眼 4.92942、沉醉 4.8225、陶醉 4.42146、屈从 4.75008、委身 4.88889、服务 4.45232、往返 4.92625、浮 4.88443、沉迷 4.88201、倾向 4.63569、穿梭 4.91959、沉浸 4.7445、依附 4.91798、集中 4.60432、从属 4.91627、自绝 4.96689、等同 4.96689、漫步 4.26235、徘徊 4.57987、受制 4.96689、来往 4.8034、无害 4.8034、出生 4.21843、近似 4.79697、服从 4.26645、受雇 4.96689、出没 4.79697、从事 4.1943、往来 4.49046、应用 4.58357、埋头 4.90549、诉诸 4.84136、止 4.72589、听命 4.96689、落 4.14976、游览 4.89978、毕业 4.50123、归结 4.96689、建 4.65877、系 4.07937、混迹 4.96689、悬 4.64497、受命 4.8965、隶属 4.96689、藏身 4.69126、穿行 4.8225、无损 4.96689、困 4.75539、玩弄 4.55186、寄托 4.43638、周旋 4.96689、出自 4.61326、入 4.61326、附 4.80643、负 4.66204、扎根 4.80643、适宜 4.38193、施 4.44333、加害 4.87943、钟情 4.55186、幸免 4.96689、发表 4.1189、卧 4.62586、造福 4.86736、近乎 4.25069、超 4.45232、深藏 4.68679、无视 4.77425、附属 4.76044、着迷 4.76044、弥漫 4.41941、存 4.34541、取材 4.96689、发源 4.96689、融 4.7445、翱翔 4.7445、活跃 4.30393、来源 4.30393、富 4.7445、隐 5.51944、效忠 4.72589、埋首 4.96689、向往 4.2564、出入 4.61897、充塞 4.84136、倾心 4.84136、产 4.33886、不依 4.96689、隐身 10、超脱 4.82939、败 4.58838、让位 4.82939、溶 4.82939、有功 4.82939、暴露 4.48147、无益 4.82939、执着 4.38193、忠诚 4.20136、彷徨 4.58838、失信 4.96689、停留 4.1189、体现 4.28882

5.2.4.2 "X+于"词汇化的理据

首先，语义相关性。能够进入"X+于+O"结构的 X 有 525 个（龚娜 2006）。"X+于"后接处所宾语（地名）时，动词多为述人动词（处身类动词），构成"S[+人]+X+于+O 处所"；"X+于"后接方位词组时，动词为易视性动词[分为"在上/向上"义动词、"在（向）前"义动词、"在（向）外"义动词三个小类]和非易视性动词[分为"在（向）下"义动词、"在后"义动词、"在内/向内"义动词、双位动词等四个小类]；"X+于"后接时间宾语时，动词多为结果动词；"X+于"后接对象宾语（心理活动对象、表态对象、言说对象、关涉对象、比较对象、予夺对象）时，动词多为表示心理意向的心理动词、言说动词、表态动词、影响类动词、成对的单音节形容词或异同类关系动词、给予类动词或取得义动词；"X+于"后接表范围、原因、目的宾语时，动词多为"擅长类"动词[1]、心理动词和变化动词、服务类动词；"X 于"后接主体、方式宾语时，动词多为遭受类动词、表现类动词（袁明军 2008）。"X 于"会对宾语"O"进行选

---

[1] 宾语表示范围、方面、领域，"V 于 NP"可以变换为"在+NP+的+范围/方面/领域+V"（袁明军 2008：28），袁文未对动词进行归类，举出的动词有"领衔、擅、擅长、见长"等，我们将其归为"擅长类"动词。

择，反之，宾语 "O" 也会对 "X 于" 进行选择，两者系双向选择关系，"X" 的类别不同，选择的 "O" 也会呈现差异。

其次，尝试组块策略和心理现实性。尝试组块策略是指 "人们说话时一个词一个词地说出来的，听话时也是边听边处理的⋯⋯这样不断地进行尝试组块，直到词与词的组合得到合理的解释，句子的意思得到准确的理解。"（董义 2007：262）"X+于" 的组配也有心理现实性，证据之一是：虽然 "动词+介词+宾语" 的结构层次是 "动词+介词结构"，但是表示实现的体标记 "了" 却可以插在介词和宾语之间（如 "属于了华东地区、归于了平静"）。一种可能的解释是："动词+介词+宾语" 结构中，言说者想重点凸显处所宾语在深层次上从属于 "V+P" 结构。另外一个证据是：在古代汉语到现代汉语演变过程中，一批 "动词/形容词+于/乎+宾语" 结构的前两个部分凝固为合成词，如 "敢于、难于、易于、急于、忠于、善于、苦于、长于、甘于、乐于、便于、利于" 等（袁毓林 2010：322-323）。

再次，重新分析。在它的作用下，[X+[于+NP]] 变成 [[X+于]+NP] 的组配。吕叔湘等（1999：438）指出 "从古汉语里吸收来的于、以、自，语音上也都附着在前面的动词或形容词上"。冯胜利（2000：150）从韵律学的角度探讨了汉语中 "V+P+O" 结构最好分析成 [[V+P]+O]，他指出 "汉语句子的基本成分必须严格遵守普通重音'右重'的要求"⋯⋯"[动介] 变成了一个独立的语法成分，属动词范畴（复杂动词）"，而宾语应是 "这个新的复杂动词的宾语"。他解释说：这里 [V+P] 的重新分析，"之所以一定要发生是汉语特殊的韵律结构的要求，是由重音的指派造成的。因为汉语的普通重音是以最后一个动词为中心来构建句尾重音的韵律单位"。"于" 并入动词 "X"，原来的 P 留下一个空位，不再阻挡 X 对 NP 的管辖；且 P 并入之后，[X-P] 组成一个独立的语法成分，NP 很容易通过这个复合（复杂）动词得到它应该得到的重音。

最后，共现频率。根据前面对 MI 值的调查统计，以及对 "X 于" 结构的统计，我们发现共现频率越高，成词的可能性越大。尤其是使用频率偏高的 "由于、对于、关于、终于、至于" 等 5 个词，它们多为虚词，单音节词 "由、对、关、终、至" 与 "于" 共现频率高（MI 值也较高），这成为它们词汇化的重要条件。

当然，如前所论，"X+于" 的组合是一个家族相似性的集合，该集合中有些词为词典收录，如 "敢于、甚至于、不至于、过于、出于、限于" 等；有些则不尽然，如 "生于、建于"，其中的 "于" 介引功能明显，词义透明度高，近似于短语；还有众多的 "X+于"，尽管没有收录到词典中，但韵律上归为韵律单位是问题不大的，这类结构占相当比例。

5.3 "X+于+O"结构的构式用变和构式演变

5.3.1 "X+于+O"构式的构式化

"X+于+O"构式中，"于"所介引的宾语呈现出"空间→时间→对象（包括在广义的空间中）→范围、原因、准则、依据等"这样一个抽象化的过程（谢雯瑾 2009）。我们按照该序列，梳理"X+于+O"构式的构式化。例如：

（24）张心慈出生于保定府蠡县一个贫苦家庭，她的父亲是个铁匠，不学无术，脾气暴躁，经常酗酒，又好赌博，家产为之荡尽。加之三个孩子都是女儿，父亲经常在家中发脾气，并对张心慈的母亲拳打脚踢。（郑新芳《人民教育家杨绳武》）

（25）东阳市精制茶厂成立于 1981 年，东阳市茶叶总公司与市精制茶厂系两块牌子套班子的企业，原位于西岘路 30 号，现已停产。（何志德《茶问东阳》）

（26）在生命的最后几年，陆增祥竭尽全力撰著《古今字表》，可惜书稿尚未完成，他便病逝了，享年 67 岁。陆增祥无愧为一代学问巨匠，他在金石学、古文字学上的贡献，将永垂青史。"痴官"陆增祥清代众多苏州状元之中，太仓人陆增祥是比较特殊的一位，他一生痴迷于金石学研究和砖砚收藏，均有大成，但由此也获得了一个"痴官"的绰号。（端木向宇《娄东掇英》）

（27）佟慕新主任医师（神经内科、中西医结合）从事内科、神经内科临床、教学，科研历 45 年，擅长于中西医结合诊疗。对脑血管病、头痛、眩晕症㿎脑炎、震颤麻痹，神经衰弱，面神经炎、神经痛，周围神经疾病及神经内科疑难杂症等有非常丰富的临床经验。（《文汇报》，《上海博爱医院名医录》2005 年 3 月 9 日）

（28）一百多年前，愚蠢而又傲慢的农场主要把它们灭绝，但草原生态遭到严重破坏，后来不得不把旱獭列为保护动物。把荣耀归于旱獭，把胜利归于旱獭，自以为是的我们，应该心平气和地甘拜下风了。（邓乃刚《轻鸿碎纸过眼去》）

例（24）中"出生于"所带的宾语为"保定府蠡县一个贫苦家庭"（处所宾语）；例（25）中"成立于"所带宾语为"1981 年"（时间宾语）；例（26）中"痴迷于"所带宾语为"金石学研究和砖砚收藏"（表对象、表领域等）；例（27）中"擅长于"所带宾语为"中西医结合诊疗"（表方面）；例（28）中"归于"所带宾语为"旱獭"（表原因、表目的）。

这样，在共时层面，"V+于+O"结构可以形成一个构式群，该构式群中的宾语可以是处所宾语、时间宾语、对象宾语，以及表方面、表原因/目的宾语等。该构式群图式如图 5-1 所示。

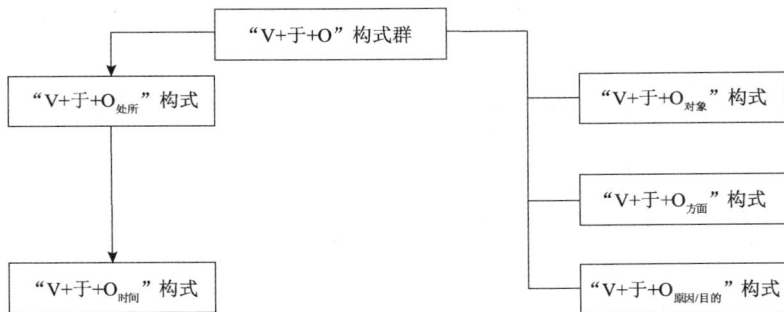

图 5-1 "V+于+O"构式群

图 5-1 表明，在共时层面，不太好归纳不同构式之间的演变顺序，但"V+于+O 处所"构式肯定早于"V+于+O 时间"构式。至于右侧的"V+于+O 对象"与"V+于+O 方面"以及"V+于+O 原因/目的"构式，我们处理为平行关系，忽略不同构式产生的先后顺序，这需要在历时层面作细致的考察。

5.3.2 "X+于+O" 构式的构式演变

第一，先秦时期。

"于"（於）的介词用法，在这个时期就有了。可以介引处所、介引对象，例如：

（29）青，取之于蓝而青于蓝；冰，水为之而寒于水。（《荀子》）

（30）王立于沼上，顾鸿雁麋鹿，曰："贤者亦乐此乎？"（《孟子》）

（31）祷尔于上下神祇。（《论语·述而》）

例（29）"于"句意思为"靛青是从蓝草中提取出来的，但却比蓝草的颜色更深"；例（30）中介词"于"所介引宾语"沼上"为处所宾语；例（31）"于"介引对象宾语"上下神祇"。

第二，西汉时期。

"于"的介引情况，同于先秦。例如：

（32）今秦发三将军：其一军塞午道，告齐使兴师渡清河，军於邯郸之东；一军军成皋，驱韩梁军於河外；一军军於渑池。（司马迁《史记·张仪列传》）

（33）乃使宋义使於齐。（司马迁《史记·项羽本纪》）

当然，在语料检索过程中，我们发现了"于"和"於"的不同：首先，从来源上看，介词"于"是由"往"义的动词"于"虚化来的；"於"则是从"乌"字分化而来，因与"于"音近而假借为介词。其次，从出现时间先后来看，"于"在甲骨文中即有介词用法；而"於"则在西周时期用为介词。再次，从语法功能上看，"于"可以介引场所、介引对象、介引时间等；而"於"则在介引处所、介引对象方面并重，介引时间的功能强于"于"。

第三，东汉时期。

（34）独病死於岩石之间。（王充《论衡》）

（35）余得请於帝矣。（王充《论衡》）

例（34）中"於"介引的宾语"岩石之间"为处所宾语；例（35）中"於"介引的宾语"帝"为对象宾语。

第四，魏晋南北朝时期。

（36）芳林列於轩庭，清流激於堂宇。（《世说新语》）

（37）不宜劳思於此。（《世说新语》）

例（36）中"於"介引的宾语"轩庭"为处所宾语；例（37）中"於"介引的宾语"此"为对象宾语。根据张赪（2002）的统计，"於"引进处所宾语情况如表 5-2 所示。

表 5-2 "於" 引进处所宾语情况表

分类	位置分布	V+O	用例总数/个	占比/%
非佛经文献	VP 前	63	111	57
	VP 后	92	368	25
	总数	155	479	32
佛经文献	VP 前	178	257	69
	VP 后	25	184	14
	总数	203	441	46

　　数据表明，在非佛经文献中，"於" 介引的处所宾语分布于 VP 后的有 92 例，相对于分布于 VP 前的 63 例，略占优势。但是，在佛经文献中，情况正好相反，分布于 VP 前的为 178 例，占绝对优势。

　　第五，唐五代时期。

　　（38）观看之次，忽见一人卧於荒郊。（《敦煌变文集》）
　　（39）是时太子，语於车匿。（《敦煌变文集》）

　　例（38）"於" 介引处所宾语 "荒郊"；例（39）"於" 介引对象宾语 "车匿"。

　　第六，宋代时期。

　　（40）小人不可与君子同处於朝。（《朱子语类》）
　　（41）弄得天下之事日入於昏乱。（《朱子语类》）
　　（42）且如邵康节始学於百原。（《朱子语类》）

　　例（40）中 "於" 介引处所宾语，"於" 的用法与以前一样，引进动作发生的场所、存在的场所、滞留的场所、动作的起点及经过的场所。例（41）中 "於" 介引对象宾语。

　　第七，元明时期。

　　（43）却翻回於桑昆处立了。（《元朝秘史》）
　　（44）只见两个唱的，盛装打扮，立於阶下。（《金瓶梅》）
　　（45）凡军府之事，无问大小，悉以咨问於威。（《周史平话》）

在《近代汉语语法资料汇编·元明卷》中，"於"的用例只有 134 例，且集中出现在《大学直解》《孝经直解》两部文献中。"於（于）"在元明时期，可以介引处所，如例（43）中的"桑昆处"，例（44）中的"阶下"。例（45）中的"于"介引对象宾语"威"。

"于"最初为动词，在"句法位置、韵律因素、认知心理"等多重动因和"重新分析、类推发展、跨层演化"等数种机制的共同促进下，历经了漫长的演化过程，如今在共时平面上，介词"于"、词缀"于"、附缀"于"、零形式"于"以及介于其中的过渡形式等并存。"于"及其相关组合形式的演化都是在一定的动因驱动下完成的：句法上主要有句法位置、"X"的选择特征等，语音上主要有韵律因素等，语用上主要有用频、语体的选择等。正是在这些动因的共同作用下，原来的动词"于"演化为介词、附缀、词缀、零形式，演化为粘宾动词、连词、介词、副词等，演化为连词、副词以及习语等。这些动因也会部分地促使"在""以"等相关介词的演化（王明洲 2014）。

第6章 "V+至+O"结构的构式化
与构式演变[①]

6.1 引 言

"动+介+宾"结构研究成果众多，然而学界对该结构一些最基本的问题，像如何切分等，迄今仍有争议，大致有两种观点：一是切分为[[动+介]+宾]，即介词与动词先结合，之后再与后面的宾语结合构成动宾结构；二是切分为[动+[介+宾]]，即介词与后面的宾语先结合构成介词短语，再同前面的动词结合构成动补结构。邵敬敏、周娟（2008）认为能进入该结构的介词主要有8个，即"于、自、到、至、向、往、在、给"。汉语学界对这8个介词均有研究，其中"V+至"结构研究较少，且多是单独研究"至"。陈练军（2009）对"至"的语法化做了研究，指出唐朝时期，"至"虚化为真正的介词，华建光（2010）认为"至"真正成为及物动词的时间应该是西汉中期，陈玉梅（2013）认为"至"在语义上更强调动作性，突出方向和过程，李婷婷（2014）认为"V+至"的词汇化倾向明显。本章从词汇化角度对"V+至"结构进行讨论。

6.2 "V+至+O"结构的构成成分分析

6.2.1 "至"的语法化

《说文解字注》对"至"的解释为：鸟飞从高下至地也，从一，一犹地也（许慎 1998）。"至"最初用为动词，有到达某终点之意。

6.2.1.1 动词"至"

先秦时期，"至"主要用作不及物动词，常单用，也可接"于"。"至"独用，表示"到达"，后面一般不接宾语。"至于"连用，"至"表"到

---

① 本章曾以《"V+至"结构的词汇化及相关问题研究》为题，发表于《语文研究》2017 年第 1 期，有删节。

达","于"则用来介引（动作）到达某一空间处所、某一时点或动作延续的时段、动作涉及的对象（数量）范围、动作结果达到某一程度、处于某一社会地位等（陈练军 2009）。例如：

（1）我送舅氏，曰至渭阳。（《诗·秦风·渭阳》）

（2）道虽迩，不行不至。（《荀子·修身》）

（3）至春果病；四月，泄血死。（司马迁《史记·扁鹊仓公列传》）

（4）近幸臣妾从死者多至数十百人。（《汉书·匈奴传上》）

例（1）中"至"为位移动词，所带宾语"渭阳"是动作到达的终点，为处所宾语；例（2）中"至"同样是位移动词，不带宾语，表到达义；例（3）中"至"表动作到达的时间，带时间宾语"春"；例（4）中"至"所带宾语为数量名结构。

除了这些用法，《汉语大词典》[①]上还列出"至"的其他义项，跟我们讨论的动词、介词"至"有关联的有：2. 来；去。《书·君奭》："天休滋至。"《左传·隐公十一年》："君子是以知 桓王之失郑也……己弗能有，而以与人；人之不至，不亦宜乎！"《荀子·致士》："口行相反，而欲贤者之至，不肖者之退，不亦难乎！"汉刘桢《赠五官中郎将》诗："昔我从元后，整驾至南乡；过彼丰沛都，与君共翱翔。"《三国志·蜀志·先主传》"先主遣诸葛亮自结于孙权"裴松之注引晋虞溥《江表传》："（鲁肃）且问备曰：'豫州今欲何至？'备曰：'与苍梧太守吴巨有旧，欲往投之。'"4. 施行；通行。《逸周书·度训》："罚多则困，赏少则乏。乏困无丑，教乃不至。"《礼记·乐记》："乐至则无怨，礼至则不争。"郑玄注："至，犹达也，行也。"《史记·乐书》引此文，张守节正义："乐行主和，和达则民无复怨怒也；礼行主谦，谦达则民不争竞也。"9. 达到极点。《国语·越语下》："阳至而阴，阴至而阳。"韦昭注："至，谓极也。"《论语·雍也》："中庸之为德，其至矣乎！"朱熹集注："至，极也。"《史记·春申君列传》："臣闻物至则反，冬夏是也。"张守节正义："至，极也，极则反也。冬至，阴之极；夏至，阳之极。"10. 多以形容事物的尽善尽美。犹言最好的，最高超的，最正确的，最诚挚的，最微妙的，等等。参见"至骏""至德""至理"

---

① "至"的释义来源于《汉语大词典》2.0 版电子版。

"至情""至机"。23. 副词。极；最。《荀子·正论》："罪至重而罚至轻，庸人不知恶矣。"汉枚乘《七发》："此亦天下之至美也，太子能强起尝之乎？"晋李密《陈情事表》："今臣亡国贱俘，至微至陋，过蒙拔擢，宠命优渥，岂敢盘桓，有所希冀。"元岳伯川《铁拐李》第一折："我要禁持你至容易，只消得二指阔纸提条。"24. 副词。止；仅。《韩非子·初见秦》："其顿首戴羽为将军断死于前，不至千人，皆以言死；白刃在前，斧锧在后，而却走不能死也。"高亨《诸子新笺·韩非子》："至，止也。"《史记·礼书》："社至乎诸侯。"至，《荀子·礼论》《大戴礼记·礼三本》均作"止"。唐刘𫗧《隋唐嘉话》卷上："贞观四载，天下康安，断死刑至二十九人而已。"25. 副词。一定；必。汉董仲舒《春秋繁露·王道》："《春秋》纪纤芥之失，反之王道，追古贵信，结言而已，不至用牲盟而后成约。"汉桓宽《盐铁论·水旱》："议者贵其辞约而指明，可于众人之听，不至繁文稠辞多言，害有司化俗之计。"《汉书·匡衡传》："衡曰：'顾当得不耳，何至上书？'"26. 副词。表示出乎意料。犹竟。《韩非子·外储说左上》："先生之巧，至能使木鸢飞。"27. 连词。提出突出事例，表示达到某种程度。犹甚至，竟至。《后汉书·皇后纪上·和熹邓皇后》："每览前代外戚宾客，假借威权，轻薄諓訄，至有浊乱奉公，为人患苦。"明王守仁《大学问》："及其动于欲，蔽于私，而利害相攻，忿怒相激，则将戕物圮类，无所不为其甚，至有骨肉相残者。"28. 连词。表示另提一事。《墨子·非攻上》："今有一人，入人园圃，窃其桃李，众闻则非之，上为政者得则罚之。此何也？以亏人自利也。至攘人犬豕鸡豚者，其不义又甚入人园圃窃桃李。"《淮南子·说山训》："刀便剃毛，至伐大木，非斧不克。"《史记·淮阴侯列传》："项王见人恭敬慈爱，言语呕呕，人有疾病，涕泣分食饮，至使人有功当封爵者，印刓敝，忍不能予，此所谓妇人之仁也。"29. 连词。承接上文，表示下文是上文引出的结果。犹以至，以至于。三国魏嵇康《与山巨源绝交书》："至性过人，与物无伤，唯饮酒过差耳，至为礼法之士所绳，疾之如仇。"北齐颜之推《颜氏家训·勉学》："明《史记》者，专徐邹而废篆籀；学《汉书》者，悦应苏而略《苍》《雅》。不知书音是其枝叶，小学乃其宗系，至见服虔、张揖音义则贵之，得《通俗》《广雅》而不屑。"

史文磊（2011）认为运动事件是指发生整体位移的事件，运动动词指蕴含了位移运动事件的动词。"至"可以看作是运动动词，动作与处所、时间关系密切。Heine 等将人类认识世界的认知域按照从具体到抽象的顺序进行了一个等级划分①：人>物>事>空间>时间>性质，并把它看成是人们进行认知域之间投射的一般规律。

"至"由最初表示具体意义的"鸟飞从高下至地也"，逐渐演化为表示到达空间、时间和某个程度（即事物的性质），意义逐渐虚化。表示到达空间域的"至"是派生其他词语的基础，派生是通过隐喻或引申从空间认知域转移到其他认知域，如时间域、目的域等。邵敬敏和周娟（2008）认为在概念隐喻作用下，"至"从空间域投射到时间、范围、程度等抽象概念域，表示到达某一时间、范围、程度等。先秦时期，"至"用作及物动词的情况极少。例如：

（5）氓之蚩蚩，抱布贸丝。匪来贸丝，来即我谋。送子涉淇，至于顿丘。（《诗经》）

（6）然则穴土之攻败矣。寇至吾城，急非常也，谨备穴。穴疑有应寇，急穴，穴未得，慎毋追。（《墨子》）

例（5）（6）中及物动词"至"是"到"的意思，后面所接表示处所的名词"顿丘""吾城"，是"至"的宾语。

西汉时期，"至"的使用出现了变化，"至"后的介词渐渐脱落，出现了大量"V位移+至+O"连动结构，"至"表终点的语义特征日趋明显。例如：

（7）上将军吕禄等闻之，乃遣婴为大将，将军往击之。婴行至荥阳，乃与绛侯等谋，因屯兵荥阳，风齐王以诛吕氏事，齐兵止不前。（司马迁《史记·樊郦滕灌列传》）

（8）己巳，与楚兵合战，楚兵败，得臣收余兵去。甲午，晋师还至衡雍。作王宫于践土。……于是晋文公称伯。（司马迁《史记·晋世家》）

（9）燕兵独追北，入至临淄，尽取齐宝，烧其宫室宗庙。（司马迁《史记·燕召公世家》）

例（7）—（9）中"行、还、入"都是位移动词，进入"V位移+至+O"结构中的动词还有"来、游、行"等，"至"后无其他介词，接宾语，"荥

---

① 该等级划分参见赵艳芳：《认知语言学概论》，上海：上海外语教育出版社，2001年，第163页。

阳、衡雍、临淄"等都表示到达的终点，"至"表终点的语义特征更加突出。这是典型的及物动词用法。据华建光（2010）统计，《史记》中"至+O 终点"有 798 例，"至+P+O 终点"有 128 例，前者是后者用例数的 6.23 倍，"至+O 终点"成为普遍接受的语言规则，并且"至"成为及物动词的时间应该是西汉中期。以例（9）中"入至临淄"为例，借鉴 Talmy 的理论，"至"的及物化过程如图 6-1 所示。①

句法组合：	至	＋	临淄：	至	＋于	＋	临淄

语义组合：[位移]＋[到达]＋[衬体]=[位移]＋[到达]＋[到达]　＋　[衬体]

图 6-1　"至"的及物化过程

"还至衡雍"中的"还"表示返回，为位移动词，具有很强的动作性，而"至"具有终点性（位移终点），二者结合表示位移到终点"衡雍"，已能够充分表达"晋师返回到衡雍"的语义，不再需要"于"的介引。"还至（于）衡雍"中"于"成为羡余成分而脱落。吴为善（2011b）指出介词短语一旦移到动词之后，节奏间隙就移到了介词之后（体标记只能置于介词后），同时介词往往弱化，甚至可以脱落。西汉时期，"至"后面的介词逐渐脱落，"V 位移+至+O"结构也逐渐取代"V 位移+至+介词+O"结构，"至"完成了及物化，该现象的发生是"至"虚化为介词的前提。

6.2.1.2　介词"至"

陈昌来（2002a）认为句法结构位置是诱发动词虚化为介词的基本前提，一般来说，可以虚化为介词的动词，通常要能充当连动结构中的第一个动词或第二个动词。东汉到隋朝时期，"V 位移+至+O"继续大量使用，"至"充当连动句的第二个动词，词义逐渐弱化，"至"开始向介词虚化，并且此时第一个动词位置上出现了伴随类动词，虽然用例不多，但表明"至"在向介词发展。马贝加认为"至"前面有双音动词，"至"就很可能变成介词。表示终到点的介词"至"萌生期是汉代，定型期是在南北朝（马贝加 2002）。例如：

（10）曰："不也。睢前日得过于魏相，故亡逃至此，安敢说乎！"（司马迁《史记·范睢蔡泽列传》）

---

① 华建光在《位移动词"至、往"的及物化过程和机制》（《语言科学》2010 年第 2 期）中列出了句法组合和语义组合两项，本书借鉴该理论来分析介词的脱落。

（11）立大木，悬铃鼓，事鬼神。诸亡逃至其中，皆不还之，好作贼。（陈寿《三国志》）

例（10）（11）中"至"前为双音节动词"亡逃"，马贝加认为此时"至"很可能变成介词。但仅以"至"前出现的动词是单音节还是双音节，作为衡量"至"是否演变为介词的标准，似有缺陷。赵元任（2005）认为介词的形式特征包括：①关于缺少态的变化。介词一般是，a）没有表尝试的重迭，b）不能带表开始的"起来"，c）不能带表不定过去的"过"，d）很少带完成态的"了"，e）少数带进行态的"着"……有些介词的后缀可以认为是它固有的，不是临时加上去表示动态的。②介词一般不做谓语中心。a）难得作为主要动词……c）介词不单独成句，即使是回答问话也不成。将形态标准和功能标准结合来判定介词，相对科学。当"至"的运行意义消失，又处于主要动词后或前引进处所、时间等宾语时就成为介词了，其义素分析为：[+方向性][+处所或时间终点][1]。"至"本是一个表行为、动作的动词，在虚化为介词的过程中有个明显的倾向："至"+处所词仅是在谓语后并紧接谓语动词时才成为介宾结构，起补充说明的作用，即做补语，只有此时的"至"才是介词；而"至"+处所词处于谓语动词前或在谓语后但不紧接谓语动词时，这个"至"便仍是动词，并与前后的动词性成分构成连动结构。张卫东和刘丽川（2018）认为"至"的介词用法，在秦汉两代已经比较完备，"至"+时间词/数量词既能作状语，也能作补语；而"至"+处所词，只能作补语，不能作状语。魏晋以后，"至"的发展主要表现为介词宾语内部结构的复杂化。"至"+时间词作状语时，作为介词宾语的时间词往往是词组形式；"至"+时间词作补语时，宾语多是单音节词。"至"+处所词做补语，到魏晋以后，呈现出三个特点：一是出现频率剧增，二是介词宾语的内部结构趋于多样化、复杂化，三是有以形容词充任介宾结构前的述语和形容词（组）充当介词宾语的用例。张赪（2002）则认为唐以前"至、到"带处所词位于动词后的用法受动词词义的限制，使用不广泛，"到、至"还有很强的动词性，介词性还很弱，用例也不多；且它们只有引进动作终结点的用法，其他介词都是多功能性的，因此介词"到、至"在唐五代时期出现。我们认为，"至"介词化的

---

① 罗荣华认为介词"至"多跟在"高、多、富"等词语后面。"至"便在固有核心义素"终点"的基础上进一步吸收了语境义，从而使极性程度含义得到进一步增强。用到的例子有："其高至丈余"（《战国策·赵一》）；"富至巨万"（《史记·货殖列传》）等（罗荣华：《古代汉语主观量表达研究》，北京：中国社会科学出版社，2012年，第44页）。

出现时间可以提前到秦汉时期,理由有二:其一,即便是在先秦和汉代,"至"的功能也不是单一引进动作的终结点,还可以介引时间、数量、程度等;其二,唐五代时期"至"的用法跟汉代的用法差别不大。

　　归纳起来,"至"在先秦时多用作不及物动词,常和"于"连用。汉代"至"+处所词位于动词后,用例较少,动词多为"来、去、行、游"等行走意义的动词,其他动词有"飞、下、流、长"等。到魏晋时期,介词宾语内部结构复杂化。唐五代时期,"至"前的动词有两类:一类是运行动词,如"巡、送、行、走、来、却、归、往、引、游、入"等;另一类是非运行动词,如"屈、捉、赚、积、决、放、下、将、抱、领、驮、拥、潜"等。到宋代,"至"的使用数量和范围进一步萎缩,处于语义场的弱势地位,基本由"到"替换。元明清以后,"至"残存于较为正式、典雅的书面语中。其语法化历程如图 6-2 所示。

先秦	先秦	秦汉时期
	"至"+时间词作状语	V+"至"+处所词作补语
"V+至"	"至"+处所词/时间词作补语	V+"至"+处所词/时间词作补语
(不带宾语)	"至"+数(量)词作状语或补语	
不及物动词	及物动词:V+至+O结构	介词

图 6-2　"至"的语法化历程

6.2.2　"V+至"结构的词汇化

　　本节将从"V+至"的 MI 值计算、语感调查和"V+至"结构的凝固化等角度来讨论"V+至"结构的词汇化。为统计方便,此处我们只统计"V$_单$+至"的 MI 值。

6.2.2.1　"V+至"的 MI 值计算

　　MI 值用来计量毗邻共现的两个语言符号之间的关联程度。MI 值越高,互相共现的两个语言符号之间的关联越紧密,词汇化程度就越高。因此我们通过 MI 值的计算来反映"V+至"词语串的紧密程度,该计算结果可以作为判断"V+至"结构词汇化程度高低的一个指标。下面是本书对"V+至"词语串紧密程度的计算结果。计算语料来自《人民日报》(2003—2006年),共计 130823545 个字,其中使用到的汉字有 6897 个。我们假设,一个词语串的共现频度越高,则该词语串的结合度越紧密。高频的词语串可能是一个完整的语块。"V+至"结构的组合有 40 个,当 MI 值≥3 时,词语为高融合度。

统计得出：MI 值≥3 的词语有 7 个：0≤MI 值<3 的有"移至、送至、搬至"等 16 个；MI 值<0 的有"行至、走至、流至"等 17 个。由此统计数据可以总结出，MI 值较高的词语并不是很多，MI 值处于中等的比较多，说明"V+至"结构有词汇化的倾向。

6.2.2.2　语感调查

"V+至"的词汇语感调查也是判断"V+至"结构词汇化程度的依据。

为了研究需要，我们选取了 30 个带有"V+至"的句子，以华中师范大学文学院文学、语言学专业 2014 级研究生共计 50 人为调查对象，要求调查对象将 30 个句子以"/"为标记进行词语切分。对回收的 50 份有效问卷的统计表明，"跌至、窜至、降至、升至、伸至、迁至、涨至、传至、飞至、运至、追至、行至、走至、拉至、引至、增至、减至、移至、送至、逃至、流至、赶至、游至、转至、延至、加至、撤至、驶至、退至、寄至"等 30 个词语的词汇认可度均超过 50%，最高的是"降至"（88%），最低的是"赶至"（52%）。

《暂拟汉语教学语法系统》将词定义为"最小的、能够自由运用的语言单位"（张志公 1956：10）。一般说来，词具有心理现实性，是人脑中语言的基本存储单位，"凡被认为是一个词的必定当作一个统一体标记在心头"（陈望道 1978：20）。从已有的词感实证研究来看，涉及词的判断时，基本通过量表的方式来确定。如在一个调查中，如果抽样被试者为最小值 30 人次，那么对于一个判断项来说，多少人次认可了就可以将其判断为词，或者说可以将其基本确定为词，目前还缺乏公认的标准。鉴于此，我们以王立的研究作为语感调查的依据。

此外，辞典收录也是一个佐证，《汉语大词典》收录的"V+至"类结构的词语有"来至、还至、行至、往至"等，但这些词，《现代汉语词典（第 7 版）》并未收录。

6.2.2.3　"V+至"结构的凝固化

"至"虚化为介词后，和前面的动词关系更加密切，出现了黏附化。邢福义（1997）指出，所谓介词的黏附化，是出现在动词后边的介词往前黏附于动词。"至"往前黏附于动词，二者有词汇化倾向。"V+至"结构出现了词汇化倾向，有些固化为词。理据如下。

首先，"V+至"结构中不能插入其他成分。扩展法在一定程度上可以用来确定词和非词的界限。考察发现，有些"V+至"结构凝固化程度很高，中间不能插入"着、了、过、得"等虚词，不能进行扩展，这表明这些"V+至"结构已经有了词汇化的倾向。例如：

（12）2016 年，南海区新认定区级创业孵化基地 13 家，区级创业孵化基地增至 21 家，在全市 K 区中居首位，涵盖传统支柱产业和金属材料、光电材料、3D 打印、机器人等先进装备制造业以及"互联网+"电子商务、新兴高科技产业等领域，至年末，21 家区级创业孵化基地建筑面积近 58 万平方米，可同时容纳 3000 家经营户入驻，已入驻的企业或项目 813 个（其中成功孵化项目 591 个，在孵项目 222 个），创业人数 1588 人，基地内的企业及创业项目累计带动就业人数 5972 人。（南海年鉴编纂委员会编《南海年鉴 2017》）

（13）随后展开 C2 反弹（如果下周先再下探 4500 点，那节前就要反弹之后进入 C3 下跌，预计整个 C 浪下跌的结束时间大约要在 3 月底或 4 月中旬，跌幅空间上，按照比率关系，大盘最终很可能要跌至 3350 点一带。）（一舟、金石《投资分析指导与操盘技术提高》）

例（12）（13）中的"增至、跌至"中间都不能插入其他成分，说明"至"和前面的动词结合得很紧密，已经可以看成是一个词了。但是，需要指出的是：第一，这类词的形成不同于一般的复合词，"于、在、到、至"这些放在动词后的介词，在句法里的直接结构对象为介词后面的宾语，介词进入构词法后，改变组合关系，与前面的动词凝结成词，成为构词单位，"V"与"至"属于跨句法层的组合，介宾结构在动词前仍保持原有的句法组合而未被重新分析（张海涛 2014）；第二，这类"动+介"组合除了可以单独做句子成分并具有不可分割性以外，不能单独回答问题，不能直接置于句尾；第三，这类"动+介"组合，属于"实+虚"的组合，"虚"是指其词性上属于虚词，不一定是词缀（张海涛 2014）。

其次，"V+至"结构的语义具有整体性。这主要是指单音节"飞、传、运、投"等表运行的动词，在与"至"组合为"V+至"结构后，语义具有了整体性。

"飞、传、运、投"等是表运行的动词，"至"在语义上多强调位移主体趋向于到达某个位置，该位置可以是处所、时间、数量、程度等，"至"还可以介引动作的终点，这样"V+至"的语义就具有了整体性的特点。例如：

　　（14）诗人借物抒情，通过写候鸟的特性，表达了对家乡的思念。衡阳：地名，在今湖南省。衡阳市南的衡山有回雁峰，传说秋天北雁南飞至衡山而止，逢春北返。楚水：指长江中游战国时楚地的河流，即指今湖南、湖北、安徽、江苏、浙江及四川的大部地区。（王立言《明诗三百首》）

　　（15）王国维被其弟子们称为"殉文化"而死，古来殉情、殉道者有之，大师的"殉文化"可谓感天动地。行至高处，无人比肩，而身外之桎梏扼杀着思想的自由，这对于一个臻至大悟之境的学人，那份执著无计可施，那缕心香无处可寄，"生不如死"就不难理解了。（水云媒《醉杭州，最江南》）

　　例（14）（15）叙述的都是运动事件，其中的"飞、行"是表运行的动词，"至"由于语义滞留，仍含[+到达]义，同时兼具介引终点的功能，"衡山""高处"为衬体。

　　再次，"V+至"能构成一个韵律单位。冯胜利（2000：150）指出宾语的重音要由动词而不是介词来指派，并且[动+介]变成了一个独立的语法成分，属于动词范畴（复合动词）。"飞至深圳上空"重音指派的树形图表明，"飞至"可以凝固为一个韵律单位。而宾语应是"这个新的复合动词的宾语"。他解释道："这里动词跟介词的重新分析之所以一定要发生是汉语特殊的韵律结构的要求，是由重音的指派造成的。因为汉语的普通重音是以最后一个动词为中心来构建句尾重音的韵律单位。""V+至"结构中的"至"并入动词"V"之后，原来的 P 变成一个空位，不再阻挡"V"对 NP 的管辖；"至"并入"V"之后，[V-P]组成一个独立的语法成分，并且可以直接带上动词标志"了"，属于动词范畴，因而 NP 很容易通过这个复合（复杂）动词得到它应该得到的重音。"V+至"的出现，除了跟动词、宾语有关，还跟所处的句法环境有关。介词结构要在句末出现，介词必须贴附于前面的动词，从而使得[动+[至+宾]]重新分析为[[动+至]+宾]。

　　Baker（1988）指出，并入是一个词类成分进入另一个词的过程，即句法上词的融合。例（14）的"至"并入动词"飞"，使先前的 P 留下了一个空位，不再阻挡"飞"对"衡山"的管辖，且"至"并入动词"飞"之后，[飞+至]成了一个独立的语法成分，因而"衡山"很容易通过这个复合动词得到它应该得到的重音。这证明了[飞+至]已自成韵律单位，且语音停

顿应在"飞+至"的后面。又如:

(16) 孙千手望着高高在上的女儿,叹道:"爹没忘,所以
才会叫你的师父来押你回去啊!"说完,他悄悄的丢了个眼神给
一旁的男子,只见那男子双足一点便要跳上屋顶,孙拂儿见状,
赶紧跳至与市井相接的屋檐上,故意摆出摇摇欲坠的样子吓唬孙
千手。(唐瑄《小姐难为》)

(17) 官军鼓噪而进,杨素命令来护儿率数百轻便小船猛冲
敌岸,直接打进中营,一举荡平了叛军的根据地,侥幸逃出者亦
无所归依。高智慧想出海占据岛屿,来护儿追至泉州,派兵封锁
了海路。高智慧看到出海无望,只好向南方的闽越之山寻求生路。
江南地方定安之后,来护儿进位大将军,任泉州(今福建泉州)
刺史。(周志生编著《焦点人物丛书 隋炀帝及其短命王朝的忠
臣叛将》)

例(16)(17)中,"跳至"和"追至"是一个韵律单位,在句子中
充当谓语,支配着宾语"与市井相接的屋檐上"和"泉州"。例(16)中
"跳至与市井相接的屋檐上"当分析为[跳至[与市井相接的屋檐上]],而不
是[跳[至与市井相接的屋檐上]];例(17)中"追至泉州"可分析为[追至[泉
州]],也可分析为[追[至泉州]]。从句法角度来说,"至与市井相接的屋檐
上、至泉州"当为动词"跳、追"的补语,"与市井相接的屋檐上、泉州"
为"至"介引的处所宾语,但从韵律角度看,"跳至、追至"可构成一个
音步,"与市井相接的屋檐上、泉州"作宾语,整个结构经重新分析,由
动补结构变为动宾结构。根据材料的意义性程度,组块大致可以分为两种
不同操作:对意义性不强的、难以归类的材料,力求从材料中创造出某种
联系以赋予它们一定的意义;对于意义性强的材料,力求抓住字面意义背
后的深层意义,进行深水平加工。"V+至"的组配也有心理现实性,证据
之一是:虽然"动词+介词+宾语"的结构层次是"动词+介词结构",但
是表示实现的体标记"了"却可以插在介词和宾语之间(如"送至了上海
码头、迁至了乌鲁木齐、递至了纳斯达克"等)。一种可能的解释是:说
话人想强调,在"动词+介词+宾语"结构中,处所宾语在深层次上从属于
"动词+介词"结构。证据之二是:在古代汉语向现代汉语演变的过程中,
一批"动词/形容词+于/乎+宾语"结构的前两个部分凝固为合成词(如"处
于、在于、限于、居于、位于、归于、期于、濒于、源于、属于、等于、

限于、敢于、难于、易于、急于、忠于、善于、苦于、长于、甘于、乐于、便于、利于、忙于、惯于、关乎、近乎"等）（袁毓林 2010）。

值得注意的是，"V+至"结构作为现代汉语"动+介"结构的一个小类，其中的"至"与其他介词相比，独立性更弱。另外，"V+至"结构构成的词如"降至、升至"等偏向于语法词。

6.2.3　"V+至"对"V+至+O"组配的影响

系统理论认为，系统是由若干要素以一定结构形式联结构成的具有某种功能的有机整体，它包括系统、要素、结构、功能四个概念。任何系统都是一个有机的整体，不是个体的简单相加，而是整体大于部分之和……系统与要素之间这种相互依赖和作用的结果，将会影响组织的整体功能（孙迎春 2014）。有三个重要的影响因子："V""至""O"，它们一起影响"V+至+O"的组配。什么样的"V"可以进入该结构？"O"又有哪些类型？"V+至"和整个结构之间存在着什么样的制约关系？我们对此进行考察。

6.2.3.1　进入"V+至+O"结构中的"V"

依据《动词用法词典》和现代汉语语料库进行检索，共找到 149 个能进入"V+至+O"结构的动词，大体分为运行动词和非运行动词。运行动词有"奔、飞、逃、追、闯、跑、跳、走"等 109 个。

另外，根据音节的多少，可以划分为单音节动词和双音节动词，前者如"送、行、走、来、往"等，后者如"保留、蜂拥、增资、转身、追溯、积累、降低、提高、激增、降落、记载、监押、溅落、击退、猛增、绵延、萌发、蔓延、浓缩、推迟、推行、推广、抬起、逃奔、提前、推移、拖延、延长、延伸、远溯、沿用、延续、移动、运行、预料、发展"等。

陆俭明（2002）根据动作行为是否具有可控性，把位移动词分为可控位移动词和非可控位移动词两类。该划分同样适用于运行动词：一类是具有[+位移]、[+可控]语义特征的动词，包括"奔、赶、游、跑、跳、飞、走"等 109 个；另一类是具有[+位移]、[−可控]语义特征的动词，包括"流、漂、飘、掉"等 40 个。例如：

（18）画面为一人袒露上身，头戴宝冠，帔帛绕臂飘于身前，骑一匹高大俊美的马在水中疾行，马蹄踏在池中莲花上。故事说：波罗奈国王有一智马。一日邻国来进犯，王乘智马迎敌，智马遭刺，肠胃流出，忍痛背负王回城，奔至城门，无路可进，智马便纵身跃入池中，足踏莲花，入于宫中。（新疆龟兹研究院《中国石窟艺术 克孜尔》）

（19）唐玄宗开元五年（717）随日本遣唐使来中国留学，改姓名为晁衡。历仕玄宗、肃宗、代宗三朝，任秘书监、卫尉卿、左散骑常侍、镇南都护等职。天宝十二载（753）晁衡回国探亲，玄宗、李白、王维、包佶等都作诗送行。海上遇巨风，其船漂至安南，不久仍返长安，大历五年（770）卒。（霍松林《霍松林古诗今译集》）

例（18）中"奔"作为运行类动词，具有可控性，行为主体"波罗奈国王"发生了位移，"至"介引终点处所"城门"。例（19）中，"漂"具有[−可控性]，主体"晁衡"发生位移，但该位移不是主体可控制的。

尽管进入结构的动词多具有[+位移性]，但并不是所有表示位移的动词都能进入"V+至+O"结构。储泽祥（2005）通过对"V+往"语义约束的讨论，指出位移方向、速度等的不同，能对"V 往+O"结构产生影响。一般说来，"至"介引终点，而宾语为非终点处所时，一般不能进入"V+至+O"结构。例如：

外向位移	>	泛向位移	>	内向位移
（由近处向远处，方向单一）		（方向不单一）		（由远处向近处，方向单一）
迁至闽南		通至重庆		*买至新家
送至高铁站		赶至小屋		*取至法国
逃至深山老林		游至水塘		*抢至商场

越往右，"V"越难进入"V+至+O"结构，特别是表内向位移的动词，多不能进入结构，因为"至"为终点介词，而"买、取、抢"类动词与"至+O"结构表示的方向正好相反。

6.2.3.2 "V+至+O"结构中的"O"

"至"有介引终点的作用。"V+至"整个结构可以表示终点性，"O"就表示不同的终点。"V+至+O"结构中的"O"有多种类型，主要表示处所、时间、数量、程度等。

第一，"O"表处所。例如：

（20）1901 年 5 月英国驻广东副领事乘炮舰"山枇杷"号由梧州驶抵南宁；1908 年 5 月英国炮舰摩轩号沿西江再次驶至南宁。1905 年 5 月法国炮舰飞施能寻沿西江驶至南宁，月底离南宁东下。（黄家生编著《广西口岸典故》）

（21）无喜等人早已烦倦万分，连架都懒得吵了，赫连锤、左雷、李黑的情况也丝毫未见好转，依旧百事无味，却只有仇占儿一人兴兴头头，从早到晚乱个不了，把那娃儿养得又白又胖，但有时也不免叹口气道："再这样慢慢走下去，到得荆山，这小子都可以陪彭和尚去打鸟啦！"好不容易渡沮水，过当阳，行这日上午，走至一个两峰对立的险峻隘口之前，仇、陈二人刚刚互望一眼，已听右首崖壁上一人高声念道："真空家乡，无生父母，现在如来，弥勒我主。"正是"白莲"西宗的口号。（应天鱼《少林英雄传》）

处所可以分为定域处所和非定域处所。例（20）中"南宁"表示地名，是一个定域处所。现代汉语的方所名词，一般会带有"方所标"，"方所标"又可分为命名标和方位标，方位标即方位词，例（21）中"之前"为特定的方位标，"两峰对立的险峻隘口"为方所表达。

第二，"O"表时间。例如：

（22）明人抄内府秘本的现象非常普遍，抄书的方式分为四种：自己在阁中抄，请人在阁中代抄，借出阁中再抄，有选择地抄补、摘抄、抄校。这些内府秘书转抄本往往经过刊刻或辗转传抄的方式得以流布，有的传至今天，成为珍贵的文献。（张升《北京师范大学史学文库 明清宫廷藏书研究》）

（23）一、学校发展的基本情况（数据截至 2018 年 5 月 11 日）成都航空职业技术学院是四川省教育厅直属公办全日制普通高等学校，是教育部首批批准成立的四川省第一所、全国首批国家示范性高等职业院校。原中共中央政治局常委、国务院副总理李岚清，时任国务院国务委员会委员（国务委员）陈至立，时任教育部部长周济，时任教育部副部长吴启迪、鲁昕等领导先后莅临学校视察，对学校工作给予了充分肯定。（北京中科创大创业教育投资管理有限公司、中科招商投资管理集团股份有限公司、

中关村中科创新创业教育基金编著《中国高校创新创业教育发展蓝皮书（2017）》）

朱德熙（1982）认为时间词是能做"在""到""等到"的宾语，并且能用"这个时候""那个时候"指称的体词。例（22）中的"今天"，可以做"在""到""等到"的宾语，也可以用"这个时候""那个时候"指称。例（23）中"2018年5月11日"为"截至"的时间宾语。

第三，"O"表数量。例如：

（24）2016年，深圳市稳妥推进街道分设工作，年内，宝安区、龙岗区、坪山区、光明新区分别提出本辖区街道区划调整方案。根据《深圳市基层管理体制改革指导意见》精神，经市政府六届四十五次、四十八次常务会议审议，全部完成宝安、龙岗、坪山、光明四个区（新区）街道分设工作，全市街道数量从59个增加至74个。（黄玲主编《深圳年鉴2017》）

（25）老伯想亦知道，各地的灾情愈加重了。山东、河南不必说，此二地已成鬼蜮世界，到处以人肉为粮。听说虽至亲好友，亦不敢轻入人室。安分守己之家，老少男女，相让而食；强梁者，搏人而食；甚至有父杀其子而食……临清米价涨至二十四两银子一石；即如江南各府县，号称富庶之苏杭二州，去岁以来，亦饿死居民无数。（刘斯奋《白门柳》）

例（24）中动词为双音节"增加"，"V+至"所带宾语为数量词"74个"；例（25）中动词为单音节"涨"，"V+至"所带宾语为"二十四两银子一石"这种数量分配式。

第四，"O"表程度。例如：

（26）近来因岳母大人同大妹故，以是婿将对省方提出之条件已特别减至无可再减的地步，且容纳省方派员将部队枪支检验之律令。（沈从文《在别一个国度里》）

（27）携带轻便，使用时由一人操作，人站在机身后面，手握拉柄，当手柄向上拉时，出秧指机构则传动，将秧苗送至出秧口，当手柄向下推时，分秧指则进入秧苗中，分取秧苗，由于向下推至一定程度，夹指则将所分取到的秧苗夹住，再继续向下推，

秧苗即插入泥中。(《本省各地制造成功的插秧机》,《福建日报》1960 年 3 月 26 日)

例(26)中的"无可再减的地步"、例(27)中的"一定程度"均是宾语,表程度。

6.2.3.3 "V+至"对结构的制约

"V+至+O"结构中的三个成员,是[[V+至]+O]式的组合,还是[V+[至+O]]式的组合?虽然两种划分各有其道理,但我们更倾向于前者。"V+至"作为一个语法体,"V"和"至"之间具有不可分割性。"V+至"对整个结构的影响,表现如下。

第一,句法上,"V+至+O"由动补关系重新分析为动宾关系。比如,要加上时态助词,不是加在动词之后,而是加在介词之后。例如:

(28)这当儿,日头已移至了树顶上,温暖像热水样在庄里流动着。皂角树枝上,落了几只斑鸠和一团团的麻雀儿,它们的叫声如雨样从半空落下来,砸到人们的头上和身上。(阎连科《受活》)

(29)调查显示,去年排名全球第四的芯片厂商意法半导体虽然其营业收入与全球半导体市场 12%的增长率同步,但较其他竞争对手的增长要慢了许多,今年降至了第六位。(《欧洲芯片厂商全球排名下滑》,《都市快讯》2003 年 12 月 10 日)

例(28)中的"移至了树顶上"和例(29)中的"降至了第六位",时态助词"了"都只能加在"V+至"之后,而不是加在"V"之后。

第二,语义上,"V+至"的语义特征对"V+至+O"语义模式及认知场景产生影响。"V+至"可以表示位移到终点,也可以表示由近及远的外向位移,也可以不表示由近及远的外向位移。例如:

(30)查继坤摇摇头,苦笑说:"败兵的船只已经逃至海宁江面。刚才城上发炮,就是为的拦截他们。张尧扬还让我们到城头上瞧一瞧。弟因急着回来,才没有去。"(刘斯奋《白门柳》)

(31)每年夏季,昆明鸡蛋奇缺,他们从首都北京每天运来 40 吨鸡蛋,平抑物价,丰富市民"菜篮子"。呈贡县是鲜花、蔬菜基地，云航特辟业务，把鲜花、蔬菜运至上海、广州、北京、南京，还转运汉城、东京，为农民排忧解难。（《人民日报》1998年 2 月 9 日）

（32）他捏起烟杆，遥指着南面高堆的堆尾说，"那条高堆由汤六刮领人守着，到堆尾为止，假如江防军要攻大渡口，他们得绕过堆尾，从西南的三星渡渡河，扑向这边来。他们扑至深沟前的旷野地时，心里必有顾忌，怕汤六刮从堆尾回扑，打他们右侧背，这样，势必逼使他们全力速战！……打仗这玩意儿，打在一个气势上，我这边枪队虽薄，但我要棚户们趁他们立足没稳的时刻从背后伸拳！"（司马中原《狂风沙》）

例（30）"逃至"的宾语"海宁江面"是动作发出者（败兵）位移的终点；例（31）"运至"的宾语"上海、广州、北京、南京"，既是"运"的语义支配对象，也是动作发出者（他们）共同位移的目标或终点；例（32）"扑至"，表示由远及近的内向位移，即位移主体"江防军"向"这边"发生位移。"V+至+O"可以形成如下语义模式：处所终点型（延伸性处所终点型、位移性处所终点型）、时间终点型（续变性时间终点型、续常性时间终点型）、量度（程度）终点型（当事量度终点型、受事量度终点型）。构成延伸性处所终点型语义模式时，动词具有[+延续]、[+移动]、[+扩展]、[+致果]等语义特征；构成位移性处所终点型语义模式时，动词具有[+延续]、[+移动]、[−扩展]、[+致果]等语义特征；构成续变性时间终点型语义模式时，动词具有[+延续]、[−移动]、[+变化]等语义特征；构成续常性时间终点型语义模式时，动词具有[+延续]、[−移动]、[−变化]等语义特征；构成当事量度终点型语义模式时，动词具有[+延续]、[+变化]、[−受事]的语义特征；构成受事量度终点型语义模式时，动词具有[+延续]、[+变化]、[+受事]的语义特征。"V+至"的不同类型，制约和影响着"V+至+O"的语义模式和认知场景。"汉语表达的重点在句尾，介宾结构出现在动词之前做状语的重要性，显然比不上出现在动词之后更能够显示说话的焦点场景。"（邵敬敏、周娟 2008：27）。

第三，语用上，不同类型的"V+至"会选取不同的宾语。"V+至"的典型成员倾向于凸显动作位移到达某处，这样宾语多为处所。"V+至"中"飞至、赶至、来至、爬至、跑至、逃至、流至、退至、转至、追至、走至"等表示物理空间的位移，例如：

（33）鸟孩觉得奇异，他被这种前所未有的安静所惊骇，急慌慌又心惊胆战地走至草庵门口，便看到草庵床前的那片空地上，依着草庵的地势，挖出了一个席宽席长的土坑，约摸二尺来深。（阎连科《鸟孩诞生》）

（34）本报讯（潘新厦苏双潮）3月11日晚11时35分，郑某取等人酒后驾车从德化城关往三班方向行驶，行至一下坡转弯处，因车速过快翻入路边40多米的山涧下，23时53分，德化县公安局交巡警大队民警火速赶到现场时，不由倒吸了一口冷气，只见一辆小车支离破碎掉在山谷里，受伤人员被弹出，七零八落躺在荆棘灌木丛中，伤亡情况不明。（潘新厦、苏双潮《酒后驾车坠山涧 民警深夜急施救》，《福建日报》2008年3月19日）

例（33）（34）动词为"走至、行至"，具有[+位移]的语义特征，"V+至+O"整体上属于位移事件，该位移事件包括现实位移和虚拟位移、自主位移和非自主位移、有界位移和元界位移等类型。

"V+至"中"升至、降至、但至、跌至、延至"等成员，可以表示时间的推移和程度的变化，选取的宾语，相应的为时间宾语、程度宾语等。例如：

（35）世界杯已近尾声，但至今这届杯赛留给人们最深的印象不是足球的艺术、球星的魅力，却是裁判们一次又一次的错误，裁判是绿茵场上的法官，他代表着客观、公正、权威，当裁判委员会只能反复用"裁判也是人，也会犯错误"解释着接二连三出现的误判时，裁判的公信度已降至最低点。（沈雷《绿茵场上的伤疤》，《文汇报》2002年6月24日）

（36）然而，德国的著名医学教授哈斯曼却认为艾滋病不是来自动物，因为目前在动物身上发现的任何病毒都与人类身上的各种性病病毒不同，而绿猴身上的病毒与人类的艾滋病病毒则更是风马牛不相及的，不论艾滋病真正起源于何方何物，现在世界上大多数的医学家均认同其起源地是非洲，后来逐渐蔓延到中美洲、北美洲，继而延至欧洲、南美洲、亚洲和其他地区。（董健《艾滋病——全人类共同的挑战》，《福建日报》1992年2月18日）

例（35）（36）中"降至、延至"实际也在发生位移，不过它们有的属于虚拟位移，有的属于现实位移。宾语"最低点""欧洲、南美洲、亚洲和其他地区"分别表示程度、处所。"到"和"至"均为介词，意义和用法十分相近。先秦时期，"至"的使用范围广，"到"的用例相对较少。西汉时期，"到"出现次数增多，到东汉，"至"和"到"出现了连用和对用的情况。唐宋时期，"到"的用例超过了"至"，"至"多存在于书面语中，"到"则多用于口语之中。如"增加 1000 万"表示增加的结果大于 1000 万，"增加至 1000 万"表示增加的结果为 1000 万，此处"增加至 1000 万"也可以说成"增加到 1000 万"。"增加至 1000 万"与"增加到 1000 万"虽然在语义上没有差别，但是在能否将句中"至/到+O"移位方面，二者却存在差别①。如：

（37）增加到 1000 万→到 1000 万才达到目标（√）

增加至 1000 万→至 1000 万才达到目标（*）

这是由于介词"至"对前面的动词依附性较强，"V+至"具有较强的及物性，"至+O"不能发生位移。"到"则不一样，"到"对前面的动词依附性不是很强，"到+O"可以发生位移。不仅"至"与"到"在此种情况下存在不同，"至"与"向""往"等介词也有不同，这跟介词"至"对前面的动词依附性较强有很大关系。例如：

（38）走向讲台→向讲台走（√）　　寄往北京→往北京寄（√）

走至讲台→至讲台走（*）　　寄至北京→至北京寄（*）

此外，还要指出，我们所讨论的"V+至"结构是一个原型范畴……成员之间的地位是不平等的，有中心成员和边缘成员，具有更多的共同属性的成员是中心成员，即原型成员；范畴的边界是模糊的，在边缘上与其他范畴相互交叉。典型成员有"还至、行至、往至"等，甚至为词典收录，但"增至、降至、迁至"等，词典并未收录。它们在句法和韵律之间出现错配：一方面，"至"仍是介词宾语的直接成分；另一方面，它与前面的"V"在音段上构成了临时的韵律词，进而组合成了动态的语法词。

---

① 感谢《语文研究》匿名审稿人指出这一点。

6.3　"V+至+O"结构的构式用变与构式演变

6.3.1　"V+至+O"构式的构式化

"V+至+O"构式中，"至"所介引的宾语有处所宾语、时间宾语、数量宾语、程度宾语。我们按照该序列，梳理"V+至+O"构式的构式化。例如：

（39）秦皇岛港至上海港南行航线：船舶出秦皇岛港后，选择合适的航向驶至老铁山水道西边的警戒区，取航向120°。（甘浪雄《大型无动力船舶码头系泊防台关键技术及应用》）

（40）本经别从手少阴心经腋窝下的两筋间处分出，进入胸腔，属于心，向上走至喉咙，出于面部，在目内眦处与手太阳小肠经会合。（高希言、朱平生、田力主编《中医大辞典》）

（41）于是，背地里人们议论纷纷心太重了，心太重了！心重了过大河沉底里有人说三两的黄金，四两的福又有人说命里生的三合米，走遍天下不满升人们把这个故事一下子传开了，传来传去，传至今天。大家得出一个结论：凡事适可而止，顺应自然。（潘鲁生、邱运华总主编，陈英编《中国民间故事丛书 甘肃陇南·文县卷》）

（42）卫生部22日通报，截至10月22日，全国因食用三鹿牌奶粉和其他个别问题奶粉住院治疗的婴幼儿还有3654名，其中较重症状患儿3名；累计已康复出院46717名；质检总局22日发布婴幼儿配方乳粉和其他乳粉第九次三聚氰胺抽样检测结果，10个省（区、市）生产的22个品牌86批次婴幼儿配方乳粉，16个省（区、市）生产的50个品牌201批次其他乳粉，均符合三聚氰胺临时管理限量值规定。（《福建日报》2008年10月23日）

（43）或者猫经常打翻牛奶；你在清理其他东西时，锅中的菜烧焦了；推销员登门拜访；电话不停地响；以及屋外街道上有工人钻孔修路，都令你觉得苦恼不堪？如此也许有助于你了解紧张的原因是由于较次要的激愤，并非重大的烦扰，从而能够轻而易举地处理这些问题。如何将紧张减至最低程度。（以汀《办公室女性生活百科》）

（44）自古至今，凡事于陶瓷生产者，都重于此道的探索和研究，从中找到适应于自己的烧成规律，完善与健全窑炉的烧成功能，以使窑炉烧成效果在符合自己烧成特色要求下发挥至最佳程度，以此而形成一种规范的烧成曲线。（远宏、邹晓松主编，陈文增编著《定窑》）

例（39）中"驶至"所带的宾语为"老铁山水道西边的警戒区"（处所宾语）；例（40）中"走至"所带宾语为"喉咙"（处所宾语）；例（41）中"传至"所带宾语为"今天"（时间宾语）；例（42）中"截至"所带宾语为"10 月 22 日"（时间宾语）；例（43）中"减至"所带宾语为"最低程度"（程度宾语）；例（44）中"发挥至"所带宾语为"最佳程度"（程度宾语）。

这样，在共时层面，"V+至+O"结构可以形成一个构式群，该构式群依据动词和宾语类型的不同，可以带处所宾语、时间宾语、数量宾语、程度宾语等。该构式群图式如图 6-3 所示。

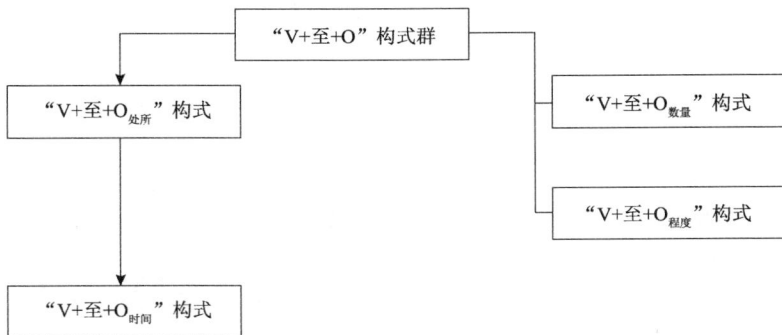

图 6-3 "V+至+O"构式群

图 6-3 表明，在共时层面，不太好归纳不同构式之间的演变顺序，但"V+至+O 处所"构式肯定早于"V+至+O 时间"构式。至于右侧的"V+至+O 数量"与"V+至+O 程度"构式，我们处理为平行关系，忽略不同构式产生的先后顺序，这需要在历时层面作细致的考察。

6.3.2 "V+至+O"构式的构式演变

第一，先秦时期。

"至"的介词用法，先秦时期就有。根据张玉金（2016）对先秦时期出土文献的考释，介词"至"有介引处所、介引时间两种用法。用例如下：

（45）从丘足欠（坎）至内宫廿四步……从内宫至中宫廿五步。（《兆域图铜版铭》，《集成》16·10478）

（46）从内宫至中宫卅六步。（《兆域图铜版铭》，《集成》16·10478）

当然，这两个例子都处于"从……至……"的介词框架内，用来表示处所的起点和终点。

先秦时期，"至"介引时间的用例如下：

（47）弜至日酒？吉。兹用。（《屯南》4582）

（48）甲子卜：弜至采用？（《屯南》4432）

这两个例子中的"至"用以介引动作行为所到的时间。

第二，战国时期。

（49）至秋毋（无）雨时而以繇（徭）为之。（《睡虎地秦简·秦律十八种》）

（50）百姓不当老，至老时不用请，敢为酢（诈）伪者，赀二甲。（《睡虎地秦简·秦律杂抄》）

（51）至癸卯之日安良瘇（瘥）。（《新蔡楚简》甲三：39）

（52）至秋三月，赛祷邵王戠（特）牛，馈之。（《包山楚简》214）

（53）占之曰：吉。至九月惠雀（爵）立（位）。（《包山楚简》204）

（54）至计而上膋籍内史。（《睡虎地秦简·秦律十八种》）

战国时代，介词"至"的用法同于殷商时期，主要有两种用法，其一是介引动作行为所到的时间，其二是介引时间终点。

第三，唐五代时期。

张赪（2002）则认为，到唐五代时期，"至"方有介词的用法，用以引进动作的终结点。例如：

（55）子胥行至莽荡山间。（《敦煌变文集》）

（56）更深潜至堂阶下，花药园中影树身。（《敦煌变文集》）

"至"前面动词一般分为：①表示与人的行走有关的动词，如"巡、行、走、来、却、归、往、引、游、入"等；②表示其他意义的行为动词，如"屈、赚、捉、积、决、放、下、将、抱、领、驮、拥、潜"等。

第四，宋代时期。

（57）回至门头寺相见。（《近代汉语语法资料汇编·宋代卷》）

（58）理则天下只是一个理，故推至四海而准。（《近代汉语语法资料汇编·宋代卷》）

宋代，介词"至"的用法与唐五代时期大体相同，动词一般为单音节，如例（57）中的"回"，例（58）中的"推"。这些动词可以大体分为两类：一类表示与人行走有关的动作动词，如"行、回，入、引、进、发、追、出、送、退、来"等；另外一类动词则为"说、参、见、递、撞、读、推、做"等。

第五，明清时期。

（59）达至临洮，以所获临洮银印一，白金五千两，黄金百两送陕西行省。（钱谦益《国初群雄事略》）

（60）雍正癸丑进士，即授编修入直，官至内阁学士兼礼部侍郎。（梁章钜、朱智《枢垣记略》）

（61）读者挹其菁藻，遂亦忘其夸饰，至今沿用，殆以是欤?（苏鹗《杜阳杂编》）

（62）赃款累累，屡兴大狱，侵亏公帑，钞没资产，动至数十百万之多，为他代所罕睹。（邵达《华夏史录》）

（63）使谕之曰："逖闻王保保兵入关中，为李思齐、张思道逐出潼关，还至汴梁。"（钱谦益《国初群雄事略》）

明清时期，"至"的介词用法已经较为丰富，如例（59）中，运行动词"达"，后接介词"至"，带处所宾语"临洮"；例（60）中"官至"带宾语"内阁学士兼礼部侍郎"；例（61）中"至"带时间宾语"今"；例（62）中"动至"带数量宾语"数十百万之多"；例（63）中"还"为运行动词，介词"至"后代处所宾语"汴梁"。

第7章 "V+往+O"结构的构式化与构式演变[①]

7.1 引　言

《现代汉语八百词（增订本）》中，"往"列有动词和介词两个义项。单独用作动词极为罕见，一般以对举方式使用，如叫他往东，他偏往西；或出现在成语中，如人来人往、一同前往。介词"往"主要是与处所词、方位词语等词语一起组成介宾短语，表示动作行为的方向，或置于动词之前，或置于动词后。《汉语大词典》列有"往"的介词用法，即相当于朝、向。例如，金董解元《西厢记诸宫调·卷六》："马儿登程，坐车儿归舍；马儿往西行，坐车儿往东拽。"《清平山堂话本·西湖三塔记》："（奚宣赞）独自一个拿了弩儿，离家一直径出钱塘门，过昭庆寺，往水磨头来。"沙汀《航线》："往这边看过去呀，瞎子！"王小溪（2004）对"往+O+V"和"V+往 O"两种格式的区别展开分析，指出"V+往+O"结构主要受到动词 V 和宾语 O 的语义限制。储泽祥（2005）从现代汉语共时平面探讨"V往+O"的语义约束情况，对能够进入该格式的单音节动词和宾语的语义特征进行了详细分析；从历时角度考察了"往"的语义俯瞰、虚实两重性情况，并解释了为什么"O"通常是处所词，说明"派往、押往"的构成理据，得出"往"仍带有动词性。曾传禄（2008）指出"往"主要有两种结构：往+O+VP 和 V+往+O。他对这两种结构中"往"的功能进行了比较，指出在位移事件上"向""往"的联系和区别。曾传禄（2009）对两种结构在句法、语义和位移事件的性质和表达方面存在的差异进行了详细的分析。邵宜（2005）认为介词"往"是由表示趋向的动词演变而来的。要完成这种变化，在句法结构上必须具备两个条件：一是处所词、方位词语的出现；二是连谓结构的出现。其语法化的动因，首先是处所词语的出现，

---

① 本章由课题组成员周蕾撰写，有删节。

再就是连谓结构的形成，这是从结构上说的。语义上，处所词表示的语义指向由"往"移到了后面的动词，表示动作行为的方向。刘光明等（2006）考察了"单音动词+往"里"往"的语法化过程，认为"往"在汉代开始具备语法化的句法条件，唐五代时才有了介词的用法，到明清时期它的介词用法才发展成熟。

7.2 "V+往+O" 结构的构成要素分析

7.2.1 "往"的语法化

第一，先秦时期。

《说文解字注》（许慎 1998）对"往"的解释为：往，之也。从彳。坒声。坒，古文从辵。表示"到某地去"的意思。例如：

（1）初九，素履。往，无咎。（《周易》）
（2）昔我往矣，杨柳依依。今我来思，雨雪霏霏。（《诗经》）
（3）文子闻之，驾而往，曰："吾不善，子亦告我，何其速也？"（《国语》）

例（1）中"往"是位移动词，表示到某地去；例（2）"昔我往矣，杨柳依依"意思是"从前我离家出征，杨柳郁郁葱葱，柳枝随风飘荡"，"往"是动词，指离家出征；例（3）"驾而往"意思是"驾车前往"。

第二，两汉时期。

（4）居不知所为，行不知所之，浑然而往，逯然而来。（刘安《淮南子》）
（5）或曰：奚取于朱鸟哉？曰：时来则来，时往则往。（扬雄《法言》）
（6）令粤人及江淮以南楼船十万师往讨之。（《全汉文》）

例（4）的意思是"居处时不知干什么，行走时不知道何处去，转着圈子去，忽然又能归来"。例（5）"时来则来，时往则往"意思是"（大雁）该来时就来，该往时就往"。这些例中的"往"均为运行动词。

第三，魏晋南北朝时期。

（7）人为父丧来吊，则往父庐之所。若为祖丧来吊，则往祖庐之所。（《全宋文》）

（8）佛在世时，有外学五通仙人，往至佛所，请求出家，乘俗高胜，志存远寄，便言若我入道。（《全宋文》）

（9）其母呼与语，不应，发被视之，血流满床席。举家惊惶，奔往视之，莫不酸鼻。（陈寿《三国志》）

例（7）中，两次使用"往+O"，宾语为表处所的成分，即"父庐之所、祖庐之所"；例（8）中运行动词"往至"连用，带处所宾语"佛所"；例（9）中为重动结构"奔往视"，宾语"之"。三个例子中，"往"的运行义很明显，语义透明。

这个时期，"往"带宾语已成为普遍现象。有时单独作谓语；有时则出现在连动结构中。例如：

（10）又人多畏病，南方有疫，常言"吾往南方，则不生还"。（陈寿《三国志》）

（11）丞相语郗信："君往东厢，任意选之。"（《世说新语》）

（12）悉封留之，乃往小沛收合兵众。（陈寿《三国志》）

（13）天下将乱，乃学击剑骑射，招聚少年，给其衣食，往来南山中射猎，阴相部勒，讲武习兵。（陈寿《三国志》）

例（10）"往"单独带宾语"南方"（处所宾语）；例（11）"往"单独带宾语"东厢"（处所宾语）；例（12）"往"则用于连动结构中，"往"带宾语"小沛"，后边还有动词"收合"；例（13）同样如此。

"往"由动词演变为介词，一般要满足如下条件：其一，带宾语，尤其是带处所宾语，"往"由独用的表位移的动词变为带处所宾语的位移动词；其二，句法环境的变化，即"往"所带的处所宾语进入连谓结构。这样，随着语义的发展，语义并重的连动结构有可能出现语义重心偏移，呈现出前轻后重的特征，为演变为状语准备条件。汉语的连动式，从来就不是一个稳定的结构形式，在比较紧凑的"V_1+V_2"组合中，只能有一个动词作为语义焦点，另一个必然是辅助成分（张伯江、方梅 1996）。

第四，唐五代时期。

这一时期，"往"的用法出现一些变化。第一，"往+处所宾语"独用，为句中的谓语；第二，"往"与其他动词构成连动结构，再带宾语；第三，"往+处所宾语+动词"构成连动结构。这个时期，介词"往"已经形成。尤其是在"往+O"后面再跟动词的情形下。例如：

（14）二将辞王，便往矴营处，从此一铺，便是变初。（《敦煌变文集·汉将王陵变》）

（15）法师语曰："今往西天，程途百万，各人谨慎。"（《敦煌变文集·大唐三藏取经诗话》）

（16）遂于四门之上，折榜将来，直入东宫，往见太子。（《敦煌变文集·降魔变文》）

（17）借汝威光，同往赴斋否？（《敦煌变文集·大唐三藏取经诗话》）

（18）使兼御史大夫灌婴，二将商量，拟往楚家矴营。（《敦煌变文集·汉将王陵变》）

（19）盖为新来坏了家缘，离故里，往南中趁熟。身上单寒，没了盘费，直是凄楚。（《敦煌变文集·刘知远诸宫调》）

例（14）动词"往"带宾语"矴营处"，例（15）动词"往"带宾语"西天"，"往"为句子的谓语，它们所带的宾语，都是处所宾语；例（16）动词"往"后面紧跟动词"见"，合成连动结构"往见"，再带宾语"太子"，"太子"为受事宾语；例（17）动词"往"后面紧跟动词"赴"，构成连动结构，再带宾语"斋"，结构为"V_1+V_2+O"；例（18）则是"往"+宾语"楚家"+动词"矴营"，结构为"V_1+O+V_2"；例（19）则是"往"带宾语"南中"，再跟动词"趁熟"。后面两个例子中的"往"，一般视为介词。

除此之外，这个时期的"往"，还出现如下变化：

（20）世尊会上特申宣，遣往毗耶方丈去。（《敦煌变文集·维摩诘经讲经文》）

（21）此间有南泉，近日出世，何不往彼中礼拜去？（《祖堂集》）

例（20）（21）形成的结构为"V+往+O+去"和"往+O+V+去"。根据刘芳（2011）的统计，这个时期，"往"所在的句法结构、用例如表7-1所示。

表7-1 "往"所在的句法结构及用例

结构	《敦煌变文集》	《祖堂集》	统计
"往+V"	35	13	48
"往+O+V"	24	17	41
"V+往"	6	1	7
"V+往+O"	22	7	29

宋代，"往"的用法基本与唐五代时期相同。

第五，元明清时期。

这个时期，"往"的用法如下：

（22）你哥哥误题了反诗，在这里吃官司，未知如何。我如今又吃差往东京去，早晚便回。（《水浒全传》）

（23）你两个好汉一发上，那厮走往那里去！（《水浒全传》）

（24）宋江把救晁盖一节，杀阎婆惜一节，却投柴进同孔太公许多时，并今次要往清风寨寻小李广花荣，这几件事，一一备细说了。（《水浒全传》）

（25）众人道："既是哥哥坚意欲往江州，今日且请宽心住一日，明日早送下山。"（《水浒全传》）

例（22）为"往东京去"，例（23）为"往那里去"，"往"用于"往+O+来/去"结构；例（24）"往清风寨寻小李广花荣"为"往+O+V"结构，核心动词"寻"位于句末；例（25）"哥哥坚意欲往江州"则是"V+往+O"结构。

表7-2统计表明，《水浒传》中"往+O+V"结构占优势，有61例；"V+往+O"用法只有30例。《红楼梦》中"往+O+V"结构同样占优势，有599例；"V+往+O"用法只有26例。

表7-2 "往"的两种结构在不同作品中的用例统计

结构	《水浒传》	《红楼梦》	统计
"往+O+V"	61	599	660
"V+往+O"	30	26	56

7.2.2 "V+往+O" 结构中的 V

现代汉语中，对于能够进入 "V+往+O" 结构的动词 V，不同的学者看法不一样，进入结构中的 V，数量也多寡不一。吕叔湘（1999a）认为动词仅限 9 个，王小溪（2004）认为有 15 个，侯学超（1998）认为有 19 个，储泽祥（2005）认为有 28 个，曾传禄（2009）统计有 61 个，《动词用法词典》中有 30 个。

我们对《动词用法词典》、《现代汉语词典（第 7 版）》、CCL 现代汉语语料库、《人民日报》做了不完全统计，并结合各种词典以及相关论文中的用例，共找到 99 个可以进入 "V+往+O" 结构的动词。经考察，发现能够进入 "V+往+O" 的动词，均为单音节动词，双音节动词进入很难。下面我们简要分析 "V+往" 的句法特征、语义特征。

"V+往" 可作谓语，能带宾语，且不能被程度副词（如"很"）修饰，其后不能加"着"，不能重叠。另外，还具备一些个性特征，如：①被"不"否定；②被"没（有）"否定；③后加"了"；④后加"过"。

第一，可作谓语，能带宾语，但不满足其他条件的有"撤往、沉往、驰往、传往、倒往、递往、搬往、抱往、报往、拨往、分往、折往、走往、追往"等 53 个。例如：

（26）浙赣铁路是东南的一条交通命脉，又是国民党从陆路将大批人员物资撤往闽、台和广州的唯一交通干线，因此，保证浙赣铁路的畅通，是蒋介石确保东南半壁江山，大力经营闽、台、广州等后方地区的战略需要。其重要性非同一般。（夏继诚《隐蔽战线春秋书系 传记卷 打入蒋介石侍从室》）

（27）总统府既毁，所属各机关咸被抢劫，财政部次长廖仲恺，卒前一日被诱往拘禁于石龙，财政部所存币项及案卷部据，掳掠都尽，国会议员悉数放逐，并掠其行李。（李敖《孙中山研究》）

例（26）中的"撤往"和例（27）中的"诱往"只能作谓语，带宾语，不能受否定副词"不、没（有）"等修饰，也不能后加"了、过"等。

第二，能后加"了"，这样的"V+往"有"背往、躲往、贩往、解往、拉往、流往、迈往、飘往、押往、转往"等。例如：

（28）二月，李怀光联合朱泚共同起兵，迫使德宗再一次逃
离奉天，躲往山南西道的梁州（今陕西汉中）避难。（孙秀玲《一
口气读完大唐史》）

（29）于是，他连夜扛起背包换上迷彩服赶往了抗洪一线。
（《人民日报》1998 年 9 月 1 日）

例（28）中"躲往"，例（29）中"赶往"，后面可以接完成体标
记"了"。根据崔山佳（2015）的考察，早在宋代，就有"V+给+了"
这样的用法，"V+给"包括"支给、交付给、吩咐给、施舍给"等。"V+
往+了"结构中的"V+往"包括"送往、发往、躲往、寄往、调往、飘
往"等。

第三，能被"没（有）"否定，可以后接"了"，这样的"V+往"有
"带往、调往、寄往、迁往、逃往"等。例如：

（30）租界的存在使上海在中国和世界的政治斗争中发挥特
殊作用，直到 1941 年太平洋战争爆发之前，上海一直是中国最
安全的避难所，也是中国最西化的国际大都市，在 1949 年前始
终是全国金融中心。所以不仅原来在上海的专业人员、专家学者、
知识分子大多没有迁往南京，就是应该在南京工作和居住的党国
要人，基本都在上海保留住宅，一般都在上海度周末和假期，子
女送往上海求学。（葛剑雄《古今之变》）

（31）人们一片愕然，政府派出工作队，挨家挨户地宣传教
育，有部分人面对故土不舍到眼含热泪，但也还是积极响应国家
号召，搬迁往青铜峡县各个乡村，就此离开祖祖辈辈生活的地方，
开始新的生活，不给国家建设增添一丝阻碍。（青铜峡市文学艺
术界联合会《我在黄河边等你》）

例（30）中动词"迁往"受否定副词"没有"的修饰；例（31）中的
"V+往"为"搬迁往"。

第四，具备三个语法特征，即被"不"否定，被"没（有）"否定，
后加"了"，这样的"V+往"有"发往、售往、通往、销往、运往"等。
例如：

（32）这次回来，德兰也不跑了，他们的小食店正式开了张。河唇邮电支局的人又留意到了悄悄恢复的通邮，德兰的信件有的寄往成都，有的寄往广州。（郭海鸿《外乡人以及马》）

（33）我这封信，权做是给您的复电吧，但我不能把它寄往上海，在您忙于工作并且和全家团聚的日子里，我不愿意让您为我分心！（霍达《穆斯林的葬礼》）

（34）她想不通，便开始写申诉信，她想到了当年长征时在一起的康克清，便托人将信从武汉寄往了北京。（胡杨《两走长征路的红军女团长》）

例（32）—（34）显示，"寄往"可以受否定副词"不、没有"的修饰，也可以后接"了"。

7.2.3　"V+往" 结构的语义特征

"V+向"和"V+往"具有一定的相似性，但"向"和"往"也有区别，如图7-1所示。

语义模式	介词	动词语义特征	宾语语义类型			
			处所	时间	事物	方位
位移/非位移方向型	向	[+方向][±位移][-终点]	+	±	+	+
施事/受事有向型	往	[+方向][+位移][+终点][+施/受事]	+	−	−	−

图7-1　"向"和"往"的语义区别

陆俭明（2002）指出：位移动词，即"含有向着说话者或离开说话者位移的语义特征的动词"。能进入"V+往"格式的99个动词，多为单音节位移动词。曾传禄（2009）根据位移体是否发生物理性位移又把位移事件分成两类：现实位移和虚拟位移。用以表示人或事物的位置发生现实的物理空间转移的"V+往"有"搬往、汇往、寄往、开往、派往、送往、逃往、去往、报往、骗往、输往、押往、运往、销往、迁往、调往、发往、抬往、解往、贩往、遣往、售往、撤往、赶往、邀往"等。

第一，物体自身发生移动，这样的"V+往"（自移动词）有"赶往、去往、逃往"。例如：

（35）第二天早饭后，我们打算经过芒康赶往左贡，再赶往然乌湖。行进途中，因为要拍照，我们的4号车和5号车总是走

走停停地落在队伍的后面，待拍完照片，再加速去追赶队伍。（冯进《行走在茶马古道》）

（36）第二天，警察又上了门，照例，他们又扑了个空。赵世恪逃往大连，早有人接应，帮着安顿住下。同时跑到这儿来的，还有不少人，其中还有四方机厂的工友。住下后，赵世恪以挑担卖菜为业，饥一顿饱一顿地混日子。（董安荣、孙鹏编《抗日志士赵世恪》）

例（35）中"赶往"位移的终点是"左贡、然乌湖"；例（36）"逃往"的终点是"大连"，位移主体是"赵世恪"，可以发出动作，并且朝着终点方向进行现实位移。因此，这些"V+往"具有[+外向]、[+现实位移]、[+自主位移]、[+终点]等语义特征。

第二，通过外力使人或物体发生位移（他移动词，有的甚至要借助位移工具），这样的"V+往"有"搬往、送往、抬往、销往、押往、报往、调往、发往、解往、开往、派往、骗往、遣往、售往、输往、贩往、汇往、寄往、遥往、运往"等。例如：

（37）等一觉醒来，他们却被拉到山东济南，后来又被拉到青岛码头，在押往青岛的途中，有一个战俘跳车逃跑，被停车抓回毒打了一顿。（何晓、李爱军、何天义编著《济南战俘营纪实》）

（38）二房一位堂兄，被二弟胡秉宸叫做败类胡秉安的大哥，黄埔一期的学生，共产党员，参加南昌起义后被派往洪湖苏区，历任要职。（张洁《无字》）

例（37）中"押往"的位移主体是"他们"，此时的位移主体不是自愿或主动进行位移，而是被动或者依靠外力的非自主位移；例（38）"派往"的主体"二房一位堂兄"。这类"V+往"的语义特征为：[+外向]、[+现实位移]、[-自主位移]、[+终点]。

第三，既可以指物体自身移动，也可以指使其他物体移动，这样的"V+往"有"迁往、撤往"等。例如：

（39）当时马扩已经跟随着宣抚司撤往河间府。在信里，他详细地告诉刘锜战争失利的经过和他本身的经历。（徐兴业《金瓯缺》）

（40）地震（5 级以上）往往具有破坏性，能使房屋、电线杆等倒塌、桥梁断裂，造成人员伤亡。因此当发生地震时，为避免被倒塌的楼房、电线杆等砸伤，应尽量撤往操场、公园、广场等空旷安全处。因这些空旷处比较宽阔、平坦，中间一般没有建筑物，即使附近建筑物（如电线杆等）倒塌也不易砸着；另外这些空旷处一般没有易燃易爆危险品，地震时不易发生火灾和爆炸等事故。撤离时应注意：有步骤转移，切忌慌乱拥挤，更不能爬窗跳楼。（王毅平《家庭人身财产安全防护宝典》）

例（39）"撤往" 的行为主体为 "马扩"，该位移是自主移动的；例（40）则是被动或者依靠外力发生位移，为非自主位移。这类 "V+往" 的语义特征为：[+外向]、[+现实位移]、[±自主位移]、[+终点]。

7.2.4 进入 "V+往+O" 结构的 "O"

"V+往+O" 结构中的宾语 O 分为以下几类。

第一，表示地点的命名性处所词。

朱德熙（1982）将处所词定义为：能做 "到、往、在" 的宾语、能用 "哪儿" 提问、能用 "这儿" "那儿" 指代的词。表示地点的命名性处所词包括国名（德国、澳大利亚）、地名（武汉、北京）、自然地名（黄山、龙虎山）等。例如：

（41）门面不大，一间店铺，门上方挂 "万胜永" 牌匾三字。据说曾有一位顾客，一次买了 20 多斤酱牛肉，分成五份用真空包装捎往北京。（曹建成、邢野《归化城老街巷》）

（42）60 年代原料不足，上海多家烟厂停产，以后内迁，产量由 160 万箱降到 30 余万箱，山东烟更多销往华东各省。（山东省地方史志编纂委员会编《山东省志·烟草志》）

例（41）（42）中的宾语 "北京、华东各省" 都是表示地点的命名性处所词。

第二，表示单位或机构的处所词。

（43）答：发生交通事故后，当事人如要抢救伤者，要尽可能拦截过往车辆或叫救护车将伤者送往医院。（路楠主编《最新

道路交通事故处理实用手册：交通事故处理 650 问》）

（44）离开大本营，我们行进在通往一号营地的林间小道上，沿途松柏蔽日，烟云舞拂，丝绒般的松萝悬挂在树枝树干上，恰似舞台上的天幕。（张文敬《大峡谷探索之旅 冰川上的脚印》）

例（43）中"送往"的宾语"医院"，例（44）中"通往"的宾语"一号营地"，都是表示单位或机构的处所词。

第三，表示某个处所的词语。

（45）大多数鸟是在夜间起飞的，以为这样比较安全，而且，并不是都是从北方飞往南方去过冬的。（比安基《森林报故事》）

（46）那个男人正在汹涌地流往下游的黑暗江水里，我寒冷地想，他是不是已经快到马鞍山了？（梅子涵《绿光芒》）

例（45）"飞往"所带宾语"南方"，例（46）"流往"带处所宾语"下游的黑暗江水里"，均为表示某个处所的词语。

当然，如果是比喻用法或隐喻用法，O 也可以是名词性的词语。例如：

（47）在通往领导力的旅途中，可以采取的比较早的步骤就是，找到一个适合自己各方面才智的领域，这个领域也在不断进步：适合你的才干、兴趣和品位。（约翰·阿代尔《孔子论领导力：孔子的思想如何让你成为一名更好的领导者》）

（48）简单地说，很多人把人体冷冻术看成是延续生命、进入未来世界的通行证，换句话说，也是人类梦想中可以通往长生不死的重要途径。（李思博《人类未解之谜》）

例（47）"通往"的宾语为"领导力的旅途中"，例（48）"通往"的宾语为"长生不死的重要途径"，它们都是名词性短语，为隐喻的表达，是虚拟的位移终点。

7.2.5 "V"与"O"对"V+往+O"格式的影响

储泽祥（2005）通过对 V 与 O 语义特征的刻画，论证了它们对"V+往+O"格式的影响，具体表现如下。

第一，位移的方向：外向>泛向>内向。

语义上，"往+O"表示动作的方向和目的地，是由近处向远处的，因此，只有位移方向与"往+O"相匹配的动词，才能构成"V+往+O"。动词位移的方向对格式的构成有明显的影响。位移的方向可以分成三种情况：①外向位移：由近处向远处，单一方向。②内向位移：由远处向近处，单一方向。③泛向位移：非单一方向。不同的位移方向对"V+往+O"的影响如图 7-2 所示。

外向位移 >	泛向位移 >	内向位移
迁往武汉	通往武汉	*买往武汉
送往医院	赶往医院	*取往医院
逃往高加索	游往岸边	*抢往水潭中央
?扔往河边	*捉往监狱	*拾往粮仓
*上往黄山	*查往卧室	*来往伦敦

图 7-2　位移方向对"V+往+O"的影响

从图 7-2 的序列可以看出，越往右，"V+往+O"越难成立，尤其是内向位移动词，很难跟"往"组配，原因是与运动的方向刚好相反，语义上冲突。

第二，位移的速度：快>慢。

一般说来，速度越快，越容易进入"V+往+O"格式，如图 7-3 所示。

速度快	>	速度慢
逃往喜马拉雅山	跑往喜马拉雅山	*走往喜马拉雅山
逃往深山老林	跑往深山老林	*走往深山老林
逃往边疆	?跑往边疆	*走往边疆

图 7-3　位移速度对"V+往+O"的影响

"走"的词典释义为：人或鸟兽的脚交互向前移动。"逃"的词典释义为：逃跑；逃走。"跑"的词典释义为：两只脚或四条腿迅速前进。"逃、跑、走"的语义区别性特征，如图 7-4 所示。

	腿部动作	单脚离地	躲避	位移	速度快
逃	+	+	+	+	+
跑	+	+	−	+	+
走	+	+	−	+	−

图 7-4　"逃、跑、走"的语义区别性特征

进入"V+往+O"格式的 V，一般是位移速度较快的动词，如"飞、

运、开、寄、驶、涌、赶、逃、跑、奔"等，当然，也跟宾语 O 的类型密切相关。位移速度越快，进入格式相对而言越容易。

第三，位移的距离：远>近。

V 位移的起点与目的地的距离越远，V 越容易进入"V+往+O"格式。如图 7-5 所示。

距离远	>	距离近
扔往野外	扔往窗外	*扔往地上
射往地球	射往要害	*射往身上
驶往木星	驶往地中海	*驶往身边

图 7-5　位移距离对"V+往+O"的影响

位移速度快，位移的距离相对较远，构成"V+往+O"就越容易。如"野外、窗外、地上"这三者相比较，"野外"距离远，所指范围广，"窗外"距离居中，"地上"距离最近。王小溪（2004）在解释为什么不能说"扔往地上"时，指出"扔"是非持续动词，同时"地上"也不是表示目的地的地点名词，所以，不能变换为"别把果皮扔往地上"。当然，这一分析也有不到之处。进入"V+往+O"格式的 V，一般具有[+位移]的语义特征，跟[+持续]的语义特征关系不大，跟位移的方向、位移的速度、位移的距离、目的地的空间范围大小、位移工具的有无、V 的赋元能力等因素密切相关。

第四，目的地的空间范围：大>小。

目的地的空间范围有大有小，动词的空间适应能力也有强有弱。O 的空间范围越大，构成的"V+往+O"越容易接受。如图 7-6 所示。

空间范围大	>		空间范围小
逃往德黑兰	？逃往饭店	*逃往草垛	*逃往桌子底下
送往延安	送往宿舍	？送往眼角	*送往眼里
通往南京	通往山脚	通往厨房	*通往椅子上

图 7-6　空间范围对"V+往+O"的影响

"德黑兰、延安、南京"为表示地点的命名性处所词，所表示的空间范围大，而"桌子底下、眼里、椅子上"所表示的范围小，它们不能作"逃往、送往、通往"的宾语。

第五，位移工具：有>无。

利用位移工具进行位移，速度比较快，起点与目的地的距离也相对较远，因此，这样的动词更容易进入"V+往+O"格式。如图 7-7 所示。

有位移工具	>	无位移工具
拉：后来才知道是被日本人拉往东北当"劳工"去了。		？醉鬼被警察拉往警察局。
拖：这些筏堰由魔法号轮船拖往湖边的锯木厂。		＊他把尸体偷偷拖往太平间。
推：病人被急急推往手术室。		＊他用双手把姐姐推往门外。

图 7-7　位移工具对"V+往+O"的影响

"拉往"的受事主语是"五六个和王大有一样的小青年"，位移的工具是"火车"（受图篇幅所限，全文未能一一列出）；"拖往"借助的位移工具为"魔法号轮船"；"推往"的位移工具没有在句中出现，但很明显是"推车"。如果没有借助位移工具，"拉、拖、推"等动词所表示的动作是人体自行发出的，一般很难构成"V+往+O"格式。"扯、抓、拽"等动词所表示的动作，通常都是人的手直接进行的，都难以进入"V+往+O"格式（储泽祥 2005）。

第六，动词的配价能力：必须介引>可以介引>不能介引。

"V+往+O"格式中，O 是 V 的论元，O 表示位移的终点，也可以表示运动的方向。动词不同，赋予终点 O 的能力也不一定相同。动词"逃、奔、走、驶、赶、送"等，必须由"往"介引运动的终点；而"通、飞、迁、寄"等，可以由"往"介引运动的终点；动词"上、下、进、出"等可以直接带宾语，不需要"往"介引处所。如图 7-8 所示。

必须介引	>	可以介引	>	不能介引
逃往高加索		通往心灵的梯子/＊通心灵的梯子		带着大葱上北京
驶往古巴海域		飞往酒泉/飞酒泉		下南洋
奔往棕榈滩		迁往浙江金华/＊迁浙江金华		进首都临安城
赶往西域		寄往凤凰城/寄凤凰城		出东直门

图 7-8　动词的配价能力对"V+往+O"的影响

左栏中的动词"逃、驶、奔、赶"，均需介词"往"介引运动的终点；中间栏中的动词，可以由"往"介引终点，也可以不由"往"介引；右栏中的动词，均为趋向动词，不需要"往"介引处所宾语。

7.2.6　"V+往"的词汇化

7.2.6.1　辞书收录

我们选取了几本辞书，考察"V+往"的收录情况（表 7-3），这几本辞书为:《现代汉语双序词语汇编》[①]、《倒序现代汉语词典》[②]、《现代汉语常用词表(草案)》以及《现代汉语词典(第7版)》。

表 7-3   "V+往"的词典收录情况表

词典	出版年份	收录"V+往"情况
《现代汉语双序词语汇编》	2003	过往、交往、来往、前往、神往、向往、以往、已往、飞往、通往
《倒序现代汉语词典》	1983	同上
《现代汉语常用词表(草案)》	2008	过往、交往、来往、前往、神往、向往、通往
《现代汉语词典(第7版)》	2016	过往、交往、来往、前往、神往、向往

这些辞书中收录的"V+往"有"过往、神往、向往、以往、已往、交往、飞往、通往、来往、前往"等。当然,从整体上看,"V+往"的词汇化程度不一致,部分动词与"往"的结合更为紧密,具有典型的词汇特征,这类"V+往"的词汇性和语法性较强;而另一部分"V+往"则处在词与非词之间,我们称之为语感词,这类词从语感、韵律等角度看像是词,但辞书中并没有收录;还有一部分"V+往"为非词形式。这就形成了一个连续统,即典型词汇词>语感词>非词形式。该连续统从左至右呈现词汇化特征逐步减弱的趋势。单就"V+往"这一格式而言,可能会形成词汇化等级差别。被辞书收录的,我们称为典型词汇词,还有部分"V+往",因频率和公众语感等方面因素的影响,具有词汇化的倾向,但不足以成词。我们将采用计算 MI 值、词汇判断作业、公众语感调查等方法,来进一步考察"V+往"的词汇化。

7.2.6.2   MI 值

我们选定调查语料,语料主要来源于 CCL 语料库,使用中文文本 N-gram 串统计软件"CiCi"作为统计工具来计算 MI 值。经统计,"V+往"的 MI 值为迁往(5.8)、销往(5.5)、赶往(5.3)等。

统计表明,V 和"往"的 MI 值存在较大差异。假设 MI 值越大,则二者的搭配能力越高;MI 值越小,则两者搭配能力越低。MI 值>5 的"V+往"有"迁往、送往、销往、驶往、赶往、逃往、寄往、飞往、通往"。"V+往"中 2.4<MI 值<5.4 的有 20 组,MI 值≥5.4 的有 4 组。MI 值>3 的"V+往"实际已具备成词的条件。

---

① 刘兴策:《现代汉语双序词语汇编》,武汉:武汉大学出版社,2003 年。
② 中国社会科学院语言研究所词典编辑室:《倒序现代汉语词典》,北京:商务印书馆,1987 年。

7.2.7 "V+往/向+O" 认知差异

崔希亮（2006）指出：位移事件可以用移动元、起点、路径、终点等属性特征来进行刻画。"V+向" 和 "V+往" 具有一定的共性和差别，方绪军（2004）对此进行过比较。如表 7-4 所示。

表 7-4 "V+向" 和 "V+往" 对比

对比项	"V+向"	"V+往"
共用的 V	跑、奔、逃、走、迈、赶、折、撤、退、飞、驶、驰、转	跑、奔、逃、走、迈、赶、折、撤、退、飞、驶、驰、转
独用的 V	伸、踢、指、凑、努、探、扭、擎、扑、撤、洒、开（～门）、抽、刺、射、投、引、推、倒、趋、倾、斜、偏	派、送、押、解、遣、调（diào）、开（～车）、寄、汇、发、输、运、带、拉、搬、抬、售、卖、销、贩
带宾差异	宾语是表示处所、时间、人或事物的名词性词语，也可以是一些动词性或形容词性词语	宾语一般是表示处所的名词性词语（通往除外）
后续成分	"V 向+处所宾语" 后边可以带 "来"，"V 向" 与宾语之间可以接 "了"	"V 往+处所宾语"，一般不这么用
宾语表达	"V 向" 的宾语是表示 V 的方向的，不一定表示 V 的终点	"V 往" 的宾语不仅表示 V 的方向，而且一定表示 V 的终点

除了上述差别，"V+向/往+O" 在认知图式、事件类型表达等方面还存在细微差异。

首先，"V+向/往+O" 结构中，"向" 用来表示动作行为的方向；"往" 按照方绪军（2004）的研究，不仅要标示动作行为的方向，还要标示动作行为的终点。"V+向/往+O" 结构表示的事件和路径图式密切相关。例如：

（49）忽然间我就明白了，我的老师那时候已经年近五十，已经家园安定儿女成行，为什么说走就走，为什么要背井离乡，飞向敦煌，飞向一个陌生而又荒凉的地方？这里的研究工作，自然是年深日久，颇为枯燥的，敦煌的历史可能会让他内心的 "喜悦" 和 "痛" 一并增长。（阳关博物馆编《诗与远方 如梦敦煌：全国敦煌诗文征选活动优秀作品集》）

（50）这年我 39 岁，离开了熟悉的城市和美丽的家乡，奔向了西南的大山深处。路过北京，李福海去包头办事，我们就此分手。我继续南行，乘火车途经武汉、柳州，2 月底到达昆明。（四川省政协文史资料和学习委员会编《巴蜀民风民俗丛书 攀枝花市井闲谭》）

（51）晚上九点二十分，川航有一班飞往成都的飞机。如果他现在就出发赶往禄口机场，时间还来得及。（格非《江南三部曲》）

（52）张学良在北京也来电话让张作相去北京商量对策，这时家里人逃散了，后来父亲到北京后，大家先后奔往北京。（中国人民政治协商会议辽宁省锦县委员会文史资料委员会编《锦县文史资料·第5辑》）

例（49）"飞向敦煌"、例（50）"奔向了西南的大山深处"表达动作行为的方向；例（51）和（52）中"飞往成都"和"奔往北京"，则表达了动作行为的方向，以及动作行为的终点。

其次，"V+向/往+O"表达的位移事件差异。崔希亮（2006）指出，现实位移就是具体的、可触知性高的物像在物理空间的位置发生了现实的移动，从一个现实的地点移到了另一个现实的地点；虚拟位移就是我们感觉上可触知性低的物像在非物理空间的位置转移，是物理空间关系在概念域的投射，是人们想象中存在的主观的、抽象的位移。

第一，现实位移和虚拟位移。

（53）一艘船从桥下呈现出来，裸露的船舱色彩斑斓，我们可以设想那是满船的鲜花或水果，遗憾的是并非那么美好的事物——那只是一船垃圾，每天，它都如时而来，满载着一船垃圾慢慢驶向远方，在远方的河面有一座岛屿，云雾弥漫中恍如仙岛，垃圾船就是驶向那里，恍如仙岛的其实是座垃圾山，那里污秽云集、蚊蝇乱飞。（王樽《远方的雷声》）

（54）兴趣引领你驶向成功的彼岸——生活犹如大海，有时波浪滔天，有时风平浪静；有时是阳光明媚的晴天，有时又是布满阴云的雨夜。在生命的旅途中，有一些兴趣爱好，可以放松自己，起到调剂精神的作用。（凡禹《做人细节全书》）

（55）在从小巷往外奔跑逃命的人群中，有一个年轻的母亲，按照逃生的本能，她是能够跑出小巷，逃往安全地带的，但由于手里还牵着一个孩子，她不得不放慢奔跑的速度。（陈东霞《趟过没有水的河》）

（56）听着爸在床上哼哼，他不能再逃往诗境，生死是比柳风明月更重大的，虽然他不甚明白关于生死的那些问题。（老舍《老舍儿童文学作品选·小说卷》）

例（53）"驶向远方（那里）"为现实位移，宾语"远方、那里"在现实生活中的确存在（一座垃圾山）；例（54）"驶向成功的彼岸"中，宾语"成功的彼岸"为隐喻的表达，因而整个句子是人们想象中存在的主观的、抽象的位移，为虚拟位移。同样，例（55）"逃往安全地带"表达现实位移，而例（56）"逃往诗境"是隐喻表达，为虚拟位移。

第二，过程凸显和目标凸显。

根据认知语言学家 Langacker 的观点，意象图式是由射体、界标和路径三部分组成的。其中，射体是主体，其空间位置有待确定；界标是参照物，为主体的位置确定提供参照；射体所经过的路线称为路径。运用意象图式分析介词的多义现象时，应该关注意象图式所呈现的不同的射体、界标以及所经过的路径。这三者所显示出的相对位置、纬度、作用等信息构成多义介词的不同意象图式（文秋芳等 2013）。

卢竑（2011）认为"向"在认知上被注意的程度高的是方向或过程，"往"在认知上被注意的程度高的是目的地。"向"和"往"的路径图式如图 7-9 所示。

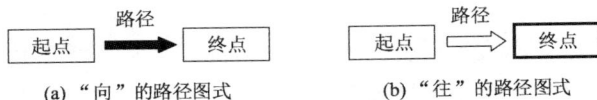

(a)"向"的路径图式　　(b)"往"的路径图式

图 7-9　"向"和"往"的路径图式

卢竑（2011）认为具体到各自的图式，"向"的路径图式中，凸显的是"路径"；而"往"的路径图式中，凸显的是"终点"。该模式与方绪军的略有不同，我们赞同方绪军的观点，认为"向"引出 V 的方向，而"往"则引出 V 的方向兼终点。"向"和"往"的意象图式如图 7-10 所示。

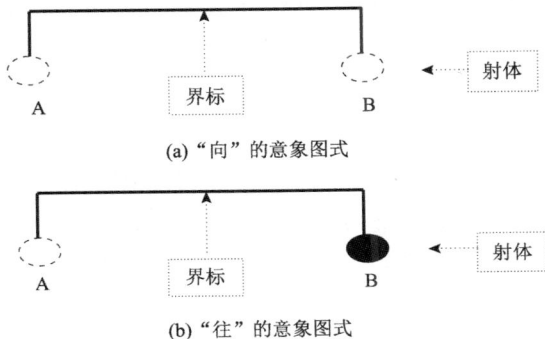

(a)"向"的意象图式

(b)"往"的意象图式

图 7-10　"向"和"往"的意象图式

"向"的意象图式表明，"向"引出 V 的方向（凸显方向）；而"往"的意象图式表明，它既引出 V 的方向，也引出 V 的终点（凸显方向+终点）。"V+向+O"和"V+往+O"的宾语有时孤立地看都是表示方向的，但它们在表示空间范围的确定性上是有区别的。"V+向+O"中的宾语表示 V 的方向，因此宾语表示的空间范围可以是模糊的、不确定的，只要能指示方向就可以了；而"V+往+O"中的宾语是要表示 V 的终点的，因此宾语表示的空间（地点或处所）范围是相对确定的（方绪军 2004）。比如：

（57）伴着一连串的震天巨响，气浪卷起土块和烟尘冲向高空，大大小小的冻土块天女散花般地飞向四方，甚至落入 150 米外安全地带休息的人群里。（方国平主编《生命记忆》）

（58）那些无法忍受饥饿和寒冷的鸟儿，都飞往南方温暖的地方去了；留下来的动物们则在匆忙准备着过冬的粮食，好及时填满自己的仓库。（窦桂梅主编《窦桂梅：影响孩子一生的主题阅读 小学四年级专用》）

例（57）中"四方"只表示"飞"的方向，至于飞到哪里，并不确定；例（58）中的"南方温暖的地方"不仅表达"飞"的方向，而且表达"飞"的终点是"南方温暖的地方"，终点范围相对明确。

7.3 "V+往+O"结构的构式用变与构式演变

7.3.1 "V+往+O"构式的构式化

"V+往+O"构式中，"往"所介引的宾语为处所宾语、时间宾语、数量宾语、程度宾语。我们按照该序列梳理"V+往+O"构式的构式化。例如：

（59）常有理问惹不起说："有翼还没有来舀饭吗？"惹不起告她说没有，她便又跑往东南小房里去。（赵树理《三里湾》）

（60）"八一"前夕，少年海军军校选出的 80 名优秀师生与导航台官兵一起，远赴旅顺口，办一届海防夏令营活动，并向首长及海军官兵进行汇报演出。我们期待着少年海军军校走出长白，面向大海，奔往明天。（《人民日报》1994 年 7 月 23 日）

（61）1944 年年底，日军被驱逐出滇西后，长官部撤往云南驿时，他回了家，1947 年当地保长要他到板桥镇地方政府当自卫队士兵，维持地方治安秩序。（中国国民党革命委员会云南省委员会《浩气满乾坤 第二次世界大战中缅印战区抗日志士谱》）

（62）着准其将张从龙所带兵一千六百名，专攻建昌；陈上国所带一千五百名，驰往广信，会合本郡练勇，分防要隘，仍即相机规复饶州，以遏贼势。（曾国藩《曾国藩全集·奏稿》）

（63）这次回来，德兰也不跑了，他们的小食店正式开了张。河唇邮电支局的人又留意到了悄悄恢复的通邮，德兰的信件有的寄往成都，有的寄往广州。（郭海鸿《外乡人以及马》）

（64）她已经下了含笑去死的决心，到什么地方都不惧怕，因而并不太关心押往何处，牵动人心的，只有那离开故土、离开战友的思绪。岳池县城，自己生活了三十年。（樊希安《笔端流痕》）

例（59）中"跑往"所带的宾语为"东南小房里"（处所宾语）；例（60）中"奔往"所带宾语为"明天"（虚拟处所宾语）；例（61）中"撤往"所带宾语为"云南驿"（处所宾语）；例（62）中"驰往"所带宾语为"广信"（处所宾语）；例（63）中"寄往"所带宾语为"成都"（处所宾语）；例（64）中"押往"所带宾语为"何处"（处所宾语）。

语料检索发现，"奔向"除了带处所宾语，还可以带其他类型的宾语，例如"未来、明天、2000 年、枯萎之时、小康、独立、命运、灾难、男人、未知的自由、大学科、恐惧、成熟、自由、感官的精神世界"等。这样，在共时层面，"V+往+O"结构可以形成一个构式群，该构式群依据动词和宾语类型的不同，可以带处所宾语、目标宾语、时间宾语、对象宾语、受事宾语等。"V+往+O"构式群图式如图 7-11 所示。

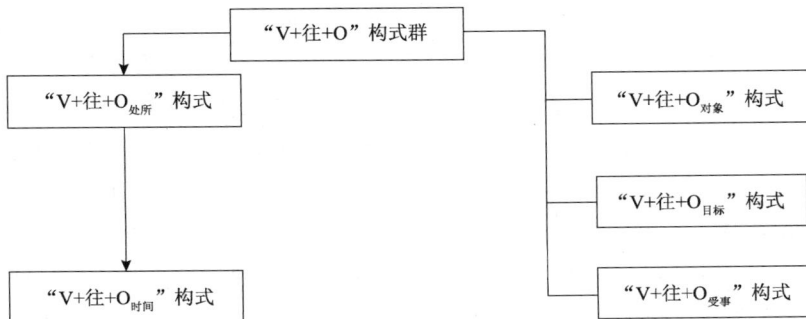

图 7-11 "V+往+O"构式群

图 7-11 表明，在共时层面，不太好归纳不同构式之间的演变顺序，但"V+往+O 处所"构式肯定早于"V+往+O 时间"构式。至于右侧的"V+往+O 对象""V+往+O 目标""V+往+O 受事"构式，我们处理为平行关系，忽略不同构式产生的先后顺序，这需要在历时层面作细致的考察。

7.3.2 "V+往+O"构式的构式演变

"往"在《说文解字注》（许慎 1998）中的解释为：之也。意思为"前往"。"V+往"的组合，先秦时期既有用例，如"哀以送往"，但此时的"往"仍为动词用法，不是介词。"往"的介词用法，到唐五代时期才出现，张赪（2002）认为"往"一般介引动作的方向。也有个别例外，如引进动作的起点，引进动作的归结点。我们分期梳理。

第一，唐五代宋元时期。

（65）因遣太史官驰往安南及蔚州，测候日影，经年乃定。（刘肃《大唐新语》）

（66）寻往天台山天柱峰，九旬习定。（普济《五灯会元》）

（67）世尊会上特申宣，遣往毗耶方丈去。（《敦煌变文集•维摩诘经讲经文》）

（68）大王既见太子发言，遂遣车匿，令被朱骢白马，与太子骑往观看。（《敦煌变文集》）

（69）子胥报郑王曰："兄事于君，君须藏掩，曲取平王之意，送往诛身；兄既身亡，君须代命。"（《伍子胥变文》）

（70）郑王曰："远使将书，云舍慈父之罪，臣不细委知，遣往相看……。"（《敦煌变文集》）

例（65）"驰往安南及蔚州"为"V+往+O"，"往"所介引的成分为位移的终点，"安南及蔚州"为"驰"这一位移动词位移的终点；例（66）"寻往天台山天柱峰"，核心动词为"寻"，"往天台山天柱峰"为介词结构，介引位移的终点；例（67）"遣往毗耶方丈去"，"遣"为句中核心动词，"往"介引的成分"毗耶方丈"为动作的终点。根据邵宜（2005）的考察，唐五代时期，"往"一般有三种用法：①谓语部分由"往+处所词/方位词"构成；②谓语部分由连动结构"往+动词"充当；③谓语部分由"往+处所/方位词语+动词"构成。这个时期的动词多为"驰、寻、围、押"等。

第二，元明清时期。

（71）彪见直谏不从，私出城奔往河西，令人报知窦融。（谢诏《东汉秘史》）

（72）官人只可连夜便搬往别处好朋友家谨密所在去了，方才娶得妾安稳。（凌濛初《初刻拍案惊奇》）

（73）不如私自逃往别方，不回有穷国，免他来寻。过了几年，看他如何？（钟惺《夏商野史》）

（74）只一合将哈打下马去，横冲刘阵，不知秦王何在，即勒马加鞭，投往西北一路而来。（罗贯中《隋唐野史》）

（75）今只得将你妹子进往朝歌，面君赎罪。（许仲琳《封神演义》）

（76）晁田、晁雷见殿下执剑前来，只说杀他，不知其故，转身就跑往寿仙宫去了。（许仲琳《封神演义》）

（77）诸人死鬼未得托生者，常仰阴司收管，非天地赦日、八节归往凡间者处斩。（《道法会元》）

（78）唬得外边军士连忙报往凤凰城。（《说唐全传》）

（79）该得打落酆都之罪，已经奔逃往东南方。（好古主人《赵太祖三下南唐》）

（80）但汝今令尊公，便要将我二人押解往唐营，如何走脱？（好古主人《赵太祖三下南唐》）

这些例子具有共同的特点，即用于"V+往+处所词语"模式中，其处所词为"河西、别处好朋友家谨密所在、别方、西北一路、朝歌、寿仙宫、凡间、凤凰城、东南方、唐营"，而句中的核心动词分别为"奔、搬、逃、投、进、跑、归、报、奔逃、押解"等。

汉语中既有"往+O+V"结构形式，也有"V+往+O"结构形式，前者中的 O 可以是位移的目标或终点，也可以是位移的方向，而后者中的 O 只能是位移的终点，不能是方向（崔希亮 2012）。"V+往+O"构式作为位移事件，其动力来源于位移主体之外（外动力事件）。我们认为"V+往+O"的构式义为：长距离位移事件，且位移事件中凸显终点或目的地。"V+往+O"的意象图式如图 7-12 所示。

图 7-12　"V+往+O"的意象图式

　　图 7-12 中，a 为射体，b 为陆标（终点或目的地），"→"表示位移的方向。王力（1980）曾专门探讨过上古汉语中"往"的动词义，通过将"往"跟"去"进行对比，明确了"往"作动词用时的语义特点。王力认为在上古汉语里，"往"和"去"的意义是不同的。"往"表示前往其地，其目的地是明显可知的；而"去"只表示离开某地，不管是到什么地方去。"往"的动词义（语义滞留）直接影响了它演变为介词后所具有的标引功能。我们认为"V+往+O"构式中，"往"只标引目的地，不标引方向。其一，任何位移都具有明确的方向性，但不是任何情况下位移方向都具有显著性。当人们关注位移事件的其他方面时，位移方向就被淡化了，只作为一种附属解读而存在。其二，方向性强的方位词并不能出现在"V+往+O"的 O 位置上。如果"V+往+O"中的"往"具有标引方向的功能，为什么还会有此限制呢？单音节方位词不能进入可以从韵律角度加以解释，可是双音节方位词也不能进入，就不能单从韵律角度去寻求解释了。因此，认为"V+往+O"中的"往"可标引方向是不准确的，认为此处的"往"标引方向，一方面可能是受介词"往"兼具两种标引功能的影响，另一方面也可能是没有弄清在"V+往+O"中方向是凸显概念还是附属解读（王小溪 2004；储泽祥 2005；刘光明等 2006；马梅玉 2010；顾龙飞 2019）。

　　我们赞同崔希亮（2012）对方向和目标所做的区分。他认为：方向是由单纯方位词指涉的，如东、南、西、北等；目标是由处所词语指涉的，如北京、礼堂等。前位和后位可以形成一组对立：

前位　　后位	前位　　后位
往东跑→*跑往东	往门口跑→跑往门口
往南飞→*飞往南	往上铺爬→爬往上铺
往上爬→*爬往上	往南京开→开往南京
往左开→*开往左	往里头缩→缩往里头
往后缩→*缩往后	往事发地赶→赶往事发地

介词在位移事件中的功能主要是标引事件语义角色，如标引位移的起点、经过点、路径、方向、目标、终点等。"往"标引终点时，"V+往+O"结构中的 V 往往具有如下表现形式：①"一 V"；②"V 了 V"；③V 了+O；④V 了+DQ（DQ 表示动量）；⑤Vq+O（q 表示趋向补语）；⑥V 得 C（C 表示结果补语）。

"南"为方位词，表示方向，为什么不能进入"V+往+O"构式中？"南"系四个主要方向之一，表示早晨面对太阳时右手边的方向。方位短语通常表示相对具体的空间，如"超市里"，方位词"里"使"超市"作为容器的一面被凸显，因此"超市里"被识解为容器的内部空间。地点名词和地址信息都用于标明某个指定地点。地点名词和地址信息能够在地图上用点进行标注，方位词或方位短语则很难做到，通常我们无法在地图上用点来标注"南"或"学校里"。这样地点名词、地址信息能够被识解为点式陆标，进入"V+往+O"构式。

第 8 章 "V+在+O" 结构的构式化
与构式演变

8.1 引 言

  介词"在"是现代汉语母语者和留学生使用频率最高的一个介词（崔希亮 2005），介词框架在现代汉语中的使用频率也非常高：据统计，现代汉语语料库中使用"在"与方位词构成的介词框架比例高达 67.07%（刘梅2009）。吕叔湘（1999a）在《现代汉语八百词（增订本）》中指出：介词"在"在动词后可以和表示时间、处所和方位等的词语组合。黎锦熙（1932：199）在《新著国语文法》第 105 节"时地介词"中"在"指出：内动词的第（1）通常动作和第（2）关系他物的这两种（参照 82 节），其中如"坐、站、休息、掉、谁、死"等，这些动作的状态都是静定、固着的；又如"飞、走、跑"等，这些动作的状态乃是流动、连续的（推之外动词皆然）。凡表静着的内动词，若要用介词"在"介出地位，或前或后，都可附加；例如"我在讲台上站着"，也可以作"我站在讲台上"。若是表流续的内动词，便不能如此，只可附加在前，例如"他们在操场上赛跑"，除诗歌或新的译著外，习惯上都不作"他们赛跑在操场上"。"V+在+O"结构的研究，主要表现在下面几个方面。

  首先，"V+在+O"结构的本体研究[①]。

  第一，"V+在+O"结构的句法研究。范继淹（1982）认为"在+L"在句中有三个位置，即主语前、动词前、动词后，由位置的不同构成三种不同的基本句式。他还列举了三种基本句式及物动词句的三种变式：①把字式；②受事主语式；③状态呈现式。指出变换关系首先存在于基本句式和它们自己的变式之间，而不是某个基本句式和另一个基本句式的变式之间。关于该式的句法特点，范继淹（1982）指出该式对 V 音节数有约束力：

[①] "V+在+O"结构，是一个处于发展变化中的格式，"在"既前附于 V，具有附着性，"V 在"不能全部视为复合动词（其中，部分"V 在"已凝固成词，为词典所收录，如"好在"），但构成了"相当于一个动词的整体"，O 是"V 在"的宾语，同时"在"作为一个虚化中的介词，在结构和语义功能上仍具有一定的独立性。

单音节 V 大部分能够进入该式，双音节 V 大部分不能进入。朱德熙（1981）认为双音节 V 进入该式不合法。张赪（1997）也认为 V 音节数决定着"在 L"的位置，V 为双音或三音词"在 L"一般位于 VP 前。邢福义（1997）通过事实追踪，认为"V 在+L"格式中使用双音节 V 的现象越来越多了，且双音节 V 内部结构并不单纯，认为这类格式的使用是开放的，因为它受单音节 V 类化力的影响，并具有语用根据。崔希亮（2001）详细地分析了 B 式（NP+PP+VP，即"在+NP"位于动词前）和 C 式（NP+VP+PP，即"在+NP"位于动词后）的句法差异：B 式的 V 多为复杂形式，C 式的 V 多为简单形式；B 式"在 L"与 VP 之间可以插入其他成分，C 式的"在 L"与 VP 之间不可以插入其他成分，所以认为 B 式的"在 L"是一个语法体，C 式的"VP 在"不是一个语法体；B 式的"在 L"在句法结构上是可以删除的，C 式的"在 L"不能删除；B 式的"在 L"可以移到句首，C 式的"在 L"不能移到句首；B 式较难直接变换成"把"字句和被动句，C 式易变换成"把"字句和被动句。

　　第二，"V+在+O"结构的语义研究。主要有以下几点：①表示动作到达后的地点，如"扔在操场上"。②可以表示动作参与者出现或消失的地点，如"站立在舞台上""消失在人海"等。③表示动作发生的时间或范围，如"限定在可控的范围内"。④表示动作所呈现出的状态。如"瘫痪在床""沉浸在喜悦中"。王还（1980）认为"V+在+NP"表示动作的参与者（施受事）受动作的影响到达一个地点。戴浩一（1988）从汉语语序的一般原则（即时间顺序原则）方面指出"V+在+NP"结构指动作要到达的场所。朱德熙（1981）认为"V+在+NP"的语义与动词的性质存在一定关系。如果动词表示"附着"义时，"V+在+NP"则表示事情发生的位置，否则表示运动的趋向。范继淹（1982）认为"V+在+NP"表示动作位移或状态呈现的地方。侯敏（1992）将该格式的语义内容概括为：①表动作参与者（施事、受事、工具等）受动作影响所居的处所；②表状态呈现的处所。赵馨怡（2018）认为"V 在 NP"的语义功能可分为四类：①动作的终点到达某处所，并以某种状态保持下去；②动作终点到达某处所；③动作在某处发生，并以该动作状态持续下去；④动作在某处发生。顾龙飞（2019）认为"V+在+XP$_L$"既可以表达处在义，也可以表达位移义。邵洪亮（2003b）认为当 V 表动作时"V 在+L"格式的语义功能可概括为：①表示动作参与者通过动作抵达于某处所；②表示动作参与者动态呈现于某处所。V 表状态时，其语义功能可概括为：①表示人或事物静态呈现于某处所；②表示人或事物状态变化发生于某处所，而每一类内部语义上的细微差别都跟动词小类有关。

第三，"V+在+O"结构的语用研究。金立鑫（1993）从篇章因素和说话人的主观情态考察了"把 OV 在 L"的语用特征。指出"把 OV 在 L"对应着"对象同一"的特征，其篇章功能是照应前句中的宾语，而"在 LVO"对应着"对象不同一"的特征。"把 OV 在 L"与"O 被 V 在 L"或"OV 在 L"是相对自由的句型变体，选择何种取决于说话人的心理视点，如果说话人将心理视点转移到前句的宾语上，以之为陈述的起点，则选用"O 被 V 在 L"或"OV 在 L"，否则选用"把 OV 在 L"。董晓敏（1997）认为"V 在了 N"相对"V 在 N"有独特的语用价值：表义上强调动作的完成，位置的落实，整个结构有具象性。使用上，一是排斥将来时间句恒续时间句和否定句；二是不出现在连动式前项；三是可以和"V 到了 N"对举使用，使形式富于变化。邵洪亮（2003b）将"V 在+L"格式的语用特征概括为：对象的有定性；处所的焦点性；心理视点的可转移性。"V 在+L"格式所在的几种同义句式在语用上差别较大，其中，重动式"V+O+V 在+L"最为特殊，其区别于其他句式的语用特征包括动作结果的不合常规性、动作过程的话题化、动作对象的类指性或无定性。

其次，"V+在+O"结构的认知研究。

俞咏梅（1999）认为在施动句中"在+L"的语序受时间顺序原则等象似性原则的认知基础和逻辑依据制约：表[起点]和[原点]义的"在+L"只能位于 V 前；表[终点]义的"在+L"可以位于 V 前，也可以位于 V 后，但前者是预期的[终点]，与 V 的进行体相关，后者是已然的[终点]，与 V 的完成体相关。在状态句中"在+L"语序受"参照物先于目的物"这一象似性原则的制约。沈家煊（1999）以"在"字句和"给"字句为例，说明了不同的词类序列代表不同的句式，但句式并不等于词类序列；一个句式是一个"完形"，即一个整体结构。只有把握句式的整体意义，才能解释许多分词类未能解释的语法现象；句式整体意义的把握跟心理上的"完形"感知一致，都受一些基本认知原则的支配。崔希亮（2001）认为汉语空间方位关系及其泛化形式的理解是一个整体的认知过程，与各项参数的变化分不开，而不完全取决于"在 L 上"这个结构本身。不同的句法表现传达不同的信息，不同的信息表现为不同的语义场景，不同的语义场景映射的是不同的认知图式。"在+L"位于 V 前还是 V 后，来源于不同的认知图式。梁子超、金晓艳（2020）认为"在+处所"位于动词之前时属于"舞台表演事件"，位于动词之后时属于"位移事件"中与终点有关的部分，可以将其归纳为"背景—行为/状态构式"与"终点构式"。这种视角可以解释很多以前难以解释的语言现象。运用事件框架来分析"在+处所"的优势在于,它遵循语言使用者的心理现实性,更符合人们的认知习惯。

最后,"V+在+O"结构的应用研究。

许慧(2018)对北京语言大学的 HSK 动态作文语料库和暨南大学中介语语料库中"V+在+NP"结构偏误语料进行分析。考察了外国学生偏误情况,发现外国学生的偏误主要表现在误加、遗漏、错序、误代、杂糅等。偏误的原因有母语负迁移、目的语知识的泛化和教材影响。对"V+在+NP"结构进行教学时,对其中易混淆语言点进行辨析,语法点解析需更有针对性,需提供丰富的课后阅读材料和课后练习。教学上,采用图示教学法,教学中加强汉外对比,丰富练习形式,及时复习并归纳总结。高源(2021)总结了"V+在+NP"与"在+NP+V"两种结构中动词的类,并尝试探讨制约 V 和"在+NP"语序的主要因素。V 和"在+NP"的语序主要受节律、时间顺序原则、认知等方面的限制,且这三方面的要素是综合发挥作用的。论文收集了 HSK 动态作文语料库中留学生"V+在+NP"结构的偏误,类型有遗漏、误加、误代、错序四种,结合《国际汉语教学通用课程大纲》以及《发展汉语》系列教材,提出了具有可操作性的教学建议。

我们拟从构式化与构式演变的角度,考察"V+在+O"构式在共时层面的表现和历时层面的演变。

8.2 "V+在+O"结构的构成要素分析

"V+在+O"构式有三个构件要素:"V""在""O"。

8.2.1 "V+在+O"结构中的"V"

谭慧(2008)认为进入"V 在 NP"结构的"V"只能是单音节动词,其实,有些双音节动词也可进入结构。顾龙飞(2019)根据封闭语料库,认为可以进入"V+在+O"构式的动词分为三类。具体如下。

动词 A(表静态 198 个)。单音节的有:坐$_1$、站、住、躺、蹲、放、停$_2$、躲、立$_1$、呆、跪、睡、趴$_2$、挤$_1$、挂$_1$、围$_2$、压、摆、关、伏、贴$_2$、靠$_1$、趴$_1$、埋、藏、贴$_1$、聚、夹$_3$、骑、倚、堵、待、搁、带$_1$、立$_2$、等、倒(dǎo)、抱、楞、插、守、瘫、挡、卧$_1$、赖、悬、装、泡$_1$、停$_1$、陪、吊$_1$、搭、拴、闷、粘、泡$_2$、歪、钻、握、偎、垂、堆$_1$、浮、含、拦、拿、拖$_2$、穿、挂$_2$、混$_1$、排$_1$、捂、揣、冻、架$_1$、绑、攒、浸、捆、披、撑、锁、支$_1$、搂、卧$_2$、挨、戴、卡、凑$_1$、竖、摊、举、拎、

码、窝、散、垫、顶、裹、系、沉、束、混₂、枕、托、捧、漂₁、铺、蜷、绕₁、盖、候、积、溅、怔、套₁、缠、抵、扶、附、扣、罩、淌、围₁、塞、背等 126 个。

双音节的有：聚集、居住、坐落、生活、分布、悬挂、停放、守候₁、关押、依偎、停靠、集中、端坐、堆放、驻扎、矗立、蜷缩、寄放、存放、躲藏、浸泡、停泊、停留、伫立、摆放、站立、放置、陪伴、栖息、陈列、安放、瘫软、耷拉、寄存、偎依、漂浮、等候、散布、俯卧、屹立、附着、坚守、保存、张贴、拥挤、匍匐、竖立、瘫痪、堆积、横亘、仰卧、耸立、环绕、汇聚、排列、盘踞、齐集、守候₂、守卫、逗留、横跨、倚靠、守护、安葬、驻守、汇集、积压、蜷曲、缠绕、瑟缩、厮守、肃立等 72 个。

动词 B（表动态 30 个）。有"走、跟、行走、漫步、跟随、行驶、穿行、穿梭、跑、徘徊、徜徉、簇拥、追、飘、行进、游荡、冲、奔跑、围绕、尾随、奔走、奔驰、流浪、驰骋、奔波、随、荡漾、航行、流落、盘旋"等 30 个。

动词 C（显示位移 149 个）有"放、出现、坐₁、落₂、扔、掉、落₁、跪、倒（dǎo）、挂₁、撞、砸、抱、搭、摔₃、蹲、摆、丢、塞、埋、藏、搁、伏、躺、插、站、扑、压、贴₂、摔₁、搂、楼₂、消失、撒、趴₁、绑、拍、戴、铺、跌、拴、安放、垫、装、扣、倒（dào）、滴、揣、挡、披、洒₁、叼₂、叼₁、摆放、盖、夹₁、套₁、系、背、贴₁、穿、吊₁、躲、架₁、捆、拦、撑、凑₂、浇、摊、泼、骑、淋、抵、堆放、裹、掷、摁、扶、混₁、夹₃、举、摺、搂抱、泡₁、甩、吐（tù）、捂、安葬、包、抢₂、披、分配、晾、套₂、卸、洒₂、倚、抓₁、放置、附、扛、摞、抛、喷、收、握、盛、粘、罩、钉、枕、翻、糊、竖、推、歪、缠、倾倒（dào）、张贴、揽、立₂、出没、垂、攀、挂₂、挤₁、浸、浸泡、束、跳、托、围₁、带₁、弹、绕₁、蹬、栽、端、堆₁、堆₂、覆盖、拎、蒙、掀、按、缠绕、倾倒（dǎo）、顶"等 149 个。

这些动词大体可分为状态动词、动作动词和心理活动动词等类别。

第一，状态动词。

这样的动词有"坐、躺、趴、蹲、站、跪、死、破"等。这些动词，或表示某人或动物的姿势状态，或表示瞬间动作完成后形成另一种状态，或表示瞬间状态变化完成后形成一种性质。曹逢甫（2005）采用区别性特征的方式对状态动词和行为动词进行了区分。李临定（1990）对状态动词进行了细致的分类。他把状态动词首先分为"有相对的动作动词的"和"没有相对的动作动词的"两类（后一类数量很少）；然后再把有相对的动作动词的状态动词分为七小类,即:①表示人或物所处状态的(如"躺、坐"等);②表示身体某部分所处状态的(如"抬、睁"等);③表示物体置放状态的(如"晾、存、包"等);④表示物体(在身体某部位)存在状态的(如"戴、踩"等);⑤表示物体开合状态的(如"开、锁"等);⑥表示物体由来(制成)状态的(如"绣、写"等);⑦表示栽、种、生、长等状态的(如"栽、种"等)。没有相对动作动词的状态动词有"哽、病、住、歇、呆、醉、醒、活、聋"等。例如:

(1)的确,从某种意义上说,皇帝其实就是一个国家最大的农民,一个"坐在龙椅上的农民",只不过,他所耕种的不是田地,而是整个国家。(丁守卫《明朝有泪不轻弹》)

(2)丽江是一生中必须要去一次的地方,丽江是去过一次依然想再去的地方,离开丽江半月有余,可我还是宿醉未醒,依然沉醉在丽江的蓝天白云下,依然陶醉在丽江的一花一木里,依然沉浸在丽江古朴的一砖一瓦之中。(佛山韵律文学艺术丛书编委会编《佛山韵律文学艺术丛书 2017 年散文诗歌卷》)

例(1)"坐在龙椅上"可以变换为"在龙椅上坐着";例(2)"沉醉在丽江的蓝天白云下"不能变换为"在丽江的蓝天白云下沉醉"。这既跟 V 的类型有关,还跟"在+处所"的分布有关。张国宪、卢建(2010)指出"V 状+在+处所"构式对应的典型事件中,由于观察者对动作实施了整体扫描,动作被识解为一个有内在终结点的有界行为……"在+处所"则进入了观察者的注意视野,被有效地关注,放在了句末焦点的位置,起参与者或类似于参与者的作用。

第二,动作动词。

动作动词分为持续动词和瞬间动词。

首先是持续动词。有及物和不及物的区别。先看及物动词,一是附着类动词,有"安、安装、围、雕刻、披、挂、写、涂、贴、粘、编、绣"等,表示施动体通过行为使动体附着在处所 N_L 上。例如:

(3)出工到生产队做活时,就把一本书放在竹夹子里夹住,挂在后腰,一是方便携带,二是能保护书本不被弄坏。(赖国清《曾经的乡土:讲给女儿的那过去的事情》)

（4）因为皇帝是真命天子、龙子龙孙，龙的后代，故衣服上的龙不止绣一条，而且也不止绣在一处，全身都有。（张淑媛等《天象》）

例（3）中，动体"一本书"通过施动体"我"的行为"挂"，最后附着在处所"后腰"上；例（4）同样如此，"龙"通过"绣"的动作行为，附着在"衣服"上。

二是位移动词，有"扔、射、撒、投、踢、撞、埋"等，表示施动体做出一定的行为，致使动体发生位移改变。例如：

（5）狮子模样认真地歪着头，看起来是那样的热心。正当狮子预备扑向他的猎物时，马竟先抬起他的后蹄，一下子踢在狮子的鼻尖上，把狮子踢昏了。（林海音《想飞的乌龟》）

（6）常种田回到住处，把自己扔在了炕上，长长地吐了一口气，他从衣袋里摸出一根香烟，吞云吐雾地抽着。（贺绪林《关中枭雄系列 马家寨》）

例（5）中的"踢"，例（6）中的"扔"都是位移动词，作为位移事件，位移体是施动体（如"狮子、常种田"），位移动力来自位移体本身。

再看不及物动词。一是姿势类动词，表示的行为动作一般可以持续，如"走、跑、奔跑、飞、飞舞、停留、骑、蹲"等。二是位移类动词，如"跳、落、降、撒、降落、下降、上升"等。例如：

（7）凡乌鸦清晨在屋脊上鸣叫，或飞在人的前面叫，或飞在人的头上叫，并且你打开它去，片刻仍飞来叫，则认为是祸事临头不吉利的先兆，特别在春节农历正月初一早晨乌鸦叫更以为这一年诸事不利。（叶大兵、乌丙安《中国风俗辞典》）

（8）让我们闭上眼睛想象这一幅图景：鱼似乎不是游在水里，而是荡漾在虚空中，日光照下来，鱼的影子竟然映在潭底。（夏昆《在唐诗里孤独漫步》）

（9）要知道，现在可是 11 月底的上海，我穿的 T 恤里还罩着一件绒衣，这个老人竟然像冬泳一样赤足奔跑在赛道上，太厉害了！（王丹戈《蚂蚁的奔跑：一个宅女的马拉松之旅》）

例（7）—（9）中"乌鸦""鱼""这个老人"是动作"飞、游、奔跑"的施动体，也是句子的施事、位移体。张伯江（2002）认为，具备下列特征越多，越可以理解为施事：具体性、可移动、自动力、生物性、有生命、有意愿、有理性、叙述者。当然，这里的施动体在生命度上有差异（这个老人>乌鸦/鱼），"这个老人"是普通的指人名词，"乌鸦、鱼"则是"其他有生名词"。施动体的生命度越高，其发出位移力的能力越强，对位移体控制力越强。人类既有意愿性，又有意识性，所以其对发出位移力的能力最强，对位移体控制力最强。

其次是瞬间动词，主要有"死、出现、消失……"等（顾琼 2014）。邵敬敏（2014）指出瞬间动词一般具有如下特征：①表示动作行为，瞬间发生，一般不可能持续；②这类动词若带上时体标记"着"，表示动作反复进行；③如果采用重叠的方式，这类动词往往表示动作反复的次数比较少等。如"敲、切、打、拍、撞、吐、踢、砍、碰……"等。例如：

（10）我国南方，流传着几句话："生在苏州，穿在杭州，吃在广州，死在柳州。"其中"死在柳州"，意为柳州棺材因质优工巧而饮誉全国。（唐侬麟《八桂香屑录》）

（11）朱元璋出生在"钟离之东乡"的文字，最早见于明洪武二年（1369）危素撰写的《皇陵碑》："皇考有四子，长兄讳某，生于津律（里）镇；仲兄讳某，生于灵璧；三兄讳某，生于虹县。皇考五十居钟离之东乡，而朕生焉。"（周钰雯《朱元璋之谜》）

例（10）中的"死"是瞬间动词，而跟它意义相反的"活"是非瞬间动词（持续动词）。一般可以后加"着"进行鉴别，如"死着"不能说，但"活着"就可以。例（11）中的"出生"也是一个瞬间动词。

第三，心理活动动词。

这样的动词有"爱、恨、认识"等。例如：

（12）丢弃掉心里的标尺，不要爱在"影子"里，与最真实的爱人一起谱写属于你们的幸福故事。（米苏《不要急，一切都来得及》）

（13）警察局长看在眼里，恨在心里，多次恶狠狠地扬言："这个不知天高地厚的易卜生，不吃敬酒吃罚酒，早晚被我抓住把柄，好好地收拾你。"（达夫《世界经典思维名题》）

例（12）中的 "爱" 和例（13）中的 "恨" 均为心理活动动词。当然，"爱、恨" 都属于精神层面的心理活动。《汉语大词典》[①]对 "爱" 的解释为：1. 待人或物的深厚真挚感情。《庄子·山木》："（孔子）徐行翔佯而归，绝学捐书，弟子无挹于前，其爱益加进。"《礼记·礼运》："何谓人情？喜、怒、哀、惧、爱、恶、欲。" 2. 指具有深厚真挚的感情。《左传·昭公二十六年》："兄爱而友，弟敬而顺。"《后汉书·陈敬王羡传》："肃宗性笃爱，不忍与诸王乖离，遂皆留京师。" 3. 仁惠。《左传·昭公二十年》："及子产卒，仲尼闻之，出涕曰：'古之遗爱也。'" 4. 喜欢，爱好。《论语·颜渊》："爱之欲其生，恶之欲其死。" 唐杜甫《戏为六绝句》之五："不薄今人爱古人，清词丽句必为邻。"

8.2.2 "V+在+O" 结构中的 "O"

当 "V+在+O" 结构表示现实空间运动事件时，"O" 主要为体词性成分，可以为地点名词、方位短语、代词、"方位词+面/边/头" 等。"V+在+O" 结构中的宾语 O 大致可以分为五类：处所宾语、时间宾语、对象宾语、程度宾语和范围宾语。

8.2.2.1 处所宾语

第一，处所词（包括表示地点的处所词、表示单位机构、建筑物的处所词、抽象的处所词）。例如：

（14）但是，朱德这时已和刘少奇去了河北平山县，而贺龙一直留在黄河以东的晋绥地区。（汪德春《黄埔名将胡宗南》）

（15）保存在俄罗斯科学院东方研究所圣彼得堡分所的《文海》虽然有大约一半的篇幅亡佚，但由于这是唯一标有明确韵类和反切注音的西夏字典，所以它在字音方面给我们的提示要多于其他字书。（聂鸿音《西夏文献论稿》）

---

① 该释义来源于《汉语大词典》2.0 版电子版。

（16）风平浪静的日子，我喜欢懒洋洋地凭倚着船尾的栏杆，或者爬上大桅盘，一连几小时对着夏日里静谧的海面沉思默想；我喜欢凝望那刚刚露出海面的一团团金色的云彩，把它们想象成仙境，把我臆想的人物移至其间；我喜欢注视那微波漾漾的海面，那翻滚的银涛仿佛要消失在幸福的彼岸。（彭国梁选编《悠闲生活随笔》）

例（14）中的处所宾语"黄河以东的晋绥地区"为表示地点的处所词；例（15）中"俄罗斯科学院东方研究所圣彼得堡分所"为表示单位机构的处所词；例（16）中"幸福的彼岸"为抽象的处所词。

第二，方位短语结构（单位机构、建筑名+方所词、一般名词+方所词、抽象名词+方所词）。例如：

（17）背景说明：2002 年 9 月 4 日，北京大学法学院的新生聚集在图书馆门前，法学院院长朱苏力教授发表讲话，这是他讲话的结束语。（吴霞主编《精短开场白与结束语 多情境下的开篇与结语范例宝典》）

（18）他又是庄家，赢面略高。老叫花将骰子抓起，轻轻撒在桌子上，却是九点，多了一点便吃了庄家的一千两银子，老叫花的赌运不错。（令狐庸《续鹿鼎记》）

（19）好吧，看在钱和美食的份儿上她暂且留下来吧，不过这样的场合还真是让人鸭梨巨大，如果是自助的话她还可以在吃饱喝足之后偷溜，可是现在，跟着 boss 大人坐在主桌上，还得时不时跟人寒暄继而露出奇傻无比的笑容。（如是嫣然《亲，你知道的太多了》）

例（17）中"图书馆门前"是"建筑名+方所词"构成方位短语；例（18）中"桌子上"是"一般名词+方所词"构成方位短语；例（19）中"钱和美食的份儿上"是"抽象名词+方所词"构成方位短语。

8.2.2.2 时间宾语

从时间在语义结构中的功能来看，大体可以分为时段和时点两种（陈昌来 2002a）。时点相当于时间运动过程中的各个点，大致可分为四类：所在时间、起点时间、终点时间、方向时间。时段就是时间的长短，相当于时间的所在，"V 在"后也常出现表时点的名词性短语。例如：

（20）山东省有的专家认为，出菇时间应安排在春秋两季，即春季在 3—4 月份出菇，秋季 10—12 月份出菇，并根据其出菇时间来安排菌棒及菌种的制作。（曾立文、吕凯、郭书普《杏鲍菇高效益生产关键技术问答》）

（21）高潮出现在 10 日下午 2 点，历史上在这一时刻，南方军队的皮科特将军错以为己方的炮火已经摧毁了北军主力，让数千士兵在方圆一英里的开阔地带休整，结果惨遭北军歼灭。（《欢天喜地去打仗》，《都市快讯》2003 年 8 月 16 日）

（22）例如，对于北京地区，1 月份最低平均气温为–7.4℃，出现在凌晨 6:00—7:00 时段，最高平均气温为 0.7℃，出现在下午 14:00—15:00 时段，它们分别对应相对湿度最高平均 57%和最低平均 33%。（冉茂宇、刘煜主编《生态建筑》）

例（20）中"春秋两季"和例（21）中"10 日下午 2 点"都是时间宾语；例（22）中的"凌晨 6:00—7:00 时段、下午 14:00—15:00 时段"，同样是时间宾语。

8.2.2.3　对象宾语

对象既可以是人，也可以是物。例如：

（23）更有甚者，自己干脆放弃事业与追求，一心扑在孩子身上，包办孩子的一切琐事，就像上面案例那样，无形中，反而给孩子带来了压力。（吴琦玲《发掘孩子的性格能量：自剖式九型人格教养》）

（24）具体到东、中、西部教育经费总投入在各级各类教育中的分配比例，无论是 2006 年还是 2010 年，总体上来说都和全国整体分配类似。（刘俊贵《中国教育财政研究报告 2012》）

例（23）的"V 在"后跟的"孩子身上"，为对象宾语；例（24）的对象宾语为"各级各类教育中的分配比例"。

8.2.2.4 程度宾语

（25）下面是我们全家抗三高的口号，请注意：我们全家都要坚定信心，坚决实施"三道防线"将血糖等几项指标，控制在最佳程度，三道防线：1.低糖、低脂、低盐，高纤维，维生素充足的饮食；2.积极有效地锻炼身体；3.按时服药。（杨坡《一沓剪报：妈妈最想让孩子知道的幸福密码》）

（26）俗话说："人要逼，马要骑。"每个人应根据自身条件，把压力维持在最佳程度，只有这样才能临压不惧，真正体验快乐生活。（张俊红《不怕输才会赢》）

例（25）（26）中的"最佳程度"为程度宾语。

8.2.2.5 范围宾语

（27）把情绪度保持在 2.8 度至 4 度之间——心理学家经研究后发现，现代社会中普通人一天的情绪度基本上是围绕着 2.8 度波动（贴近正常区）。但是情绪智力高的人，能清除一切压抑情绪的人，他们的情绪度一般都在最高处即 4 度的清屏区波动。（蒋爱珠《面由心生：情绪养心术》）

（28）大多数人都生存在一个品味质朴的小圈子里，限制在他们的家庭、他们的住房、他们的工作中。（G·丽菲《性格品味》）

例（27）中的"2.8 度至 4 度之间"为一个度量的取值范围；例（28）中"他们的家庭、他们的住房、他们的工作中"分别表示的是限定的范围。

当"V+在+O"结构表示非现实空间运动事件时，"O"不仅可以为体词性成分，还可以为谓词性成分、主谓结构与复句等。

（29）曲琬站在一丛九重葛下面，她的头发被风吹得乱舞，缠在她的脸上。她真是这个灰扑扑的地方，最亮眼的一抹颜色。（璇儿《第 12 夜：埃及神庙之谜》）

（30）在韶关，火车进行了赴港前的最后一次编组，这次我

们却被编在最前面，成了"领头羊"，紧挨火车头。（张志尧、于立波《大时代的记忆》）

（31）黑豹唰地跳到货架后，面色惨白地盯着贼王。他没有想到是这个局面。他原想把贼王留在 1999 年的洼地里，那样一来，留下一个书呆子就好对付了，可以随心所欲地逼他为自己做事。可惜，贼王仍跃迁到金车，按他对师傅的了解，他绝不会饶过自己的。贼王慢慢转过身，额角处的鲜血慢慢流淌下来。（王晋康《黄金的魔力》）

（32）针对民办教师的整顿运动冬天里如期开始，事先人们的种种猜测随着整顿的深入开展一一得到了证实，大家都提心吊胆过日子，唯恐招致无妄之灾，别看平日嘴里喊挣钱少没出息，去留无所谓真正动在自己身上，谁也怕落个千古遗恨，所以，小心翼翼地相互打听、探询，此时的情形用"风声鹤唳，草木皆兵"形容再恰当不过了，尽管这样，最后的结果仍令人不寒而栗……（刘亚栋《民办教师》）

（33）首先让魏彪公子与她比文赛武，给她一个先入为主，让良玉一见倾心，"这样比你邀媒说和还高人一筹"。魏世雄听后，眉开眼笑地竖起大拇指说："还是参政足智多谋，事成之后，必有重赏。"魏世雄将此意告知知府邱陶后依计而行，将赛诗比武擂台设立在州城文昌宫，将时间定在三月初五日巴蔓子将军纪念日，在西南四省广发邀请函，参加擂台赛者，简直踩断秦家门槛。（田应良《金戈铁马铸忠诚》）

例（29）中的"她的脸上"是定中短语；例（30）中的"最前面"是状中短语；例（31）中的"1999 年的洼地里"是"一般名词+方位词"构成的方位短语；例（32）中的"自己身上"为表处所的名词；例（33）中的"订在"后面带时间宾语"三月初五日巴蔓子将军纪念日"。"V+在"的宾语，从类型上来看，有处所宾语、时间宾语、受事宾语、对象宾语等。

此外，考察发现，"O"还可以是谓词性成分，例如：

（34）目前，的确像您刚才说的那样，单打独斗闯天下实在是行不通了，任何工作都需要大家的协作。我校现在采用的"合作—分享"式的"大教研"也体现了"赢在团队，胜在协作"的主旨思想。（陶继新、房彩霞《梦山书系 情暖校园》）

（35）"放下"生活中多数人为了一味地索取，将自己的生活空间填得满满当当，不给自己一丁点改变命运的空间，最终也只是将生命耗费在"穷忙"二字上罢了。李嘉诚说过这样一句话，人生不是赢在获取，而是赢在放下。（文捷《逆思维心理学》）

例（34）中"胜在"所带的宾语为"协作"，是谓词性成分；例（35）"赢在获取、赢在放下"，其中的宾语"获取、放下"都是谓词性成分。

另外，"O"还可以是主谓结构，甚至是复句。例如：

（36）我虽是宰相，提拔过无数的官员，但都是有原则的，怎么敢任用有偷盗前科的人呢？今天把事都说出来了，你肯定有愧心，我这里你是待不下去了，念在你为我服务三十年的面子上，我给你三千钱，你离开吧，自己去找个安身的地方。（陆春祥《名家带你读笔记：相看》）

（37）赛后龚松林显得十分失望，"首战便遭遇失败，这的确令人感到失望，今天的比赛我们主要输在了外围，上海队在上半时的远投给我们造成了很大的麻烦，由于我们外教的防守理念主要以内线的防守为主，而我们在外围给了对手过多的出手机会，我想这是我们今天失利的主要原因吧。"（胡斌《福建浔兴难逃鲨口》，《福建日报》2006 年 10 月 9 日）

（38）华夫人：秋香，我念在你是我最宠爱的丫头；如果换了别人我早就把她赶出华府了，以后再也不许在我的面前提起唐伯虎！（《唐伯虎点秋香》）

例（36）中"念在"后面带的宾语为"你为我服务三十年的面子上"，为主谓短语；而例（37）"输在"所带的成分为一个复句，"上海队在上半时的远投给我们造成了很大的麻烦，由于我们……"为因果关系复句；例（38）"念在"所带成分为"你是我最宠爱的丫头；如果换了别人我早就把她赶出华府了，以后再也不许在我的面前提起唐伯虎"，同样为复句，后面接"如果……就"表假设的复句。

由此可见，"V+在+O"结构在表示现实空间运动事件时，由于 V 多为表实际动作的动词，因此"O"多为客观性较强的体词性成分。当"V+在+O"结构表示非现实空间运动事件时，出现了一些主观性较强的动词，如"念"，因此"O"还可以表达主观性较强的原因义等。

8.2.3 "V+在+O"结构中的"在"

动词后的"在"字的词性，一直有争议，主要有①介词说；②准动词说；③构词成分说；④复合动词说；⑤助词说（袁晓明 2008）。对于"V在 NP"内部的结构层次和结构关系，学界有述补结构和述宾结构等不同看法。朱德熙（1985）指出"坐在椅子上"的口语是"坐·de/椅子上"。赵金铭（1995）也指出在北京口语中，"S+V+（在/到）+N_L"句式补语位置上的"在/到"有时读作"·de"（弱化、轻声），说"·de"比说"在/到"更普遍，在更口语化的句式里连"·de"都省略了，比如"V在O"（放在心里，说成放·de 心里，甚至有时简化为放心里）。我们认为，在不同的句法环境中，"在"沿着：动词>介词>词缀>零形式的轨迹发展演变。

从韵律角度上看，"在"不能自成音节，要么跟动词并入，形成"V+在"，要么后附，形成"在+介词"。

从历时发展的角度看，"V+在+L"在结构上处于重新分析过程中，"在"既前倾于 V 具有附着性，和前面的 V 构成"相当于一个动词"的整体，并有进一步虚化为类似构词成分的趋势。同时，"在"作为一个介词在结构和语义功能上仍具有一定的独立性（邵洪亮 2003b）。

我们认为这受到了"V"和"O"的影响，由于"V"和"O"在不断地发展变化，"在"与不同性质的"V"与"O"组合时也会产生变化。

第一，当"V+在+O"中的动词表状态时，介词"在"的处所标引功能较为凸显。例如：

（39）丁德裹的反应比他姊姊快多了，马上又接出另一句话，不像丁德馨，还张着嘴巴愣在一旁。（叶崴《狂飙天使》）
（40）人体正常温度是 37 度，也可以将表头含在嘴里。（微博）

例（39）中的动词"愣"和例（40）中的动词"含"均表状态，"在"用来介引地点"一旁""嘴里"，"在"的处所标引功能较为凸显。此两例中的"O"表示具体处所，则"在"的介词功能得到凸显。

第二，当"V+在+O"中的动词表位移时，"在"的处所标引功能不凸显。例如：

（41）将菠萝丁、葡萄干放另一个锅内，加清水和白糖烧沸，

用淀粉勾芡后浇在米饭上，最后用黄瓜片摆盘装饰即可。（李宁主编《协和营养专家教你：瘦孕就得这样吃》）

（42）母亲盯着他，低声说："你觉得做侍者丢脸是吗？你知不知道，你现在的样子像做贼，这才是最丢脸的。"说完，手一扬，把杯里的酒全泼在了他脸上，转身走了。（阅读丛书编委会编《名校阅读书包 习惯帮我开门》）

例（41）中的"在"用来介引终点"米饭上"，"在"是介词，但是在例句中，阅读者首先关注的是"菠萝丁、葡萄干放另一个锅内，加清水和白糖烧沸，用淀粉勾芡后"，进一步关注的才是终点位置。例（42）中的"在"用来介引终点"他脸上"，阅读者首先关注的是酒从酒杯流动到他脸上的过程，进一步关注的才是终点位置。两例中的"在"表示动作的趋向，更多地起到一个桥梁的作用，其处所标引功能不凸显。

8.2.4 "V+在"的词汇化

《现代汉语词典（第 7 版）》《现代汉语常用词表（草案）》收录的词语，其中收录成词的"V 在"，"V"均为单音节，没有双音节的"V"。《现代汉语常用词表（草案）》和《现代汉语词典（第 7 版）》共同收录词有"存在、健在（动词）、现在（名词）、潜在、实在（形容词）、好在、正在（副词）"等。《现代汉语常用词表（草案）》单独列出的有"好在、旨在"（2 个）。当然，这些"V 在"并不全是动词性的。

8.2.4.1 "V+在"的 MI 值

英国伯明翰大学语言研究中心首先采用 MI 值计算词汇之间的搭配强度，搭配词 X 和 Y 间的 MI 值描述了：①X 所蕴含的 Y 出现频数的信息量，即两个时间之间的关联度；②若两个事件独立，则 MI 值（X，Y）≤0；③若两个事件相互依赖，一个出现意味着另外一个出现的概率高，则 MI 值>0（转引自李德俊 2015）。基于语料库的词语搭配研究，通常把 MI 值大于或等于 3，作为显著搭配词。MI 值越大，说明节点词对搭配词的吸引力越大，搭配强度越高。

我们对"V $_单$ 在"与"V $_双$ 在"的 MI 值进行统计。统计的现代汉语语料共有 1.3 亿汉字（《人民日报》2003 年 1 月—2006 年 12 月），我们使用中文文本 N-gram 串统计软件"CiCi"计算"V $_单$ 在"与"V $_双$ 在"的 MI 值。一般认为，当二字串的 MI 值大于某正数时，其成词的可能性就大。

8.2.4.2　"V+在"词汇化机制

首先，尝试组块策略和心理现实性。尝试组块策略是指"人们说话是一个词一个词地说出来的，听话时也是边听边处理的，是一种尝试组块的过程……这样不断地进行尝试组块，直到词与词的组合得到合理的解释，句子的意思得到准确的理解。"（董义 2007：262）"V+在"的组配也有心理现实性，证据之一：虽然"动词+在+宾语"的结构层次是"动词+在结构"，但是表示实现的体标记"了"却可以插在介词和宾语之间，如"放在了主动应对上、插在了我的心口窝"，通常不能说成"*放了在主动应对上"或"*插了在我的心口窝"（当然，也不排除例外的情况，比如朱赛萍考察的方言中，还真有"V 了在 O"这种表达方式；甚至古汉语的某个阶段，也可以找到类似的用例）。证据之二：在古代汉语向现代汉语演变的过程中，一批"动词/形容词+于/乎+宾语"结构的前两个部分凝固为合成词，如"处于、在于、限于……关乎、近乎"等（袁毓林 2010：322-323）。

其次，重新分析。在重新分析的作用下，[V+[在+NP]]变成[[V+在]+NP]的组配，对此，吕叔湘等（1999：438）说"从古汉语里吸收来的于、以、自，语音上也都附着在前面的动词或形容词上"。冯胜利（2000：150）从韵律学的角度上论证了汉语的[动+介+宾]结构最好分析成[[动+介]+宾]，他指出"汉语句子的基本成分必须严格遵守普通重音'右重'的要求"，而"汉语的普通重音是以最后一个动词的为中心来构造句尾重音的韵律单位"，故"宾语的重音要由动词，而不是介词来指派"，是以"[动介]变成了一个独立的语法成分，属动词范畴（复杂动词）"，而宾语应是"这个新的复杂动词的宾语"。他解释道："这里动词跟介词的重新分析之所以一定要发生是汉语的特殊韵律结构的要求，是由重音的指派造成的。因为汉语的普通重音是以最后一个动词为中心来构建句尾重音的韵律单位。""在"并入动词"V"，原来的 P 留下一个空位，不再阻挡 V 对 NP 的管辖；且 P 并入之后，[V-P]组成一个独立的语法成分，因而 NP 很容易通过这个复合（复杂）动词得到它应该得到的重音。"动+介"出现的句法环境，除了跟动词、宾语有关，还跟所处的句法环境有关，冯胜利（2000）指出，介词结构要在句末出现，介词必须贴附于前面的动词，从而使得[动+[介宾]]重新分析为[[动介]+宾]。

8.3　"V+在+O" 结构的构式用变与构式演变

8.3.1　"V+在+O" 结构的构式义

顾龙飞（2019）认为 "V+在+O" 既可以表示处在义，又可以表示位移义。张国宪（2009）采纳功能主义的语言观，认为句式是一种完形：从心智扫描的角度来诠释两种构式源于不同的识解方式，反映了不同的认知路径，而 "在+处所" 的句位实现是心智上的 "焦点" 和概念描写中的 "凸显" 问题的语言化后果。动前式（B 式）为次第扫描，通常被识解为一种连续的没有终点的运动事件；而动后式（C 式）为总括扫描，通常被识解为一种泛时间性的有界动作的状态事件。

我们认为梁、金文中的概括较为准确，遵循整体大于部分之和的构式观。

8.3.2　"V+在+O" 构式网络

Li 和 Thompson（1981）指出，多数动词可以进入 "在 LVP" 构式，而进入 "VP 在 L" 构式的动词只有四类：位移类、姿势类、发生类和处置类。张国宪（2009）认为，进入两种 "在+处所" 行为构式的动词，在语义上存在鲜明对立：进入 "在 LVP" 的动词具有重复性、意愿性和进行性；进入 "VP 在 L" 的动词具有非重复性、非意愿性和非进行性。但是这也遭到学者的批评，如 "请在这儿坐吧" "老鹰盘旋在空中" "在哪儿跌倒就在哪儿爬起来" "毛主席的话我们永远记在心头"，这些例子中 "坐" 是一个非重复性的动作，没有进行性；"盘旋" 既是反复的又是进行的；"跌倒" 具有非意愿性，但是却在动前式中出现；"记" 则是意愿性的体现。构式比动词更为本质，这同人们认识世界的方式一致，即 "整体" 比 "部分" 更为基本……最后只好又把重点回归到动词的研究上（梁子超、金晓燕 2020）。本节我们重点考察现代汉语中 "V+在+O" 形成的构式网络的多义性。

首先，现实位移事件和虚拟位移事件。

（43）我走在东吴的小白村，红灯笼挂在行道树与廊下，银杏、柑橘和秋冬的花草灿烂在一家一户的庭院里，溪流淙淙，从村间流过，流过中透古井，流过蔡家古井，流过蒋介石天童朝佛

曾经歇息的崇志桥，流在溪头浣洗人的笑容里……（张曙波《熟江南》）

（44）宣德（1426—1435）初年在翰林院，皇帝朱瞻基怀揣着金币到了修史馆，扔在地上，所有人都趴在地上捡，只有李懋一个人站着不动。（周晖《明朝那些小事儿：金陵琐事》）

（45）此后我一边工作，一边照料小女儿。说是照料，其实很狼狈。上课了，我把她带进教室放在讲台边，下课了再把她抱走。（高彩云口述、赵丽君笔录《这辈子》）

（46）不要站在解决问题的立场，而要站在导致问题产生的原因一面，去考虑、联想。就是不要把自己放在主语的位置，而要把对方放在主语上去考虑。（安田隆夫《廉价王：我的"唐吉诃德"人生》）

例（43）"走在"的宾语为"东吴的小白村"，作为位移事件中与终点有关的部分，表示主体"我"到达了终点，并呈现出一种状态，该构式中"走"的位移义已消失；例中"红灯笼挂在行道树与廊下"与前句对举，呈现的是一种静态的状态事件。例（44）"扔在"的宾语"地上"同样为处所宾语，同样表达位移事件中与终点有关的部分——"金币扔在了地上"。它们都是现实生活中的确发生的，为现实位移事件。例（45）"我"把"小女儿"放在讲台边，同样是现实的位移事件；而例（46）"放在主语的位置"则表达虚拟的位移。

其次，静态处在和动态处在。

（47）江一在大院里走了八圈，抽了四根烟，估计女孩子该洗完澡了。开了门一看，女孩已经把衣服洗了，正站在阳台晾衣服呢。（老那《城市蜿蜒》）

（48）这次我们相聚在北京，自然又谈论起许多往事，在首尔，在仁川，在大田，在釜山……这一切仿佛就在眼前。（徐宜发《我述悟声》）

（49）2020年3月初，在新冠疫情刚刚在欧洲暴发的最初几天，也就是巴黎被封锁的几周之前，我就每天徘徊在巴黎的街头了，在当时那种混乱的情况下，我走在街头考虑着应该采取什么样的态度来应对才是正确的。（傅尔得《摄影丛谈书系 对话：21位重塑当代摄影的艺术家》）

（50）比如当车辆行驶在雨雪天时，为防止车轮打滑，会进入低速驾驶的状态；当车辆行驶在傍山险路或者悬崖路段时，驾驶员会减速慢行，谨慎驾驶。（熊光明、于会龙、龚建伟、邸慧军《智能车辆理论与应用：慕课版》）

顾龙飞（2019）认为例（47）"站在阳台晾衣服"、例（48）"相聚在北京"表静态处在，强调物体在空间上具有静态性，即处在体与处在位的位置关系不随时间的展开而发生改变。纯状态动词端坐类、位移动词中的躺类、摆类、拿类、藏类、聚类和非纯状态/位移动词中的系类动词可以被准入进入构式。例（49）"徘徊在"和例（50）"行驶在"在表达动态处在，对 V 的语义要求为：①必须为位移动词；②表达持续均质自移义；③概念化的位移义不能暗含起端或终端。戴耀晶（1997）对现代汉语中的动词作了情状分类，指出有一类动词兼有静态和动态性质，主要有姿势动和位置动词两种。徐富平（2021）也指出，"在 LVP"行为构式赋予动作动词语义上的静态性，表现为时间上动作的连续性和空间上动作主体的非位移性，如"等、看、玩、寄"等，可称为持续性动作动词。"VP 在 L"行为构式赋予动作动词语义上的动态性，表现为时间上动作的瞬间完成性和空间上动作主体的位移性，如"掉、碰、倒、落"等，可称为瞬间性动作动词。当然，我们认为，进入"V+在+O"构式的动词，有典型和非典型之分，只能进入该构式，不能进入别的构式的，为典型动词（如"踩、蹲、靠、睡、躺、站、坐"等），相应地，典型动词所在的构式为典型构式；反之，为非典型构式。

最后，典型构式与非典型构式。

如前所论，"V+在+O"构式，表示"位移事件"中与终点有关的那部分，该构式表示主体到达终点并呈现出一种状态。我们认为，典型的"V+在+O"构式为表示"位移事件"的构式，主体到达终点（处所、时间），并能够呈现一种状态（动态、静态）。例如：

（51）我走在东吴的小白村，红灯笼挂在行道树与廊下，银杏、柑橘和秋冬的花草灿烂在一家一户的庭院里，溪流淙淙，从村间流过，流过中透古井，流过蔡家古井，流过蒋介石天童朝佛曾经歇息的崇志桥，流在溪头浣洗人的笑容里……（张曙波《熟江南》）

（52）设定定时时间时，先按下定开显示键，然后按快校或慢校键即可将定时开时间调在晚上 10：00。（刘修文主编《实用电子电路设计制作 300 例》）

（53）他用毛巾揩干净脸和手，一下子躺在靠窗的行军床上，精疲力竭，却十分清醒。不错，这是一个奇迹。（简千艾《地下紫禁城·1·迷宫》）

（54）一天，牛突然不见了，李长宝找到龙潭边，晃眼看见水牛正躺在龙潭边吃草，便把绳子套在牛头上往回拉。（普学旺主编《中国彝族民间文学总目提要》）

（55）这次出国考察先让老刘去吧，好在我年轻，今后机会还有很多。（何新波主编《现代汉语虚词》）

（56）后来，这个小吏因为贪污犯了案，县令审问他，要给他定罪，小吏哀求说："不看金面，看佛面，看在我家兄面上轻点处罚吧！"县令听了就气不打一处来，责备说："我是个平易近人的官。你家兄是个滑头，为什么只来一次，以后就不见他踪影了？"（陈忠编著《中华神话故事》）

例（51）"走在东吴的小白村"，其中"走"为位移动词，顾龙飞（2019）将位移动词分为自移动词、他移动词、自移/他移兼类动词三类，每类下面，又可以分两小类[仅概念化了自移/他移兼类动词；概念化了自移/他移义（兼类）及相关静止状态的动词]。"走"从词义上看，指"人或鸟兽的脚交互向前移动"，为典型的位移动词，认知主体将"东吴的小白村"选定为参照系，并以此来判定"我"的行为活动，虽然"我"是移动的，但因为"我"始终没有离开"东吴的小白村"，这样"我"与"东吴的小白村"的位置关系没有发生改变，因此可以认定为动态处在事件。顾龙飞（2019）曾列出一个运动事件的基本概念要素图，如图 8-1 所示。

图 8-1 比较全面地列出了处在事件和位移时间基本概念要素。但具体到"V+在+O"构式，则需要具体进行分析。例（52）"调在晚上 10：00"，"调"为动词，意思是"调整"，他移义动词，所带时间宾语。带处所宾语、时间宾语为"V+在+O"构式的典型用例。例（53）表达位移主体"他"以"躺"的方式瞬间改变身体的处在位，现在位于"床上"，这是瞬间弱跨度位移事件。例（54）表达位移主体"水牛"以静态处在"躺"的方式，体现位移所在终点"龙塘边"，为静态处在事件。例（55）"好在"介引

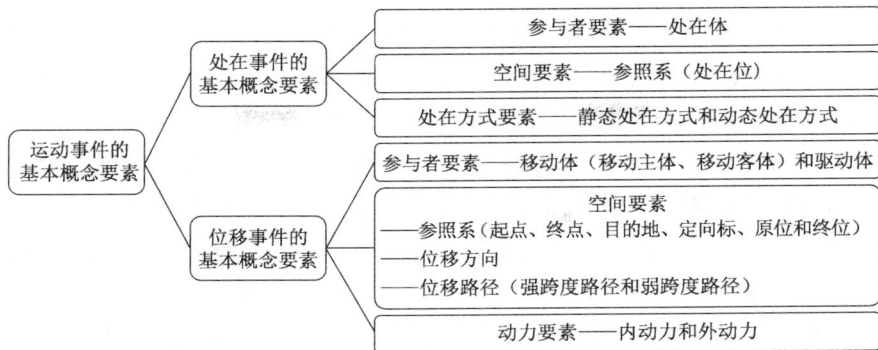

图 8-1　运动事件的基本概念要素

小句，所引导的小句表示促成某事的有利条件。例（56）"看在"所在的结构为"看在……的份上"，待嵌部分可以是某人，也可以是某种曾经经历过的行为。该结构可以自成一个构式，表示说话人希望听话人做出某个行为决定时考虑双方之间的某种情分。多用于请求对方，或者说明自己不情愿做出某行为，考虑到某情分还是做了。

此外，常规构式与非常规构式。这里所说的常规构式，是指带处所宾语、时间宾语、范围宾语、程度宾语等的"V+在+O"构式，但随着构式的发展演变，我们发现，出现一批非常规构式。

（57）中国也有完美的人生：吃在广州，穿在杭州。玩在苏州，死在柳州。（詹海峰《畚扫集》）

（58）由于自然的、社会的、历史的条件不同，汉民族的吃，在世界上形成独具一格，誉满全球的"中餐"，故人们说：住在联邦德国，穿在法国，玩在美国，而吃在中国。（徐杰舜《汉民族发展史》）

（59）把书放在腿上，伸出舌头舔舔指头，掀开书。（管桦《小英雄雨来》）

（60）下汽车的时候，吴欢匆匆地对施亚男说："你先走吧，我昨天大概把书忘在车上了，我得去找找！"（张洁《谁生活得更美好》）

于赛男和李劲荣（2022）认为"V+在+N 地点"的核心构式义可概括为"N 地点是活动 V 发生的最佳处所"，话语功能是褒赞性的主观评价。该构式要求"V"具有活动日常性，"N 地点"具有空间专有性。构式是在焦点凸显原则与焦点居尾原则的共同促动下形成的，形成机制是重新分析、类推和语境吸收。例（57）的意思是"吃、穿、玩、死"等活动发生的最佳场所，是"广州、杭州、苏州、柳州"，因为广州美食种类繁多，闻名全国，这样"广州"是吃的最佳场所；柳州的柳木是优质木材，用来做家具、做棺材，深受人们的欢迎，这样"死在柳州"就成了民间流传的口碑。同样，例（58）"住、穿、玩、吃"最佳场所分别在"联邦德国、法国、美国、中国"。构式是在焦点凸显原则与焦点居尾原则的共同促动下形成的，语用目的是凸显焦点"N 地点"。我们认为，该构式是从常规构式发展演变而来，构式的构成，往往需要 2—3 个相同的构式，先进行次第扫描，然后总括扫描，这样浮现出褒赞性的主观评价功能。例（59）"把书放在腿上"表处置位移。例（60）"把书忘在车上"则是非位移处置。

总之，"V+在+O"构式群可以表示为图 8-2。

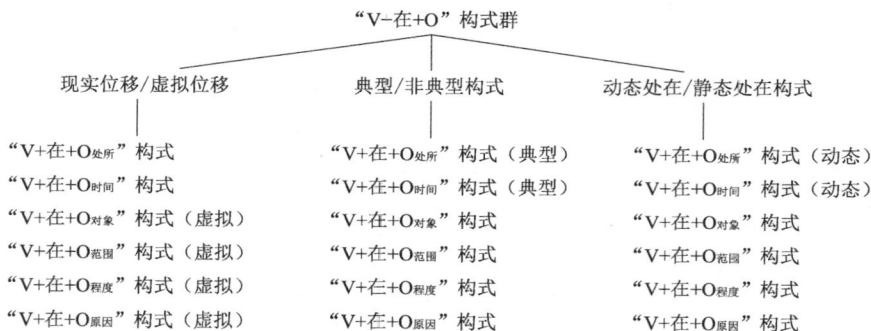

图 8-2 "V+在+O"构式群

图 8-2 表明，在共时层面，不太好归纳不同构式之间的演变顺序，但"V+在+O 处所"构式肯定早于"V+在+O 时间"构式。至于右侧的"V+在+O 对象""V+在+O 范围""V+在+O 程度"构式，我们处理为平行关系，忽略不同构式产生的先后顺序，这需要在历时层面作细致的考察。

8.3.3 "V+在+O"结构的构式演变

如前所论，先秦时期，"在"的介词用法就已经产生，它位于动词后，引进动作的终结点，或引进动作滞留的场所（张赪 2002）。

"V+在+O"结构中既有不变项"在"，也有变项"V"和"O"。《说文解字》对"在"的解释为"在，存也，从土才声。"《现代汉语词典（第

7 版）》对"在"的解释有：①动词，存在；生存。②动词，表示人或事物的位置。③留在。④参加（某团体）；属于（某团体）。⑤动词，在于；决定于。⑥"在"和"所"连用，表示强调，后面多跟"不"。⑦介词，表示时间、处所、范围、条件等。⑧副词，正在。我们按照历时顺序，梳理"V+在+O"的形成与发展。

第一，先秦时期。

（61）鱼潜在渊，或在于渚。（《诗经·鹤鸣》）

（62）对越在天，骏奔走在庙。（《诗经·周颂·清庙》）

（63）禹往见之，则耕在野。（《庄子·天地》）

例（61）的意思是"鱼儿潜伏在深渊，有时栖身在浅滩"，在这一阶段，"在"已演变为介词，位于动词后，为"V+在+O"构式早期用例；例（62）的意思是"颂扬文王在天灵，奔走不停在宗庙"；例（63）"在"为介词，引进动作行为发生的处所。邵洪亮（2003a）将先秦至汉代的构式义概括为：人或事物通过动作达到、状态呈现或动作发生于某处所。这个时期，位于"在"前面的动词不多，主要有"出、窜、弃、藏、附、载"等，表示动作行为的处所，或动作行为实施后主体到达的处所。

第二，两汉时期。

（64）当是时，项王军在鸿门下，沛公军在霸上。（司马迁《史记·项羽本纪》）

（65）当是时，项羽兵四十万在新丰鸿门，沛公兵十万在霸上。……相去四十里。（司马迁《史记·项羽本纪》）

（66）坐在深室之中，闭窗举烛，故曰长夜。（王充《论衡》）

例（64）"项王军在鸿门下"中的"军"为名词动用。例（65）翻译为"在这个时候，项羽的军队驻扎在鸿门，刘邦的军队驻扎在霸上，相隔四十里"。三个例句中的宾语"霸上、新丰鸿门、深室之中"均为处所宾语。这个时期，动词多为"升、亡、居、转、列、传、隐、处、误、放"等，表示位于某处或位移类动词。"V+在+O"相关构式在不同时期的使用情况（转引自邵洪亮 2003b：10）统计如表 8-1。

表 8-1 "V+在+O"相关构式不同时期用例情况

格式	先秦		汉代		魏晋南北朝			唐五代			宋代		元明	
	《论语》	《孟子》	《史记》	《论衡》	《搜神记》	《西京杂记》	《世说新语》	《祖堂集》	《六祖坛经》	《柳毅传》等	《朱子语类》	《老乞大》	《朴通事》	《金瓶梅》
V+（在+L）/V 在+L	0	0	9	17	5	0	10	18	2	2	75	2	27	114
V+O+（在+L）	0	0	3	2	2	1	8	3	1	0	27	0	0	16
V 於（于）+L	46	180	237	247	16	22	46	76	11	41	95	0	10	3
V+O+（於（于）+L）	4	50	133	83	13	14	30	17	6	31	27	0		
V 著（着）+L/V+O+著（着）+L	0	0	0	0	10	0	11	8	4	0	0	0	0	0

第三，魏晋南北朝时期。

（67）放在公座，将收之，却入壁中，霍然不见。（干宝《搜神记》）

（68）于是告其妻曰："吾不负金，贤夫自有金。……金五百斤，盛以青䍪，覆以铜柈，埋在堂屋东头，去地一丈，入地九尺。"（干宝《搜神记》）

（69）是天子将欲失位，降在皂隶之谣也。（干宝《搜神记》）

魏晋南北朝时期，"V+在+O"的构式义为：人或事物通过动作达到或状态呈现于某处所（邵洪亮 2003b）。这个时期，进入构式的动词，多为"聚、散、安、入、归"等。"在+处所"位于动词前的用例，多于位于动词后的用例。

第四，唐五代时期。

（70）性非十七，悟在刹那。（《祖堂集》）

（71）时后魏第八主孝明帝大和十九年入涅槃，寿龄一百五十，葬在熊耳吴阪也。（《祖堂集》）

（72）我有一宝琴，寄在旷野中。（《祖堂集》）

唐五代时期,进入"V+在+O"构式的动词为"悟、葬、寄、浮、埋、意、落、播"等单音节动词,也有一些双音节动词进入构式,如"寄食、收锁、久留、缀置"等。当然,介词"在"和"于(於)"可以并列使用,如"播在於四海,八方知闻""心灯祖印,传来别在於人间"等。

第五,宋代到明代。

(73)不持敬,看道理便都散,不聚在这里。(《朱子语类》)

(74)程子推出一个"敬"字与学者说,要且将个"敬"字收敛个身心,放在模匣子里面,不走作了,然后逐事逐物看道理。(《朱子语类》)

(75)亲笔《出师表》一轴,至今供奉在祠堂之中。(《元代话本选集》)

(76)"行路之时,不要挨着那里,不要靠着那里,也不要站住在那里,一竟捧着到我贫僧面前来,这才是没根到底。"(《三宝太监西洋记》)

这一时期,"V+在+O"构式全面发展时期,特点有:①动词泛化;②动词多样化。具体表现为:其一,"在"后出现时间宾语,如"今日、今时"等;其二,构式中的单音节动词进一步扩大,一些[−可控]的动词,也能进到构式中,如"病、死、生"等;其三,大量的双音节动词也可以进入到构式中,如"安排、寄搭、供奉、没溺、斫倒、扶养、拜倒、流落、哭倒、闷倒、怀恨、掀翻、打翻、站住、杀死、托庇、安顿、打拢"等。

此外,"V+在+O"构式,可以出现在多种句法环境中,如"把"字句、"被"字句等:

(77)买将车子来,底下铺蒲席……上头盖着他衣裳,着绷子拴住了,把溺葫芦正着那窟笼里放了,把尿盆放在地下,见孩儿啼哭时,把摇车摇一摇便住了。(《朴通事》)

(78)少顷,灯烛复明,四妾才敢起来,看时,洵已被杀在地上,连头都没了。(凌濛初《初刻拍案惊奇》)

例(77)"把尿盆放在地下",为表处置的"把"字句;例(78)"洵已被杀在地上"则为"被"字句。除此之外,完成体标记"了"出现在"V+在+O"构式中的位置相对自由,比较:

（79）却恨吴山偶然撞在了手里，圈套都安排停当，漏将人来，不由你不落水。（冯梦龙《喻世明言》）

（80）做一个金漆笼儿，黄铜钩子，哥窑的水食罐儿，绿纱罩儿，提了在手，摇摇摆摆，径奔入城，往柳林里去拖画眉。（冯梦龙《喻世明言》）

（81）哪晓得王明就跟定了在他身边，一句句的听得明明白白。（《三宝太监西洋记》）

例（79）中完成体标记"了"，跟在"在"的后边；而（80）（81）中，完成体标记"了"则分布在"在"的前边，表现出一定的自由性。朱赛萍（2015）从韵律句法的角度对此进行了解释，认为这反映了核心重音的不同指派方式。

综上，"V+在+O"结构在先秦时期更倾向于分析为"[V+[在+O]]"。到了汉代，"V+在+O"结构发生了重新分析。在有些例句中，这一结构既可以分析为"[[V+在]+O]"，又可以分析为"[V+[在+O]]"，同时，由于某些形式上的标记，结构较为松散的"V+在+O"初步形成了结合较为紧密的"V+在+O"结构。汉代以后，"O"从现实空间域逐渐向时间域、虚构空间域和逻辑域扩展，进一步促进了"V+在"的融合。总之，"V+在+O"结构的发展过程如图 8-3 所示。

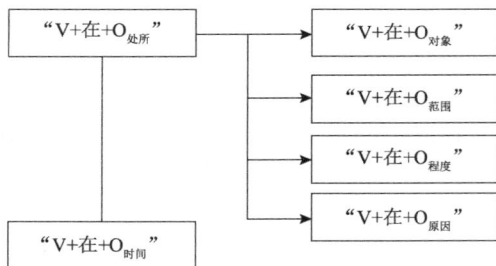

图 8-3　"V+在+O"结构的发展过程

8.3.4　"在+O+V"与"V+在+O"结构的历时比较

顾琼（2014）认为，先秦时期，只有"V+在+O"构式用例，没有"在+O+V"构式用例。张赪（2002：12）指出："在 N_L"在 V 前的句子中，"在"是动词，原因是"句子都可以从中间点断，理解为在某地、发生某事两件事并列"，并把"在齐闻《韶》"等与其他几例相同句式的句子进行对比，认为是在叙述两件同等重要的事，认为先秦的这些例子都应理解为

"在+处所宾语,动词+宾语",但是也指出"舜在床琴"不太好处理。

比较"在+O+V"构式与"V+在+O"构式的分布,使用到的文献,两汉时期有《史记》《汉书》《论衡》;魏晋南北朝时期有《搜神记》《世说新语》《三国志》;隋唐五代时期:《祖堂集》《大唐西域记》《敦煌变文集》;宋元时期有《旧五代史》《西厢记》《老乞大》《朴通事》;明清时期有《红楼梦》《西游记》《金瓶梅》,表格制作需要,书名取首字代替。为了考察"在+O+V"与"V+在+O"在不同历史时期的使用情况,我们列表统计如下(表8-2)。

表8-2　不同时期"在+O+V"与"V+在+O"构式的使用频率　（单位：次）

时期	文献	在+O+V									V+在+O								
		动作动词					状态动词	属性动词	认知心理活动动词	趋向动词	动作动词					状态动词	属性动词	认知心理活动动词	趋向动词
		持续动词				瞬间动词					持续动词				瞬间动词				
		有动作对象类	附着类	位移类	动作行为姿势类						有动作对象类	附着类	位移类	动作行为姿势类					
两汉	史	3			0	3	0	1			0	2	1	21	4	0			1
	汉	4	1		3	1	2				2	1	0	8	4	2			2
	论	2	2		0	0	0				2	3	2	6	2	5			0
魏晋南北朝	搜	3			9	1	0	0	0		0	3	1	1	0	0			1
	世	8			14	3	9	1	1		0	1	0	0	1	1		0	0
	三	3			8	0	0	3	0		10	1	6	8	0	3		1	1
隋唐五代	祖	26			21	4	10	2			1	0	2	1	5				0
	大	8			2	1	1	0			1	0	5	1					0
	敦	19			22	4	5	0			8	16	39	33	13	24			3
宋元	旧	10			2	0	3	3			3	1	6	7	0	2			
	西	8			8	6	0	5			3	3	3	2	1	0			
	老朴	3			3	0	17	0			0	8	20	2	0	0			
明清	红	511	12		266	33	67	17	15		23	95	377	241	29	66			10
	西	331	6		169	11	37	13	17		17	87	255	116	8	36			6
	金	342	9		174	18	62	24	10		37	54	382	102	6	17			3

统计表明，不同历史时期，"在+O+V"构式与"V+在+O"构式的使用频率会有所差异，尤其是明清时期使用频率激增。徐富平（2021）统计了现当代三部小说文本中"在 LVP"和"VP 在 L"构式的出现频次，统计数据如表 8-3 所示。

表 8-3　现当代三部小说文本中"在 LVP"和"VP 在 L"构式的出现频次

构式/动词类型	徐则臣《苍声》		韩少功《报告政府》		杨绛《洗澡》	
	频次	比率/%	频次	比率/%	频次	比率/%
"在 LVP"	43	50.6	69	58.5	97	50.3
"VP 在 L"构式	42	49.4	49	41.5	96	49.7
总计	85	100	118	100	193	100
持续性动作动词	35	59.3	70	61.4	58	58
瞬间性动作动词	24	40.7	44	38.6	42	42
总计	59	100	114	100	100	100

根据统计结果，三部小说，"在 LVP"和"VP 在 L"构式的出现频次大致相当，但在持续性动作动词和瞬间性动作动词的使用上，呈现出一定的差异，从而证明了"VP 在 L"构式对动词的准入更为严格的说法（侯敏 1992）。时间维度方面，"在 LVP"行为构式要求动词在动作上具有一定时间延展性，动作的时间幅度较长；而"VP 在 L"行为构式要求动词的动作瞬间完成，动作的时间幅度较短。空间维度方面，"在 LVP"行为构式义凸显动作事件发生的承载空间，要求动作主体不能发生位移；而"VP 在 L"行为构式义强调动作结果到达的位置，要求动词须有"定点、附着"的语义关联性（徐富平 2021）。

第 9 章　"V+自+O" 结构的构式化
与构式演变

9.1　引　　言

　　吕叔湘（2010）指出介词短语由介词加名词组成，主要用来修饰动词。介词短语一般位于动词之前，由"给、在、向"构成的短语也可以位于动词之后，由"于、自"构成的短语必须位于动词之后。吕叔湘（2010）还指出介词"自"的意思是"从"，主要用于书面语。"自"有表示处所和时间起点的作用。表处所起点时，主要用在动词前，但也可以用于动词后，仅限于"抄、录、摘、寄、来、选、出、译、引、转引"等少数动词。朱德熙（1982）认为现代汉语中的介词大部分都保留着动词的功能，这是因为汉语中的介词基本上由动词演化而来，纯粹的介词只能出现在连谓结构中，不能单独做谓语，介词的功能主要是引进动作或行为的处所、时间、对象等。刘丽川、张卫东（1987）将先秦时期的介词"自"所体现出的语法作用进行了归纳整理，认为"自"字在甲骨文时期已经出现，在西周时期，金文中的"自"做介词时，可介引处所、范围、时间，与谓语动词构成状中或述补关系。"自"作介词，常和它的宾语一起，位于谓语前做状语，位于谓语后做补语，表示与动作相关的时间、处所等的起点。马贝加（1996）将先秦时期"自"的用法进行了描写，认为介词"自"的最基本的用法是表示运动的起始，包括处所和时间，并且这种用法均见于甲骨文。介词"自"表示处所出现与 V 前和 V 后数目差不多，表示时间时多位于谓语部分之前。他还指出，"自"是汉语中最早的表运动起始的介词，它的产生不迟于春秋时期。处所介词"自"除了表示起始之外，还可以表示经由之处、所在之处及范围，而时间介词"自"只能表起始和范围。从结构方面观察，介词"自"的宾语最初当是方位名词或时间名词。王鸿滨（2007）从历时层面对介词"自"和"从"进行了考察，他发现表示处所和时间的介词"自"和"从"在发展上是不平衡的，特别是时间介词"自"同处所介词"自"的对比，更证明了"从"代替"自"是从处所的起点开始，萌芽于上古晚期。

9.2　"V+自+O"结构的构成要素分析

9.2.1　"V+自+O"构式中的"V"

根据《动词用法词典》和《现代汉语词典（第7版）》，然后对 CCL 现代汉语语料库、BCC 语料库进行检索，可以进入"V+自+O"格式中的 "V"有99个，按音节分：

单音节（53个）：裁、采、产、抄、承、出、传、创、诞、得、订、定、夺、发、仿、购、归、获、寄、剪、荐、借、来、炼、流、录、买、飘、起、抢、窃、取、娶、摄、始、驶、溯、偷、袭、写、选、学、移、译、引、源、缘、摘、肇、转、长、载、征。

双音节（46个）：编译、采集、产生、抄篡、承继、承袭、出身、传承、传袭、发现、发源、翻译、改编、继承、剪接、来源、剽窃、取材、取名、收编、溯源、脱胎、撷取、选编、选辑、选录、选聘、选译、沿袭、沿用、延续、演化、衍化、衍生、遗传、摘编、摘录、摘选、摘译、摘引、转抄、转录、转引、转载、转摘、追溯。

首先是单音节动词。

（1）《红高粱》源自一个真实的故事，发生在我所住的村庄的邻村。（莫言《我为什么要写〈红高粱家族〉》）

（2）那些来自原始、民间、儿童的素朴的艺术，不加雕琢，发自真情，粗野却生机勃勃……更能保持人类原始的生命力和本性，保存一些灵活多变的文艺样式，比较真实地表达人民的情感，呈现出自由自在的美学风格。（蒋述卓、刘绍瑾主编《中国古典文艺美学的现代价值研究丛书　通向现代的中国古典文艺美学范畴》）

（3）尽管接下来你将读到的文章并非伯森在那些年间完成，然而这篇节选自《林间歌声》的段落却是基于那些年里日日夜夜驾着狗拉雪橇的生活创作出来的。（吉姆·崔利斯《朗读手册》）

（4）我嗅到馨香，它飘自一针草/逸出光明的窗子；我几乎触摸到/故乡的肌肤，它最美的纹理就是河流/我感觉炊烟袅袅的傍晚/这让我神往水墨一样的境地/一些人，正在古柳下歇息/我幻

听往昔，我的儿子处在少年/他跟着我，向一个高地无言接近/今夜……（舒洁《雪落心灵》）

例（1）中的为单音节动词"源"，构成"源自一个真实的故事"；例（2）中的为单音节动词"来"，构成"来自原始、民间、儿童"结构；例（3）中的为单音节动词"选"；例（4）中的为单音节动词"飘"。

其次是双音节动词。

（5）故宫博物院的文物，承袭自宋、元、明、清四朝宫中的收藏，质量兼备；而它的发展则与近代中国社会变迁紧密联系。（严安林、王晓虎、徐纪东《国家大事丛书 团团圆圆话台湾》）

（6）从我们所获得的材料来看，差不多所有戏曲音乐的基本曲调都是来源自民间，其中有很多是群众在劳动时所唱的号子，也有很多是当地最流行的民歌、舞曲。（《人民日报》1959年2月17日）

（7）确立教养子女的目标（鼓励孩子朝正确的方向发展，帮助他们成为有能力、有责任感、有安全感和爱心的）。如果你希望一岁多的儿子不必再依赖尿布，就必须容忍他经常和你唱反调，因为这两件事都衍生自同样的心理根源。（《文汇报》2005年8月22日）

（8）一楼为"源头活水·一枝独秀"，通过出土实物追溯自新石器时代至东汉中晚期陶器与瓷器的源起。（《人民日报海外报》2015年11月28日）

例（5）中"自"的前面，使用的是双音节动词"承袭"；例（6）中"自"的前面，使用的是双音节动词"来源"；例（7）中"自"的前面，使用的是双音节动词"衍生"；例（8）中"自"的前面，使用的是双音节动词"追溯"。

9.2.2　"V+自+O" 构式中的"自"

第一，先秦时期。

"自"最初是名词，意思是鼻子。《说文解字注》中这样说："自，鼻也，象鼻形。"（许慎 1998：136）甲骨文中，"自"用作本义名词"鼻"的例子极少。借用为介词，相当于"从、由"。《甲骨文例·辞例篇》中

指出 "自, 犹从也", "有系时、系方、系地、系人四例"（转引自张
玉金 2016）。《殷墟卜辞综述·文法》指出："自"为介词, 介人物
关系、时间条件、空间条件（陈梦家 1956）。张玉金（2016）认为在殷
墟甲骨文中, "自"就有了介词的用法: 介引时间、介引处所、介引祭
祀对象。例如:

（9）翌日乙大事祖丁, 有去自雨, 启? /不启。（《小屯南
地甲骨》2838）
（10）亡去自雨?（《甲骨文合集》30177）

例（9）中 "有去自雨", 不同的学者有不同的解读: ① "有从雨地
离开", "自"为介词, "雨"为地名; ② "从下雨时离开", "自"为
介词, 介引时间出发点, "雨"为动词; ③ "自"读为 "息" "雨"为
动词、"有"读为 "祐", "有去自雨"可断句为 "又（祐）去, 息雨",
意思是说神祖会保佑商王离开, 让雨停下来; ④ "自"为地名, "有去
自雨"意思是 "从自地离开时, 天要下雨。"（毛志刚 2014）我们赞
同张玉金（2019）的看法, 将 "有去自雨"解释为: "有去"就是有退
去的现象, "自雨"是指从雨中。整句的意思是 "从雨中有退去的现象,
即雨量逐渐减少"。后面的 "启", 后来作 "启", 是雨过天晴的意思。
例（10）"亡去自雨"意思是 "从雨中没有退去的现象, 即雨一直都在
下着"。

这个时期, 介词 "自"的语义功能, 可以归纳为表 9-1。

表 9-1　先秦时期介词 "自"的语义功能　　（单位: 个）

处所	方位	场所	范围	总计
260	149	40	10	459

此外, "自"在甲骨文中可以介引处所、介引时间。差异表现为:
①使用频率上的差异。介引时间的有 129 个用例, 介引处所的有 459 个用
例。②句法功能上的差异。"自"作为时间介词, 介引的短语一般充当状
语, 少数作补语; 而 "自"介引的处所短语通常是作补语, 少数作状语。
③ "自"介引的处所短语, 可以构成 "自……于……", 表示运动的起点
和终点, 而 "自"介引的时间短语, 可以构成 "自……至于……"或 "自……
至……", 用以表示时点或时段。④ "自"介引的时间短语, 可以出现在

句首作主题，"自……至（于）……"结构同样如此，而"自"介引的处所短语，则不能这样用。

王鸿滨（2007）对《诗经》《尚书》中介词"自"和"从"的使用情况进行了统计，如表9-2所示。

表9-2 《诗经》《尚书》中介词"自"和"从"的使用情况 （单位：个）

类别	时间起点				处所起点			
功能	状语		补语		状语		补语	
词例	自	从	自	从	自	从	自	从
《诗经》	6	0	0	0	27	0	21	0
《尚书》	11	0	0	0	7	0	6	0
合计	17	0	0	0	34	0	27	0

数据表明，"自"用作时间起点，在《诗经》中用作状语，有6例，在《尚书》用有11个用例；"自"介引处所起点，在《诗经》中用作状语，有27例，在《尚书》用有7个用例；"自"做补语，介引处所起点，在《诗经》中用作补语，有21例，在《尚书》中有6例。

上古中期，如《论语》《庄子》中，介词"自"的使用范围逐渐扩大，可以用来介引时间起点和来源、处所起点和来源。在《春秋左传》中，还有如下用法：

（11）初，公自城上见己氏之妻发美。（《左传·哀公十七年》）

（12）公自扬门见之，下而巡之曰："国亡君死，二三子之耻也，岂专孤之罪也？"（《左传·昭公二十一年》）

（13）我自夏以后稷，魏、骀、芮、岐、毕，吾西土也。（《左传·昭公九年》）

例（11）意为"卫庄公从城上看到己氏妻子的发髻很漂亮"，其中的"自"介引处所。例（12）意思是"元公从扬门上看到后，走下城检阅军队，说：'国家灭亡国君死去，也是你们的耻辱，哪里仅仅是我一个人的罪过？'"其中的"自"同样介引处所。例（13）意思是"我们的祖先在夏代以后由于后稷的功劳，受封魏、骀、芮、岐、毕五国，成为我们的西部领土"，其中的"自"介引时间。

张赪（2002）对《左传》中"自+场所"的分布情况进行过统计，如表 9-3 所示。

表 9-3　《左传》中"自+场所"的分布情况　　（单位：个）

类别	"自+场所"在 VP 前	"自+场所"在 VP 后
VP 为光杆单音词	29	71
VP 为非单音结构	10	1
VP 带宾语	51	0
VP 带补语	19	0
小计	109	72

统计表明，《左传》中，"自+场所"在 VP 前（作状语）有 109 个例子，占绝对多数；而"自+场所"在 VP 后（作补语）有 72 例。位置的分布与动词结构复杂与否有着密切的关系。当 VP 为光杆单音节词，"自+场所"大多分布在 VP 后；反之，则分布在 VP 之前。

第二，两汉时期。

（14）明年，孔子自陈迁于蔡。（司马迁《史记·孔子世家》）

（15）重华父曰瞽叟，瞽叟父曰桥牛，桥牛父曰句望，句望父曰敬康，敬康父曰穷蝉，穷蝉父曰帝颛顼，颛顼父曰昌意：以至舜七世矣。自从穷蝉以至帝舜，皆微为庶人。（司马迁《史记·五帝本纪》）

（16）天下明德皆自虞帝始。（司马迁《史记·五帝本纪》）

（17）自黄帝至舜、禹，皆同姓而异其国号，以章明德。（司马迁《史记·五帝本纪》）

（18）禹行自冀州始。（司马迁《史记·夏本纪》）

（19）代王自代入为文帝。（王充《论衡》）

（20）皇后桑蚕以治祭服，共事天地宗庙，正以是日，疾风自西北，大寒雨雪，坏败其功，以章不乡。（《全汉文》）

（21）起自诸生为妖言。（王充《论衡》）

西汉时期的《史记》中，用例较多。如例（14）中"自陈迁于蔡"，其中"陈"为动作的起点，"蔡"为动作的终点，"自"介引处所。例（15）中，有一个词"以至"（杨伯峻在《古汉语虚词》中指出，

"以至"可看作连词，是"从……到……"的意思），"自"和"从"两个介词连用，介引对象"穷蝉"。例（16）中，"自"同样介引对象"虞帝"。例（17）中，"自"进入框式结构"自……至……"，"自"介引对象宾语。后三例为东汉时期的用例。例（19）中"自"同样介引对象宾语，例（20）中"自"介引处所"西北"，例（21）中"自"介引对象"诸生"。

第三，魏晋南北朝时期。

（22）弹棋始自魏宫内。（《世说新语》）
（23）自井陉关入上艾县。（《颜氏家训》）
（24）其后赵后自微贱登至尊。（《搜神记》）
（25）起自荒裔，来游中土。（《洛阳伽蓝记》）

例（22）中"自"介引处所宾语"魏宫内"；例（23）中"自"介引处所宾语"井陉关"；例（24）中"自"介引成分"微贱"，可以归入"虚拟处所"；例（25）中"自"介引成分"荒裔"，同样可以归入"虚拟处所"。

第四，唐五代时期。

（26）自性上说空，正语言本性。（《六祖坛经》）
（27）出自何经？（《祖堂集》）
（28）贫道生自下界，长自阎浮。（《敦煌变文集》）
（29）自此西南大林中行千二百余里，至恭御陁国。（《大唐西域记》）
（30）为当别有他情，何为耻胥不受？自兹隔别，每念君恩，贺不轻，故来谘屈。（《敦煌变文集》）

例（26）介词"自"介引的成分为"性上"，可以归入对象宾语；例（27）介词"自"介引的成分为"何经"，可以归入处所宾语；例（28）介词"自"介引的成分为"下界、阎浮"，为处所宾语；例（29）介词"自"介引的成分为"此西南大林中"，为处所宾语；例（30）介词"自"介引的成分为"兹"，为处所宾语。

陈秀兰（2001）对汉文佛典、敦煌变文、唐代笔记小说中"自"的使用频率做过统计，如表 9-4 所示。

表 9-4　汉文佛典、敦煌变文、唐代笔记小说中"自"的使用频率

作品	"自"的使用频率/次
《杜阳杂编》	14
《宣室志》	137
《大唐新语》	73
《云溪友议》	25
《因话录》	41
《东观奏记》	33
《玉泉子》	18
《意林》	12
合计	353

统计表明，在唐代笔记小说中，"自"的使用频率很高，而在口语化程度较高的汉文佛典中，"自"的使用较少，一般用"从"。这说明"自"的使用范围退缩到文言作品中。

第五，宋元时期。

（31）西迳寨地分，第一、第二、第三、第四、第五、远探、白草铺一带便是分水岭。当初本朝为执定长连城为界，则分水岭是近裹地分。今来既自白草、远探等铺一带照望石长城割与北人，即已是用分水岭。（《乙卯入国奏请》）

（32）治平二年，因北人侵越地分，采木盖铺，代州累曾移牒北界，请严行戒约，却准顺义军牒称："勘会图经元载西自雪山南边岭至黄嵬大山东北照望牛头山一带分水岭为界。"（《乙卯入国奏请》）

（33）问："先天图阴阳自两边生，若将坤为太极，与太极图不同，如何？"（《朱子语类》）

（34）"敢问大众，且道为人节文在甚么处？还相委悉么？自从春色来嵩少，三十六峰青至今。"（普济《五灯会元》）

（35）盖自唐元宗开元年间，谓天官好乐，地官好人，水官好灯。（《大宋宣和遗事》）

例（31）"自"介引的成分为"白草、远探等铺一带"，为处所宾语；例（32）"自"介引的成分为"雪山南边岭至黄嵬大山东北照望牛头山一带"，同样为处所宾语；例（33）"自"介引的成分为"两边"，介词与宾语组成介宾结构，位于核心动词"生"之前，作状语；例（34）"自从"介引的成分为"春色来嵩"为主谓短语，核心动词为"少"；例（35）"自"介引的成分为"唐元宗元元年间"，所介引的成分为时间短语。《朱子语类》是文言书面语，"自"作为介词的用例有 90 例，其中介引处所有 45 例，皆处于状位；介引时间有 45 例，也处于状位。《元曲》中"自"作为介词的用例有 89 例，其中 73 例介引时间成分，且均处在状语位置；16 例介引处所，分布在动词后的仅 3 例，此时处于补语位置。

第六，明清时期。

（36）有谢妪携女自洛阳来，寓居南曲。女名素秋，才色无双，誓非才士，必不失身。（柴剑虹、李肇翔主编，江南詹詹外史辑《中国古典名著百部 情史》）

（37）洙因曰："蜀中山不奇胜，自昔以来，多产佳丽。若昭君、文君、薛涛辈，以夫人方之，殆亦有优劣乎！"（柴剑虹、李肇翔主编，江南詹詹外史辑《中国古典名著百部 情史》）

（38）一日渡鄱阳湖，见有物约长十余里许，身有两翼，自空中飞入湖，黑质黄文，掉尾波上。（王士禛《池北偶谈》）

（39）自外观之，止见朱色之纹，而与墙壁相同者，混然一色，无所辨矣。（李渔《闲情偶寄》）

（40）一在十八里堰下，与齐景交界；一在当湖，自湖首至界泾桥，与嘉兴交界。（董弇《闲燕常谈》）

以上用例，皆为明清时期用例，如例（36）介词"自"介引动作的起点"洛阳"；例（37）介词"自"介引动作的时间"昔"；例（38）介词"自"介引动作的起点"空中"；例（39）介词"自"介引动作的处所"外"；例（40）介词"自"与"至"形成框式结构，介引动作的起点。

9.2.3 "V+自+O" 构式中的 "O"

从韵律上看，"V+自+O"结构的语音停顿一般会在"自"后。能进入此结构的 V 既可以是单音节动词，又可以是双音节动词。当 V 为单音节动词时，V 与单音节的"自"很自然地组合成一个音步；当 V 为双音节动词时，因介词"自"后面不能接单音节宾语，加之"V+自+O"结构的语音停顿一般在"自"后，因此结构中的宾语 O 一般也是双音节词或多音步短语。

经考察发现，"V+自+O"结构中的宾语 O 大致可以分为四种类型：处所宾语、时间宾语、对象宾语、状态宾语。

9.2.3.1 处所宾语

表示空间处所意义的名词或名词性短语就是处所词语。处所词语可以做"到、在、往"的宾语，并且能用疑问词"哪儿"提问，用指代词"这儿""那儿"指代。"V+自"后面可以用处所词或者方位短语作宾语，表示事物的来源或出处。这些处所宾语，可以表示为图 9-1。

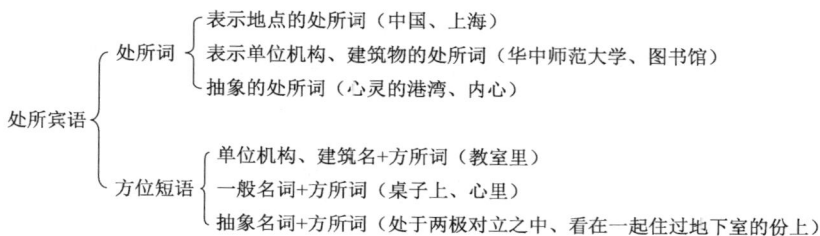

```
                    ┌ 表示地点的处所词（中国、上海）
          ┌ 处所词 ┤ 表示单位机构、建筑物的处所词（华中师范大学、图书馆）
          │        └ 抽象的处所词（心灵的港湾、内心）
处所宾语 ┤
          │          ┌ 单位机构、建筑名+方所词（教室里）
          └ 方位短语 ┤ 一般名词+方所词（桌子上、心里）
                     └ 抽象名词+方所词（处于两极对立之中、看在一起住过地下室的份上）
```

图 9-1 "V+自+O"结构中的处所宾语

第一，处所词。

"V+自"后的处所宾语可以是表地名的专有名词，可以是处于某地理位置的机构、组织、单位的名词，可以是表示江河湖海山川等的名词，还可以是指示性的处所词。例如：

（41）这类酒大多产自澳大利亚、美国、智利、阿根廷、南非、西班牙、意大利中南部、法国南部和西南部这些地区。（吴书仙《葡萄酒品鉴艺术》）

（42）11 种旧书中，有 4 种来自图书馆（或资料室），1 种为某"985"高校图书馆，1 种为高校资料室，1 种为企业图书馆，1 种为研究所图书馆。（王启云《图书馆学笔记：科学网图谋博客精粹》）

（43）他把所有的碎玻璃都倒在地上，顿时三个儿子都无言地看着箱子里面，箱子底下刻着一行字：孝顺要发自内心。（王海伟《吃透王阳明》）

例（41）中"澳大利亚、美国、智利"等是表示地点的处所词；例（42）

中"图书馆（或资料室）"是表示单位机构、建筑物的处所词；例（43）"内心"是抽象的处所词。

第二，方位短语。

方位短语分三种情况：其一，单位机构、建筑名+方所词；其二，一般名词+方所词；其三，抽象名词+方所词。例如：

（44）大多数的学习都是来自教室里、书本里，这和我们社会的发展进步有关。（冯金亭、王俊山《看清幸福》）

（45）快乐是一切好心情最突出的体现。快乐不能只是表现在脸上，更要发自心里，内心开心才是真正意义的开心。（江睿涛《男人的资本大全集》）

例（44）中"教室里、书本里"由单位机构（或一般名词）+方所词组成；例（45）"心里"为一般名词+方所词构成。

9.2.3.2 时间宾语

"V+自"除了表示事物处所方面的来源或出处，还可以表示时间方面的来源，所以"V+自"后也经常出现表时间的名词性词语。例如：

（46）封建社会部分展示了公元前 475 年到公元 1840 年的历史，其朝代起自战国，历经秦、汉、三国、两晋、南北朝、隋、唐、五代、辽、宋、西夏、金、元、明、清。（《中国儿童百科全书》编委会《中国儿童百科全书》）

（47）最近出版的点校本《翁同日记》（即《翁文恭公日记》），起自咸丰八年（一八五八）六月二十一日，迄于光绪三十年（一九零四）五月十四日，记叙了这一时期的许多重要史事和作者本人的思想、活动，内容相当丰富，被誉为晚清三大日记之一。（谷曙光、陈恬《京剧历史文献汇编·清代卷·7·日记》）

例（46）中"战国"是一个时段名词，例（47）中"咸丰八年（一八五八）六月二十一日"是个时点名词。可见，时点名词和时段名词都可以充当"V+自"的宾语。除此之外，不明确具体时间的带有疑问的时间短语也可以充当时间宾语，这些词语都表示事物或行为发生的时间源起。

9.2.3.3　对象宾语

除了处所、时间外，事物或事件的来源也可能是某个对象，对象宾语既可以指人，也可以指物，因此"V+自"后面的宾语也可以是表对象义的指人或指物名词。例如：

（48）例如，关于隋末李渊起兵和建立唐王朝这段史实，《旧唐书》、《新唐书》和《资治通鉴》都记载其主意出自李世民，后来统一群雄之功也主要归功于他。（马卫东《历史学理论与方法》）

（49）战士们看着他，开始都有些莫名其妙，但看他笑得那么爽朗，受他感染，也跟着他大笑起来。——选自《上海文学》2009 年第 12 期（新疆作家协会编《会飞的兔子》）

（50）坚硬、漂亮的金刚石，与又软又滑的石墨是同胞兄弟，它们出自同一个母体——碳。（林崇德、王德胜《中国少年儿童百科全书》）

例（48）中，"李世民"是指人的专有名词；例（49）"《上海文学》2009 年第 12 期"是书籍报刊之类的专有名词；例（50）中"碳"指具体事物名词。上述 3 例中的名词或短语不仅是"V+自"的表对象义的宾语，还表示事物或事件的源起点。

9.2.3.4　状态宾语

表状态义的动词或形容词有时也可以在"V+自"后充当宾语，表示某一情形源于某一状态，这样的用法用例不多。例如：

（51）林语堂说，芸娘是文学史上最可爱的女人……更像《红楼梦》里的女子，万般惊世骇俗，都出自烂漫天然，在中国文学史上，她是一个终生保持少女风貌的女人。（闫红《周郎顾》）

（52）李少云创作纸塑，出自偶然又非偶然。（张环《少云的世界——李少云和她的纸塑艺术》）

例（51）"《红楼梦》里的女子"出自"烂漫天然"；例（52）中李少云的创作纸塑，出自"偶然又非偶然"均表示某种状态，它们都充当"V+

自"的表状态义的宾语。

9.3 "V+自+O" 结构的构式用变与构式演变

9.3.1 "V+自+O" 结构的构式化

吕叔湘在《现代汉语八百词（增订本）》（1999a：693-694）中对"自"的解释如下。

> 自[1]（前缀）构成动词。
>
> 1.表示动作由自己发出并及于自身。～自｜～给｜～救｜～杀｜～问
>
> 2.表示动作由自己发出，非外力推动。～动｜～发｜～学｜～转
>
> （副词）自然，当然。修饰动词短语。用于书面。久别重逢，～有许多话说。
>
> 自[2]（介词）从。用于书面。
>
> 1.表示处所的起点。跟处所词语、方位词语组合。
>
> a）用在动词前。慰问信～全国各地纷纷寄来｜本次列车～北京开往乌鲁木齐
>
> b）用在动词后。限于"寄、来、选、出、抄、录、摘、译、引、转引"等少量动词。寄～上海｜来～农村｜引～《人民日报》｜选～《列宁全集》
>
> c）自……而……。～上而下｜～下而上｜～远而近｜～左而右
>
> 2.表示时间的起点。跟名词、动词、小句组合。
>
> ～古以来｜～此以后｜本办法～公布之日起施行

根据以上解释，结合前文对"V+自+O"结构的分析，我们断定，"V+自+O"结构中的"自"应该是"自[2]"。又因该结构中的"O"表示处所宾语、时间宾语、对象宾语、状态宾语，我们在此将"V+自+O"结构的构式义概括为"一个介引事物源起的行为事件"，并将其看成是一个构式群，如图9-2所示。

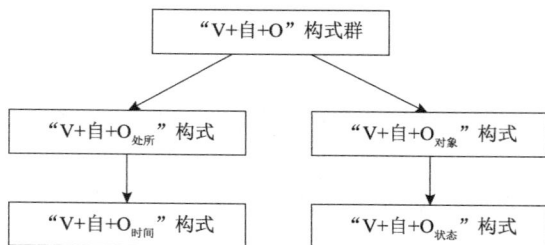

图 9-2 "V+自+O"构式群

该构式群图式分别表示四种构式义:"V+自+O 处所"构式表示"一个介引事物源起处所的行为事件";"V+自+O 时间"构式表示"一个介引事物源起时间的行为事件";"V+自+O 对象"构式表示"一个介引事物源起于某人或某物的行为事件";"V+自+O 状态"构式表示"一个介引事物源起于某一状态的行为事件"。

(53)因此,产自三江流域的许多奇花异卉落户大理。(《人民日报海外报》2001 年 3 月 24 日)

(54)内容起自 1898 年 3 月 5 日周恩来诞生,终于 1924 年 7 月周恩来离开法国取道海路回国,任职黄埔军校。(《人民日报》1996 年 1 月 5 日)

(55)你别嘲笑这个解释太玄妙,据说它出自亚里士多德。(蒙田《蒙田随笔全集》)

(56)关于这一点,我始终疑心这个场面,多少有点钟绿自己的安排,并不见得完全出自偶然。(林徽因《模影零篇》)

例(53)中"自"介引出"奇花异卉"的源起处所。例(54)中"自"介引出"内容"源起于"1898 年 3 月 5 日周恩来诞生"。例(55)中"自"介引出"这个解释"的源起对象是"亚里士多德"。例(56)中"自"介引出"这个场面"源起于"偶然"的状态。

"V+自+O"构式所表示的四种构式义之间虽然看不出明显的先后顺序,但根据语言发展的规律,"时间"是对"空间"的隐喻,由此我们可以断定,构式群左边的"V+自+O 处所"构式一定早于"V+自+O 时间"构式,而构式群右边的"V+自+O 对象"构式和"V+自+O 状态"构式我们处理为平行关系。我们暂且忽视构式群内部产生的先后顺序,这需要从历时层面进行进一步的考察。

9.3.2 "V+自+O"结构的构式演变

要厘清"V+自+O"构式群四种构式之间产生的先后顺序,就需要我们从历时层面做细致考察。介词"自"所介引的处所、时间、对象、状态宾语之间存在一定的先后顺序,这和语言的发展规律有关。

9.3.2.1 "V+O₁+自+O₂"结构

介词"自"在甲骨金文时期已经完成介化,其语法化的路径为最初的名词,再引申扩展为动词,最后虚化为介词。在介词"自"的语法化过程中,"自"出现在连动结构"V+O₁+自+O₂"中。因为汉语句法结构中只有一个谓语动词能处于核心地位,因此,连动结构中的动词"自"逐渐退居次要地位,这也为"自"的介化提供有利的句法条件。在语言发展演变的长河中,最后虚化为介词。

> (57)贞,其有来羌自西。(《甲骨文合集》6597,一期)
> (58)惟王初迁宅于成周,复禀武王丰福自天。(《殷周金文集录》)

处在连动结构中的"自"既可以分析为动词也可以分析为介词,证明其正处在虚化过程中。在这一时期,也有"自"直接与动词"V"组合形成"V+自+O"结构,但这一用法用例极少。

9.3.2.2 "V+自+O处所"结构

"自"是产生较早的介词,西周时期,随着"自"的介词化完成,"V自"结构正处于萌芽时期,"V+自+O"结构在西周时期开始被大量使用。开始时引进比较具体的处所,可以是动作或行为的起点,也可以是经由或存在的处所。

> (59)登自鸣条。(《吕氏春秋》)
> (60)入自北门,遇女鸠、女房。(司马迁《史记·殷本纪》)
> (61)今此木生自关辅。(《谭宾录·裴延龄》转引自段德森《实用古汉语虚词详释》)

例(59)中由"自"介引出"登"这一动作的起点"鸣条"。例(60)中由"自"介引出动作"入"在经由地点"北门"时,遇到了"女鸠、女房"。例（61）中由"自"介引出动作"生"的宾语"关辅"，并表达出"此木"存在的处所就是"关辅"这一意义。

9.3.2.3 "V+自+O 时间"结构和"V+自+O 对象"结构

随着"V+自+O"结构的大量使用，宾语"O"已经不仅仅局限于处所，几乎是在很快的时期内，宾语"O"的类型扩展为时间宾语和对象宾语。这也符合认知语言学的时空隐喻规律，即"从空间到时间"。因此，从"V+自+O 处所"到"V+自+O 时间"似乎是一个顺理成章很自然的过程。

（62）自今无有代其君任患者。（《左传·成公二年》）
（63）西戎为寇，远自周世。（尹洙《息戍》）
（64）夫自六国以前，去圣未远，故能越世高谈，自开户牖。
（刘勰《文心雕龙·诸子》）

以上三例均为"自"介引出时间宾语，表示时间起点。时空隐喻规律作为认知语言学的重要规律，右语言学界被普遍运用。除此之外，还有一个规律——从具体到抽象也在宾语的扩展上得以体现。随着语言的进一步发展，"V+自+O"结构中的宾语"O"由一开始的具体处所宾语，扩展成为与行为事件相关联的对象宾语。

（65）天下有道，则礼乐征伐自天子出。（《论语·季氏》）
（66）余得自先人，名之曰《广陵散》也。（《耳目记·王中散》）

六朝以后，"自"已经不作为常用介词，退居末位。甚至只保留书面语用法，而口语用法甚少。"自"在历史长河中继续着自己的虚化历程，到现在有类词缀或者构词语素的功能，但"V+自+O"结构还是由于某些原因仍然被偶尔使用。

9.3.2.4 "V+自+O 状态"结构

"自"完成介化以后，在很长一段时间内，都保留着引进处所宾语，时间宾语和对象宾语的用法。在认知语言学"从具体到抽象"这一规律的作用下，"V+自+O"结构的宾语也发生了变化，由处所、时间、对象宾语进一步抽象引进了状态宾语。发展到现在，"V+自+O"结构的宾语已经稳固为处所、时间、对象、状态宾语了。

（67）伟大出自平凡，在这些日常平凡的事情中，人民看到
的正是人民总理的高大形象。（《人民日报》1998 年 2 月 10 日）

（68）此书或采自实录、会典，或稽之宫廷档案，或参核群
籍，或亲历睹闻，纂录皆有所本。（司马朝军《续修四库全书杂
家类提要》）

例（67）中表状态义的"平凡"由介词"自"引出，例（68）中表状
态义的"实录"由介词"自"引出。"V+自+O"构式义为凸显事物源点
的事件，如图 9-3 所示。

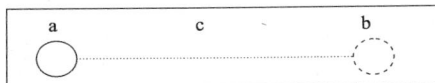

图 9-3 "V+自+O"构式义：凸显事物源点的事件

注：a 代表源点（时间、方所），b 代表位移的终点，c 代表事件框架。其中 a 为实线条，路径和终点为
虚线。表示源点为凸显成分，其他成分为背景。

第10章 "V+到+O"与"V+在+O"构式的对比研究

10.1 引 言

黄健秦（2021）从空间量动静分类、注意窗和卫星框架的理论视角，分析了"在""到"的差异实质："到"和"向/往"已发展为位移终点标记，而"V 在"表位移终点或结果位置指示句法语义特征而非"在"的固有功能。文章重点考察非处置、非位移类的"V单在"，认为尽管在语音上发生了重新分析，但句法上仍处于松散的组合关系，语义融合程度并不高，"在"还保留着非常强的语义赋格能力。张海涛（2019）以互动构式语法为理论基础，考察了"V 在/到+目标域"构式群多界面的互动关系。考察和分析发现，构式间的互动是原型构式"V 在/到+空间域"与边缘构式"V 在/到+时间域"及"V 在/到+程度状态域"协同发展的内部机制，而子构式之间的差异性则是该构式与组构成分之间及组构成分之间互动作用的结果。文章还从形义互动关系角度探讨了该构式群多层面的互动关系，认为"V 在/到"类"V+P"融合既是其所在构式多界面互动的前提也是各种互动关系合力作用的结果，而融合后这类"动介"结构对句法语义环境的独特需求，促生了汉语致使位移的独特表达类型，也丰富了汉语动态时空关系的表达方式。那么，"V+在+O"与"V+到+O"究竟有什么区别？制约"V+在/到"使用的影响因素有那些？本书尝试对此进行回答。

10.2 "V+到+O"与"V+在+O"的构式差异

10.2.1 构式中的"到"和"在"

《汉语大词典》[①]对"到"的解释：1. 至；来到；到达。《论语·季氏》："民到于今称之。"《诗·大雅·韩奕》："蹶父孔武，靡国不到。"《史记·陈涉世家》："武臣到邯郸，自立为赵王。"钱锺书《围城》三："约

---

① "到"和"在"的释义来源于《汉语大词典》2.0 版电子版。

她们是七点半，看表才七点四十分，决不会这时候到。" 2. 往；去。《东观汉记·吴佑传》："民有相争诉者……或身到闾里，重相和解。" 唐韩愈《赴江陵途中寄赠三学士》诗："逾岭到所任，低颜奉君侯。"《二刻拍案惊奇》卷十一："况且此去到任所，一路过东，少不得到家边过，是顺路却不走，反走过西去怎的？" 孙犁《嘱咐》："你们也到村里去暖和暖和吧。" 3. 周到；周密。《后汉书·独行传·谅辅》："今郡太守改服责己，为民祈福，精诚恳到，未有感彻。"……11. 方言。犹介词在。沈从文《从文自传·我所生长的地方》："我就生长到这样一个小城里。" 12. 量词。犹道。北魏贾思勰《齐民要术·种榆白杨》："至正月二月中，以犁作垄；一垄之中，以犁逆顺各一到。"《西游记》第九十回："不数日，那三个王子尽皆操演精熟，其余攻退之方，紧慢之法，各有七十二到解数。"

对"在"的解释为：1. 存在；在世。《论语·学而》："父在，观其志；父没，观其行。"《淮南子·原道训》："无所不充，无所不在。" 唐杜甫《羌村》诗之一："妻孥怪我在，惊定还拭泪。" 曹禺《王昭君》第二幕："是的，那时先帝还在，陛下还没有继承大位。" 2. 指保存。银雀山汉墓竹简《孙膑兵法·见威王》："战胜，则所以在亡国而继绝世也。" 3. 居于；处于。《易·乾》："居上位而不骄，在下位而不忧。"……9. 处所。晋陶潜《饮酒》诗之一："衰荣无定在，彼此更共之。"《辽史·营卫志上》："无日不营，无在不卫。" 清黄爵滋《严塞漏卮以培国本折》："上自官府、缙绅，下至工商优隶，以及妇女、僧尼、道士，随在吸食。置买烟具，为市日中。" 10. 由于；取决于。《书·汤诰》："其尔万方有罪，在予一人。"

"到"的演变，经历如下过程：首先，独用，为句中的核心动词；其次，进入连动结构，或处于第一动词位置，或处于第二动词位置，"到"[+位移]功能弱化，退隐为次要动词，"到"的语义沿着到达空间→到达时间→到达结果/程度的轨迹发生虚化，在该虚化过程中，隐喻起着重要作用。与此同时，动词的宾语也相应发生变化，由表处所，扩大到表时间、表结果以及表某种程度。

"V$_{运行}$+到$_{11}$+O$_{处所}$"结构中，V 一般为运行动词（位移动词），"到"紧跟这样的动词后，表示施事随着"位移"动作，到达某一处所（位移终点），此时的"到"实际上是表"到达"实词义的趋向动词，"V 到 O"可以转换为"V 而到 O"，相当于连动式；"V$_{非运行}$+到$_{12}$+O$_{处所}$"结构中"到"用在"非运行（位移）"义动词后面，它既可以表示施事的运动趋向，也可以表示受事随着主体的动作而达到动作行为的归结点，这样的情形下，"到"尽管仍有实词义的趋向动词，但语义已经弱化，语法化开始发生，整个结构式由连动结构转变为趋向述补结构（刘子瑜 2006）。"V$_{运行}$+到$_2$+O$_{时间}$"后接表时间的成分，整个结构表示动作行为进行或持续到宾语所代表的时间；"V$_{运行}$+到$_3$+O$_{处所}$"表示动作行为达到某数量；"V$_{运行}$+到$_4$+O$_{程度}$"表示动作行为达到某程度；"V$_{运行}$+到$_5$+O$_{结果}$"表示动作行为有了结果。

动词后的"在"字的词性一直有争议。谢昱（2006）从音韵角度，将"V 在 NP"分为三类：①V$_{单}$+在+N$_{双/多音节}$；②V$_{双}$+在+N$_{双/多音节}$；③V$_{双}$+在+N$_{单}$。前两类中的"在"前附于 V，为动宾结构；第三类"在"后附于 NP，为动补结构。此外，前两类结构中的"在"多轻读，A 类结构中的"在"甚至出现音节脱落现象。

从韵律角度上看，"在"不能自成音节，要么前附，要么后附。"V+在+O"结构中，V 和 O 音节数量对整个结构有着相当大的制约作用，极力促使整个结构在韵律上平衡，当 O 音节变化时，语音停顿就分别处于"在"前和"在"后。

10.2.2 "V+到+O"构式中的"V"与"O"

"V+到+O"只是一个结构表达式，事实上，进入结构中的 V 与 O 都很复杂，根据 V 的不同，可以分为如下类型。

第一，V$_{位移}$+到$_{11}$+O$_{处所}$。

V 为位移动词，这样的动词有"搬、跳、蹦、传、寄、降、挪、跑、漂、迁移、驱逐、移动、转移……"等。这类动词具有[+位移]、[+自主]、[+持续]、[+动作]等语义特征。位移动词可以分为自移动词（如"坐、蹲、躺"等）、他移动词（如"摆、挂、放"等）和共移动词（如"搬、抱、背"等）。自移动词一般自身经历了位移，位移的目的是使动体发生位移。他移动词的施动体是力的发出者，力的承受者为另一动体，动体经历了位移。共移动词的施动体是力的发出者，力的承受者为另一动体，施动体和动体一起经历了位移。这种情况下一般是施动体发生位移，同时携带动体一起发生位移，位移的目的是使动体发生位移。例如：

（1）半夜我从外边回家，一看女儿不见了，我好疑惑、着急，
跑到城里的大街上去找寻，未果回来，见女儿又睡在床上，我把她

摇醒一问，女儿说："刚才我嫁人了。"（李铣《月亮上有水》）

（2）展颜离开后，王锦凌走到院外，遥望稷下学宫的方向发呆，好半天才喃喃地说了一句："先生，你可以安心了，展颜她过得很好。"（阿彩《神医凤轻尘·7·江山为聘共此生》）

当一个物体发生位移时将会涉及以下一些概念要素：施动体、动体、位移体、位移力、起点、终点等。其语义模型如图 10-1 所示。

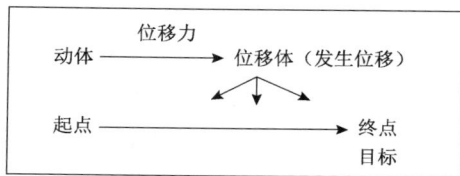

图 10-1　发生位移时的语义模型

例（1）中施动体为"我"，位移的起点为"家"，位移的终点为"城里的大街上"。例（2）中动体为"王锦凌"，位移的起点为"室内（未出现）"，位移的终点为"院外"。

"走"意向图式如图 10-2 所示。

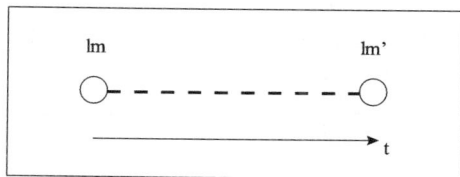

图 10-2　"走"意向图式

一个位移事件，通常包括诸多要素（范立珂 2015）：①动体，位移事件中其位置发生相对改变的运动主体。②运动，位移事件中动体改变其位置的时间过程，事件的表现方式。③路径，位移事件中因动体位置改变而设定或留下的空间轨迹。④背景，位移事件中动体位置相对改变的参照物，可以是一个场景，也可以是一个物体，甚至是同一物体的另外的部分。⑤方式，位移事件中动体的特定的运动状态。⑥动因，位移事件中动体产生运动的致动因素。例如：

（3）我们　　　　　跑　　　　　到　了　图书馆。
　　　[动体]　　[运动+方式]　　　[+路径]　　　[背景]

（4）沙发　　　　　搬　　　到　了　客厅。

[动体]　　[运动+致使]　[+路径]　　[背景]

例（3）表达的是内部事件，相当于一个简单概念事件，表述了动体"我们"的位移状态；例（4）中则既有内事件，也有外事件，相当于复合概念事件，动体"沙发"是由于外部施事的动因"搬"致使"到客厅"。

当 V 为位移动词时，"V+到+O"结构中的 O 一般为处所宾语，这类宾语一般可以分为：①处所词；②方位词；③普通名词+方位词；④带有机构、处所性质的普通名词。"V+到"后跟处所词的例子，如"电影院、农村、深山老林、西部、"；"V+到"后跟方位词的例子，如"前面、后面、里边、外边"等；"V+到"后跟普通名词+方位词的例子，如"学生公寓里、院子里、电视机前、监狱里、远处的树林里、焚化炉前、犀牛的肚子下面"等；"V+到"后跟带有机构、处所性质的普通名词的例子，如"白宫的台阶前、翁鄂洛城、厦门的鼓浪屿、王霸的家乡、秦朝的丞相府、少数民族地区、瓦岗寨、电视台、供应科"等。

第二，V$_{非位移}$+到$_{12}$+O$_{处所}$。

V 不是位移动词，如"猜、想、哄、造（捏～）、算计、欺骗、逼、惹、威胁、报复、怨怪、责备、怀疑、求、调查、活动、了解、动员"等。

"猜、想"只表示施动体的心理行为发生位移（虚拟位移），不对其他人产生影响，如"他想到哪里去了"。"猜、想"都是二价及物动词，它们所表示的都是有意识的主体对于客体的思考。例如：

（5）爹爹一听，可气坏了，"啪"用手一拍桌子骂道："好行善、真积德老两口真不是好东西，算计到咱头上了，他们把人看扁了。"（范金荣编著《民间故事》）

（6）因为，在外来生物入侵的过程中，恐怖分子可以将外来生物入侵当作一种生物武器来摧毁一个国家的畜牧业，导致大面积农作物减产绝收、经济动物大量死亡等等，这足以威胁到一个国家的经济安全和政治稳定，引发社会动荡和民众恐慌。（BCC 语料库）

例（5）中的"算计"，在《现代汉语词典（第 7 版）》中有 4 个义项：①计算数目：数量之多，难以～。②考虑；打算：这件事慢一步办，还得～～。③估计：我～他今天回不来，果然没回来。④暗中谋划损害别人：被人～。显然，例（5）中的"算计"为最后一个义项。"威胁"有 2

个义项：①用威力逼迫恫吓使人屈服：～利诱。②使遭遇危险：洪水正～
着整个村庄。例（6）中的"威胁"为第二义项。"算计"和"威胁"进入
"V$_{非位移}$+到$_{12}$+O$_{处所}$"结构后，具有虚拟位移的功能，其图式如图 10-3 所示。

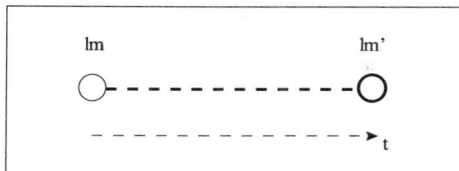

图 10-3 虚拟位移功能

如例（5），作为位移事件，不是现实位移，而是虚拟位移，动体为
"好行善、真积德老两口"，位移的终点为"咱头上"，"V$_{非位移}$+到$_{12}$+O$_{处所}$"
强调的是位移的终点；同样，例（6）中的"威胁"也是虚拟位移，句中没有
位移的起点，但终点"一个国家的经济安全和政治稳定"在句中得到凸显。

第三，V+到$_2$+O$_{时间}$。

这样的动词有"干、搞、继续、工作、等、流、开放、撑、待、陪"
等。例如：

（7）审讯继续到早上四点半钟。（《辛亥革命史丛刊》编
辑组编《辛亥革命史丛刊》）

（8）而回到家的祖父也不闲着，会客、带学生、看书、看
稿和改稿，工作到深夜两三点钟才休息。（程凯《餐桌上的养生》）

例（7）中的"继续"（活动连下去；延长下去；不间断）；例（8）
中的"工作"（从事体力或脑力劳动）。这些动作都是可持续的动作，带
上时间宾语后，凸显的是动作持续的终点。

戴耀晶（2017）根据情状，对动词进行分类，如图 10-4 所示。

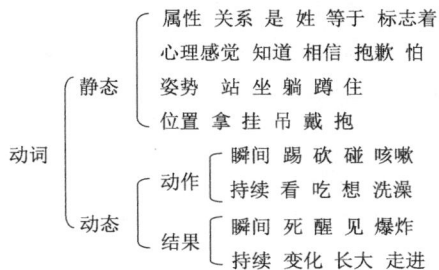

图 10-4 动词的情状分类

根据这一分类，"继续" 当属动态动词，表动作（持续小类）；"工作" 也同样如此。英语的动词分活动（如 push）、完结（如 close）、达成（如 spot）、静态（如 know）四类，可以根据带"in ten minutes"、带"for ten minutes"和"进行式含完成义"等作出区分。

第四，V+到$_3$+O$_{数量}$。

这样的动词有"碰、找、捞、遇、关涉、注意、看、听、见、做"等。

（9）《中国语文》主编侯精一认为，专家学者一时的硬气、傲气与骨气最终不能推动古汉语研究走出迷惘，《中国语文》刊物也好，《古汉语研究》也好，都不单纯是关涉到几个专家学者个人生存的事情，而是与整个社会的文化事业紧密联系。（1994年报刊精选）

（10）本着"结合实际、突出重点、具体明确、便于操作"的原则，建立科学合理的责任内容指标体系，对各级党政组织、职能部门和科级以上领导干部的党风廉政建设责任层层进行分解、细化，充实责任内容，明确责任主体，量化责任目标，做到了履行职责有规范，检查考核有标准，追究责任有依据。（BCC语料库）

例（9）动词"关涉"（表示关联、牵涉）；例（10）动词"做"（表示从事某种工作或活动）。前者属于静态动词（属性），后者属于动态动词（持续）。后接表数量的宾语，一般不能加"来/去"。"处所"隐喻扩展至"数量"，表达施动者通过动作使得受动者到达极性数量。

第五，V+到$_4$+O$_{程度}$。

这样的动词有"上升、下降、上涨、下跌；扩大、缩小、提高、降低、增加、减少、增强、削弱、扩充、压缩"等表示变化的述补式动词，"发展、变化、涨、缩、低、恶化、升降、烂、堕落、腐化"等表示发展变化的动词，"挑、喊、讲、涮、弄、害、布置、恢复、研究、争论、挣扎、欺负"等能带程度补语的动词。例如：

（11）"人类摒绝强食弱肉，雌雄杂居之类的禽道，固然是绝好的事，但以前凭了君父之名也做出好些坏事，如宗教战争，思想文字狱，人身买卖，宰白鸭与卖淫等，也都是生物界所未有的，可以说是堕落到禽道以下去了。"（舒芜《串味读书》）

（12）除以上两点外，产业结构不合理，农业生产未恢复到历史最高水平，粮食产量还不能满足国内消费需要，农民收入水平还较低；经济增长方式粗放，资源、环境难以承受；经济发展的体制性障碍还到处可见；等等，均制约着 2005 年中国经济难以过高的速度增长。（张卓元《对我国经济走势和宏观政策的几点看法》）

例（11）中使用的动词为"堕落"；例（12）中使用的动词为"恢复"。"处所"隐喻扩展至"程度"，表达受动体在施动体作用下到达极性程度的状态变化。

第六，V+到 $_5$+O $_{结果}$。

这样的动词有"搞、娶、摸、捉、拾、捞、采挖、订、割、拉、领、抢"等。例如：

（13）现任社长勒·亚利克的讲话题为《〈人道报〉不会存在于一个理想的世界》，他的意思是，《人道报》要一直奋斗到它的理想得到实现。（1994 年报刊精选）

（14）在夏威夷临海的旅馆房间里，在斜阳余晖的阳台上，在正午海滩的遮阳伞下，我们疯狂地玩乐。我不知道为什么要这样做，我只是觉察到一种绝望正在腐蚀我，我只能通过这种方式来抵抗、挽留和拯救。（陈位昊《日落了，却没人写诗》）

例（13）使用的动词"奋斗"，宾语为"它的理想得到实现"；例（14）使用的动词"觉察"，宾语为"一种绝望正在腐蚀我"。这些宾语表示某一抽象事物或结果。

10.2.3 "V+在+O" 构式中的 "V"

谭慧（2008）认为进入"V 在 NP"结构的"V"只能是单音节动词，其实，有些双音节动词也可进入结构。以《汉语动词用法词典》收录的动词及在 CCL 现代汉语语料库中出现的动词，与"在"组配，共有 532 个符合标准的动词，包括 379 个单音节动词和 153 个双音节动词，能进入"V+在+NP"结构的动词。

这些动词大体可分为状态动词、动作动词和心理活动动词三个类别。

第一，状态动词。

这样的动词有"坐、躺、趴、蹲、站、跪、死、破"等。这些动词，或某人或动物的姿势状态，或表示瞬间动作完成后形成另一种状态或瞬间状态变化完成后形成一种性质。曹逢甫（2005）采用区别性特征的方式，对状态动词和行为动词，进行了区分。李临定（1990）把状态动词分为"有相对的动作动词的"和"没有相对的动作动词的"两类（后一类数量很少）。有相对的动作动词的状态动词又可分为七小类，即：①表示人或物所处状态的（如"躺、坐"等）；②表示身体某部分所处状态的（如"抬、睁"等）；③表示物体置放状态的（如"晾、存、包"等）；④表示物体（在身体某部位）存在状态的（如"戴、踩"等）；⑤表示物体开合状态的（如"开、锁"等）；⑥表示物体由来状态的（如"绣、写"等）；⑦表示栽、种、生、长等状态的（如"栽、种"等）。没有相对动作动词的状态动词，如"哽、病、住、歇、呆、醉、醒、活、聋"等。例如：

（15）的确，从某种意义上说，皇帝其实就是一个国家最大的农民，一个"坐在龙椅上的农民"，只不过，他所耕种的不是田地，而是整个国家。（丁守卫《明朝有泪不轻弹》）

（16）5月，我醉了，我醉在这个艳阳天，我醉在那个午夜温情的电话，醉在那双热情慰藉的手……（黄志伟《漂泊的印痕》）

例（15）"坐在龙椅上"可以变换为"在龙椅上坐着"；例（16）"醉在这个艳阳天"不能变换为"在这个艳阳天醉着"。这既跟 V 的类型有关，还跟"在+处所"的分布有关。张国宪和卢建（2010）指出"V状+在+处所"构式对应的典型事件中，由于观察者对动作实施了整体扫描，动作被识解为一个有内在终点的有界行为……"在+处所"则进入了观察者的注意视野，被有效地关注，放在了句末焦点的位置，起参与者或类似于参与者的作用。

第二，动作动词。

动作动词分为持续动词和瞬间动词。

首先是持续动词。有及物和不及物的区别。先看及物动词。一是附着类动词。有"安、安装、围、雕刻、披、挂、写、涂、贴、粘、编、绣"等，表示施动体通过行为使动体附着在处所 N_L 上。例如：

（17）出工到生产队做活时，就把一本书放在竹夹子里夹住，

挂在后腰，一是方便携带，二是能保护书本不被弄坏。（赖国清
《曾经的乡土：讲给女儿的那过去的事情》）

（18）因为皇帝是真命天子、龙子龙孙，龙的后代，故衣服
上的龙不止绣一条，而且也不止绣在一处，全身都有。（张淑媛
等《天象》）

例（17）中，动体"一本书"通过施动体"我"的行为"挂"，最后
附着在处所"后腰"上；例（18）同样如此，"龙"通过"绣"的动作行
为，附着在"衣服"上。

二是位移动词，有"扔、射、撒、投、踢、撞、埋"等，表示施动体
做出一定的行为，致使动体发生位移改变。例如：

（19）终于，在一个下坡处，皮球男的左脚尖儿狠狠踢在了
右脚跟上，一个跟斗摔倒在地，顺势朝坡下飞滚下去。（许方《千
眼怪盗》）

（20）埋在身体里的炸弹，像病人小叶一样，随着死神的靠
近，就会一点点排除；而埋在心里的，说不清什么时候，触动了
哪根神经，就会一下子爆炸了，而我们永远不知道排爆方式是什
么。（陈仓《麦子进城》）

例（19）中的"踢"、例（20）中的"埋"都是位移动词，作为位移
事件，位移体是施动体（如"皮球男"），位移动力来自位移体本身。

再看不及物动词。一是姿势类动词，所表示的行为动作可以持续，多
为身体姿态，如"走、跑、奔跑、飞、飞舞、停留、骑、蹲"等。二是位
移类动词，如"跳、落、降、撒、降落、下降、上升"等。例如：

（21）凡乌鸦清晨在屋脊上鸣叫，或飞在人的前面叫，或飞
在人的头上叫，并且你打开它去，片刻仍飞来叫，则认为是祸事
临头不吉利的先兆，特别在春节农历正月初一早晨乌鸦叫更以为
这一年诸事不利。（叶大兵、乌丙安《中国风俗辞典》）

（22）让我们闭上眼睛想象这一幅图景：鱼似乎不是游在水
里，而是荡漾在虚空中，日光照下来，鱼的影子竟然映在潭底。
（夏昆《在唐诗里孤独漫步》）

（23）要知道，现在可是 11 月底的上海，我穿的 T 恤里还罩着一件绒衣，这个老人竟然像冬泳一样赤足奔跑在赛道上，太厉害了！（王丹戈《蚂蚁的奔跑：一个宅女的马拉松之旅》）

例（21）—（23）中"乌鸦""鱼""这个老人"是动作"飞、游、奔跑"的施动体，也是句子的施事、位移体。张伯江（2002）认为，具备下列特征越多，越可以理解为施事：具体性、可移动、自动力、生物性、有生命、有意愿、有理性、叙述者。当然，这里的施动体在生命度上有差异（这个老人＞乌鸦/鱼），"这个老人"是普通的指人名词，"乌鸦、鱼"则是"其他有生名词"。施动体的生命度越高，其发出位移力的能力越强，对位移体控制力越强，人类既有意愿性，又有意识性，所以其对发出位移力的能力最强，对位移体控制力最强。

其次是瞬间动词。主要有"死、出现、消失、爆发、产生、出生、毁灭、丧命"等（顾琼 2014）。邵敬敏（2014）指出，瞬间动词表示的动作发生在一瞬间，不可能持续，如果带上时态助词"着"就表示动作反复进行，这类动词如果重叠就表示动作反复的次数比较少，或者说话人认为动作进行的次数少。有"敲、切、打、拍、撞、吐、踢、砍、碰、撕、吃、喝、跑、跳、扣、挖、读、飞、弹、问、砸、杀、见、搬、刮、寄、扇、戳、抽……"

（24）我国南方，流传着几句话："生在苏州，穿在杭州，吃在广州，死在柳州。"其中"死在柳州"，意为柳州棺材因质优工巧而饮誉全国。（唐侬麟《八桂香屑录》）

（25）朱元璋出生在"钟离之东乡"的文字，最早见于明洪武二年（1369）危素撰写的《皇陵碑》："皇考有四子，长兄讳某，生于津律（里）镇；仲兄讳某，生于灵璧；三兄讳某，生于虹县。皇考五十居钟离之东乡，而朕生焉。"（周钰雯《朱元璋之谜》）

例（24）中的"死"是瞬间动词，而跟它意义相反的"活"是非瞬间动词（持续动词）。一般可以后加"着"进行鉴别，如"死着"不能说，但"活着"就可以。例（25）中的"出生"也是一个瞬间动词。

第三，心理活动动词。

这样的动词有"爱、恨、认识"等。例如：

（26）丢弃掉心里的标尺，不要爱在"影子"里，与最真实的爱人一起谱写属于你们的幸福故事。（米苏《不要急，一切都来得及》）

（27）警察局长看在眼里，恨在心里，多次恶狠狠地扬言："这个不知天高地厚的易卜生，不吃敬酒吃罚酒，早晚被我抓住把柄，好好地收拾你。"（达夫《世界经典思维名题》）

例（26）中的"爱"和例（27）中的"恨"均为心理活动动词。

10.3 "V+到+O" 与 "V+在+O" 构式的认知差异

10.3.1 "V+到+O" 与 "V+在+O" 的位移事件表达差异

Talmy（1985；1988）对事件框架（这里主要是运动事件框架）的概念结构进行了深入的研究，确认了与动态动词密切相关的六种基本的认知意义成分有图形、背景、运动、路径、方式和原因[后三种相当于 Langacker 的"场景"，即对场景所包括的内容作了细致的分类，对以前被忽视的分句中次突显成分（如状语等）]，并从认知角度进行了详细的分析，从另外一个角度阐述了人们如何对客观世界进行认知加工，并用语言表达出来。例如：

（28）Louis Bleriot flew across the English Channel from Les Baraques to Dover.
事件框架　图形　运动　路径　　背景　　　　路径的起始点和终点
　　　　　　　　方式

在运动事件框架中，"路径"是一个中心认知意义成分，在"图形""背景""运动"三者之间建立联系，因此它比"方式""原因"更重要，Talmy 重点分析了路径的过程（起始点、途中和终点）和类型（开放类、封闭类和想象类），并尝试用"注意窗"（windowing of attention）来论述对路径的认知方式和语言表达之间的关系。所谓"注意窗"，是对事件框架中某些部分作前景化处理的认知过程。在运动事件框架中，"路径"是一个完成的概念，包括"起始窗""途中窗""终点窗"，但在语言中不一定非要全部表达出来，路径的几个部分被注意了，就可以说是开启了几个"注意窗"。

相应地，位移类型也可以分为以下几类。

第一，现实位移和虚拟位移。例如：

（29）高翔和张警官，连忙奔了过去，赵苍的身子，又从车身上，慢慢地向下滑来，滑到了地上，高翔奔到了他的身边，回过头来，说道："快召救伤车来！"然而，当他吩咐了孙警官，再转过去时，便发现自己的吩咐，实在是多余的了，因为赵苍正在翻着眼睛，就要死了。（倪匡《夺命红烛》）

（30）"快感"是一个非常中性的泛指名词，不应该被直接奔到甚至仅仅奔到"性"那里。（新华社 2003 年 5 月新闻报道）

例（29）是现实位移，位移的终点为"他的身边"；而例（30）则是虚拟位移，位移的终点为"'性'那里"。

第二，自主位移和非自主位移。位移体存在生命度等级差异，可以形成"人>有生物>无生物>抽象物"梯度。当位移体为人称代词、亲属称谓名词、表人的专有名词时，意志力和控制力最强，是高自主位移；反之，则为非自主位移。例如：

（31）结果就从那个李寿全他们家，叫做基隆路，一直跑，一直跑，一直跑，兴奋地冲动地跑到回巴德路去接我女儿，……我答应过要带她去吃最好的牛排。（《鲁豫有约》）

（32）我像个哲学家一样胡扯八道，没想到我的话却刺中了她的痛处，她顿时神色黯然，眼中带着些忧郁，"我其实过得并不幸福，我有钱，但我精神特别空虚，就像当初做群众演员，我现在也看不到未来，不知道自己的希望在哪里！"（卞庆奎《中国北漂艺人生存实录》）

例（31）是自主位移，动体为"我"，位移的终点为"回巴德路"；例（32）是非自主位移，动体为"我的话"，位移的终点为"她的痛处"。

第三，有界位移和无界位移（曾传禄 2014）。"有界"和"无界"的确定和区分，都要在一定的认知域内进行。位移有终点的为有界（telic/bound）位移，反之则为无界位移。例如：

（33）反方四辩李盾：就在我们讨论这个辩论题时，成千上万农村剩余劳动力从嘉陵畔，从黄土高坡，从淮河西岸告别了他们的祖祖辈辈没有离开过的土地奔向沿海奔向城市，奔向遥远的白山黑水，此时，我不禁想起一句话：要飞，终于要飞了！（1994年报刊精选）

（34）那人一停不停，立即撞开门，奔向外，原振侠一跃而起也向门外奔去，一冲出了门，原振侠看到那人，又撞倒了一个因为醉酒正在中心摇晃走路的人，已经奔到了街口，原振侠道："站住！喂！站住！"他一面叫着，一面飞快地追上去，街上十分冷清，那人和原振侠都奔得极快，转眼之间，已奔到了横街外的马路上，原振侠也离那人更近了，原振侠再度大叫，马路上有几个人站定了看……（倪匡《天人》）

例（33）为无界位移，"动+介"结构中，介词"向"引进的是"意想"或"计划"的目标，而不是终点；例（34）为有界位移，"动+介"结构中，介词"到"引进的是实际抵达的终点。

10.3.2　"V+到+O" 与 "V+在+O" 的组配差异

第一，"V+到+O"结构，可以加上"来/去"，构成"V+到+O+来/去"；而"V+在+O"则不能加"来/去"。例如：

（35）结果就从那个李寿全他们家，叫做基隆路，一直跑，一直跑，一直跑，兴奋地冲动地跑到回巴德路去接我女儿，……我答应过要带她去吃最好的牛排。（《鲁豫有约》）

（36）他从三团到八团的距离，相当于从劝业场到引河桥，一个人心急如焚奔跑在茫茫的大草甸子上，嘴唇风干，咽喉冒烟，他看着网兜里的红苹果咽了口唾沫忍住了。（《作家文摘》）

例（35）中"跑+到"后面可以与"来/去"组配；而例（36）中"奔跑在"不能与"来/去"组配。孟琮等主编的《动词用法词典》共有动词1223 个，义项 2117 条（曾海清 2007a）。这些动词、动词义项中，能够接"到"或"到+……来/去"的见表 10-1。

表 10-1 能够接 "到" 或 "到+……来/去" 的动词

动词	数量/个	占比/%	动词义项	数量/个	占比/%
单音节	496	40.6	单音节	862	40.7
双音节	242	19.8	双音节	263	12.4
合计	738	60.3	合计	1125	53.1

既能接 "到" 又能接 "到+……来/去" 的见表 10-2。

表 10-2 既能接 "到" 又能接 "到+……来/去" 的动词

动词	数量/个	占比/%	动词义项	数量/个	占比/%
单音节	432	35.3	单音节	455	21.5
双音节	55	4.5	双音节	66	3.1
合计	487	39.8	合计	521	24.6

统计数据表明，能够接 "到" 或 "到+……来/去" 的单音节动词达 496 个，双音节动词达 242 个，如果算上不同的义项数量多达 1125 个；既能接 "到" 又能接 "到+……来/去" 的单音节动词有 432 个，双音节动词 55 个，如果算上不同的义项则达到 521 个。

第二，进入结构中的动词范围不同。同时具有[+终点][+处所]的动词，才能进入 "V+到+O" 与 "V+在+O" 结构。赵金铭（1995）认为如 "跑、走、扔、挂、背" 等动词能同时进入两个结构，而 "骂、陪" 等动词只能进入 "到" 字结构，"养、气、愁" 等动词则只能进入 "在" 字结构。沈阳（2015）曾以三组结构 "说到/*在心里" "放到/在心里" "乐*到/在心里" 为例，提出汉语 "V+到/在 NP" 结构还有很多问题亟待解决。"在+处所状语" 的位置，规律是：它出现在动词之间表示事情发生的地点，它出现在动词之后表示事情过后参与者所处的位置。这样，我们可以将进入 "V+到/在 NP" 结构的动词划分为三类，见表 10-3。

表 10-3 能进入 "V+到/在 NP" 结构的动词分类

类别	V+到+NP	V+到/在+NP	V+在+NP
A 类	+	−	−
B 类	−	+	−
C 类	−	−	+

A 类动词。A 类动词只能用于 "V+到" 结构，不能用于 "V+在"。根据张海涛（2019）的统计，限于或基本限于用在 "V+到" 结构中的动词有 135 个，其中表位移的动词中单音节 31 个、双音节 32 个，占 47%，如 "报、蹦、搀、传、闯、蹿、端、发、告、拐、逛、回、叫、来、卖、撵、挪、派、骗、请、捎、升、送、逃、调、吞、移、引、运、拽、转、传播、传达、传染、倒退、发配、发行、汇报、降低、借调、介绍、扩散、流动、旅行、派遣、迁移、驱逐、上升、逃避、提拔、提高、提升、投入、推荐、下滑、下降、宣传、延长、移动、远销、转变、转发、转移" 等，另外增补 1 个 "陪"（沈阳 2015）；表非位移的动词中单音节有 25 个、双音节 47 个，占 53%，如 "熬、拆、唱、吵、炒、饿、干、减、救、练、骂、冒、磨、闹、忍、数、说、探、添、通、捅、喂、摇、占、涨、补充、触及、斗争、发展、翻译、抚养、工作、过渡、害怕、怀疑、恢复、回复、积累、继续、加入、坚持、减少、进化、进行、夸大、扩充、扩大、扩张、普及、欺负、上涨、涉及、深入、缩小、讨论、调节、调整、推广、拖延、威胁、吸收、休息、削减、延伸、演变、影响、增加、增长、招呼、折腾、支持、执行" 等。

B 类动词。根据张海涛（2019）的统计，"V+到" 和 "V+在" 结构中使用频率相当或基本相当的动词有 79 个，其中表位移的 43 个，占 54%，如 "放、跑、走、扔、挂、背、陪、背、沉、凑、浇、举、扛、揽、淋、落、抛、喷、捧、飘、漂、泼、扑、扔、塞、闪、射、梳、甩、弹、挑、投、脱、驮、卸、押、咽、撞、奔跑、跌落、躲避、合并、汇集、流传、排挤、漂流、飘落、散步、散发、转战" 等；表非位移的 36 个，占 46%，如 "爱、挨、补、擦、订、定、扶、耗、活、卷、砍、刻、拧、扭、拍、劈、拼、敲、揉、晒、伤、渗、刷、填、弯、淹、沾、长、醉、发泄、分摊、奋斗、贯穿、流行、牵连、收拾" 等。"V+到" 使用频率多于 "V+在" 的动词有 68 个，其中表位移的占 68%，如 "搬、奔、逼、拨、扯、冲、吹、打、带、递、跌、飞、赶、刮、滚、滑、寄、嫁、溅、降、交、开、拉、流、爬、攀、跑、牵、绕、扫、杀、抬、踢、跳、推、退、拖、挖、忘、修、游、栽、追、走、钻、降临" 等；表非位移的占 32%，如 "翻、改、花、哭、烧、伸、玩、掀、笑、涌、做、持续、分配、贯彻、落实、蔓延、牵扯、渗透、统一、压缩、应用、运用" 等。"V+在" 使用频率多于 "V+到" 的动词有 167 个，其中表位移的占 19%，如 "藏、插、戴、登、滴、掉、丢、躲、放、搁、跟、挂、挤、撂、排、骑、撒、洒、散、贴、围、献、砸、粘、发表、跟随、公布、降落、散布、散落、坠落"等；表非位移的占81%，如"安、按、摆、绑、抱、编、踩、缠、抄、盛、穿、串、搭、呆、倒、蹬、吊、叠、盯、钉、顶、堵、堆、蹲、敷、伏、浮、盖、供、关、跪、裹、糊、画、混、记、系、加、夹、架、建、搅、靠、扣、捆、连、晾、留、搂、烙、埋、抹、趴、泡、陪、披、撇、铺、签、溶、生、守、输、摔、拴、睡、死、缩、锁、踏、摊、躺、套、疼、停、涂、吐、卧、握、陷、写、选、养、印、用、扎、站、照、种、住、装、坐、安插、安排、安置、安装、包括、保持、保存、保留、表现、逗留、堆积、反映、分散、覆盖、固定、集合、集中、计算、寄托、强加、坚守、结合、纠缠、聚集、控制、捆绑、连接、联结、联系、浓缩、倾注、融合、融化、生长、停留、团结、维持、牺牲、限制、消失、隐藏、战斗、挣扎、驻扎"等。

C类动词。根据张海涛（2019）的统计，限于或基本限于用在"V+在"结构中的"V"有111个，其中表位移的占1%，如"乐、养、气、愁、奔走"等；表非位移的占99%，如"败、抽、出、处、挡、垫、冻、缝、附、搞、隔、横、僵、接、卡、看、锩、困、赖、拦、愣、立、列、露、捏、碰、砌、抢、剩、收、算、吻、捂、绣、悬、咬、倚、赢、抓、包裹、包围、暴露、布置、残留、操纵、缠绕、产生、长眠、沉醉、呈现、重叠、矗立、打印、登记、堵塞、躲藏、发生、勾结、焊接、耗费、环绕、活跃、积压、记录、寄存、寄养、建立、建筑、交汇、交织、浸泡、局限、镌刻、刊登、浪费、牢记、流露、埋葬、埋没、铭记、排除、排列、抛弃、佩戴、飘扬、平摊、蜷缩、生活、盛开、收集、耸立、陶醉、停靠、停止、涂抹、围绕、消灭、消磨、淹没、屹立、萦绕、映照、拥抱、展现、站立、张贴、掌握、伫立、驻守、坐落"等。

第三，"V+到+O"结构中可以出现起点成分，"V+在+O"结构则不能。

第四，"V+到+O"表示有界的位移，"到"引进的是实际抵达的终点。"V+在+O"分为两类：一类表示位移动作；一类表示状态持续。

谷向伟（2004）曾归纳动词与"在""到"的组合规律（表10-4）。

表 10-4 动词与"在""到"的组合规律*

结构	代表动词	语法功能		语法意义	变换格式
V 在 N_L	等	谓语:SV 在 N_L		动作持续	在 N_LV 着
	跟				
	坐	谓语	SV 在 N_L	状态持续	
			V_1 在 N_L+VP_2		
		定语:(V 在 N_L)NP			
	挂	谓语	SV 在 N_L		
			V_1 在 N_L+VP_2		
			把 O(V 在 N_L)	动作到达某处所	V 到 N_L
			VP_1+(V_2 在 N_L)		
		定语:(V 在 N_L)NP		状态持续	在 N_LV 着
	死	谓语:SV 在 N_L		动作到达某处所/状态持续	无
	掉	谓语:SV 在 N_L		动作到达某处所/状态持续	V 到 N_L
V 到 N_L	跑	谓语	SV 到 N_L	动作到达某处所	无
			SV 到 N_L 去/来		
			S 从(N_L)_1V 到(N_L)_2		
	搬		SV 到 N_L		
			SV 到 N_L 去/来		
			把 O 从(N_L)_1V 到(N_L)_2		
			SVOV 到 N_L		
	坐		SV 到 N_L		
			SV 到 N_L 去/来		
	挂		SV 到 N_L	动作到达某处所	V 在 N_L
			SV 到 N_L 去/来		无
	掉		SV 到 N_L	动作到达某处所	V 在 N_L
			SV 到 N_L 去/来		无

归纳起来,"V+到+O"和"V+在+O"既有共性的一面,也有个性的一面。共性方面,当构式表示动作到达某处,既有过程又有到达后的状态时,构式可以互换,动词可以是单音节,也可以为双音节。从个性角度来看,位移特征最强的动词后,只允许出现"到 NP"而不能出现"在 NP",即只能表"方向";位移特征最弱的动词后,只允

许出现"在 NP"而不能出现"到 NP",即只能表"存在";而位移特征居中的动词,则选用"到 NP"就表"方向",选用"在 NP"就表"存在"(沈阳 2015)。

10.3.3   "V+到+O"与"V+在+O"的图式差异

"动+介"式(V+介词结构)是位移事件的复杂表达式。根据前面的分类,有些动词既可以用于"V+到+O"又可以用于"V+在+O"结构,这样的动词既有位移动词,如"跳、奔走、游、灌、发、报、告"等,也有非位移动词,如"唱、说、骂、通"等。

(37)小猴子在马背上跳。/小猴子跳在马背上。(转引自张国宪 2009)

(38)小猴子跳到马背上。

图 10-5 和图 10-6 中 T 表示时间,I 表示起点,F 表示终点。图 10-5 为"小猴子在马背上跳",动作有起点(实心方点),但没有内在终点(空心方点),表述的是一个非"个体"行为的无界动作,采用次第扫描的方式,凸显行为过程的各个阶段,关注的是动作在不同时间阶段的连续变化状态。图 10-6 为"小猴子跳在马背上",作为一个运动事件,观测者想要凸显的是整个运动整体,用实心圆加以凸显,至于"小猴子如何跳","小猴子如何到了马背上",并不是关注的重点。采取总括扫描的方式,表述的是一个泛时间性的有界动作,关注的是淡化了时间性的动作轮廓。

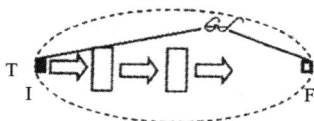

图 10-5   小猴子在马背上跳

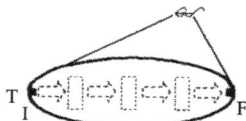

图 10-6   小猴子跳在马背上

与张国宪(2009)的分析不同,梁子超、金晓艳(2020)对"在+处所"位于动词后构式整体意义的概括:属于"位移事件"中与终点有关的部分,可以将其归纳为"背景—行为/状态构式"与"终点构式"。根据位移框架事件,"箭射在靶子上"可以表示为图 10-7,"箭射到靶子上"可以表示为图 10-8。

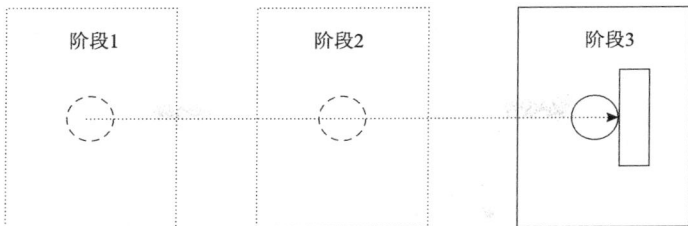

图 10-7　箭射在靶子上

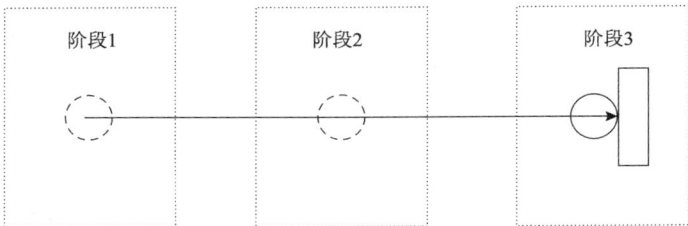

图 10-8　箭射到靶子上

图 10-7 中，阶段 1 和阶段 2 外框均为虚线，不是关注的重点，而阶段 3（箭到达靶子上的一瞬间及之后停留在靶子上的状态），才是关注的重点；图 10-8 中，阶段 1—3 都是虚线（外框），但箭（射体）位移一段路径后（从阶段 1 到阶段 3，箭头方向），到达重点（靶子），且凸显终点。曾传禄（2014）也比较过"在""到"的差异，认为它们都是终点标记，都表示通过动作抵达某处所，但表示的侧重点有所不同："到"强调位移的过程，激活的是一个线性图式；而"在"着重于位移结束后存在于某处，激活的是一个点状图式。"到"是对物体位移实现的动态描写，"在"是对物体存在于某处的静态描写。曾文还指出：当 V 是持续性的、位移动程明显的自移和伴移动词，如"走、跑、游、滚……"，这些动词后能用"到"，不能用"在"。当然，曾文的观察有一定的道理，但说当 V 是持续性的、位移动程明显的自移和伴移动词时，这些动词后能用"到"，不能用"在"，则值得商榷，比较：

（39）带着这喜滋滋和沉甸甸的希望，我和冯巩欢快地走在大街上。（邓刚《你的敌人在镜子里》）

（40）比如说有些人对某种气味过敏，当他走到大街上时，不知为什么突然出现鼻痒、打喷嚏、流清水鼻涕，以为自己受凉或患了感冒了，但这些症状很快就消失了，他以为过敏性鼻炎会

传染，其实是鼻子对某种气味过敏所致。（王强虎主编《过敏性鼻炎》）

（41）走在兴趣班的路上，女儿跑在前面，笑声推进暮色，暮色摊薄一天的记忆。（蒋艳《江水拉响的提琴》）

（42）狗总是这样，它跑到前面，但一会儿就跑回到主人身边。然后它又跑到前面，看到自己跑得太远了，就又跑了回来，一直是这样。最后，狗和人到达了同一个目的地。（万军《获取超额收益：反身性价值投资的应用》）

例（39）"走在大街上"和例（40）"走到大街上"，持续性的、位移动程明显的动词"走"，后面既可以跟"到"，也可以跟"在"。例（41）"跑在前面"和例（42）"跑到前面"中的"跑"也是同样。"走、跑、跳"为典型的位移动词，后面接"到""在"均较为自由。

根据顾龙飞（2019）的考察，纯状态动词端坐类、位移动词盘旋类和非纯状态/位移动词出现类不能或很难被准入"V+到+O"构式，例如：

（43）*飞机盘旋到北京。

（44）*他突然出现到校门口。（转引自顾龙飞 2019）

顾文从语义上对进入"V+到+O"构式的 V，列出准入条件：①具有表达位移的语义潜势；②产生的位移路径不能具有循环性；③不能表达出现或消失义。至于"V+在+O"构式的 V，若表静态处在时，V 具有表达空间静止状态的语义潜势。表动态处在时，对 V 提出了三条语义要求：①必须为位移动词；②表达持续均质自移义；③概念化的位移义不能暗示有起端或终端。

当然，我们之所以将"V+到/在+O"进行比较，是因为它们具有一定的可比性，沈阳（2015）罗列了四种情况：①动词后，只能出现"到+O"，不能出现"在+O"；②动词后，可以出现"到/在+O"，且表示的意思基本一样；③动词后，虽然可以出现"到/在+O"，但表示的意思不一样；④动词后，只能出现"在+O"，不能出现"到+O"。

（45）a. 说到/*在心里

　　　b. 放到/在心里

　　　c. 乐*到/在心里（转引自沈阳 2015）

沈阳（2015）认为现代汉语"V+到/在 NP_L"结构的形式变化和语义差异是谓语层（VP）动词的"位移特征"和动词后附加语层（PP）介词的"功能投射"相互作用的结果，即谓语动词位移特征的强弱诱发和制约了动词后介词表"方向"或"存在"的终点投射选择。我们认为"V+到/在+O"构式具有多义性，不同类型的 V（位移动词/非位移动词）、不同类型的 O 彼此之间相互作用、互相影响：特定类型的 V 会选择特定的 O 组配，反之 O 也会选择不同的 V，整个构式成分之间具有互动选择性。比如"放"具有位移义，可以与"到/在"组配。（45a）中"说在心里"作为语言的句子，似乎不能组配，然后作为言语的句子，却有实际用例。例如，"……而多年后的垂暮之年，我们依然要说爱，却是悄悄地说在心里"（宁待《我想和你虚度时光》）。同样，"我们乐在脸上，也乐到心里"也能找到用例。

第11章 "V+往+O"和"V+向+O"的差异性考察[①]

11.1 引　言

现代汉语的介词多数为前置词（preposition），还有一部分后置词（postpositon）和一部分框式介词（circumposition）（沈家煊 1984；刘丹青 2002）。邵敬敏和周娟（2008）考察后认为具有后置用法的介词主要有 8 个，即"到、在、自、至、给、于、向、往"，学界对于这一部分后置词或具有后置用法的介词颇为关注，形成了具有一定代表性的研究范式。

一是在共时描写层面从句法语义互动分析"动+介"组配中动词及宾语的语义特点，在历时层面考察介词语法化的过程，从类型学视角出发运用介词并入的理论发现"动+介"组配词汇化趋势。方绪军（2004）对比"V 向""V 往"后续成分以及它们与宾语的语义关系差异，指出"向"主要是引出方向，而"往"可引出方向兼终点。储泽祥（2005）从共时层面描写了"V 往+O"的语义约束情况，指出能够进入该格式的动词如"开、送、寄、通"等具有非内向性位移、速度较快、有位移工具等语义特征，O 具有距起点远、范域较大等特征。刘培玉和刘俊超（2005）分析了"向+N+V"和"V+向+N"在 V、N 动词后趋向补语所表示的意义及介词"向"后的动态助词差异，并分析造成差异的原因。肖任飞和陈青松（2006）对"向""往""朝"的句法语义模式进行了较为深入的分析，对从语法化的角度对"向""往""朝"的句法语义模式差异进行了解释。李向农、余敏（2013）从与介词密切相关的动词及其后的趋向补语为切入点，分析这两个介词在动态性、位移性、方向性上存在的差异，从语法化的角度寻求其差异的来源，找到有效的区分方法。罗耀华（2015，2016），罗耀华和姚文彪（2017）分别探讨了"V+到""X+于""V+给""V+至"结构中的语义句法互动，

---

① 本章由课题组成员刘灏撰写。

分析了 "到" "于" "给" "至" 的语法化历程，指出由于介词并入，"动+介" 组配产生了词汇化的趋势。

二是运用认知语言学的理论框架，对介词结构进行认知语义学及构式语法的理论视野下的探讨。邵敬敏和周娟（2008）对可后置使用的 8 个介词进行了 "动+介" 语义模式和认知场景的系统的描写，得出了 4 大类 22 小类的语义模式，对其认知场景和存在理据进行了探讨。卢妶（2011）对 "V 向" 和 "V 往" 中介词 "向" "往" 的语义性质及图式进行了探讨，指出 "向" 的路径图式对起点有所依赖，凸出其 "路径"，有可能表示终点；"往" 的起点不凸出，凸显的是 "终点"，但蕴含着 "路径"。黄健秦（2013）、张海涛（2019）从构式语法的视角分别对 "V+在/到+处所" 进行了分析。前者指出 "在+处所+V" 和 "V+在+处所" 是 "在+处所" 的两个具平行有承继关系的子构式，可概括出共通且互补的构式义，在句法层面也常可互为变换；后者认为两个子构式的互动是原型构式 "V+在/到+空间域" 与边缘构式 "V+在/到+时间域" 及 "V+在/到+程度状态域" 协同发展的内部机制，子构式之间的差异是该构式与组构成分之间及组构成分之间互动作用的结果。

综观后置词的研究成果，"向" 和 "往" 比较有代表性，同时成果较为丰富，虽然研究视角不一，但都从不同角度对 "动+介" 组配的句法语义互动关系作了有益的探索，为进一步研究的开展奠定了良好的基础。但从整体上来看，定性研究较多，基于大规模真实语料的定量研究考察较少，鉴于此，文章主要解决两个问题：① "V+往+O" 和 "V+向+O" 两个结构在 "往" 和 "向" 作介词构成的结构中的使用频率；② "V+往+O" 和 "V+向+O" 两个结构在动词使用上有何异同，对于分析动词的语义特征有何借鉴意义。

11.2 研 究 方 法

从 Firth 到 Sinclair，倡导在大规模真实的语料中研究语言的代表性学者都将研究聚焦于外化的、可观察的社会语言行为，视语言为一种社会现象。而这种研究思路最具区别性的特征是其自下而上的研究方法，既基于大量真实证据描述语言的方方面面，又在准确描述事实的基础上解释语言模式（卫乃兴 2009）。本章拟从语料库辅助研究的角度切入，将基于语料库的方法和语料库驱动的手段相结合，对 "往" 和 "向"

构成的两个类连接"V+往+O""V+向+O"在大规模实际语料中的使用情况进行全貌式的描写和统计，考察介词"向""往"作为补语使用时的动词搭配词。

类联接（colligation）是语料库驱动的研究方法中的一个重要概念，是指语法范畴间的结合，或者说它是关于词语组合类别的抽象表述，是具体的词语搭配发生于其中的语法结构和框架。类联接是描述和概括搭配词的前提和基础，如"V+N""N+N""P+V"等都是类联接，代表一类搭配。搭配（collocates）是基于数据驱动统计出来的，即从语料库中将关键词的所有共现词提取出来，然后用统计手段测量各共现词与关键词共现的显著程度，以确定词项间相互吸引的程度，进而概括、描述共现词反映词项搭配的情况。

考虑语料的可获取性和完整性等因素，选取了 CCL 语料库作为语料来源，分别检索下载所有含汉字"往"和"向"用例语料 208581、443353条，筛选并进行人工校对后得到介词用法语料 66849、65536 条，将语料做数据清洗后导入语料处理软件 AntConc 中进行分析处理。

11.3　研究结果及讨论

11.3.1　"V+往+O""V+向+O"的使用频率

如前所述，介词"往"和"向"可分别构成"往+O+V""V+往+O"和"向+O+V""V+向+O"两种结构，这在大规模语料考察中也得到了印证。为了考察"V+往+O""V+向+O"在各自介词类联接中使用的占比情况，我们对"往"和"向"的用例分别进行了随机抽样 1000条的处理，分别统计了"V+往+O""V+向+O"的使用占比情况，如表 11-1 所示。

表 11-1　"向"和"往"类联接使用频次及占比

类别	频次	占比/%
"V+往+O"	384	38
"往+O+V"	616	62
"V+向+O"	247	25
"向+O+V"	753	75

从介词发展的源流来看，古今汉语的介词主要都是从动词虚化而来

的。以"往"为例，"往"在先秦两汉时期主要用作动词，可单独作谓语，也可与其他动词连用形成连动结构作谓语，如：

（1）于公子豫，豫请往，公弗许，遂行。（《左传·隐公元年》）

（2）阳货欲见孔子，孔子不见，归孔子豚。孔子时其亡也，而往拜之，遇诸涂。（《论语·阳货》）

"往"开始虚化用作介词是在魏晋南北朝以后的敦煌变文中（陈昌来2002a），到了明清时期，用作介词的例子已经比较多见了（李向农、余敏2013）。从以上"往"在现代汉语语料库中"V+往+O"和"往+O+V"的使用频率考察来看，它在一定程度上从共时角度印证了汉语介词发展的规律，即介词的分布是倾向于向分布在动词前发展，不仅中古汉语、近代汉语、现代汉语中新产生的介词基本上都分布在动词前，而且古汉语中一些介词如"以""于""向"越来越倾向于跟动词组合成合成词，产生介词并入的词汇化现象，如"难以""急于""面向"等（罗耀华 2015，2016）。可见，介词"向""往"在 CCL 语料库中两个结构的使用情况符合介词在分布位置上倾向于分布在动词前的规律。

11.3.2　基于数据计算搭配词

11.3.2.1　高频共现词

以"往"为例，"往"为节点（node）即上文中的关键词，跨距（span）为-5/+5，在节点词的左右各取 5 个词为其语境。跨距的选取关系到搭配词提取的结果，因为有的词语与节点词搭配常常是不连续的，常被别的词语分隔，即非连续搭配（discontinuous collocation），"往"的用例中"V+往"是连续搭配，而"往+O+V"中"往"和 V 是非连续性搭配。诸多研究表明，就普通英语文本和专业英语文本而言，将跨距界定为-4/+4 或-5/+5 是适宜的（Jones and Sinclair 1974）。由于语料库驱动研究词语搭配的方法目前多集中在外语界，汉语的研究还少有用及，故借鉴英语中搭配词提取的跨距，经检测，在实际共现词提取的过程中对汉语的搭配词的提取也是可行的。表 11-2 是介词"往"频数最高的 30 个共现词矩阵。

表 11-2　介词"往"频数最高的 30 个共现词矩阵

序号	共现词	总计	左	右	左5	左4	左3	左2	左1	*	右1	右2	右3	右4	右5
1	的	24718	12676	12042	3221	3182	3045	2384	844		165	3985	2869	2486	2537
2	一	12355	4532	7823	1231	1266	1184	754	97		435	2715	1998	1501	1174
3	了	9972	5235	4737	1452	1342	1135	965	341		92	180	1993	1242	1230
4	走	8737	1003	7734	250	241	214	187	111		753	4984	1124	536	337
5	上	8468	2363	6105	515	477	512	377	482		1848	2490	652	607	508
6	他	7386	4316	3070	830	849	948	879	810		495	169	854	845	707
7	下	6436	984	5452	234	224	213	170	143		4909	166	100	122	155
8	就	16309	14400	1909	3897	3456	2961	2374	1712		0	314	448	573	574
9	去	5616	1031	4585	218	234	191	142	246		0	1382	1679	924	600
10	里	5563	907	4656	189	182	168	113	255		1283	2213	545	373	242
11	不	5404	3482	1922	664	627	812	892	487		48	274	365	568	667
12	前	5362	410	4952	108	117	84	79	22		4686	82	50	58	76
13	着	5312	4004	1308	4004	3370	2633	1866	631		10	36	385	446	431
14	在	5161	2869	2292	647	627	591	552	452		36	234	479	654	889
15	我	5040	2708	2332	550	586	550	519	503		330	170	596	656	580
16	是	4919	2606	2313	2606	2019	1463	932	478		0	218	434	772	889
17	地	4764	3862	902	323	310	381	395	2453		146	54	109	233	360
18	送	4504	3936	568	31	17	21	14	3853		0	270	176	80	42
19	把	4020	3353	667	523	572	743	1496	19		0	25	109	237	296
20	人	3838	2790	1048	524	494	589	539	644		73	69	190	312	404
21	外	3801	245	3556	73	54	63	29	26		3193	223	55	33	52
22	从	3548	3018	530	398	549	1128	930	13		17	33	132	185	163
23	被	3477	3132	345	131	156	422	2413	10		0	19	83	113	130
24	说	3383	1591	1792	419	392	369	289	122		0	613	298	400	481
25	后	3340	905	2435	185	210	242	181	87		1875	230	69	104	157
26	她	3041	1781	1260	354	387	403	295	342		243	53	349	343	281
27	看	2927	536	2391	157	140	121	86	32		18	1263	555	311	244
28	开	2888	2517	371	76	81	60	70	2230		15	182	66	52	56
29	再	2812	2361	451	92	88	86	126	1969		0	110	120	96	125
30	跑	2494	275	2219	69	61	55	50	40		0	1420	470	202	127

从表 11-2 的数据可以看到如下信息。

第一，在跨距为-5/+5 的范围内频数最高的几个共现词如"的""了"作为助词，广泛存在于各类文本中，从其距位（span position）（即跨距中所占位置的频数）结合检索信息可以看到，其在左 1、右 1 距位的频数较低，在其他距位上的频数较高，这也符合实际的语言用例。左 1 距位的助词"的"大多为"的"字结构，如"把剩下的往茶几上一放""男的往前站"，或实际为结构助词"地"副词性状语，如"我们现在拼命的（地）往前跑"；右 1"的"用例多为"V 往"结构作句子定语时所用的结构助词，如"我像疯了似的辗转找到他调往的那个学校"等。

第二，从共现词出现在节点词左边和右边的频数来看，有的共现词在"往"的左右两边出现的频数差异不大，如"的""了""他""她""在""是""说"等词；而有的共现词出现在左右两边的频数呈现出明显的差异性，如明显倾向于出现在左边的"不""就""着""地""送""把""人""从""被""开""再"，多为虚词，明显倾向于出现在"往"右边的"一""走""上""下""去""里""前""外""后""看""跑"，多为方位词（实词），也符合"往"作为境事介词介引处所的基本功能（陈昌来 2002a）。

第三，对于总频数较高的"一"，出现在右 2、右 3 距位的频数较高，考察语料用例后发现多为"往 O 一 V"结构，如"随手把拐杖往江心一丢""往林子里一跑，不见了"，其中的"一 V"动词皆为单音节动词，如"跳""甩""扔""丢""放""提""仰"等。

第四，高频动词在"往"左右两边的共现情况不一样，"往"左边的动词常为"送""开"，"往"右边的高频动词为"去""看""跑"，可以管窥"往"前位构式和后位构式中高频动词的使用倾向。

第五，有的词与"往"共现较多，但也由于其出现频数较高，已经逐渐词化为一体，如"通往"在语料检索中出现了 4903 次，由于其高频使用，故 NLPIR 基于语料库分词时将其视为一个词，因而共现矩阵中并未出现"通"，这也符合频率是制约词感高低的重要因素的认识（刘云、李晋霞 2009）。

第六，30 个共现词总的出现频数为 175091 次，左共现词出现频数为 83324，右共现词频数为 91767，左共现词和右共现词分别对应的是"往"的后位构式和前位构式，从共现频数来看，在一定程度上可以初步预测前位构式使用频数较后位构式高，这有待进一步考察。

表 11-2 中的共现频数较高的词如"的""了"等虚词与别的关键词共

现频数也较高，也就是说共现频数高的词并不一定是搭配词，这启发我们思考从别的角度来考察"往"的搭配词。搭配词是词项的典型共现行为，检验各共现词与节点词之间的相互预见和相互吸引程度，也就是判断词语组合典型性，有两种手段，一种是 Z 值（或 T 值）测量，一种是 MI 值测量，本书采用 MI 值测量的方法。测量方法如下，其中 X、Y 分别表示两个词语或词串，$f(X)$、$f(Y)$ 是 X 和 Y 出现的频率，$f(XY)$ 是 XY 共现的频率，N 为语料总字数。MI 值≥4 为高融合度，0≤MI 值<4 为中融合度，MI 值<0 为低融合度（罗耀华 2015）。

$$I(X,Y) = \log_2 \frac{f(XY) \times N}{f(X)f(Y)}$$
$$= \left(\log_2 f(XY) - \log_2 N\right) - \left(\log_2 f(X) + \log_2 f(Y)\right)$$

由表 11-3 中可以看到，30 个高频共现词频数最高的"的""一""了"等 MI 值并不高，也即其搭配不具有典型性，要考察"往"的搭配词还得参考其跨距内共现词的 MI 值，由于本书主要考察"V+往+O""V+向+O"的差异，故主要考察二者的左搭配动词的情况。

表 11-3   介词"往"高频共现词 MI 值

序号	共现词	与节点词共现频数	总的出现频数	MI 值
1	送	4504	5341	5.767
2	外	3801	4666	5.717
3	前	5362	7128	5.602
4	走	8737	12695	5.473
5	跑	2494	3679	5.452
6	开	2888	4662	5.322
7	下	6436	10849	5.259
8	再	2812	4977	5.189
9	里	5563	10445	5.104
10	去	5616	11643	4.961
11	被	3477	8126	4.788
12	后	3340	7803	4.788
13	上	8468	20275	4.753
14	看	2927	7212	4.711
15	地	4764	13028	4.561
16	把	4020	11317	4.519

续表

序号	共现词	与节点词共现频数	总的出现频数	MI 值
17	从	3548	10574	4.437
18	就	5806	17739	4.401
19	一	12354	40154	4.312
20	着	5312	18143	4.240
21	她	3041	11177	4.135
22	他	7386	27868	4.010
23	人	3838	16040	3.949
24	说	3383	14367	3.926
25	我	5040	21453	3.923
26	不	5404	23691	3.880
27	了	9972	47981	3.746
28	的	24718	124715	3.677
29	是	4919	28358	3.485
30	在	5161	32245	3.369

11.3.2.2 "往"左搭配词

结合介词"往"的类联接情况,左搭配词主要考虑左 1 距位上动词的情况。经考察,左 1 的距位上有 133698 个字符,涉及 8112 个词种。从共现频数来看,"往"的左 1 距位上出现频数多于 10 次的动词有 55 个,MI 值计算显示高融合度(MI 值≥4)的词有 15 个,具体如表 11-4 所示。

表 11-4 介词"往"左 1 距位共现词及搭配词

统计项	共现词及搭配词(动词)
共现词及频数(55 个)	送(3853),销(1961),派(1314),迁(917),发(721),调(639),输(474),想(397),寄(315),转(275),去(246),驶(221),带(181),移(140),押(137),奔(124),说(122),汇(119),撤(119),走(111),流(71),打(66),搬(51),拖(49),驰(44),退(42),跑(40),解(39),请(37),拉(36),看(32),传(32),谈(31),停(29),到(26),抬(25),冲(25),涌(21),回(18),出(18),飞(17),指(17),劫(17),记(16),拨(16),卖(16),召(14),遣(14),接(14),投(14),逃(13),游(12),驱(11),改(11),扑(11)
搭配词及 MI 值(15 个)	销(5.944),送(5.541),迁(5.849),输(5.668),调(5.499),寄(5.411),派(5.408),汇(5.331),驶(5.269),押(4.858),发(4.851),撤(4.778),移(4.501),驰(4.384),驱(4.342)

11.3.2.3　"向"左搭配词

和"往"类似的，参考"向"的类联接情况，左搭配词主要考虑左 1 距位上动词的情况。经考察，左 1 的距位上有 12168 个字符，涉及 920 个词种。从共现频数来看，"向"的左 1 距位上出现频数多于 10 次的动词有 60 个，MI 值计算显示高融合度（MI 值≥4）的词有 58 个，具体如表 11-5 所示。

表 11-5　介词"向"左 1 距位共现词及搭配词

统计项	共现词及搭配词（动词）
共现词及频数（60 个）	扑（708），跑（383），移（338），奔（279），射（260），望（231），倒（202），撞（194），飞（143），看（128），带（128），吹（98），砸（89），靠（85），游（84），扔（79），开（77），归（69），爬（63），杀（60），掷（54），砍（53），迎（49），逼（45），袭（43），拉（43），跳（40），泼（37），插（37），跨（35），盯（33），发（33），滚（28），踢（27），窜（23），退（23），甩（21），回（21），刮（21），攻（19），击（19），掉（18），戳（18），铺（17），赶（17），走（17），凑（17），斜（14），扎（14），冲（14），瞥（13），踱（12），瞧（12），折（12），抓（12），直射（11），摸（11），拖（11），扫（10）
搭配词及 MI 值（58 个）	踱（4.998），泻（4.998），坠（4.998），移（4.960），凑（4.915），归（4.897），扑（4.896），奔（4.893），泼（4.885），射（4.871），跨（4.842），袭（4.752），挪（4.735），游（4.732），瞥（4.698），铺（4.693），砸（4.679），撞（4.667），望（4.660），吹（4.647），赶（4.626），逼（4.607），迎（4.590），扔（4.587），跑（4.585），刮（4.583），腾（4.583），倒（4.563），掷（4.543），盯（4.519），跋涉（4.512），插（4.507），靠（4.488），滚（4.483），甩（4.483），直射（4.457），摸（4.457），爬（4.452），砍（4.440），杀（4.413），扎（4.413），押（4.413），戳（4.360），飞（4.350），捶（4.346），扫（4.320），辐射（4.320），贴（4.320），发（4.314），摔（4.312），攻（4.292），窜（4.249），退（4.200），开（4.177），俯冲（4.150），折（4.123），击（4.117），带（4.103）

11.3.3　"V+往+O""V+向+O"中高频共现动词及高融合度动词差异

"往"和"向"的左 1 共现词和高融合度搭配词的考察可以帮助我们梳理出"V+往+O"和"V+向+O"结构中动词使用的倾向性。表 11-6 是两个结构中高频共现词动词和高融合度动词的对比情况，从表中可以看到，"V+往+O"和"V+向+O"的高频共现词分别为 55 个、61 个，共用的有 15 个，"V+往+O"独用的有 40 个，"V+向+O"独用的有 46 个；二者的高融合度动词分别为 15 和 58 个，共用词为 3 个，"V+往+O"独用的有 12 个，"V+向+O"独用的有 55 个。差异情况较大，为我们进一步分析两个机构动词语义特征的差异奠定了基础。

表 11-6 介词"向"和"往"共现及高融合度动词对比

统计项	类别	共现词及高融合度动词
高频共现词	共用词 （15 个）	扑、跑、移、奔、飞、看、带、游、拉、发、退、回、走、冲、拖
	"V+往+O" 独用 （40 个）	送、销、派、迁、调、输、想、寄、转、去、驶、押、说、汇、撤、流、打、搬、驰、解、请、传、谈、停、到、抬、涌、出、指、劫、记、拨、卖、召、遣、接、投、逃、驱、改
	"V+向+O" 独用 （46 个）	射、望、倒、撞、吹、砸、靠、扔、开、归、爬、杀、掷、砍、迎、面、逼、袭、跳、泼、插、跨、盯、滚、踢、窜、摔、甩、刮、攻、击、掉、戳、铺、赶、凑、斜、扎、瞥、蹚、瞄、折、抓、直射、摸、扫
高融合度搭配词 （MI 值≥4）	共用词 （3 个）	移、押、发
	"V+往+O" 独用 （12 个）	销、送、迁、输、调、寄、派、汇、驶、撤、驰、驱
	"V+向+O" 独用 （56 个）	蹚、泻、坠、凑、归、扑、奔、泼、射、跨、袭、挪、游、瞥、铺、砸、撞、望、吹、赶、逼、迎、扔、跑、刮、腾、倒、掷、盯、跋涉、插、靠、滚、甩、直射、摸、爬、砍、杀、扎、戳、飞、捶、扫、辐射、贴、摔、攻、窜、退、开、俯冲、折、击、带

11.4 结　语

本章将基于语料库和语料库驱动的方法结合起来，考察了介词"往"和"向"在大规模语料中的使用情况，主要统计了"V+往+O""往+O+V""V+向+O""向+O+V"的使用频率，"V+往+O"和"V+向+O"在其组内的使用频率都低于介词状位的情况，印证了介词发展演变是向动词前移位的规律。本章还考察了"V+往+O"和"V+向+O"结构中搭配动词的差异情况，无论从共现词还是高频搭配词，两个结构都有共同词的情况，但更多的是独用词，体现出了两个结构在动词选用上的倾向性，为进一步分析其结构内部动词及名词语义特征的差异提供了参考。

第12章 "V+于+O"与"V+在+O"构式的对比研究[①]

12.1 引 言

"V+于+O"与"V+在+O"构式在交际表达上具有一些不同之处，"V+于+O"与"V+在+O"构式中的"在"和"于"介引功能很强，学术界对两个构式的研究也不少。对"V+在+O"的研究更深入，研究范围和角度多样，涉及语义、句法、认知、配价等多角度多方位。而对"V+于+O"的研究则更多侧重于历时的考察，多涉及句法演变、语法化历程等方面。

纵观前人的研究成果，虽硕果累累，但多集中于分别对"V+在+O"和"V+于+O"进行考察研究，对于两者之间的比较研究较少。邵洪亮（2015）在谈及"在"的赋元功能羡余研究时，曾梳理过"V 在 L"和"V 於（于）L"的发展演变脉络，认为在元明时期"V 在 L"最终替代了"V 於（于）L"格式。自此以后，"V 在 L"的发展速度远高于"V 於（于）L"。仝佩颖（2011，2012）对"V 在"和"V 于"的特点及差异进行对比研究，从而归纳出二者不同的用法差异。吴福祥（2013）曾论述过上古汉语中"于"和"在"的用法区别，认为"于"和"在"作介词介引空间、时间成抽象位格以及双宾动词的间接宾语（与事）时，"在"和"于"一样具有介词地位，在此不能被视为动词，何况"于/在+名"这个词组可以出现在动词和直接宾语（受格）之间，即 V[于/在 NP]NP；吴文还论述了"于"和"在"介词词组在分布上所受的限制。

那么，"V+在+O"与"V+于+O"究竟有什么区别？制约"V+在/于"使用的影响因素有哪些？本章尝试对此进行回答。

---

① 本章由课题组成员彭枫撰写。

12.2　"V+于+O" 与 "V+在+O" 的构式区别

12.2.1　构式中的 "于" 和 "在"

《汉语大词典》①对 "于" 的解释：象形。甲骨文字形，表示气出受阻而仍越过。本义：超过。1.往；去。《诗·周南·桃夭》：之子于归，宜其室家。毛传："于，往也。"《书·大诰》：予惟以尔庶邦于伐殷，诞播臣。2.取。《诗·豳风·七月》：昼尔于茅，宵尔索陶。3.如；好像。《易·系辞下》：《易》曰："介于石，不终日，贞吉。"介如石焉，宁用终日，断可识矣。又如：于何（如何）。4.於。引进动作、行为的时间、处所，意义相当于 "在""到" 或 "在……方面（上、中）"。《后汉书·列女传》：捐金于野。成于机杼。宋·欧阳修《归田录》：射于家圃。葫芦置于地。宋·王安石《游褒禅山记》：力足以至焉，于人为可讥，而在己为有悔。明·袁宏道《满井游记》：于时冰皮始解，波色乍明。清·姚鼐《登泰山记》：越长城之限，至于泰安。（于：介词，到。）……12.词缀。嵌在动词或形容词后面，不必译出。《后汉书·列女传》：以至于寸。《国语·晋语》：使越于诸侯……以免于难。

关于 "于" 和 "於" 的演变，上文有详述，此处不做详解。

对 "在" 的解释为：形声。小篆字形。从土，才声。表示草木初生在土上。本义：存活着，生存，存在。1.同本义。《说文》：在，存也。按，字从土，与坐同意。《易·乾》：见龙在田。《论语·里仁》：父母在，不远游。《韩非子·喻老》：疾在腠理。病在肌肤。《淮南子·原道》：则无所不在。《大戴礼·曾子立事》：在往者，在来者。2.居于，处于。《书·尧典》：朕在位七十载。《诗·周南·关雎》：在河之洲。《春秋·昭公三十年》：公在乾侯。《列子·汤问》：在冀州之南。《世说新语·自新》：平原不在。清·薛福成《观巴黎油画记》：人在室中。其在一室。3.在于；决定于。唐·刘禹锡《陋室铭》：山不在高。水不在深。清·梁启超《饮冰室合集·文集》：不在他人。全在我少年。……14.地方；处。王充《论衡》：吾犹不能之（到）在。《辽史·营卫志上》：无日不营，无在不卫。15.姓。

"于" 具有多种语法意义，大体沿着动词>介词>词缀>词内成分的路径

---

① "于" 和 "在" 的释义，来自《汉语大词典》2.0 版电子版。

演变。从整体上看，"X+于"组合中，"于"的性质介于词和词内成分之间，是一个发展的连续统。受韵律音节的限制，我们倾向于将"X_单+于"结构看作一个词，尽管其中的"于"可能仍然保留了介词"于"的意义和功能；而"X_双+于"则不易于融合为"词"性质的成分，因此将其视作短语，甚至有时"于"可以自由脱落，构成零形式。

对于"在"，前文已详述。在不同的句法环境中，"在"沿着动词>介词>词缀>零形式的轨迹发展演变。同样受韵律音节的限制，"V+在+O"结构中"在"无法自成一个独立的音节，要么前附构成"V+在"，要么后附构成"在+O"，这两种情况皆存在于语言现象之中，而如何进行切分要看入句后的具体情况而定。

12.2.2 "V+于+O" 构式中的 "V" 与 "O"

"V+于+O"只是一个结构表达式，事实上，进入结构中的 V 与 O 都很复杂，根据 O 的不同，可以分为如下类型。

12.2.2.1 "V+于+O_{处所}" 构式

当"V+于+O"的后置宾语"O"为处所类时，"V"一般为附着动词、位移动词、状态动词等，有时后置宾语 O_{处所}不是典型的处所词，而是专有名词或机构名词，此时的 V 通常由置身类动词构成，表示"人处于某地（某处所）"。例如：

> （1）和他一起在奉天炮兵传习班学习的班长，一九四九年解放后就任职于中国人民解放军炮兵司令部，后来又转到军事研究院。顾秋水要是在炮兵连待下去，至少会和这位班长一样。当然也不排除另一种可能，也许会像在临潼华清池山坡上活捉蒋介石的应得田或孙铭九那样，上不上、下不下地成为一个烫手的土豆？（张洁《无字》）
>
> （2）目前，共有 13 个国家和地区的 11 支登山队、276 名登山队员驻扎于海拔 5200 米的登山大本营，珠峰北坡立时形成了一个热闹的"国际登山营"。同时，不少国外登山队员还在申请攀登珠峰。（《人民日报》1995 年 3 月 23 日）

例（1）（2）中的"任职于、驻扎于"的后置宾语 "中国人民解放军炮兵司令部、海拔 5200 米的登山大本营"，都是表示某一处所、地方。

12.2.2.2 "V+于+O 时间" 构式

当后置宾语为时间类时, "V+于+O" 中的 "V" 一般为消现类动词, 如 "出现、出生、发生、诞生、消失、退役" 等。

（3）科特迪瓦部分军人因不满政府让他们在年底退役于上月 19 日在科经济首都阿比让、第二大城市布瓦凯和北部城市科霍戈等地哗变, 并引发了大规模流血事件。哗变军人至今仍控制着布瓦凯和科霍戈两座重要城市, 并继续向周围省份和城市扩展地盘。（新华社 2002 年 10 月新闻报道）

（4）根据专门收集古代玛雅传说或者神话的书《特洛亚诺古抄本》记载, "姆大陆" 消失于一万两千年前, 与亚特兰蒂斯大陆同时沉没。（网络语料）

（5）因为采购的方法和过程始终公开透明, 便于公众监督, 所以政府采购被称为 "阳光下的交易", 规范政府采购的法律也被称为 "阳光法案"。政府采购最早出现于 18 世纪末。（《人民日报》2000 年 8 月 3 日）

例（3）—（5）中的 "退役于、消失于、出现于" 的后置宾语 "上月 19 日、一万两千年前、18 世纪末" 都是时间宾语。

12.2.2.3 "V+于+O 对象" 构式

当后置宾语为动作行为直接关涉的对象时, "V+于+O" 中的 "V" 可以分为两类: 一类是影响类动词, 如 "适应、有损、无益、影响" 等。

（6）同时因为生活环境, 她有自主的气概, 在学校, 围绕在面前的总是一群年青男子, 为了适应于这女人一切生活的安全与方便, 按照女子自私的天赋, 这女人把机警就学到了。（沈从文《一个女剧员的生活》）

（7）我是要尽力阻止小蝎的死, 明知这并无益于他, 可是由人情上看我不能不这么办。上哪里去呢? 回猫城是危险的; 往西去? 正是自投罗网, 焉知敌人现在不是正往这里走呢! 想了半天, 似乎只有到外国城去是万全之策。但是小蝎摇头。是的, 他肯死，也不肯去丢那个脸。他叫我把那个兵放了："随他去吧！"
（老舍《猫城记》）

例（6）（7）中"适应于、无益于"的后置宾语为"这女人一切生活
的安全与方便、他"，这里的"适应、无益"表达的都是对后置宾语的一
种"影响"。

另一类是表示心理活动的动词，如"热衷、无愧、无意"等。

（8）文章华国的蔡京，虽然自幼就熟读经史骚赋，只有处
于贬谪的地位中，才真正热衷于《楚辞》，近来他不离口地朗
诵《离骚》，从这里很可以窥测他不平静的心境。（徐兴业《金
瓯缺》）

（9）等到非走不行的时候，就顺其自然，坦然离去，无愧
于个人良心，则吾愿足矣。（季羡林《老年谈老》）

例（8）（9）中的"热衷、无愧"都属于表达心理活动的动词，其后
置宾语是"《楚辞》、个人良心"是对象宾语。

12.2.2.4 "V+于+O_{方面}"构式

当后置宾语为动词所涉及的方面（范围）时，动词的类别一般为限定、
控制类，如"擅长、集中、局限"等。

（10）仇英在当时名家周臣门下学画，曾用心临摹古代佳作，
因刻苦及天赋不凡，故而技艺大进，成就卓著，因而与沈周、文
徵明、唐寅并称"明四家"或"吴门派"。他所创作的题材很
广泛，擅写人物、山水、车船、楼阁、界画等场景；尤擅长于
临摹，技法之中，工笔、写意、白描俱佳；画风细腻工整、色
彩华丽，取古德之长而又能化为己用、自成一格。（李叔同《弘
一法师全集》）

（11）他研究《诗经》，注重那时代的风俗和信仰等等；这
几年更利用弗洛依德以及人类学的理论得到一些深入的解释。他
对《楚辞》的兴趣似乎更大，而尤集中于其中的神话。（朱自清
《标准与尺度》）

（12）令我惊异的是，海角的地方官员也开始谈论徐福的事情。纪及认为我们的活动范围其实应该进一步扩大，绝不能局限于东部沿海和半岛地区。（张炜《你在高原》）

例（10）—（12）中的"擅长于临摹、尤集中于其中的神话、局限于东部沿海和半岛地区"中的动词属于限定类、控制类动词，而后置宾语都是指事件所涉及的方面或范围。

12.2.2.5 "V+于+O原因/目的" 构式

当后置宾语为原因、目的时，V 主要为状态动词或总结类动词，如"归结、归因、死、病"等。

（13）可是这一切不幸绝不能归结于他的奔走和流浪。如果没有这些经历，他或许会成为一个更加不幸的人……梅子常说我和父亲有点相像。（张炜《你在高原》）

（14）众所周知，现在和那时大不一样了，我们的社会发生了重大转折，走向了光明……但是根据我掌握的材料，我舅舅患有各种疾病，包括关节炎、心脏病，但上述器官没有一种长在肛门附近，是那种残酷的车辆导致的。他死于一次电梯事故，一下子就被压扁了，这是个让人羡慕的死法，明显地好于死于前列腺癌。（王小波《未来世界》）

例（13）（14）的"归结于、死于"结构中，"他的奔走和流浪、一次电梯事故"是原因宾语。

12.2.3 "V+在+O" 构式中的 "V" 与 "O"

"V+在+O"同样也是一个构式集合，实际上进入该构式集合中的 V 与 O 都很复杂，根据 O 的不同，可以分为如下类型。

12.2.3.1 "V+在+O处所" 构式

当"V+在+O"结构中的后置宾语"O"为处所类时，动词 V 的类型较为复杂，具体可分为以下几类。

第一，动作动词，如"站、坐、趴、蹲、踩"等，这种动词的动作性很强，表现出具体的行为。例如：

（15）冯琦琦是个脖颈光滑洁净，双腿颀长优雅的漂亮姑娘，此刻，这个健美的胸脯上挂着 W 城大学白底黑字校徽，头戴一顶花边小草帽的姑娘正站在 008 岛的金色沙滩上，在全岛驻军的睐睐目光下受着审查。（莫言《岛上的风》）

（16）虽则他们是坐在一丛扁柏的后面，既然躲避了游客的眼光，也躲避了将要西斜的太阳，可是不知道因为没有风呢，抑另有缘故，范博文的额角一次一次在那里渗透出细粒的汗珠。（茅盾《子夜》）

例（15）（16）中的"站在、坐在"后面接的后置宾语为"008 岛的金色沙滩、一丛扁柏的后面"，属于处所宾语。

第二，状态动词，如"睡、死、躺、瘫"等，这种动作不具有[＋位移]语义特征，表示的是事物或人呈现出某种状态。例如：

（17）有一天晚上我睡在一个小棚子里，睡到半夜，突然被什么给摸醒了。我想喊叫，可是有一只手把我的嘴巴封住了。我闻到了热乎乎的肉体的气味，可不知是谁、是什么人。（张炜《你在高原》）

（18）这期间，她便死了，死在一个孤老院里。那大混乱的年代，不知她死活，我弟弟假冒革命串联的名义，可以不花钱白坐火车，专门去找过她一趟。（高行健《灵山》）

例（17）（18）中"睡在、死在"中的动词都是状态动词，后接的也是处所宾语。

第三，移动词，如"甩、扔、射、丢"等，这种动词有明显的[＋位移轨迹][＋位移方向性]语义特征，表示事物的发生了位移。例如：

（19）他见过照相机，但对微型录音机却不熟知，我便把扣形耳机塞进他的双耳，放了一段音乐给他。你们一定想不到，他最初听到音乐的时候吓得一跳老高，"哎哟"叫着，酒葫芦也被甩在地上。（迟子建《朋友们来看雪吧》）

（20）他只把两道小秃眉毛的中间拧上些皱纹。"你，梦莲；俩！"二狗不耐烦的把自己扔在一个椅子上。（老舍《火葬》）

例（19）（20）中的"甩在、扔在"都是明显表示位移的动词，后接"地上、一个椅子"，都是处所宾语。

第四，附着动词，如"披、挂、抹、铺"等，这些动词都具有[＋附着]的语义特征，表示动作的主体通过动作附着于 O。例如：

（21）玉梅由驴背上拿出自己的被褥，铺在一块岩石上，对老彭和梅玲说："老爷、小姐，你们若不嫌脏，就坐在这上面。对你们来说石头是太硬了。""我们没关系。"老彭说。玉梅失望地收起被褥。"看那边，"老彭指着城市说，"发光的圆屋顶，那就是天坛。"（林语堂《风声鹤唳》）

（22）方枪枪郁闷地翻了个身，抠出鼻涕抹在墙上，继续寻找理由，以安慰自己这是个正当的挫折。（王朔《看上去很美》）

例（21）（22）中的"铺在、抹在"所表达的都是"附着在某一地方的表面"，属于附着动词。而后面的"一块岩石、墙上"都是该动作的处所宾语。

12.2.3.2 "V+在+O时间" 构式

当"V+在+O"结构中的后置宾语"O"属于时间类时，动词为存现、安排类动词，如"死、定、诞生、出现、安排、固定"等。

（23）新政府的组成在即，人员名单即将确定，还都日期也已定在三月下旬，良机千载难逢，除国民党外，还有不少政党的领袖都参加了，济济一堂！（王火《战争和人》）

例（23）中的"定在"属于存现、安排类动词，宾语"三月下旬"是时间宾语。

12.2.3.3 "V+在+O对象" 构式

当"V+在+O"结构中的后置宾语"O"属于对象类时，动词可以是具体行为动词，如"扑、打、放"；也可以是抽象动词，如"投入、倾注"；而对象宾语既可以指人，也可以指物。例如：

（24）它在这二十多年中，由明快而达到精确，发展着理智的分析机能。随感录讽刺着种种旧传统，那尖锐的笔锋足以教人啼笑皆非。接着却来了小品文，虽说"天地之大，苍蝇之微"，无所不有，然而基础是打在"身边琐事"上。（朱自清《语文零拾》）

（25）作为教授，他心系国防教育事业，把全部心血倾注在三尺讲台上，为人民军队培养出一批优秀人才；作为学科带头人，他瞄准世界军事发展前沿，开创了弹种研究新领域，构建了炮兵射击理论新体系，为培养高素质新型军事人才提供了跃升平台……他就是总参炮兵学院南京分院教授刘怡昕。（《人民日报》2000 年 9 月 4 日）

例（24）的"V 在"后跟的"身边琐事"为对象宾语，例（25）的对象宾语为"三尺讲台"。

12.2.3.4   "V+在+O_{范围/程度}"构式

当"V+在+O"结构中的后置宾语"O"属于范围类时，动词一般为限定、控制类动词，如"沉醉、限定、限制、维持、控制、保持"等。

（26）醒来时心情万分舒畅，走下楼，忽然听说鸡给人拿走了，我当然不相信，因为我还沉醉在"桃花源"的美梦中，可是鸡却不会回来了。（巴金《随想录》）

（27）事实上，英国央行在本月初公布的最新货币政策例会纪要里，宣布把基准利率维持在 0.25%的历史低位，并继续执行一揽子宽松货币措施为经济增长提供刺激，其中包括维持 4350 亿英镑（约合 5700 亿美元）的金融资产购买规模不变等。（《人民日报》2017 年 8 月 14 日）

例（26）的"沉醉在"中"沉醉"属于限定、控制类动词，"'桃花源'的美梦"是其宾语，后面的"中"将其范围更凸显。而例（27）中的"维持在"的宾语"0.25%的历史低位"则表达的是达到一个程度，这里的"在"类似于"到"。

综上所述，可将两者的用法进行归结，如表 12-1 所示。

表 12-1　"V+于+O"和"V+在+O"用法异同

V+于/在+O		V
相同用法	V+于/在+O 处所	立、站、坐、靠、睡、趴、爬、蹲、踩、睡、住、死、躺、瘫、融、飘、扑、放、掷、推、冲、抛、倒、喷、甩、吐、扔、撒、射、丢、披、安、捏、擦、挂、抹、铺、缠、任教、任职、自杀、就读、驻扎、病逝、翱翔、遨游、奔泻、奔走、沉溺、笼罩、穿梭、植根、置身、纵横
	V+于/在+O 时间	生、死、定、处、改、排、出生、诞生、发生、出现、安排、确定、固定、消失、爆发、建设、开凿、产生、成立、始建、形成、原定
不同用法	于 V+于+O 对象	好、坏、差、长、快、慢、造福、适应、影响、无益、无求、有损、迁怒、忘情、全神贯注、热心、无悔、无愧、报恩、无意、落后、领先、优越、滞后、不等、不低、不高、忠诚、钟情、醉心
	于 V+于+O 方面	善、擅、有益、有利、加强、擅长、骄傲、服务
	于 V+于+O 原因/目的	死、病、饿、取材、来源、来自、脱胎、源出
	在 V+在+O 对象	扑、投入
	在 V+在+O 范围/程度	沉寂、沉醉、限定、控制、限制、局限、维持

从表 12-1 可以看出，各种情况下所使用的 V 和 O 有些并不局限于一种类型。如动词"死"，当宾语为时间宾语时，属于"V+于/在+O 时间"类（死于/在昨天上午）；当宾语为动词"死"的原因时，属于"V+于+O 原因/目的"（死于一场车祸）。因此，各个"V+于/在+O"并不是相互独立、互不联系的，而是相互交织、互补的关系。"V+于/在+O"到底属于哪种类型，要依据"V"和"O"来共同判断。

12.2.4　"V+于+O"与"V+在+O"的构式差异

12.2.4.1　组合的差异

通过上述对"V+于/在+O"构式中的"V"与"O"的组合类型考察可以发现，"V+于/在+O"的相同点在于都可以介引"处所、时间"类宾语；最大的不同在于以下几个组合的使用情况。

第一，"V+于/在+O 对象"构式。当二者都是后接对象宾语的时候，情况较为复杂。

当后置宾语为动作行为直接关涉的对象时，"V+于+O 对象"中的影响类（如适应、有损、无益、影响等）和心理活动类（如热衷、无愧、无意等）都无法与"V+在+O _{对象}"构式相互替换使用，这里的"V+于/在+O _{对象}"更倾向于与"V+在+O _{范围}"相关联。如"这些植物适应于不同的栖息地"，就无法变换为"这些植物适应在不同的栖息地"，但可以说"这些植物适应生活在不同的栖息地"。因此可以发现"V+于/在+O _{对象}"两个构式之间不是一一对应的。而"V+在+O _{对象}"结构中的具体行为类（如扑、打、放等）和抽象类（如投入、倾注等）都可以与"V+于+O _{对象}"相互替换。其表达式为：

"V+于+O _{对象}" → "V+在+O _{范围}"

　　　　　　　 "V+在+O _{对象}"（抽象类）

"V+在+O _{对象}" → "V+于+O _{对象}"

因此可知，"V+于/在+O _{对象}"构式两者的使用范围并不相同，"V+于+O _{对象}"构式的使用范围更广，这与"于"具有古代汉语的"范围"语义残留以及"在"在现代汉语口语中的使用范围分布有一定关系。

第二，"V+于+O _{方面}"构式与"V+在+O _{范围/程度}"构式。通过上述语料考察可以发现，"V+于+O _{方面}"构式与"V+在+O _{范围}"构式可以相互替换；但当宾语表"程度"类时，二者不能相互替换。如："他的好成绩一直保持在7米"就无法变换为"他的好成绩一直保持于7米"。表达式为：

"V+于+O _{方面}" → "V+在+O _{范围}"

"V+于+O _{方面}" → "V+在+O _{程度}"

第三，尽管"V+于/在+O"有时可以两种构式交换使用，而语义上没有什么太大区别；但在实际的语用中，"V+于/在+O"两种构式交换的使用情况存在着较大差异：一般更倾向于使用"V+在+O"，而不使用"V+于+O"。而当"V、O"的成分越复杂抽象时，"V+于/在+O"构式中的"于"和"在"越可以相互替换。如：

（28）V+于/在+O _{处所}

站在讲台上、坐在椅子上、靠在墙上、睡在床上

站于讲台上、坐于椅子上、靠于墙上、睡于床上（较少使用）

V+于/在+O _{时间}

发生在 12 年前、出现在 5 月 15 日、安排在明天、确定在大后天

发生于 12 年前、出现于 5 月 15 日、安排于明天、确定于大后天（较少使用）

例（28）中的 "V+于+O" 构式并不是不能使用，而是较少使用，例如在日常生活中较少听到 "确定于大后天" 这种表达，但对 "这家店已经确定于大后天正式开始开业" 的表达也并不是不能接受的。

（29）V+于/在+O 处所

穿梭在银河、植根在传统文化、置身在新时代、驰骋在职场生活

穿梭于银河、植根于传统文化、置身于新时代、驰骋于职场生活

V+于/在+O 时间

爆发在上个世纪、建设在 1987 年、成立在新中国时期、始建在 1885 年

爆发于上个世纪、建设于 1987 年、成立于新中国时期、始建于 1885 年

与例（28）进行对比可以发现，虽然 O 都是表处所、对象，但 "V+于/在+O" 的使用情况似乎并不是对称的。当 O 表处所时，对比 "V" 为 "站、坐、靠、睡" 与 "穿梭、植根、置身、驰骋" 可以发现，V 越抽象，"在、于" 的可替换性就越强；反之亦然。当 O 表时间时，情况一致。

12.2.4.2 语体的差异

语体色彩可以分为书面语体和口语语体两类。口语语体用词通俗，结构简单，比较灵活易变；书面语体用词文雅，结构较长，较为稳固保守。有些词既可以用于书面语，也可以用于口语，没有明显的固定的语体色彩，一般视为通用体。

现代汉语的虚词同实词一样，也具有语体色彩上的使用差异，不同虚词的语体色彩各不相同。受语体色彩的制约，使用者会根据不同的场合和使用环境选择恰当的介词结构来进行语言交际。通常 "于" 的文言色彩较浓，口语表达中倾向于使用 "在" 而不是 "于" 来进行表达。"在" 在口语和书面语中都会出现，可以看作通用体；而 "于" 则多出现在书面语中。如：

（30）A：手机就那么扔在地上，不怕踩碎？

B：眼睛看的到嘛。

C：对啊。（BCC 语料库）

（31）A：这个好棒！以前在澳村看你写的游记，津津有味，可惜现在不更新了。

B：谢谢你的确没写了，但澳村的文章会放在 12 月出版的新书里，还有一些你可能没读过的文章。

A：期待哦。（BCC 语料库）

例（30）（31）的"扔在地上""放在 12 月出版的新书里"中的"在"都可以用"于"替换而无歧义，但一般很少说"扔于地上""放于 12 月出版的新书里"，说明在现代汉语口语交际中人们更倾向于用"V+在+O"而不使用"V+于+O"，这是受到了语体色彩的制约。"扔于地上""放于 12 月出版的新书里"都过于文绉绉，不符合口语交际的需要。可见，"V+在+O"和"V+于+O"的语体差异使得现代汉语介词结构对不同语体的表达需求有着分工明确的选择，这也体现了"V+在+O"和"V+于+O"在使用时的语体风格多样性。

对比语料可以发现，正是由于受到了语体的限制，与"于"搭配使用的动词通常是较为书面的双音节词汇，搭配的单音节动词偏向古代汉语用法；而"在"则没有此类限制。使用"在"时，语体偏口语，较为轻松随意；而使用"于"时，语体偏书面，较为正式严谨。如：

（32）"一个国家的青年，骑单车，以太保太妹的姿态驰骋于西门町和衡阳街，总不是这国家的需要！"（李敖《传统下的独白》）

（33）这种停滞状态常常激励我要行动，也常常使我灰心丧气，而更多的倒是使我害怕：岁月和智力，就这样无声无息地被风化掉了；我终将变成一个无用的人，不知不觉地归于"哑巴"一类人当中去。（张贤亮《男人的一半是女人》）

例（32）中的"驰骋于"中"驰骋"是较为书面化的词语，类似的还有"蛰居、栖身"等等。例（33）中的"归于"一般不用"归在"的表达形式，类似的还有"置于、死于、敢于"等等。

（34）他思谋：能不能找个办法既能读书又不让人发现呢？只有一个途径较为可靠，那就是他晚上能单独睡在一个地方。（路

遥《平凡的世界》)

（35）《新华日报》被偷，出现在"马猴"抽屉里，家霆怀疑同林震魁、邢斌有关。（王火《战争和人》）

例（34）（35）中的"睡在、出现在"不太适宜用"睡于、出现于"替换。该文段的描写是较为口语化的场景，而不是正式场合。类似的还有"躺在、仍在、消失在、奔跑在"等等。

12.2.4.3　韵律的差异

韵律对词语结构使用的选择也有着一定影响。富有韵律感的语言结构可使得句子或语篇具有节奏感，因此有时为了达到音节上的匀称，说话人往往会选择恰当的结构形式进行交际。如：

（36）张伯行端坐于书案前，端起茶盏，轻抿热茶，说道："'士不可以不弘毅，任重而道远；仁以为己任，不亦重乎？死而后已，不亦远乎？'吾儿，需铭记于心。"（刘海潮《张伯行·第1卷·黄河故事》）

（37）我国人民永远把中国工人阶级和全体中国人民为尽快地生产我国农村电气化所需要的设备和材料并尽快地把这些设备和材料运往阿尔巴尼亚所表现出来的革命热情和干劲铭记在心中。（《人民日报》1970 年 11 月 7 日）

例（36）（37）分别采用"V+于+O"和"V+在+O"来进行表达，"铭记于心"可以用"铭记在心中/里"来进行替换表达，表意相同。由于介词的选择不同，后接宾语的形式也有所不同，例（36）是"心"，例（37）用的是"心中"。"V+于+O"为四音节，"V+在+O"为五音节，这种结构的使用影响了语音音节和韵律的变化。"铭记于心"虽然可以替换为"铭记在心中"，但替换后语表形式显然没有四音节形式和谐、具有韵律感。

除了韵律的原因外，实际上古代汉语对二者的选择也有一定制约作用。"心"为单音节动词，"铭记于心"是古代汉语用法的遗留，这种用法一直延续至今，因此，"铭记于心"的用法是符合汉语的语法规范的，类似的用法还有"烂熟于心""永恒于心""谨记于心"；而"铭记在心中"若变为"铭记在心"则语感相较稍显怪异。这是因为"心"只是实体名词，"心中"才是处所名词，实际上这隐含说明了"在"与"于"

的内涵意义是不一样的,"于"在该句中的意义实际上是"在……之中",隐含"中"的方位义。四字音节体现了汉族人民崇尚"双音韵律"的语言文化。

12.2.4.4 "V+于/在+O"构式的形成与演变的差异

通过前面第 5 章、第 8 章的介绍,我们对于"V+于/在+O"结构的构式化与演变也有了详细的了解。纵观两个构式的演变脉络可以发现,其后接宾语为处所、时间的"V+于/在+O"构式演变路径是较为一致的,这符合认知中的象似性原则,如"前天、后天"就是通过空间来隐喻时间。但其另一条虚化路径的抽象义演变则有所不同,主要表现在:

V+于+O:"V+于+O _{对象}"构式 → "V+于+O _{方面}"构式 → "V+于+O _{原因/目的}"构式

V+在+O:"V+在+O _{对象}"构式 → "V+在+O _{范围}"构式 → "V+在+O _{程度}"构式

这种不一样的演变路径是由"在、于"本身的语义内涵不同所造成的。"V+于+O"可以进行"起点"回溯,如"起源于北京"可以通过"从哪里起源"进行提问,"起源在北京"则一般是用"起源在哪里",是对 V 的"终点"进行提问,而从"起点"进行提问实际上就是"追根溯源"的言语行为,因此"V+于+O"最终演变出"V+于+O _{原因/目的}"构式有其语义上的认知依据。

而"V+在+O"则没有这种"溯源"关系存在于结构之中,更为强调 V 的"终点",这也是符合语言程度量级的发展演变规律的。例如,飞到很高的地方→飞到无人能及的高度→飞到九霄云外,这里的"到"后面的 O 逐渐演变为表程度的抽象性质宾语。因此,"V+在+O"最终发展出"V+在+O _{程度}"的构式用法,"程度量级"的言语诉求也为其提供了发展基础。

12.3 "V+于+O"与"V+在+O"的事件结构与认知差异

12.3.1 "V+于+O"与"V+在+O"的事件结构差异

事件结构理论认为,人们对事件结构编码形式的选择决定了语言句法结构的表现。事件结构包括事件起始、事件度量、事件界化(delimitation)等结构特征。事件结构介于认知结构和语言结构之间,是将主观世界(编码加工)—语言世界(媒介/手段)—客观世界(解码反映)这一动态链串联起来的中间关键环节。Langacker（2000）主张语言的句法结构（主要是动词性的句法结构）来自人类认知中的概念化了的"典型事件模型"。典型事件模型指的是人们对许多不同场合下所感知的各种类型的身体经验的概括认识，主要涉及"力量-动态"（force-dynamic）、知觉、思维、情感等方面。事件的过程表达一般涉及两个典型的事件参与者（participant）：施事者和受事者（即便有时是隐含的，但典型事件模型描述时可呈现出来）。这一典型事件模型并不是一蹴而就的，而是 Langacker 对其之前所提出的模型的凝练升华，即弹子球模型、舞台模型和原型角色组合三者组合而成。

虽然我们在讨论"V+于+O"和"V+在+O"构式时并未纳入时体特征进行考量，但这两组构式可以表达一个完整事件，若不考虑其与时体范畴搭配的情况，可将其看作是[−持续]的事件表达，如果说与时体范畴搭配表达是"线段"事件，那么不与时体范畴搭配表达的完整事件则是"直线"事件，因此我们将"V+于+O"与"V+在+O"看做事件结构表达。

在进行事件表达时，虽然如何表达事件这一过程是潜意识的选择，但是选择什么样的语言表达形式是有因可循的，在具体的语境中可以根据语义对其进行溯源。我们在选择"V+于+O"和"V+在+O"进行事件表达时，想要凸显的方面（aspect）有时是不一样的。"V+于+O"和"V+在+O"的事件结构共同重心是[+位移]，根据两者的位移类型，可以分为以下几种情况。

第一，"过程"位移和"状态"位移。

"V+于+O"和"V+在+O"实际上都可以表示[+运动位移]，这种情况下两者有的可以互换使用，但也有的无法互相替换。如：

（38）"你现在立马找给我二十块，然后你就拿上这张钱滚蛋！"李三章灵巧地蹦下炕，眼疾手快地抢过那张钱，说："我和陈生来往的路费就包括在二十块钱里了，还找给你个屁！"（迟子建《青草如歌的正午》）

（39）少平自己连想也没想他做了什么了不起的事，他只高兴的是麦收期间，他们班的出勤率仍然可以保持在百分之八十五以上！在这期间他也竭力调整自己前段的那种失落情绪。（路遥《平凡的世界》）

例（38）（39）的"包括在""保持在"就很难用"包括于""保持于"替换。这是由于"V+在+O"在某些情况下表达的是事件的一种"状态"位移，而不是"过程"位移，而"V+于+O"则通常表示的是一种"过程"位移。

"在"和"于"的语义差别与其各自的语义发展源头也有着密不可分的关系。现代汉语的介词"在"是由古代汉语中的动词"在"发展而来的，最初表"存在"之义，因此天然就比"于"多了"状态"事件表达的义项。因此其"状态"位移的表达是"V+于+O"所不具备的。如：

（40）父母在，不远游。（《论语·里仁》）

第二，"起点"位移和"终点"位移。

"V+在+O"和"V+于+O"有时虽然可以相互替换使用，且表达的位移事件结构看似没有变化，实则凸显的方面并不一样。如：

（41）听说张牧之是出生在一个十分穷苦的家庭里，从小受苦，衣食无着，到了刚能端饭碗的年纪，便被送到一家地主老爷家里当放牛娃儿去了。（马识途《夜谭十记》）

例（41）中的"出生在"可以和"出生于"相互替换，基本没有语义上的差别。但实际上，"出生于"凸显的是"出生"这一动作的"起点"，一般理解为"从一个十分穷苦的家庭里出生"，只不过这一信息是隐含的；而使用"出生在"进行表达时，则只凸显"出生"这一动作的"终点"——"一个十分穷苦的家庭"，并没有隐含凸显动作 V 发出的"起点"的功能。

通过对这两种事件结构表达进行提问可以发现，对"出生在一个十分穷苦的家庭里"进行提问时，提问形式为"张牧之在哪里出生了？"，对动作到达的位置较关心；而对"出生于一个十分穷苦的家庭里"，提问形式为"张牧之从哪里出生的？"，常常对动作发出的位置更为关心。表达式为：

出生在一个十分穷苦的家庭里→张牧之在哪里出生了？ [强调终点]

出生于一个十分穷苦的家庭里→张牧之从哪里出生的？ [强调起点]

因此，"V+在+O"侧重"终点"位移，俞咏梅（1999）把"V+在+NP"这种句式看作后置[终点]句，与本书的观点有一致之处；"V+于+O"侧重"起点"位移。

第三，"具体"位移和"抽象"位移。

有时 "V+在+O" 和 "V+于+O" 替换以后，语义上会发生细微的变化。如：

（42）你处理了几个病人，为他们诊脉处方，在药橱里抓药，他们从破烂手绢里扒出铜板付给你，你收下诊金和药费，扔在一个木盒子里。你的铺面临着大街，目光越过院落的红土泥墙，墙上生着永远洗不净的红芯灰菜，你看着大街上的行人和车辆，飞禽与走兽，春风团团翻滚，卷来草地上的、沼泽里的野花的幽香和麦田里的小麦花的清香与青蒿棵子清冽的味道。（莫言《食草家族》）

（43）藏在家里不行，他总有办法找到。对孩子的爱要放在心里，不能放在脸上。总之，你对他要再严厉一些。每小时，每分钟，都要督促他。（格非《江南三部曲》）

例（42）（43）中的 "扔在、放在" 按照语义似乎可以替换为 "扔于、放于"，但语言交际中一般不这么表达，因为 "V+在+O" 相较于 "V+于+O" 所表达的位移更为 "具体"，而 "V+于+O" 表达的位移则更为抽象，如 "着眼于、钟情于"。

（44）要了解一国民的文化，特别是外国的，我觉得如单从表面去看，那是无益的事，须得着眼于其情感生活，能够了解几分对于自然与人生态度，这才可以稍有所得。从前我常想从文学美术去窥见一国的文化大略，结局是徒劳而无功，后始省悟，自呼愚人不止，懊悔无及，如要卷土重来，非从民俗学入手不可。（周作人《缘日》）

（45）不料他无意之间，竟钟情于一个丫鬟，恐怕做梦也想不到哩。第十六回 "种玉问侯门尺书求友系绳烦情使杯酒联欢" 在小怜这样忖度之间，不免向柳春江望去。有时柳春江一回头，恰好四目相射。（张恨水《金粉世家》）

这也是 "于" 相较于 "在" 的语义虚化程度更高的原因，因此考察语料可以发现， "V+于" 的结合相较于 "V+在" 更为紧密，成词化更强，有些甚至已经凝练为一个独立的词，被收录进词典之中，如 "敢于、善于、便于、利于" 等。

12.3.2　"V+于/在+O"的事件认知差异

"动+介"式（V+介词结构）是位移事件的复杂表达式。根据前面的分类，有些动词既可以用于"V+于+O"又可以用于"V+在+O"结构，这样的动词，既有位移动词，如"跳、奔走、游走、扔、丢"等，也有非位移动词，如"死、睡"等。"V+于+O"和"V+在+O"结构都是表达一个事件的变化过程，语言中每个相同或相似范畴中的词汇、结构都有其独特的表达侧重方面，这些结构随着时间观察者的认知侧重方面而影响着典型事件的编码（coding）与解码（encoding）。语言中存在着大量属于同一语义场的词汇聚集体，因此不同的编码方式和编码角度可以用来表达同一事件场景。对同一事件的不同编码取决于事件观察者所选取的观察视角及其希望凸显的事件方面（aspect）。因此，根据 Langacker（2000）的典型事件模型可以发现"V+于+O"和"V+在+O"结构在表达位移事件时的细微差别，以"父亲出生在一个农民家庭"和"父亲出生于一个农民家庭"为例，如图 12-1、图 12-2 所示。

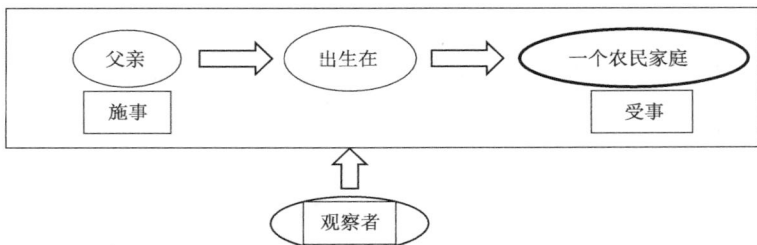

图 12-1　"父亲出生在一个农民家庭"事件模型

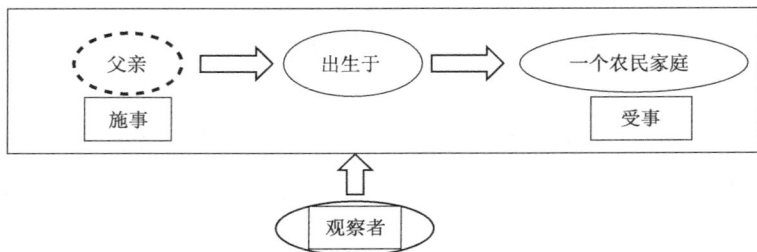

图 12-2　"父亲出生于一个农民家庭"事件模型

图 12-1 表示"父亲出生在一个农民家庭"，整体事件涉及施事、受事以及动作（起点、所在、终点），事件观察者在对这一动态事件进行编码时，选择"父亲出生在一个农民家庭"的位移表达，是出于想要凸显的事

件特征所决定的。因此"一个农民家庭"用粗线圆加以凸显,至于"父亲是以何种方式出生","父亲是如何出生到一个农民家庭的",都不是"V+在+O"事件所关注的重点。

而"父亲出生于一个农民家庭"这一动作事件链,整体事件同样涉及施事、受事以及动作(起点、所在、终点),事件观察者在对其进行编码时,选择"父亲出生于一个农民家庭"的位移表达,可以隐含凸显事件动作的起点,这是"V+在+O"构式所不具备的。因此"父亲"用粗虚线圆加以凸显。

实际上"V+在/于+O"还涉及事件完成之后的"状态"。雷冬平(2022)曾谈及,如果说话者既想表达主体的"位移趋向",又想表达趋向到达之后的"存在持续",那么倾向于选择构式"V+在+L",且"V+在"结合紧密。陈昌来(2002a)认为在空间认知的过程中,人们为描写事物运动的变化过程,往往选择几个有代表性的视点来观察运动着的事物,"起点位置—经过点位置—终点位置—方向位置"就凸显了事物运动的全过程。这与税昌锡(2019:226)对"事件过程结构"的论述有着异曲同工之妙,如图 12-3 所示。

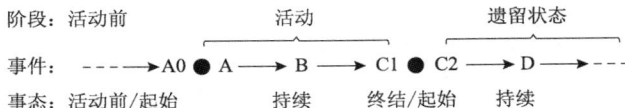

阶段:	活动前		活动			遗留状态	
事件:	- - - →A0 ● A	→ B	→	C1 ● C2	→ D	→ - - -
事态:	活动前/起始		持续	终结/起始		持续	

图 12-3 事件过程结构模式

根据"V+在/于+O"两个构式介引处所时的功能可以发现,"V+在+O"在介引处所宾语时,可隐含表示"起始位置"的功能在现代汉语几乎没有,这一功能被现代汉语中专门表示起点的介词所替代(如"从、打"等)。现代汉语"于"也可以表示主体所在位置,但却不具备隐含事件"起始"位置的功能。而至于事件的遗留状态,二者皆可,如表 12-2 所示。

表 12-2 "V+在/于+O"介引处所时的功能差异

结构	起始位置	主体所在位置	结束位置	遗留位置
V+在+O	−	+	+	+
V+于+O	+	+	−	+

从表 12-2 可以窥见,二者之后的发展演变脉络之所以不同,正是由于最初二者的介引功能存在着细微的差别。当后接宾语变得抽象而不再是具

体的"处所"宾语时，其差异越来越明显。如：

（46）然而，在几年的斗争中，她树立起残辽必亡、义军必兴的信心，事实发展证明了前面的一点，因此她坚信后面的一点也必将实现。她的乐观精神来源于义军们在艰苦的环境中彼此间的黾勉、鼓舞和影响，来源于斗争的实践以及他们的主观愿望。（徐兴业《金瓯缺》）

（47）古代英雄豪杰，为着女子赴汤蹈火，杀妖斩蛇，历尽苦辛以表示心迹者正复不少。这种女子的心理的遗留，多少还是存在于今日，所以也不必见怪。（林语堂《世相物语》）

"来源于、存在于、转引于、介引于"这类"V+于+O"后的宾语文本将其分类为"范围"宾语，但却与"V+在+O$_{范围}$"构式无法完全相互替换。这实际上是因为"V+于+O$_{范围}$"构式中的这类宾语隐含着"原因"的语义，因此无法变换为"来源在、转引在"等。而之所以"V+于+O$_{范围}$"可以隐含"原因"，是因为其最初的介引宾语构式中可以标示"起始位置"，即可以抽象为隐含最初的"原因"位置。

"维持在、控制在"这类"V+在+O$_{程度}$"虽然可以变换为"维持于、控制于"，但实际上其表义上以及认知上存在着细微的差别。"V+在+O$_{程度}$"的认知模式实际上是通过空间上的结束位置来隐喻认知，而转化为"V+于+O"之后则是通过"范围"进行认知。如：

（48）a. 维持在 2 米　　　　维持于 2 米（量幅）
　　　　b. 维持在 0.03%　　? 维持于 0.03%（量点）

当程度宾语为"2 米"时，两者都可以自由进入。但当程度宾语为"0.03%"时，则更倾向于使用"在"，"于"则语感怪异，一般不这么使用。这是因为"2 米"是一个量幅，具备一个范围的度量；而"0.03%"是一个量点，不是一个范围。这类的用法还有很多，如：

（49）我祖父没有给予他及时的鼓励，但他将惊奇的神色始终保持在脸上。就是这一点，也足以使我弟弟兴致勃勃地锯完所有的桌子腿。（余华《在细雨中呼喊》）（*保持于脸上）

（50）大小餐馆林立，各种口味都有，有人说中国的烹饪艺术只有在台湾能保持于不坠。（梁实秋《雅舍菁华》）（*保持在不坠）

这里的"脸上"可以被识别为"保持"动作的"终点位置"，即"神色"的位移终点；而"不坠"更多地被识别为某一状态范围，即"不坠"的程度，并不会被识别为"保持"的终点位置。这也是最初两个构式的介引功能的标示分布不同所造成的，"V+于+O"并不具备标示"结束位置"的功能，"在"所介引的宾语相对于"于"而言更为具体，"于"的抽象化程度更高，如"利于、善于、相对于"，词典中已凝练的词汇"V于"比"V在"多。

从上面"V+在+O"和"V+于+O"结构的典型认知模式可以看出，不论说话者是从事件的施事、受事还是动作的视角进行编码，都是基于事件观察者的认知角度。如：

（51）这是她性灵中最美丽的花，她要让它好好地发荣滋长，不愿将它放置于冰天雪窖，使之枯萎而死。（苏雪林《棘心》）（放置在）

（52）性的罪恶感在此是源于失望。我觉得自己纯是一只飞向捕蛾器的虫子，去找死只是因为认错了光谱。（王小波《东宫·西宫》）（源自、*源在）

观察上述例句可以发现，当整个"V+在/于+O"事件属于典型的位移事件时，存在"在、于"两者可以互换的情况；但当整个"V+在/于+O"事件不属于典型的位移事件时，"在、于"一般不存在可以互换的情况，反而此时的"于"可以换为"自"，这一用例属于十分典型的通过动作 V 的起点视角来进行事件表达。"在"的基本语义内核决定了"V+在+O"构式无法向"起点位置"进行溯源，因而无法衍生出"V+在+O 原因"的构式模型；而"于"的语义内核具备这一语义特征，因而事件观察者会伴随着认知的需要对"V+于+O"构式进行表达上的选择。类似的用例还有很多，例如"放于、扔于→放在、仍在；归根于、善于≠归根在、善在"。通过观察二者衍生出的新构式义可以探寻"V+在/于+O"二者的事件认知视角不是同一出发点，这也是其二者发展演变路径产生分岔路的原因。

事件观察者主观认知上的语言突显和事件顺序上的事件发生情景有时并不一致，虽然事件的发生并不受事件观察者的认知所影响，但如何对事件进行阐释这一主动权掌握在事件观察者的手中。不同的事件观察者从不同的角度观察事件，所采用的编码语言形式就会不同。

第13章 结　语

13.1　研究结论和创新之处

"动+介+宾"结构是一个处于发展演变中的结构，我们运用构式语法理论，从如下角度开展讨论：第1章为绪论，介绍了本书的研究对象和研究范围，然后对该结构的研究现状进行综述，接着重点介绍构式语法在国外的研究进展，以及本书研究的理论运用和语料来源。第2—9章，以个案形式逐一考察了不同动词、宾语与8个介词"到""向""给""于""至""往""自""在"组合而成的"动+介+宾"构式，运用构式程序分析法，讨论构式中的V、P的语法化、V+P的词汇化、介词并入及跨语言比较、"动+介+宾"结构的构式化与构式演变。此外，还比较了"V+到/在+O""V+往/向+O""V+在/于+O"构式之间的差异。重点围绕8个专题，进行了深入系统的研究，试图推动词汇化、语法化、构式化与构式演变专题研究和纵深发展，具有较高的理论价值和实践意义。

创新之处主要表现在：借鉴多种理论和方法对"动+介"及其词汇化以及"动+介+宾"结构的构式化与构式演变进行了多维度的细致研究。理论背景丰富，既有结构主义的句法－语义分析，同时还充分借鉴了语法化、认知语言学、计算语言学、社会语言学、生成语法等相关理念和方法，从不同维度出发对8个"动+介+宾"专题进行了深入分析，研究及结论具有如下意义和价值。

第一，对于"动+介"结构的词汇化，从MI值、语感调查、词典收录、语义的整体性等几个方面证明了"动+介"词汇化程度的高低不同；"动+介"的词汇化受制于语义相关性、双音化、共现频率、句法环境等多种因素。

第二，作为一种孤立语，汉语的词和语、词类和词类之间的区别很难截然分清。语言本来就是一个具有多方面联系的连续统，再加上又一直处于发展变化的动态过程中，所以有时难以把语法化与词汇化的界限划分清楚。

第三，"S+V+给+O_1+O_2"结构在构式化过程中，表现出能产性增加、意象图式增加、语义合成性减少的特点;双宾结构中的微小结构"V+给"有词汇化趋势,由典型的"V_{给予类}"到非典型"V_{获取类、服务类}",成词率呈递减趋势。

第四,"X+于+O"中,"X"对"于"具有选择性,"X+于"对"O"具有选择性,"O"对"X+于"具有反制约作用。在此过程中,"于"表现出不同的特性,有时是介词,有时是词缀,有时是词内成分。

第五,"动+介+宾"结构的构式化与构式演变。如"V+到+O"构式,在经历共时、历时的演变过程中,形成了构式化与构式演变,Traugott 和 Trousdale(2013)将其定义为"一个形式_新-意义_新(组合)符号的产生",并将构式化前后的几个演变阶段分为前构式化、构式化和后构式化。我们将"V+到+O"的构式化与构式演变过程分为四个时期,分别对应构式化的几个不同阶段,如图 13-1 所示。

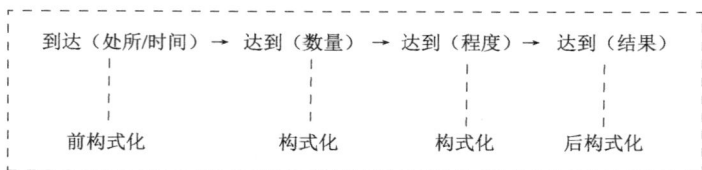

到达(处所/时间) → 达到(数量) → 达到(程度) → 达到(结果)

前构式化　　　　　构式化　　　　　构式化　　　　　后构式化

图 13-1　"V+到+O"的构式化与构式演变过程

在前构式化阶段,"V+到+O_{处所}"结构出现最早,V 由"行走义"(如"还、入、往、归、行"等)逐渐扩展到"非行走义"(如"送、担、放、捉、赚、积、决、领、屈、引、召"等),导致结构发生重新分析,连谓结构演变为动趋式动补结构(刘子瑜 2006)。"V+到+O_{时间}"是"V+到+O_{处所}"的隐喻,因为人或事物空间领域的位移必然要伴随着时间的延续,这是空间领域位移过程映射到时间领域的结果。"V+到+O_{数量}"构式发生了重要的变化。在"V+到+O_{处所}"构式中,"到"的"到达义"十分明显;而在"V+到+O_{数量}"构式中,"到"表示动作行为在数量上所达到的效果;而在"V+到+O_{程度}"构式中,"到"表示"动作发生或状态持续以后而达到某种程度"。到后构式化阶段"V+到+O_{结果}",出现如下变化:其一,"V+到"后的成分可以脱落;其二,构式中"到"依附于前面的动词,表动作得以实现的意义,"到"后面的成分与"到"之间没有语义联系。

"V+到+O"结构演变的动因和机制。我们认为"V+到+O"结构在漫长的历史发展过程中,受到如下因素的制约:其一,词汇双音化。其二,重新分析。该结构由[V+[到+O]]经过重新分析解读为[[V+到]+O]，"到"并入动词，"V+到"的边界消失，凝固为一个词。在历史发展过程中，"V"常常为运行动词（位移动词），后来非位移动词也可以进入结构，进而发展到非位移的双音节动词也可以进到结构中。"O"最初为处所宾语，然后发展为时间宾语、数量宾语、程度宾语等。其三，类推。类推本身不涉及规则的改变，但是它可以通过扩大一个新规则的使用范围来改变一个语言的句法，因此很多语法演变往往涉及重新分析和类推两种机制的交互作用。"V+到+O"结构在发展过程中，其"到"可跟"而"构成"到……而……"的介词框架，如"到关而得"，"到"及其宾语都出现在 VP 前作状语，而前一种"到"及其宾语则作补语，或者构成"处所词语 $_1$+到+处所词语 $_2$+VP""……以下到……"的格式。其四，结构成员之间的互动。张赪（2002）曾对魏晋南北朝时期介词词组前移进行分析，原因有：介词词组的位置与所表示的语义要对应；结构中的 VP 带宾语对介词词组词序的作用；结构中 VP 的发展对介词词组词序的作用；结构中 VP 后带补语或其他成分对介词词组词序变化的影响。当然，简要说来，句法结构的复杂化使得"到+O"（介词结构）位置发生变化，如前移；语义表达的影响使得"到+O"（介词结构）前移或保留在动词后。换言之，介词词组词序变化是句法因素、语义因素、韵律因素、语用因素等多种因素制约的结果。

13.2　不足与展望

第一，个性有余，共性不足。研究中，我们对"动+介+宾"结构中不同动词、介词与宾语的组合及其不同成分之间的互动探讨较多，但对整个"动+介+宾"结构，尤其是对由不同介词构成的"动+介+宾"结构的构式义的归纳上还不够，而且有的介词构成的这种构式并不是单义的，不同的语义之间的构式之间的承继关系如何还需在历时语料库中通过语料来证明。这些方面还得下功夫进一步统计分析，才能得出更加令人信服的结论。

第二，对"动+介+宾"的 8 个结构的结构特点及演变规律的解释，仅仅使用语料库语言学的方法和构式图示理论得出的结论在说服力上尚待加强，最好结合神经语言学的相关方法进行认知实验，得出的结论才会更科学，更有说服力。我们也清醒地意识到，如果能结合神经语言学的相关方法进行认知实验，比如心理现实性的研究、脑成像技术的运用，得出的结论将更为可信。然而，研究中受限于两个方面的因素：其一，我们缺乏实验所需的仪器设备，如磁共振技术、脑成像技术，所以在研究中无法借助这些仪器做实验；其二，对"动+介+宾"结构的演变规律，除了考察汉语本身，还需要进行跨语言、跨方言的考察，通过横向、纵向的比较，得出的结论才能更加可信。Dryer（1992，2007，2008）基于跨地区、跨语系625 种语言的定量分析得出动词和附置短语语序，如表 13-1 所示。

表 13-1　动词和附置短语语序

格式	非洲	欧亚	东南亚及大洋洲	澳新及新几内亚	北美洲	南美洲	总计/例
OV&PP-V	8	14	3	10	17	11	63
OV&V-PP	5	0	0	0	0	4	9
VO&PP-V	0	0	1	0	0	0	1
VO&V-PP	17	7	13	4	14	4	59

由表 13-1 可见，在世界语言中，OV&PP-V 和 VO&V-PP 这两种匹配模式普遍可见，而 OV&V-PP 相对罕见，VO&PP-V 仅见于汉语语组（吴福祥 2008）。吴福祥（2008）认为南方民族语言里 PP-V 的产生是语法复制而不是借用。"V-PP>PP-V"的演变机制是"语序重组"，即这些民族语言的使用者仿照汉语处所介词结构和主要动词的语序模式，将其语言固有的模式 V-PP 重排为 PP-V。但这种演变也可能涉及接触引发的语法化，因为在大多数具有 PP-V 的语言里，与汉语"在"对应的前置词都发生过"'住居'义动词>存在/处所动词>处所介词"这种接触引发的语法化过程。

"动+介+宾"结构中，宾语的类型多种多样，包括处所宾语、时间宾语、对象宾语、程度宾语等。其中，时间介词短语从上古到中古为止基本没有变化，以处于谓语前充当状语为主，处于谓语后的情形相对较少，只有"于""至""自""在""以""乎"等少数几个时间介词所构成的短语可以处于动词后补语的位置上。从认知的角度来看，时间介词短语处于状语的位置是符合语言表达的顺序的，因为时间是动作行为的前提条件。按照认知语言学的看法，形式不同，意义也不一样。从古汉语到现代汉语，既有"介+宾+动"结构，也有"动+介+宾"结构，从语篇的角度来看，不同的信息处理会造成不同的语序排列。新信息总是处在句末位置，因为句末位置最重。"动+介+宾"结构中的"宾"就是最重的新信息。"在+处所"位于动词后构式的整体意义为：属于"位移事件"中与终点有关的部分，可以将其归纳为"背景—行为/状态构式"与"终点构式"。

参 考 文 献

白振有、蒋宗许:《词尾"自"臆说》,《延安大学学报》1990 年第 4 期第 71-75 页。

曹逢甫:《汉语的句子与子句结构》,王静译,北京:北京语言大学出版社, 2005 年。

曹书华:《"V 到"句式研究》,安徽师范大学硕士学位论文, 2010 年。

常莺:《现代汉语"V 到+XP"的构式考察》,上海师范大学硕士学位论文, 2012 年。

陈昌来:《汉语介词的发展历程和虚化机制》,《柳州职业技术学院学报》2002a 年第 3 期, 第 15-22 页。

陈昌来:《介词与介引功能》,合肥:安徽教育出版社, 2002b 年。

陈练军:《"到"语法功能的历时发展》,《周口师范学院学报》2008 年第 3 期, 第 134-138 页。

陈练军:《"至"和"到"的历时更替》,《南京理工大学学报(社会科学版)》2009 年 第 1 期, 第 55-61, 71, 123 页。

陈梦家:《殷虚卜辞综述》,北京:科学出版社, 1956 年。

陈梦家:《殷虚卜辞综述》,北京:中华书局, 1988 年。

陈望道:《文法简论》,上海:上海教育出版社, 1978 年。

陈晓蕾:《介词"向"和"往"的图式差异考察》,《海外华文教育》2012 年第 4 期, 第 408-451 页。

陈信春:《"到+NP"的"到"的隐现》,《河南大学学报(社会科学版)》1996 年第 2 期, 第 59-65 页。

陈秀兰:《敦煌变文与汉语常用词演变研究》,《古汉语研究》2001 年第 3 期, 第 50-53 页。

陈永生:《也谈动词后面的"到"——〈谈谈动词谓语后面的"到"的性质和作用〉质 疑》,《重庆师范学院学报(哲学社会科学版)》1981 年第 2 期, 第 96-100 页。

陈玉梅:《"V+到/至+O"结构中"到"和"至"对动词的选择限制》,《华中师范大 学研究生学报》2013 年第 3 期, 第 81-86 页。

陈再阳:《现代汉语数量短语的指代功能及其相关构式》,上海:学林出版社, 2015 年。

程李华:《介词"向"和"向着"》,《语文学刊》2010 年第 20 期, 第 33-34 页。

程湘清:《先秦汉语研究》,济南:山东教育出版社, 1992 年。

储泽祥:《现代汉语方所系统研究》,武汉:华中师范大学出版社, 1997 年。

储泽祥:《"V 往+O"的语义约束》,《江汉大学学报(人文科学版)》2005 年第 4 期, 第 62-66 页。

崔承一:《论"给"字句的结构系列及其意义》,《延边大学学报(社会科学版)》1989 第 1 期, 第 105-114 页。

崔山佳:《汉语语法历时与共时比较研究》,北京:语文出版社, 2015 年。

崔希亮:《汉语空间方位场景与论元的凸显》,《世界汉语教学》2001 年第 4 期, 第 3-11 页。

崔希亮:《汉语介词与位移事件》,北京大学博士学位论文,2004 年。

崔希亮:《欧美学生汉语介词习得的特点及偏误分析》,《世界汉语教学》2005 第 3 期,第 83-95 页。

崔希亮:《汉语介词结构与位移事件》,见中国语言学会《中国语言学报》编委会编《中国语言学报》第 12 期,北京:商务印书馆,2006 年,第 33-50 页。

崔希亮:《崔希亮语言学论文集》,北京:北京语言大学出版社,2012 年。

崔应贤:《现代汉语语法学习与研究入门》,北京:清华大学出版社,2004 年。

崔应贤:《"V 到 N"中"到"的重新分析归属问题》,《河南师范大学学报(哲学社会科学版)》2013 第 4 期,第 158-160 页。

戴浩一:《时间顺序和汉语的语序》,黄河译,《国外语言学》1988 年第 1 期,第 10-20 页。

戴耀晶:《现代汉语时体系统研究》,杭州:浙江教育出版社,1997 年。

戴耀晶:《戴耀晶语言学论文集》,上海:复旦大学出版社,2017 年。

戴云:《"V+P+Np"结构的再认知和处理模式》,《北方论丛》2010 年第 4 期,第 59-62 页。

丁声树,等:《现代汉语语法讲话》,北京:商务印书馆,1961 年。

董晓敏:《"V 在了 N"结构新探》,《华中师范大学学报》1997 年第 3 期,第 103-108 页。

董秀芳:《跨层结构的形成与语言系统的调整》,《河北师范大学学报(哲学社会科学版)》1997 年第 3 期,第 83-86 页。

董秀芳:《词汇化:汉语双音词的衍生和发展》,成都:四川民族出版社,2002 年。

董秀芳:《"是"的进一步语法化:由虚词到词内成分》,《当代语言学》2004 年第 1 期,第 35-44 页。

董秀芳:《汉语的句法演变与词汇化》,《中国语文》2009 年第 5 期,第 399-409 页。

董秀芳:《词汇化:汉语双音词的衍生和发展》,北京:商务印书馆,2011 年。

董义:《语言学新论》,哈尔滨:黑龙江人民出版社,2007 年。

段德森:《实用古汉语虚词》,太原:山西教育出版社,1990 年。

范干良:《"向、往、朝"及其相关的介词》,《烟台大学学报》1990 年第 4 期,第 84-93 页。

范继淹:《论介词短语"在+处所"》,《语言研究》1982 年第 1 期,第 71-86 页。

范立珂:《位移事件的表达方式探究 "运动"与"路径""句法核心"与"意义核心"的互动与合作》,上海:复旦大学出版社,2015 年。

范晓:《动介式组合体的配价问题》,见袁毓林、郭锐《现代汉语配价语法研究(第二辑)》,北京:北京大学出版社,1998 年,第 203-216 页。

方绪军:《"V 向……"和"V 往……"》,《语言教学和研究》2004 年第 2 期,第 17-24 页。

冯胜利:《论汉语的"韵律词"》,《中国社会科学》1996a 年第 1 期,第 161-176。

冯胜利:《论汉语的韵律结构及其对句法构造的制约》,《语言研究》1996b 年第 1 期,第 110-129 页。

冯胜利:《汉语的韵律、词法与句法》,北京:北京大学出版社,1997 年。

冯胜利:《汉语韵律句法学》,上海:上海教育出版社,2000 年。

冯胜利:《汉语韵律语法研究》,北京:北京大学出版社,2005 年。

冯胜利：《汉语的韵律、词法与句法(修订本)》，北京：北京大学出版社, 2009 年。

冯胜利：《汉语韵律句法学(增订本)》，北京：商务印书馆, 2013 年。

傅雨贤、周小兵、李炜, 等：《现代汉语介词研究》，广州：中山大学出版社, 1997 年。

高苗红：《"单音节语素+于"结构的词法化研究》，《现代语文》2008 年第 21 期, 第 37-38 页。

高源：《"V+在+NP"结构的教学策略：以中级汉语水平为例》，河南师范大学硕士学位论文, 2021 年。

龚娜：《"X 于"结构的多角度考察：兼论"V+P+N"结构》，湖南师范大学硕士学位论文, 2006 年。

龚娜：《从"X 于"结构来看"V+P+N"结构的发展趋势》，《玉林师范学院学报》2008 年第 6 期, 第 81-85 页。

龚娜、罗昕如：《"X 于"结构的语法化》，《湖南科技大学学报》2011 年第 2 期, 第 123-126 页。

古文字诂林编纂委员会：《古文字诂林 第 6 册 修订本》，上海：上海教育出版社, 2019 年。

谷向伟：《"V 在 N_L" 和 "V 到 N_L"》，河南大学硕士学位论文, 2004 年。

顾龙飞：《现实空间运动事件视域下汉语四类"V+介+XP_L"构式研究》，辽宁大学博士学位论文, 2019 年。

顾琼：《汉语"在 N_L+V"与"V+在 N_L"的比较研究》，南京师范大学硕士学位论文, 2014 年。

管燮初：《殷虚甲骨刻辞的语法研究》，北京：中国科学院, 1953 年。

郭锡良：《古代汉语(修订本)》，天津：天津教育出版社, 1991 年。

郭锡良：《介词"于"的起源和发展》，《中国语文》1997 年第 2 期, 第 131-138 页。

郭锡良：《汉语介词"于"起源于汉藏语说商榷》，《中国语文》2005 年第 4 期, 第 341-345 页。

郭熙：《"放到桌子上""放在桌子上""放桌子上"》，《中国语文》1986 年第 1 期, 第 20-23 页。

郭熙：《关于"动词+'到'+处所词语"的句法分析》，《南京大学学报》1987 年第 3 期, 第 60-66 页。

何丹鹏：《普粤介词短语差异的韵律语法分析》，见冯胜利《汉语韵律语法新探》，上海：中西书局, 2015 年, 第 272-289 页。

何乐士：《古代汉语虚词通释》，北京：北京出版社, 1985 年。

何乐士：《〈史记〉语法特点研究》，北京：商务印书馆, 2005 年。

何琳仪：《战国古文字典：战国文字声系》，北京：中华书局, 1998 年。

洪波：《汉语历史语法研究》，北京：商务印书馆, 2010 年。

侯敏：《"在+处所"的位置与动词的分类》，《求是学刊》1992 年第 6 期, 第 87-92 页。

侯学超：《现代汉语虚词词典》，北京：北京大学出版社, 1998 年。

胡裕树：《〈现代汉语〉使用说明》，上海：上海教育出版社, 1962 年。

胡裕树：《现代汉语(修订本)》，上海：上海教育出版社, 1979 年。

胡裕树：《现代汉语(修订本)》，上海：上海教育出版社, 1981 年。

胡裕树、范晓：《动词研究》，开封：河南大学出版社, 1995 年。

华建光:《位移动词"至、往"的及物化过程和机制》,《语言科学》2010 年第 2 期,第 154-161 页。

华莎:《名词并入与述宾式离合词》,《解放军外国语学院学报》2003 年第 4 期,第 36-39 页。

黄伯荣、廖序东:《现代汉语(增订七版)》,北京:高等教育出版社,2024 年。

黄华:《"动(形)+到+⋯⋯"的结构分析》,《天津师大学报》1984 年第 5 期,第 90-96 页。

黄健秦:《"在+处所 VP"与"V 在+处所"的构式承继关系与语篇关系》,《当代修辞学》2013 年第 4 期,第 62-71 页。

黄健秦:《从非处置非位移角度看"V_单在"的词汇化》,《对外汉语研究》2021 年第 1 期,第 181-192 页。

黄伟嘉:《甲金文中"在、于、自、从"四字介词用法的发展变化及其相互关系》,《陕西师大学报(哲学社会科学版)》1987 年第 1 期,第 66-75 页。

黄晓惠:《句法历时演变中的语义问题》,第四届全国现代汉语语法讨论会论文,1994 年。

贾韵坛:《"动+介+宾"结构研究》,南京师范大学硕士学位论文,2011 年。

江天:《逆序现代汉语词典》,沈阳:辽宁大学出版社,1986 年。

蒋冀骋、吴福祥:《近代汉语纲要》,长沙:湖南教育出版社,1997 年。

蒋菁菁:《现代汉语"V+在 NP"和"在 NP+V"格式的比较研究》,上海师范大学硕士学位论文,2010 年。

蒋平:《关于"V 在了 N"格式的类化问题》,《汉语学习》1983 年第 5 期,第 11-14 页。

蒋苏琴:《二语习得中的预制语块研究》,北京:北京理工大学出版社,2013 年。

蒋同林:《试论动介复合词》,《安徽师范大学学报》1982 年第 1 期,第 77-88 页。

蒋宗许:《词尾"自"再说》,《佳木斯教育学院学报》1993 年第 3 期,第 34-38 页。

蒋宗许:《再说词尾"自"和"复":"中古汉语研究"系列》,《绵阳师范学院学报》1994 年第 1 期,第 23-31 页。

蒋宗许:《词尾"自""复"续说》,《绵阳师范学院学报》1995 年第 4 期,第 27-33 页。

蒋宗许:《词尾"自""复"三说:兼奉姚振武先生》,《绵阳师范学院学报》1997 年第 3 期,第 1-10 页。

金昌吉:《动词后的介词短语及介词的虚化》,《河南师范大学学报》1995 年第 3 期,第 50-53 页。

金昌吉:《汉语介词和介词短语》,天津:南开大学出版社,1996a 年。

金昌吉:《谈动词向介词的虚化》,《汉语学习》1996b 年第 2 期,第 13-18 页。

金立鑫:《"把 OV 在 L"的语义、句法、语用分析》,《中国语文》1993 年第 5 期,第 361-366 页。

金钟讚:《试论"双音节+于"的句子成分》,《语言研究》2004 年第 3 期,第 32-44 页。

蓝纯:《认知语言学与隐喻研究》,北京:外语教学与研究出版社,2005 年。

雷冬平:《构式"V_{单趋}在 L"的特征及其生成动因和机制》,《古汉语研究》2022 年第 2 期,第 72-83 页。

冷金辉:《介词并入与"V+自+O"结构研究》,华中师范大学硕士学位论文,2013 年。

黎锦熙:《新著国语文法》,上海:商务印书馆,1932年。

李德俊:《语料库词典学:理论与方法探索》,南京:译林出版社,2015年。

李德鹏:《论"单音节动词+于"的词汇化》,《现代语文》2009a年第1期,第23-25页。

李德鹏:《论"动词+介词"的词汇化》,《齐鲁学刊》2009b年第2期,第133-135页。

李格非:《汉语大字典(简编本)》,成都:四川辞书出版社,1996年。

李格非、赵振铎:《汉语大字典论文集》,武汉:湖北辞书出版社,成都:四川辞书出版社,1990年。

李菡幽:《现代汉语词缀研究》,福建师范大学硕士学位论文,2001年。

李慧:《介词"在"的语法化》,《现代语文》2014年第2期,第133-134页。

李晋霞、刘云:《论定中 V$_{双}$+N$_{双}$词汇化的制约因素》,《当代语言学》2003年第4期,第289-298页。

李菁民:《现代汉语逆序词典(修订本)》,北京:华语教学出版社,2011年。

李敬爱:《"V+到+X"研究》,复旦大学硕士学位论文,2010年。

李连伟:《社会语言学研究的新角度:公众语感:读王立<汉语词的社会语言学研究>》,《现代语文(语言研究版)》2008年第10期,第158-160页。

李临定:《现代汉语动词》,北京:中国社会科学出版社,1990年。

李圃:《古文字诂林》,上海:上海教育出版社,1999年。

李人鉴:《谈"到"字的词性和用法》,《文史哲》1958年第9期,第51-55页。

李婷婷:《现代汉语中"V+至+O"的组配及其语法化研究》,华中师范大学硕士学位论文,2014年。

李文莉:《论"V+P+N"中 P 由前加成分向后加成分的转变》,《涪陵师范学院学报》2003年第6期,第59-62页。

李文莉:《从原型范畴看"V+P+N"中 P 的演化》,《汉语学习》2004年第2期,第32-35页。

李向农、余敏:《状位"往/向"差异性考察》,《汉语学报》2013年第3期,第21-26页。

李晓琪:《说说"动词+到"》,《汉语学习》1982年第1期,第15-19页。

李彦强:《介词"向"的语法化研究》,《湖北职业技术学院学报》2010年第1期,第46-50页。

栗爽:《现代汉语位移动词研究》,上海师范大学硕士学位论文,2008年。

梁子超、金晓艳:《从事件框架看现代汉语中"在+处所"结构》,《汉语学习》2020年第4期,第42-50页。

廖礼平:《关于"V 在了 N"格式的使用的考察》,《汉语学习》1984年第1期,第50-53页。

林华东、蒋艳:《介词虚化与"V+介+Np"的述宾化趋势》,《汉语学习》2005年第1期,第14-18页。

林焘:《现代汉语轻音和句法结构的关系》,《中国语文》1962年第7期,第301-305页。

林焘:《现代汉语轻音和句法结构的关系》,见胡裕树主编《现代汉语参考资料(上册)》,上海:上海教育出版社,1980年,第482-505页。

林艳:《汉语双宾构式句法语义研究》,北京:北京语言大学出版社,2013年。

刘丹青:《汉语给予类双及物结构的类型学考察》,《中国语文》2001年第5期,第

387-398 页。

刘丹青：《汉语中的框式介词》，《当代语言学》2002 年第 4 期，第 241-253, 316 页。

刘丹青：《语序类型学与介词理论》，北京：商务印书馆，2003 年。

刘芳：《"到"的语法化及相关问题》，《宁夏大学学报》2009 年第 2 期，第 32-36 页。

刘芳：《"往"的语法化进程及相关问题》，《湖南科技大学学报》2011 年第 5 期，第 161-164 页。

刘光明：《单音动词后"往"的语法化》，《池州师专学报》2006 年第 2 期，第 77-80 页。

刘光明、储泽祥、陈青松：《"单音动词+往"里"往"的语法化》，《古汉语研究》2006 年第 2 期，第 14-20 页。

刘红妮：《词汇化与语法化》，《当代语言学》2010a 年第 1 期，第 53-61 页。

刘红妮：《"终于"的词汇化：兼谈"X 于"词汇化中的介词并入》，《阜阳师范学院学报》，2010b 年第 2 期，第 25-28 页。

刘坚、曹广顺、吴福祥：《论诱发汉语词汇语法化的若干因素》，《中国语文》1995 年第 3 期，第 161-169 页。

刘丽川、张卫东：《说介词"自"（之一）》，《深圳大学学报》1987 年第 3 期，第 36-41 页。

刘梅：《基于现代汉语语料库统计的表抽象意义的"在 x 上/下"的习得研究》，北京语言大学硕士学位论文，2009 年。

刘美娟：《＜诗经＞虚词"于"和"於"用法初探》，《丽水师范专科学校学报》2001 年第 4 期，第 44-46 页。

刘培玉：《介词"向、往、朝"的功能差异及解释》，《汉语学习》2007 年第 3 期，第 26-32 页。

刘培玉、刘俊超：《"向+NP+VP"和"VP+向+NP"》，《怀化学院学报》2005 年第 6 期，第 103-105 页。

刘培玉、赵敬华：《"NP 把 O 往 LVP"与"NP 把 OV 往 L"的句法、语义差异》，《信阳师范学院学报(哲学社会科学版)》2005 年第 3 期，第 74-77 页。

刘平：《古汉语中虚词"自"的语法化历程》，《兰州教育学院学报》2006 年第 2 期，第 38-42 页。

刘淇：《助字辨略》，北京：中华书局，1954 年。

刘瑞明：《词尾"自"类说》，《语文研究》1989 年第 4 期，第 16-19 页。

刘瑞明：《关于"自"的再讨论》，《中国语文》1994 年第 6 期，第 458-460 页。

刘瑞明：《"自"词尾说否定之再否定》，《绵阳师范学院学报》1998 年第 2 期，第 1-8 页。

刘祥友：《"向"的介词化过程》，《沈阳师范大学学报（社会科学版）》2007 年第 5 期，第 100-103 页。

刘兴策：《现代汉语双序词语汇编》，武汉：武汉大学出版社，2003 年。

刘永耕：《动词"给"语法化过程的义素传承及相关问题》，《中国语文》2005 年第 2 期，第 130-138 页。

刘月华：《趋向补语通释》，北京：北京语言文化大学出版社，1998 年。

刘月华、潘文娱、故韡：《实用现代汉语语法》，北京：商务印书馆，2001 年。

刘云、李晋霞：《论频率对词感的制约》，《语言教学与研究》2009 年第 3 期，第 1-7 页。

刘子瑜：《粤方言"V 到 C"述补结构的语法化及其与"V 得 C"述补结构互补分布的语法认知解释》，《语言研究》2006 年第 3 期，第 50-56 页。

卢竑：《"V 向"和"V 往"中介词"向""往"的语义性质及图式》，《百色学院学报》2011 年第 4 期，第 91-93 页。

陆丙甫：《核心推导语法》，上海：上海教育出版社，1993 年。

陆丙甫：《语句理解的同步组块过程及其数量描述》，《中国语文》1986 年第 2 期，第 106-112 页。

陆丙甫、应学凤：《节律和形态里的前后不对称》，《中国语文》2013 年第 5 期，第 387-405 页。

陆俭明：《动词后趋向补语和宾语的位置问题》，《世界汉语教学》2002 年第 1 期，第 5-17 页。

罗开农：《谈谈动词谓语后面的"到"的性质和作用》，《重庆师范学院学报(哲学社会科学版)》1980 年第 3 期，第 77-79 页。

罗开农：《再谈动词后面的"到"：答<也谈动词后面的"到">》，《重庆师范大学学报》1981 年第 2 期，第 101-103 页。

罗耀华：《介词并入与"V+到"类结构的词汇化研究》，《语言研究》2015 年第 2 期，第 22-27 页。

罗耀华：《介词并入与"X+于"类结构的词汇化研究》，《长江学术》2016 年第 4 期，第 107-118 页。

罗耀华、姚文彪：《"V+至"结构的词汇化及相关问题研究》，《语文研究》2017 年第 1 期，第 32-38 页。

罗耀华、郑友阶：《构式语法理论与汉语构式研究》，北京：中国社会科学出版社，2021 年。

罗自群：《论"在 N 处+VP"和"在+VP"的关系》，《语言研究》1998 年第 2 期，第 59-61 页。

吕冀平：《汉语语法基础》，哈尔滨：黑龙江人民出版社，1983 年。

吕叔湘：《汉语语法分析问题》，北京：商务印书馆，1979 年。

吕叔湘：《汉语语法论文集（增订本）》，北京：商务印书馆，1984 年。

吕叔湘：《吕叔湘自选集》，上海：上海教育出版社，1989 年。

吕叔湘：《汉语语法论文集（增订本）》，北京：商务印书馆，1999b 年。

吕叔湘：《现代汉语八百词（增订本）》，北京：商务印书馆,1999a 年。

吕叔湘、王海棻：《<马氏文通>读本》，上海：上海教育出版社，1986 年。

吕叔湘、朱德熙：《语法修辞讲话》，北京：商务印书馆，2013 年。

吕叔湘，等：《语法研究入门》，马庆株编. 北京：商务印书馆，1999 年。

吕文华：《关于述补结构系统的思考：兼谈对外汉语教学的补语系统》，《世界汉语教学》2001 年第 3 期，第 78-83 页。

马贝加：《介词"沿、往、望、朝"的产生》，《温州师院学报》1987 年第 1 期，第 19-25 页。

马贝加：《说"自"》，《温州师范学院学报》1996 年第 2 期，第 58-61 页。

马贝加：《处所介词"向"的产生及其发展》，《语文研究》1999 年第 1 期，第 44-48 页。

马贝加：《近代汉语介词》，北京：中华书局，2002 年。

马贝加：《在汉语历时分析中如何区分动词和介词》，《中国语文》2003 年第 1 期，第

59-65 页。

马梅玉：《也谈处所介词"向"的语法化及其动因》，《励耘学刊》2010 年第 2 期，第 44-51 页。

马梅玉：《"单音动词+向"中"向"的语法化及其性质》，《国际汉语学报》2013 年第 2 期，第 186-192 页。

马庆株：《"V 来/去"与现代汉语动词的主观范畴》，《语文研究》1997 年第 3 期，第 17-23 页。

马庆株：《现代汉语词缀的性质、范围和分类》，见马庆株《汉语语义语法范畴问题》，北京：北京语言文化大学出版社，1998 年，第 154-202 页。

马庆株：《现代汉语词缀的性质、范围和分类》，见马庆株《著名中年语言学家自选集：马庆株卷》，合肥：安徽教育出版社，2002 年，第 42-91 页。

马云霞：《汉语路径动词的演变与位移事件的表达》，北京：中央民族大学出版社，2008 年。

马真：《简明实用汉语语法》，北京：北京大学出版社，1981 年。

毛志刚：《"又去自雨"与"亡去自雨"》，见西南大学出土文献综合研究中心，西南大学汉语言文献研究所《出土文献综合研究集刊》第 1 辑，成都：巴蜀书社，2014 年，第 18-21 页。

梅祖麟：《介词"于"在甲骨文和汉藏语里的起源》，《中国语文》2004 年第 4 期，第 323-332 页。

孟琮、郑怀德、孟庆海，等：《动词用法词典》，上海：上海辞书出版社，1987 年。

孟琮、郑怀德、孟庆海，等：《汉语动词用法词典》，北京：商务印书馆，1999 年。

孟建安：《"V 向（了）N"中的"向"》，《固原师专学报》1999 年第 5 期，第 61-63 页。

孟蓬生：《上古汉语同源词语音关系研究》，北京：北京师范大学出版社，2001 年。

孟庆海：《动词+处所宾语》，《中国语文》1986 年第 4 期，第 261-265 页。

牛保义：《认知语言学经典文献选读》，开封：河南大学出版社，2008 年。

潘汜：《动词后的"到""过"和其他几个词》，《中国语文》1960 年第 10 期，第 334-338 页。

潘望：《现代汉语"V 向+NP"格式及相关问题研究》，上海师范大学硕士学位论文，2009 年。

潘晓龙：《现代汉语实用字典》，南方出版社，2000 年，第 428 页。

潘英典：《现代汉语"V 到 P"结构的系统属性及其历史来源》，四川外国语学院硕士学位论文，2010 年。

潘玉坤：《西周金文语序研究》，上海：华东师范大学出版社，2005 年。

裴学海：《古书虚字集释》，北京：中华书局，1982 年。

彭睿：《框架、常项和层次：非结构语法化机制再探》，《当代语言学》2011 年第 4 期，第 321-335，380 页。

彭睿：《临界频率和非临界频率：频率和语法化关系的重新审视》，《中国语文》2011 年第 1 期，第 3-18，95 页。

齐沪扬：《动词移动性功能的考察和动词的分类》，见中国语文杂志社《语法研究和探索 10》，北京：商务印书馆，2000 年，第 73-84 页。

齐沪扬：《对外汉语教学语法》，上海：复旦大学出版社，2005 年。

齐沪扬：《现代汉语空间问题研究》，上海：学林出版社，1998 年。

邱斌：《汉语方位类词相关问题研究》，上海：学林出版社，2008 年。

饶琪：《"X 于"的词汇化及其相关问题》，华中师范大学硕士学位论文，2011 年。

杉田泰史：《介词"于"的未完成用法》，见郭锡良《古汉语语法论集》，北京：语文
　　出版社，1998 年，第 123-129 页。

商务印书馆辞书研究中心：《应用汉语词典》，北京：商务印书馆，2002 年。

邵洪亮：《"V 在+L"格式的表义和表达功能》，《暨南大学华文学院学报》2003a 年
　　第 1 期，第 62-69 页。

邵洪亮：《"V 在+L"格式研究》，上海师范大学硕士学位论文，2003b 年。

邵洪亮：《汉语句法语义标记词羡余研究》，北京：中国社会科学出版社，2015 年。

邵敬敏、周娟：《"动+介+宾"结构的语义模式及认知场景》，《语言教学研究》2008
　　年第 3 期，第 20-28 页。

邵敬敏：《从"V 给"句式的类化看语义的决定性原则》，《语言教学与研究》2009 年
　　第 6 期，第 1-8 页。

邵敬敏：《汉语追梦录 邵敬敏汉语语法论文精选》，上海：上海教育出版社，2014 年。

邵宜：《介词"往"的语法化过程考察》，《华南师范大学学报》2005 年第 6 期，第
　　80-86 页。

沈灿淑：《"V 到 X"中"到"的解析：表结果的功能类成分的确认》，上海师范大学
　　硕士学位论文，2003 年。

沈家煊：《英汉介词对比》，《外语教学与研究》1984 年第 2 期，第 1-8 页。

沈家煊：《"语法化"研究综观》，《外语教学与研究》1994 年第 4 期，第 17-24，
　　80 页。

沈家煊：《实词虚化的机制：〈演化而来的语法〉评介》，《当代语言学》1998 年第 3
　　期，第 41-46 页。

沈家煊：《"在"字句和"给"字句》，《中国语文》1999 年第 2 期，第 94-102 页。

沈家煊：《语用原则、语用推理和语义演变》，《外语教学与研究》2004 年第 4 期，第
　　243-251 页。

沈家煊：《说"不过"》，《清华大学学报（哲学社会科学版）》2004 年第 5 期，第
　　30-36，62 页。

沈家煊：《认知与汉语语法研究》，北京：商务印书馆，2006 年。

沈阳：《现代汉语"V+到/在 NP_L"结构的句法构造及相关问题》，《中国语文》2015
　　年第 2 期，第 105-120 页。

沈阳、郑定欧：《现代汉语配价语法研究》，北京：北京大学出版社，1995 年。

施春宏：《句式分析中的构式观及相关理论问题》，《汉语学报》2013 年第 2 期，第
　　23-38 页。

施春宏、蔡淑美：《构式语法研究的理论问题论析》，《外语教学与研究》2022 年第 5
　　期，第 643-655，798 页。

石毓智：《时间的一维性对介词衍生的影响》，《中国语文》1995 年第 1 期，第
　　1-10 页。

石毓智：《语法的认知语义基础》，南昌：江西教育出版社，2000 年。

石毓智：《汉语发展史上的双音化趋势和动补结构的诞生：语音变化对语法发展的影
　　响》，《语言研究》2002 年第 1 期，第 1-14 页。

石毓智、李讷：《汉语语法化的历程：形态句法发展的动因和机制》，北京：北京大学
　　出版社，2001 年。

时兵：《也论介词"于"的起源和发展》，《中国语文》2003 年第 4 期，第 343-347 页。

史冬青：《汉语介词研究评述》，《东岳论丛》2007 年第 6 期，第 75-77 页。

史冬青：《介词"向"的历史演变》，《潍坊学院学报》2008 年第 3 期，第 61-63 页。

史冬青：《先秦至魏晋时期方所介词研究》，济南：齐鲁书社，2009 年。

史冬青：《介词"在"的历史演变》，《枣庄学院学报》2010 年第 1 期，第 98-102 页。

史文磊：《汉语运动事件词化类型的历时转移》，《中国语文》2011 年第 6 期，第 483-498 页。

史锡尧：《"介宾+动"向"动宾"的演变：语言的经济性原则》，《汉语学习》2000 年第 1 期，第 6-7 页。

税昌锡：《汉语语义语法论稿》，杭州：浙江大学出版社，2019 年。

宋文风：《"自"字的训诂》，《绍兴师专学报（社会科学版）》1982 年第 1 期，第 52-54 页。

宋文辉：《再论影响"在+处所"句法位置的因素》，《语言教学与研究》2007 年第 4 期，第 40-47 页。

宋玉柱：《评"介词结构作补语"》，见北京语言学院语言教学研究所《现代汉语补语研究资料》，北京：北京语言学院出版社，1992 年，第 309-311 页。

孙朝奋：《〈虚化论〉评介》，《国外语言学》1994 年第 4 期，第 21-27 页。

孙迎春：《发达国家整体政府跨部门协同机制研究》，北京：国家行政学院出版社，2014 年。

太田辰夫：《中国语历史文法》，蒋绍愚，徐昌华译，北京：北京大学出版社，2003 年。

谭慧：《"在 LV"与"V 在 L"的考察》，华中师范大学硕士学位论文，2008 年。

汤廷池：《汉语词法句法论集》，台北：学生书局，1988 年。

汤廷池：《汉语语法中的并入现象》，《清华学报》1991 年第 1-2 期，第 337-376 页。

陶振伟：《"到"的语法化》，《河北理工大学学报》2006 年第 2 期，第 155-157 页。

田玉琼：《现代汉语中的"在 LV"与"V 在 L"结构及对外汉语教学策略研究》，湖北大学硕士学位论文，2012 年。

仝国斌：《"到"的语法化过程》，《殷都学刊》2006 年第 2 期，第 89-94 页。

仝佩颖：《"V 在"和"V 于"差异比较研究》，江西师范大学硕士学位论文，2012 年。

仝佩颖：《"V 在"和"V 于"的语用差异及认知解释》，《北方文学（下半月）》2011 年第 12 期，第 112-113 页。

汪树福：《介词结构是全能结构》，《安徽师大学报》1984 年第 4 期，第 115-122 页。

王艾录：《"动词+在+方位结构"刍议》，《语文研究》1982 年第 2 期，第 89-94 页。

王灿龙：《词汇化二例：兼谈词汇化和语法化的关系》，《当代语言学》2005 年第 3 期，第 225-236 页。

王还：《再说说"在"》，《语言教学与研究》1980 年第 3 期，第 25-29 页。

王海棻、赵长才、黄珊，等：《古汉语虚词词典》，北京：北京大学出版社，1996 年。

王鸿滨：《上古汉语介词的发展与演变》，《上海师范大学学报》2004 年第 5 期，第 119-125 页。

王鸿滨：《介词"自／从"历时考》，《上海师范大学学报（哲学社会科学版）》2007 年第 1 期，第 122-127 页。

王鸿滨、李亚明：《汉语研究丛稿》，北京：中国广播影视出版社，2018 年。

王慧兰：《"于是"的词汇化：兼谈连词词汇化过程中的代词并入现象》，见沈家煊、吴福祥、李宗江《语法化与语法研究（三）》，北京：商务印书馆，2007 年，第 231-245 页。

王静：《汉语词汇化研究综述》，《汉语学习》2010 年第 3 期，第 72-79 页。

王力：《汉语史稿》，北京：中华书局，1980 年。

王立：《汉语词的社会语言学研究》，北京：商务印书馆，2003 年。

王明洲：《介词"于"的演化模式及其多样性后果》，上海师范大学博士学位论文，2014 年。

王鹏、马宁：《关于动词"给"语法化的思考》，《语文学刊》2010 年第 6 期，第 11-13 页。

王淑华：《面向中文信息处理的现代汉语动名组合问题研究》，上海：中西书局，2014 年。

王小溪：《为什么不能说"扔往地上"》，《汉语学习》2004 年第 4 期，第 76-80 页。

王兴才：《汉语语法和语法化研究》，成都：电子科技大学出版社，2009 年。

王兴才：《"于"的后缀历程及其虚化梯度》，《重庆三峡学院学报》2010 年第 4 期，第 115-119 页。

王寅：《认知语法概论》，上海：上海外语教育出版社，2006 年。

王寅：《认知语言学》，上海：上海外语教育出版社，2007 年。

王永娜：《书面语体"V+向/往+NP"的构成机制及句法特征分析》，《华文教学与研究》2011 年第 3 期，第 64-69 页。

卫乃兴：《语料库语言学的方法论及相关理念》，《外语研究》2009 年第 5 期，第 36-42 页。

魏金光、何洪峰：《介词"向"的语法化源义辨》，《汉语学报》2013 年第 3 期，第 59-67，96 页。

文秋芳，等：《认知语言学与二语教学》，北京：外语教学与研究出版社，2013 年。

吴福祥：《关于语法化的单向性问题》，《当代语言学》2003 年第 4 期，第 307-322 页。

吴福祥：《汉语语法化研究》，北京：商务印书馆，2005 年。

吴福祥：《汉语语法化演变的几个类型学特征》，《中国语文》2005 年第 6 期，第 483-494 页。

吴福祥：《南方民族语言处所介词短语位置的演变和变异》，《民族语文》2008 年第 6 期，第 3-18 页。

吴福祥：《关于语法演变的机制》，《古汉语研究》2013 年第 3 期，第 59-71，96 页。

吴金花：《处所介词"到"的产生》，《福建师范大学学报》2005 年第 4 期，第 105-107 页。

吴金花：《汉语动词介词化动因考察》，《福建师范大学学报》2005 年第 5 期，第 93-96 页。

吴竞存、梁伯枢：《现代汉语句法结构与分析》，北京：语文出版社，1992 年。

吴立红、张欣：《跨层结构"动＋介"的词汇化及介词的赋元功能》，《牡丹江大学学报》2024 年第 3 期，第 44-53 页。

吴启主：《现代汉语教程》，长沙：湖南师范大学出版社，1990 年。

吴守华：《汉语"V+P+N"结构研究评析》，《学术研究》2002 年第 10 期，第 124-129 页。

吴为善：《汉语韵律句法探索》，上海：学林出版社，2006 年。

吴为善：《汉语结构的"前松后紧"规则和语法化的不对称现象》，见吴福祥、张谊生《语法化与语法研究（五）》，北京：商务印书馆，2011a 年，第 351-369 页。

吴为善：《认知语言学与汉语研究》，上海：复旦大学出版社，2011b 年。

吴为善：《双音化、语法化和韵律词的再分析》，《汉语学习》2003 年第 2 期，第 8-14 页。

夏焕乐、张谊生：《构式特征在构式化过程中的互动、机制与结果》，《世界汉语教学》2024 年第 2 期，第 218-231 页。

向熹：《简明汉语史》，北京：高等教育出版社，1993 年。

项开喜：《与"V 到 NP"格式相关的句法语义问题》，见南开大学中文系《语言研究论丛》编委会《语言研究论丛(第七辑)》，北京：语文出版社，1997 年，第 156-180 页。

肖任飞、陈青松：《介词"向""往""朝"的句法语义模式分析》，《湖南科技学院学报》2006 年第 7 期，第 172-174 页。

肖伟良：《谈"于"字结构作补语的问题》，《吉林大学社会科学学报》1982 年第 2 期，第 77-80 页。

肖治野：《"V+到"结构浅析》，《语文学刊》2006 年第 17 期，第 129-130 页。

谢多勇：《浅析现代汉语中的"V 到"结构》，《固原师专学报》2005 年第 2 期，第 80-82 页。

谢雯瑾：《"X 于"中"于"进一步语法化对 X 配价增值的影响》，《南开语言学刊》2009 年第 1 期，第 99-106，183 页。

谢昱：《浅议现代汉语中的"V 在 NP"结构》，《成都理工大学学报(社会科学版)》2006 年第 4 期，第 102-105 页。

解惠全：《谈实词的虚化》，见南开大学中文系《语言研究论丛》编委会《语言研究论丛(第四辑)》，天津：南开大学出版社，1987 年，第 208-227 页。

解惠泉、洪波：《"于""於"介词用法源流考》，见南开大学中文系《语言研究论丛》编委会《语言研究论丛(第五辑)》，天津：南开大学出版社，1988 年，第 116-139 页。

邢福义：《现代汉语》，北京：高等教育出版社，1991 年。

邢福义：《汉语语法学》，长春：东北师范大学出版社，1996 年。

邢福义：《V 为双音节的"V 在了 N"格式：一种曾经被语法学家怀疑的格式》，《语言文字应用》1997 年第 4 期，第 35-43 页。

邢相文：《现代汉语"V+介+XP"结构及相关问题研究》，上海师范大学博士学位论文，2016 年。

徐富平：《"在+处所"行为构式及动词二语习得研究》，《汉语学习》2021 年第 4 期，第 81-90 页。

许慧：《基于语料库的"V+在+NP"结构偏误分析》，福建师范大学硕士学位论文，2018 年。

许慎：《说文解字注》，段玉裁注，杭州：浙江古籍出版社，1998 年。

杨伯峻：《古汉语虚词》，北京：中华书局，1981 年。

杨树达：《高等国文法》，北京：商务印书馆，1957 年。

杨树达：《词诠》，北京：中华书局，1987 年。

杨锡彭：《与词缀有关的几个问题》，见《词汇学理论与应用》编委会《词汇学理论与应用 6》，北京：商务印书馆, 2012 年, 第 73-82 页。

姚振武：《关于中古汉语的"自"和"复"》，《中国语文》1993 年第 2 期, 第 143-148 页。

姚振武：《再谈中古汉语的"自"和"复"及相关问题：答刘瑞明、蒋宗许先生》，《中国语文》1997 年第 1 期, 第 55-62 页。

伊丽莎白·特劳戈特、格雷姆·特劳斯代尔：《构式化与构式演变》，詹芳琼, 郑友阶译, 北京：商务印书馆, 2019 年。

于赛男、李劲荣：《褒赞性构式"V+在+N 地点"的形成动因与机制》，《语文研究》2022 年第 2 期, 第 27-33 页。

于燕：《对"V+到+NP"及"到"的分析》，《甘肃联合大学学报》2006 年第 4 期, 第 69-71 页。

俞光中：《"V 在 N$_L$"的分析及其来源献疑》，《语文研究》1987 年第 3 期, 第 14-18 页。

俞士汶, 等：《现代汉语语法信息词典详解》，北京：清华大学出版社, 2003 年。

俞咏梅：《论"在+处所"的语义功能和语序制约原则》，《中国语文》1999 年第 1 期, 第 21-29 页。

喻遂生：《甲金语言文字研究论集》，成都：巴蜀书社, 2002 年, 第 65-69 页。

袁明军：《与"V 于 NP"结构有关的句法语义问题》，《汉语学习》2008 年第 4 期, 第 24-30 页。

袁晓明：《"V+在"及其相关句式研究》，辽宁大学硕士学位论文, 2008 年。

袁毓林：《词类范畴的家族相似性》，《中国社会科学》1995 年第 1 期, 第 154-170。

袁毓林：《汉语配价语法研究》，北京：商务印书馆, 2010 年。

曾传禄：《介词"往"的功能及相关问题》，《语言科学》2008 年第 6 期, 第 647-658 页。

曾传禄：《"往+O+VP"和"V+往+O"》，《云南师范大学学报（对外汉语教学与研究版）》2009 第 2 期, 第 60-67 页。

曾传禄：《现代汉语位移空间的认知研究》，北京：商务印书馆, 2014 年。

曾海清：《现代汉语"V+到"结构句法平面简析》，《九江学院学报》2005 年第 2 期, 第 66-68 页。

曾海清：《程度义"V+到"结构的配价分析》，《南昌大学学报（人文社会科学版）》2007 年第 6 期, 第 138-140 页。

曾海清：《现代汉语"V+到"结构的普遍性及其类型》，《新余高专学报》2007 年第 4 期, 第 55-57 页。

曾海清：《也论"到"的语法化：兼与北京大学刘子瑜先生商榷》，《安徽大学学报（哲学社会科学版)》2009 年第 6 期, 第 79-84 页。

占勇：《"V 在了 N"格式形成原因的语法化分析》，《宁波大学学报》2009 年第 4 期, 第 44-50 页。

张斌：《现代汉语》，北京：中央广播电视大学出版社, 1988 年。

张斌、张谊生：《现代汉语虚词》，上海：华东师范大学出版社, 2000 年。

张斌：《现代汉语虚词词典》，北京：商务印书馆, 2001 年。

张斌：《现代汉语描写语法》，北京：商务印书馆, 2010 年。

张伯江：《施事角色的语用属性》，《中国语文》2002 年第 6 期, 第 483-494 页。

张伯江、方梅：《汉语功能语法研究》，南昌：江西教育出版社, 1996 年。

张赪：《论决定 "在 L+VP" 或 "VP+在 L" 的因素》，《语言教学和研究》1997 年第 2 期，第 42-51 页。

张赪：《现代汉语介词词组 "在 L" 与动词宾语的词序规律的形成》，《中国语文》2001 年第 2 期，第 149-155 页。

张赪：《汉语介词词组词序的历史演变》，北京：北京语言文化大学出版社, 2002 年。

张成进：《汉语表方向介词 "向" 的产生及产生动因》，《江淮论坛》2009 年第 6 期，第 168-174 页。

张纯鉴：《关于 "介词结构作补语" 的几个问题》，《西北师大学报 (社会科学版)》1980 年第 3 期，第 80-82 页。

张国宪：《"在+处所" 构式的动词标量取值及其意义浮现》，《中国语文》2009 年第 4 期，第 346-358，384 页。

张国宪、卢建：《"在+处所" 状态构式的事件表述和语篇功能》，《中国语文》2010 年第 6 期，第 483-495，575 页。

张国煊、郁梅、王小华：《基于互信息的汉语短语边界划分》，《杭州电子工业学院学报》1995 年第 1 期，第 1-5 页。

张海涛：《现代汉语 "V+P" 结构研究》，中国人民大学博士学位论文, 2014 年。

张海涛：《互动构式语法视域下 "V 在/到+目标域" 构式群研究》，《语言教学与研究》2019 年第 5 期，第 72-81 页。

张静：《新编现代汉语》，上海：上海教育出版社, 1980 年。

张克定：《〈牛津构式语法手册〉述介》，《外语教学与研究》2014 年第 1 期，第 134-138 页。

张俐：《介词 "向、往、朝" 功能比较》，《河南大学学报》2001 年第 5 期，第 87-89 页。

张敏：《认知语言学与汉语名词短语》，北京：中国社会科学出版社, 1998 年。

张琪：《"V+到+NP" 结构的句法和语义分析》，《湖北师范学院学报》2011 年第 3 期，第 27-30 页。

张旺熹：《汉语介词衍生的语义机制》，《汉语学习》2004 年第 1 期，第 1-11 页。

张卫东、刘丽川：《说 "至" 和 "到"：汉语介词研究之一》，见景海峰《国学集刊 (第 4 辑)》，北京：商务印书馆, 2018 年，第 144-153 页。

张文：《近代汉语 "给" 的语法化演变研究》，见北京大学中国语言学研究中心《语言学论丛》编委会《语言学论丛 (第四十七辑)》，北京：商务印书馆, 2013 年，第 229-257 页。

张孝忠：《关于动词后 "给" 的用法》，《逻辑与语言学习》1987 年第 2 期，第 31-34 页。

张谊生：《从错配到脱落：附缀 "于" 的零形化后果与形容词、动词的及物化》，《中国语文》2010 年第 2 期，第 135-145，191-192 页。

张翼星：《育才之路新足迹：北京大学首届文科综合试验班》，北京：北京广播学院出版社, 1999 年。

张莹：《"V 到" 结构研究》，延边大学硕士学位论文, 2003 年。

张玉金：《甲骨文虚词词典》，北京：中华书局, 1994 年。

张玉金：《介词 "于" 的起源》，《汉语学报》2009 年第 4 期，第 16-22 页。

张玉金：《出土先秦文献虚词发展研究》，广州：暨南大学出版社, 2016 年。

张玉金：《甲骨文处所介词"自"及相关问题研究》，《中国语文》2019 年第 2 期，第 155-168, 254 页。

张云徽：《汉语"动、介"组合及其他》，《云南民族大学学报》2005 年第 2 期，第 150-152 页。

张志公：《语法和语法教学 介绍"暂拟汉语教学语法系统"》，北京：人民教育出版社, 1956 年。

赵大明：《"于(於)"系处所介词的历史演变》，见郭锡良《古汉语语法论集》，北京：语文出版社, 1998 年，第 103-122 页。

赵金铭：《"在"和"到"及其弱化形式"・de"》，见《中国语言学报》编委会《中国语言学报 第七期》，北京：语文出版社，1995 年，第 1-14 页。

赵金铭：《汉语研究与对外汉语教学》，北京：语文出版社, 1997 年。

赵馨怡：《"V 在+NP"的语义功能及其认知基础：兼与"在 NP+V"对比》，见《2018 年对外汉语博士生论坛暨第十一届对外汉语教学研究生学术论坛文集》，北京大学对外汉语教育学院。

赵艳芳：《认知语言学概论》，上海：上海外语教育出版社, 2001 年。

赵元任：《汉语口语语法》，北京：商务印书馆, 2005 年。

赵仲邑：《论古代汉语介词"于"、"於"、"乎"》，《中山大学学报(哲学社会科学版)》1964 年第 4 期，第 98-109 页。

郑飞：《从词要连写谈介词结构是否还要作补语的问题》，《语文学习》1980 年第 1 期，第 56-57 页。

中国社会科学院语言研究所词典编辑室：《倒序现代汉语词典》，北京：商务印书馆, 1987 年。

中国社会科学院语言研究所词典编辑室：《现代汉语词典(第 7 版)》，北京：商务印书馆, 2016 年。

中国社会科学院语言研究所古代汉语研究室：《古代汉语虚词词典》，北京：商务印书馆, 1999 年。

中国语文杂志社：《语法研究和探索(十)》，北京：商务印书馆, 2000 年。

周红：《动词"给"的语法化历程》，《殷都学刊》2009 年第 4 期，第 108-114 页。

周红：《"V+到"的图式特征及其语义演变》，《鲁东大学学报(哲学社会科学版)》2018 年第 4 期，第 59-67 页。

周蕾：《现代汉语"V 往+O"结构及相关问题研究》，华中师范大学硕士学位论文, 2012 年。

周远富：《〈孟子章句〉中的介词"於"和"于"》，《池州师专学报》1998 年第 4 期，第 29-32 页。

朱德熙：《与动词"给"相关的句法问题》，《方言》1979 年第 2 期，第 81-88 页。

朱德熙：《"在黑板上写字"及相关句式》，《语言教学与研究》1981 年第 1 期，第 4-18 页。

朱德熙：《语法讲义》，北京：商务印书馆, 1982 年。

朱德熙：《语法答问》，北京：商务印书馆, 1985 年。

朱军：《汉语构式语法研究》，北京：中国社会科学出版社, 2010 年。

朱赛萍：《试论"V 在了 N"格式的形成与发展》，《语言教学与研究》2014 年第 1 期，第 75-80 页。

朱赛萍: 《温州方言动后介词结构的韵律句法研究》, 杭州: 浙江人民出版社, 2015 年。

朱新军: 《"本来"的语法化》, 《焦作大学学报》2008 年第 1 期, 第 21-23 页。

宗福邦、陈世铙、萧海波: 《故训汇纂》, 北京: 商务印书馆, 2003 年。

Adele E. Goldberg: 《构式: 论元结构的构式语法研究》, 吴海波译, 北京: 北京大学出版社, 2007 年。

Aarts, B. *Syntactic Gradience: The Nature of Grammatical Indeterminacy*. Oxford: Oxford University Press. 2007.

Ambridge, B. and Lieven, E. V. M. *Child Language Acquisition*. Cambridge: Cambridge University Press, 2011.

Anderson, J. M. *The Grammar of Case: Towards a Localitic Theory*. Cambridge: Cambridge University Press, 1971.

Baicchi, A. *Construction Learning as a Complex Adaptive System: Psycholinguistic Evidence from L2 Learners of English*. Berlin: Springer, 2015.

Baker, M. C. *Incorporation: A Theory of Grammatical Function Changing*. Chicago: The University of Chicago Press, 1988.

Barlow, M. and Kemmer, S. *Usage Based Models of Grammar*. Stanford: CSLI Publications, 2000.

Bergen, B. and Chang, N. Embodied construction grammar. In T. Hoffmann and G. Trousdale (Eds.). *The Oxford Handbook of Construction Grammar*. New York: Oxford University Press, 2013.

Blevins, J. P. Realisation-based lexicalism. *Journal of Linguistics*, 2001, 37: 355-365.

Boas, H. C. Construction grammar in the twenty-first century. *English Language and Linguistics*, 2007, 11(3): 569-585.

Boas, H. Cognitive construction grammar. In T. Hoffmann and G. Trousdale (Eds.). *The Oxford Handbook of Construction Grammar*. New York: Oxford University Press, 2013.

Boas, H. C. and Sag, I. *Sign-Based Construction Grammar*. Stanford: CSLI Publications, 2012.

Bod, R. *Beyond Grammar: An Experience-based Theory of Language*. Stanford: CSLI Publications, 1998.

Boogaart, R., Colleman, T. and Rutten, G. *Extending the Scope of Construction Grammar*. Berlin: De Gruyter Mouton, 2014.

Booij, G. Compounding and derivation: Evidence for construction morphology, In W U. Dressler, D. Kastovsky, O. E. Pfeiffer, et al. (Eds.), *Morphology and its Demarcations*. Amsterdam: John Benjamins, 2005: 109-132.

Booij, G. Constructional Idioms, Morphology and the Dutch Lexicon. *Journal of Germanic Linguistics*, 2002, 14: 301-29.

Booij, G. *Construction Morphology*. Oxford: Oxford University Press, 2010.

Boyd, J. K. and Goldberg A. E. Learning what not to say: The Role of statistical preemption and categorization in a-adjective production. *Language*, 2011, 87(1): 55-83.

Brinton, L. J. and Traugott, E. C. *Lexicalization and Language Change*. Cambridge:

Cambridge University Press, 2005.

Brugman, C. *The Story of over : Polysemy, Semantics, and the Structure of the Lexicon.* Berkeley: University of California Press, 1988.

Brugman, C. and Lakoff, G. Cognitive typology and lexical networks. In S. L. Small, G. W. Cottrell, M. K. Tanenhaus (Eds), *Lexical Ambiguity Research.* San Francisco: Morgan Kaufman, 1988: 477-508.

Bybee, J. *Morphology: A Study of the Relation Between Meaning and Form.* Amsterdam: John Benjamins, 1985.

Bybee, J. Regular morphology and the lexicon. *Language and Cognitive Processes,* 1995, 10(5): 425-455.

Bybee, J. Sequentiality as the basis of constituent structure. In T. Givón and B. Malle. (Eds), *The Evolution of Language from Pre-language.* Amsterdam: John Benjamins, 2002: 109-132.

Bybee, J. From usage to grammar: The mind's response to repetition. *Language,* 2006, 82(4): 711-733.

Bryant, J. Best-Fit constructional analysis. Ph. D. dissertation. Computer Science Department, University of California, Berkeley, 2008.

Bybee, J. *Language, Usage and Cognition.* Cambridge: Cambridge University Press, 2010.

Bybee, J. The phonology of the lexicon: Evidence from lexical diffusion. In M. Barlow and S. Kemmer (Eds.), *Usage-based Models of Language.* Stanford: CSLI Publications, 2010: 65-85.

Bybee, J. Usage-based theory and exemplar representations of constructions. In T. Hoffmann and G. Trousdale(Eds.), *The Oxford Handbook of Construction Grammar.* New York: Oxford University Press, 2013: 49-69.

Bybee, J. and Scheibman, J. The effect of usage on degrees of constituency: The reduction of don't in English. *Linguistics,* 1999, 37(4): 575-596.

Bybee, J. L. and Thompson, S. Three frequency effects in syntax. *Berkeley Linguistic Society ,* 2000, 23: 65-85.

Chang, F., Bock, K., Goldberg, A. E. 2003. Can thematic roles leave traces of their places?. *Cognition,* 2003, 90(1): 29-49.

Chomsky, N. *The Minimalist Program.* Cambridge: MIT Press, 1995.

Croft, W. *Radical Construction Grammar: Syntactic Theory in Typological Perspective.* Oxford: Oxford University Press, 2001.

Croft, W. The role of domains in the interpretation of metaphors and metonymies. In R. Dirven and R. Pörings(Eds.), *Metaphor and Metonymy in Comparison and Contrast.* Berlin: Mouton de Gruyter, 2002: 16-206.

Croft, W. Radical construction grammar. In T. Hoffmann and G. Trousdale (Eds.), *The Oxford Handbook of Construction Grammar.* New York: Oxford University Press, 2013.

Croft, W. and Cruse, D. A. *Cognitive Linguistics.* Cambridge: Cambridge University Press, 2004.

Croft, W. and Poole, K. T. Inferring universals from grammatical variation:

Multidimensional scaling for typological analysis. *Theoretical Linguistics*, 2008, 34: 1-37.

Culicover, P. W. and Jackendoff, R. *Simpler Syntax*. Oxford: Oxford University Press, 2005.

Diessel, H. Usage-based construction grammar. In E. Dąbrowska and D. Divjak(Eds.), *Handbook of Cognitive Linguistics*. Berlin: Mouton de Gruyter, 2015: 296-322.

Dodge, E. Constructional and conceptual composition. Ph. D. dissertation. Linguistics Department, University of California, Berkeley, 2010.

Dowty, D. R. *Word Meaning and Montague Grammar*. Dordrecht: Kluwer, 1979.

Dryer, M. S. The Greenbergian word order correlations. *Language*, 1992, 68(1): 81-138.

Dryer, M. S. Word order. In T. Shopen (Ed.), *Clause Structure, Language Typology and Syntactic Description, Vol.1*. Cambridge: Cambridge University Press, 2007: 61-131.

Dryer, M. S. Word order in Tibeto-Burman languages. *Linguistics of the Tibeto-Burman Area*, 2008, 31: 1-88.

Fillmore, C. J. Syntactic intrusions and the notion of grammatical construction. *Berkeley Linguistic Society*, 1985(11): 73-86.

Fillmore, C. J. Varieties of conditional sentences. In F. Marshall, A. Miller and Z. S. Zhang (Eds.), *Proceedings of the Third Eastern States Conference on Linguistics.Columbus*, Ohio: Ohio State University Department of Linguistics, 1986: 163-182.

Fillmore, C. J. The mechanisms of construction grammar. *Annual Meeting of the Berkeley Linguistics Society*, 1988, 14: 35-55.

Fillmore, C. J. Grammatical construction theory and the familiar dichotomies. In Rainer, C. and Carl, F. Graumann (Eds.), *Language Processing in Social Context*. North Holland: Elsevier Publishers, 1989, 54: 17-38.

Fillmore, C, J. Inversion and constructional inheritance. In G. Webelhuth, J.-P. Koenig and A. Kathol (Eds.), *Lexical and Constructional Aspects of Linguistic Explanation*. Stanford: CSLI Publications, 1999: 113-128.

Fillmore, C. J. and Kay, P. *Construction Grammar Coursebook*. Ms. University of California at Berkeley Department of Linguistics, 1993.

Fillmore, C. J. and Kay, P. *Construction Grammar*. Department of Linguistics, Berkeley: University of California, 1995.

Fillmore C. J., Kay P. and O'Connor M. C. Regularity and idiomaticity in grammatical constructions: the case of let alone. *Language*, 1988, 64(3): 501-538.

Fillmore, C. J., Lee-Goldman, R. and Rhomieux, R. The FrameNet Constructicon, In I. A. Sag and H. C. Boas (Eds.), *Sign-Based Construction Grammar*. Stanford: CSLI Publications, 2012: 283-299.

Fillmore, C. J. Berkely construction grammar. In T. Hoffmann and G. Trousdale(Eds.), *The Oxford Handbook of Construction Grammar*. Oxford: Oxford University Press, 2013.

Frege, G. Begriffsschrift, In J. van Heijenoort (Ed.), *From Frege to Gödel: A Source Book in Mathematical Logic, 1879-1931*, Cambridge: Harvard University Press, 1967: 1-82.

Fried, M. Constructions and constructs: Mapping a shift between Predication and Attribution. In A. Bergs and G. Diewald (Eds.), *Constructions and Language Change*. Berlin: Mouton de Gruyter, 2008: 47-79.

Fried, M. and Östman, J.-O. Construction Grammar: A thumbnail sketch. In M. Fried and J.-O. Östman(Eds.), *Construction Grammar in a Cross-language Perspective*. Amsterdam: John Benjamins, 2004: 11-86.

Fujii, S. Lexically (un) filled constructional schemes and construction types: The case of Japanese modal conditional constructions. *Construction Grammar in a Cross-Language Perspective*. Philadelphia: John Benjamins, 2004.

Gao, M. Preposition incorporation in Mandarin. *NACCL-17, DLI Foreign Language Center, Monterey*, 2005.

Givón, T. *On Understanding Grammar*. New York: Academic Press, 1979.

Givón, T. *Syntax: A Functioncl-Typological Introduction, Vol.II*. Amsterdam: John Benjamins. 1990.

Goh, G. Y. The advent of the prepositional passive: An innovation of middle English?*English Studies*, 2001, 81 (3): 203-217.

Goldberg, A. E. A unified account of the semantics of the ditransitive. *Berkeley Linguistic Society*, 1991, 15: 79-90.

Goldberg, A. E. The inherent semantics of argument structure: The case of the English ditransitive construction. *Cognitive Linguistics*, 1992, 3: 37-74.

Goldberg, A. E. *Constructions: A Construction Grammar Approach to Argument Structure*. Chicago: The University of Chicago Press, 1995.

Goldberg, A. E. Jackendoff and Construction-Based Grammar. *Cognitive Linguistics*, 1996, 7 (1): 3-20.

Goldberg, A. E. The relationships between verbs and constructions. In M. Verspoor and E. Sweetser(Eds.), *Lexical and Syntactical Constructions and the Construction of Meaning*. Amsterdam: John Benjamins, 1997: 383-398.

Goldberg, A. E. The emergence of the semantics of argument structure constructions. In B. MacWhinney(Eds.), *The Emergence of Language*. New York: Psychology Press, 1999: 197-212.

Goldberg, A. E. Patient arguments of causative verbs can be omitted: The role of information structure in argument distribution. *Language Sciences*, 2001, 23(4): 503-524.

Goldberg, A. E. Surface generalizations: An alternative to alternations. *Cognitive Linguistics*, 2002, 13(4): 327.

Goldberg, A. E. Constructions: A new theoretical approach to language. *Trends in Cognitive Sciences*, 2003, 7 (5): 219-224.

Goldberg, A. E. and Jackendoff, R. 2004. The English resultative as a family of constructions. *Language*, 2004, 80 (3): 532-568.

Goldberg, A. E. *Constructions at Work: The Nature of Generalization in Language*. Oxford: Oxford University Press, 2006.

Goldberg, A. E. Corpus Evidence of the Viability of Statistical Preemption. *Cognitive Linguistics*, 2011, 22(1): 131-153.

Goldberg, A. E., Constructionist approaches. In T. Hoffmann and G. Trousdale(Eds.), *The Oxford Handbook of Construction Grammar*. New York: Oxford University Press, 2013.

Greenberg, J. H. *Universals of Language*. Cambridge: MIT Press, 1963.

Gries, S. T. *Multifactorial Analysis in Corpus Linguistics: A Study of Particle Placement*. London and New York: Continuum Press, 2003.

Gries, S. T. and Stefanowitsch, A. Extending collostructional analysis: A corpus-based perspective on "alternations". *International Journal of Corpus Linguistics*, 2004, 9(1): 97-129.

Gries, S. T. Hampe, B. and Schönefeld, D. Converging evidence: Bringing together experimental and corpus data on the association of verbs and constructions. *Cognitive Linguistics*, 2005, 16(4): 635-676.

Gurevich O., Johnson M. A., Goldberg A. E. Incidental verbatim memory for language. *Language and Cognition*, 2010, 2(1): 45-78.

Hagége, C. *Adpositions*. Boston: Oxford University Press, 2010.

Harris, A, C. and Campbell, L. *Historical Syntax in Cross-Linguistic Perspective*. Cambridge: Cambridge University Press, 1995.

Haspelmath, M. Parametric versus functional explanation of syntactic universals, In Theresa Biberauer (Ed.), *The Limits of Syntactic Variation*. Amsterdam: Benjamins, 2008: 75-107.

Heine, B. Claudi, C. and Hunnemeyer, F. *Grammaticalization: A Conceptual Framework*. Chicago: The University of Chicago Press, 1991.

Hilpert, M. A synchronic perspective on the grammaticalization of swedish future constructions. *Nordic Journal of Linguistics*, 2006, 29(2): 151-172.

Hilpert, M. *Germanic Future Constructions: A Usage-based Approach to Language Change*. Amsterdam: John Benjamins. 2008.

Hilpert, M. *Germanic Future Constructions: A Usage-based Approach to Language Change*. Amsterdam: John Benjamins Publishing Company, 2014.

Hoffmann, T. and Trousdale, G. Variation, change and constructions in English. *Cognitive Linguistics*, 2011, 22(1): 1-23.

Hoffmann, T. and Trousdale, G. *The Oxford Handbook of Construction Grammar*. Oxford University Press, 2013.

Hopper, P. J. Emergent grammar. *Berkeley Linguistics Society*, 1987(13): 139.

Hopper, P. J. and Traugott, E. C. *Grammaticalization*. Cambridge: Cambridge University Press, 2003.

Hudson, R. A. English dialect syntax in word grammar. *English Language and Linguistics*, 2007, 11(2): 383-405.

Hudson, R. A. *English Word Grammar*. Oxford: Blackwell, 1990: 27-33.

Jackendoff, R. *Semantic Structures*. Cambridge: MIT Press, 1990.

Jackendoff, R. *The Architecture of the Language Faculty*. Cambridge: MIT Press, 1997.

Jackendoff, R. *Foundations of Language: Brain, Meaning, Grammar, Evolution*. Oxford: Oxford University Press, 2002.

Jones, S. and Sinclair J. M. English lexical collocations: A study in computational Linguistics. *Cahiers de Lexicologie*, 1974, 24: 15-61.

Jurafsky, D. An On-line Computational Model of Human Sentence Interpretation. In

American Association for Artificial Intelligence (Eds.), *Proceedings of the National Conference on Artificial Intelligence (AAAI-92)*, Cambridge: MIT Press, 1992: 302-308.

Kay, P. Even. *Linguistics and Philosophy*, 1990, 13: 59-111.

Kay, P. and Fillmore, C. J. Grammatical constructions and linguistic generalizations: The what's X doing Y? *Construction, Language*, 1999, 75: 1-34.

Kay, P. Comprehension deficits of Broca's aphasics provide no evidence for traces. *Behavioral and Brain Sciences*, 2000, 23(1): 37-38.

Keenan, E. L. and Comrie, B. Noun phrase accessibility and universal grammar. *Linguistic Inquiry*, 1977, 8: 63-99.

Kimenyi, A. *A Relational Grammar of Kinyarwanda*. Berkeley: University of California Press, 1980.

Koopman, H. Prepositions, postpositions, circumpositions, and particles. In G. Cinque and L. Rizzi (Eds), *Mapping spatial PPs: The Cartography of Syntactic Structures. Vol.6.* Oxford: Oxford University Press, 2010.

Krug, M. Frequency as a determinant in grammatical variation and change. In G. Rohdenburg and M. Britta(Eds), *Determinants of Grammatical Variation in English*. Berlin: Mouton de Gruyter, 2003.

Krug, M. String frequency: A cognitive motivating factor in coalescence, language processing and linguistics change. *Journal of English Linguistics*, 1998, 26(4): 286-320.

Lakoff, G. *Women, Fire, and Dangerous Things: What Categories Reveal About Metaphor*. Chicago: The University of Chicago Press, 1987.

Lakoff, G. and Johnson, M. *Metaphor We Live By*. Chicago: The University of Chicago Press, 1980.

Langacker, R. W. An Introduction to cognitive grammar. *Cognitive Science*, 1986, 10(1): 1-40.

Langacker, R. W. Cognitive (construction) grammar. *Cognitive Linguistics*, 2009, 20(1): 167-176.

Langacker, R. W. Construction grammars: Cognitive, radical and less so. In F. J. Ruiz de Mendoza Ibáñez and M. Sandra Peña Cerve(Eds), *Cognitive Linguistics: Internal Dynamics and Interdisciplinary Interaction*. Berlin: Mouton de Gruyter, 2005: 101-159.

Langacker, R. W. *Foundations of Cognitive Grammar. Vol. I : Theoretical Prerequisites*. Stanford: Stanford University Press, 1987.

Langacker, R. W. *Foundations of Cognitive Grammar*. Stanford: Stanford University Press, 1987.

Langacker, R. W. Usage-based model. In B. Rudzka-Ostyn(Eds.), *Topics in Cognitive Linguistics*. Amsterdam: John Benjamins, 1988: 127-161.

Langacker, R. W. Cognitive grammar. In D. Geeraerts and H. Cuyckens (Eds.), *The Oxford Handbook of Cognitive Linguistics*. Oxford: Oxford University Press, 2007: 421-462.

Lehmann, C. Word order change by grammaticalization. In M. Gerritsen and D. Stein(Eds.),

Internal and External Factors in Syntactic Change. Berlin: Mouton de Gruyter, 1992: 395-416.

Levin, B. and Hovav, M. R. *Unaccusativity: At the Syntax-Lexical Semantics Interface.* Cambridge: MIT Press, 1998.

Li, C. N. and Thompson, S. A. Historical change of word order: A case study in Chinese and its linguistics change. *Journal of English Linguistics*, 1974, 26: 286-320.

Li, C. N. and Thompson, S. A. *Mandarin Chinese: A Functional Reference Grammar.* Berkeley: University of California Press, 1981.

Lyons, J. *Semantics. Vol.*2. Cambridge: Cambridge University Press, 1977.

Man, G. Preposition incorporation in mandarin. Paper presented at NACCL-17, DLI Foreign Language Center, Monterey, 2005.

Michaelis, L. A. A case of constructional polysemy in Latin. *Studies in Language*, 1994, 18: 45-70.

Michaelis, L. A. Type shifting in construction grammar: An integrated approach to aspectual coercion. *Cognitive Linguistics*, 2004, 15(1): 1-67.

Michaelis, L. A. Sign-based construction grammar. In B. Heine and H. Narrog (Eds.), *The Oxford Handbook of Linguistic Analysis.* Oxford: Oxford University Press, 2010: 155-176.

Michaelis, L. A. Sign-based construction grammar. In T. Hoffmann and G. Trousdale (Eds.), *The Oxford Handbook of Construction Grammar.* New York: Oxford University Press, 2013.

Michaelis, L. A. Exclamative constructions. In M. Haspelmath, E. König, W. Österreicher, et al.(Eds.), *Language Universals and Language Typology: An International Handbook.* Berlin: Walter de Gruyter, 2021: 1038-1050.

Michaelis, L. A. and Lambrecht, K. Toward a construction-based model of language function: The case of nominal extraposition. *Language*, 1996, 72: 215-247.

Mok, E. Contextual bootstrapping for grammar learning. Ph. D. dissertation. Computer Science Department, University of California, Berkeley, 2008.

Nunberg, G., Sag, I. A. and Wasow, T. Idioms. *Language*, 1994, 70: 491-538.

Östman, J. O. and Fried, M. *Construction Grammar in a Cross-Language Perspective.* Philadelphia: John Benjamins, 2004.

Perek, F. *Argument Structure in Usage-Based Construction Grammar: Experimental and Corpus-based Perspectives.* Amsterdam : John Benjamins Publishing Company, 2015.

Perfors, A., Kemp, C., Tenenbaum, J. et al. Learning inductive constraints: The acquisition of verb argument constructions. Paper given at the 29th Annual Conference of the Cognitive Science Society, Nashville, Tennessee, USA, 1836.

Rosch, E. H., 1973. Natural categories. *Cognitive Psychology*. 1973, 4(3): 328-350.

Sag, I. A. English relative clause constructions. *Journal of Linguistics*, 1997, 33(2): 431-484.

Sag, I. A. Remarks on locality. In S. Müller(Eds.), *Proceedings of the HPSG07 Conference, Stanford University.* Stanford: CSLI Publications, 2007: 394-414.

Sag, I. A. Sign-based construction grammar: An informal synopsis. In H. C. Boas and I. A.

Sag (Eds.), *Sign-Based Construction Grammar*. Stanford: CSLI Publications, 2012: 69-202.

Sag, I. A. English Filler-gap Constructions. *Language*, 2010, 86(3): 486-545.

Sag, I. A., Wasow, T., and Bender, E. M. Syntactic *Theory: A Formal Introduction*. Stanford: CSLI Publications, 2003.

Saussure, F. D. *Cours de Linguistique Generale*. Paris: Payot, 1916.

Schneider, N. Computational cognitive morphosemantics: Modeling morphological compositionality in Hebrew verbs with embodied construction grammar. *Berkeley Linguistics Society*, 2010, 36: 353-367.

Schütze, C. T. *The Empirical Base of Linguistics: Grammaticality Judgments and Linguistic Methodology*. Chicago: University of Chicago Press, 1996.

Siewierska, A. and Hollmann, W. Ditransitive clauses in English, with special reference to lancashire English. In M. Hannay and G. J. Steen (Eds.), *Structural-functional Studies in English Grammar*. Amsterdam: John Benjamins, 2007: 83-102.

Spencer, A. The paradigm-based model of morphosyntax. *Transactions of the Philological Society*, 2001, 99(2): 279-314.

Steels, L. *Computational Issues in Fluid Construction Grammar*. Berlin: Springer Verlag, 2011.

Stefanowitsch, A. Negative evidence and preemption: A constructional approach to ungrammaticality. *Cognitive Linguistics*, 2008, 19(3): 513-531.

Stefanowitsch, A. Constructional preemption by contextual mismatch: A corpus-linguistic investigation. *Cognitive Linguistics*, 2011, 22(1): 107-130.

Stemberger, J. P. and MacWhinney, B. Are inflected forms stored in the lexicon?. In Hammond, M. and M. Noonan (Eds.), *Theoretical Morphology: Approaches in Modern Linguistics*. San Diego: Academic Press, 1988: 101-116.

Sun C. *Word-Order Change and Grammaticalization in the History of Chinese*. Stanford University Press. 1996.

Suttle, L. and Goldberg, A. E. The partial productivity of constructions as induction. *Linguistics*, 2011, 49(6): 1237-1269.

Sweetser, E. *From Etymology to Pragmatics: Metaphorical and Cultural Aspects of Semantic Structure*. Cambridge: Cambridge University Press. 1990.

Talmy, L. Lexicalization patterns: Semantic structure in lexical forms. In T. Shopen (Ed.), *Language Typology and Syntactic Description, Vol.3: Grammatical Categories and the Lexicon*. New York: Cambridge University Press, 1985: 57-149.

Talmy, L. Force dynamics in language and cognition. *Cognitive Science*, 1988, 12(1): 49-100.

Talmy, L. *Toward a Cognitive Semantics, Volumei: Concept Structuring System*. Cambridge: MIT Press, 2000.

Taylor, J. R. Force dynamics in language and cognition. *Cognitive Science*, 1988, 12(1): 49-100.

Taylor, J. R. *Linguistic Categorization: Prototypes in Linguistic Theory*. Oxford: Oxford University Press, 1995.

Tomasello, M. *Constructing a Language: A Usage-based Theory of Language Acquisition.* Cambridge: Harvard University Press, 2003.

Traugott, E. C. and Heine, B. *Approaches to Grammaticalization. Vol.2.* Amsterdam: John Benjamins, 1991.

Traugott, E. C. The grammaticalization of NP of NP patterns. In A. Bergs and G. Diewald (Eds.), *Constructions and Language Change*. Berlin: Mouton de Gruyter, 2008: 23-45.

Traugott, E. C. and Trousdale, G. *Constructionalization and Constructional Changes*. Oxford: Oxford University Press, 2013.

Vanvalin, R. D. Incorporation in universal grammar: A case study in the theoretical reductionism. *Journal of Linguistics*, 1992, 28 (1): 199-220.

Wulff, S. Words and idioms. In T. Hoffmann and G. Trousdale (Eds.), *The Oxford Handbook of Construction Grammar*. Oxford: Oxford University Press, 2013: 274-289.

Zwarts, J. Commentary on Croft and Poole, Inferring universals from grammatical variation: Multidimensional scaling for typological analysis. *Theoretical Linguistics*, 2008, 34(1): 67-73.